WIRTSCHAFTSSCHULE

Abschluss-Prüfungs-
aufgaben mit Lösungen **2015**

Deutsch

Bayern

2005 – 2014

STARK

ISBN 978-3-8490-1200-7

33. ergänzte Auflage
www.stark-verlag.de

Inhalt

Abschlussprüfungsaufgaben

Jeweils im Herbst erscheinen die neuen Ausgaben der Abschlussprüfungsaufgaben mit Lösungen.

Sollten nach Erscheinen dieses Bandes noch **wichtige Änderungen** in der **Abschlussprüfung 2015** vom Kultusministerium bekannt gegeben werden, findest du aktuelle Informationen dazu im Internet unter
www.stark-verlag.de/pruefung-aktuell

Autoren:

Lösungen: 2010–2014 Christine Stojan
2008/2009 Redaktion
2006/2007 Leo Lammich
2005 Hannelore Müller

Vorspann: Hannelore Müller, Christine Stojan

Hinweise

Das vorliegende Buch hilft dir, mit Erörterungsthemen ganz allgemein besser – und das heißt auch angstfrei – umzugehen, und bereitet dich gezielt auf die Erörterung als Abschlussprüfungsaufgabe vor. Das Gleiche gilt für die Textaufgabe, die als Wahlmöglichkeit in der Abschlussprüfung ebenfalls zur Verfügung steht.

Aus diesem Grund hat das Buch drei unterschiedliche Teile: Im **ersten Abschnitt** wird die sinnvolle Vorgehensweise bei der Bearbeitung eines **Erörterungsthemas** dargestellt, von der Vorplanung bis zur abschließenden Gliederung und einem Aufsatzbeispiel. Dieser Theorieteil wird ergänzt durch Hinweise zu sprachlichen Gestaltungsmöglichkeiten und formalen Grundregeln. Der **zweite Teil** stellt die Bearbeitung einer **Textaufgabe** theoretisch und anhand eines Musterbeispiels dar.

Der **dritte Teil** des Buchs enthält die **Original-Abschlussprüfungsaufgaben 2005 – 2014** der Wirtschaftsschulen in Bayern, alle mit **Gliederungsvorschlägen** und jeweils drei vollständig ausgearbeiteten **Musterlösungen** zu jedem Prüfungsjahrgang. Mit diesen Lösungen kannst du deine eigenen Aufsätze vergleichen, inhaltlich wie sprachlich. Aber nicht vergessen: Es sind nur Vorschläge, zu jedem Thema könnte man auch einen anderen Aufsatz schreiben. Sicher gibt es Aspekte, die auf jeden Fall wichtig sind, aber es sind oft auch andere Gesichtspunkte denkbar.

Selbstvertrauen ist ganz wichtig bei der Bearbeitung einer Erörterung: Besinne dich auf deine Meinung, auf das, was du zu dem jeweiligen Thema sagen kannst. Denn ein alter Spruch hat auch hier Gültigkeit: Wovon ich selbst nicht überzeugt bin, das kann ich auch nur schlecht verkaufen! Ein ausreichendes Wissen, um eines der Themen bearbeiten zu können, hast du bestimmt. Und wenn du dir die Grundregeln vorher so gut eingeprägt hast, dass du sie auch in der Stresssituation der Schulaufgabe oder Prüfung abrufen kannst, wirst du sicherlich eine gute Arbeit abliefern.

Dabei viel Glück und Erfolg!

Themenverzeichnis

Die Bearbeitung eines Erörterungsthemas

1 Die Begriffsbestimmung

Die Fähigkeit, sich gedanklich mit einem Sachverhalt auseinanderzusetzen und zu einem begründeten Urteil zu gelangen, ist in unzähligen Alltagssituationen von großem Nutzen. Also lohnt es sich in jedem Fall, beim Einüben der Erörterung als Aufsatzart gleichzeitig logisches Argumentieren zu lernen.

Als Textsorte gehört die Erörterung zu den **argumentierenden Texten**, d. h. der Leser deines Textes soll überzeugt werden, dass du den Sachverhalt richtig gesehen und dargestellt hast bzw. dass deine eigene Meinung dazu gut begründet ist.

Um den Leser zu überzeugen, musst du unterschiedliche Gesichtspunkte zum jeweiligen Thema ausführlich, verständlich und logisch darstellen. Je nach Aufgabenstellung wirst du eigene Erfahrungen einbringen oder auf Sachwissen, das du dir im Unterricht und durch verschiedene Medien angeeignet hast, zurückgreifen. Vor allem in dieser Aufsatzform sind Fähigkeiten wie logisches Denken, überzeugende inhaltliche Darstellung und natürlich auch gewandter Schreibstil und Kenntnisse in Rechtschreibung und Grammatik gefordert.

2 Verschiedene Arten der Erörterung

Grundsätzlich werden zwei Arten der Erörterung unterschieden: die **lineare** Erörterung und die **dialektische** Erörterung.

1. Bei der **linearen** Erörterung wird nach Gründen gefragt. Sie werden untereinander in der Gliederung aufgelistet und im Hauptteil des Aufsatzes nacheinander ausgeführt. Im Schlussteil wird eine kurze Zusammenfassung verlangt. Sinnvoll in diesem Teil C ist auch ein Ausblick in die Zukunft oder eine Problematisierung des Sachverhaltes.

   Meist werden in der Prüfung **mehrteilig lineare** Fragen gestellt. Das bedeutet, du beantwortest jede der einzelnen Fragen nacheinander im Hauptteil und fasst die Ergebnisse im Schlussteil C zusammen.

Beispiel:

Horrorfilme sind Kassenknüller.
Warum sind diese Gewalt verherrlichenden Filme gerade bei Jugendlichen so beliebt und welche Auswirkungen können sie auf junge Menschen haben?

Hier wird nach Gründen für die Beliebtheit gefragt, die du im Hauptteil nennen sollst; anschließend gehst du auf die Auswirkungen/Folgen des Konsums von Horrorfilmen ein. Im Hauptteil hast du also zwei Abschnitte zu bearbeiten.

2. Anders ist die Bearbeitung eines **dialektischen** Themas. In der Fragestellung sind immer zwei gegensätzliche Meinungen enthalten, die du in zwei Abschnitten im Hauptteil ausführen sollst. Gestellt wird also entweder eine Entscheidungsfrage oder die Frage nach Vor- und Nachteilen oder einem Urteil. Am Schluss sollst du dich für eine der beiden Seiten entscheiden und deine eigene Meinung zu diesem Thema formulieren.

Beispiel:

Sind Freizeitjobs sinnvoll?

Hier wirst du im Hauptteil einen Abschnitt ausführen, der die Vorteile von Freizeitjobs nennt, und einen Abschnitt, der sich mit den Nachteilen auseinandersetzt. Anschließend wägst du Pro und Kontra gegeneinander ab und entscheidest dich für eine Seite.

3 Die Zeitplanung

Die Zeiteinteilung wird oft übersehen, ist aber ganz entscheidend für das inhaltliche und formale Gelingen deines Erörterungsaufsatzes. Denn die äußere Form zählt: Wer sich die Zeit falsch eingeteilt hat und nur einen aufgesetzten Entwurf oder eine kaum leserliche Arbeit abliefert, muss mit einer schlechteren Note rechnen.

!

- Es ist wichtig, in der Prüfung den Überblick zu behalten und die Zeit auszunutzen.
- Dazu solltest du dich im Vorfeld der Prüfungssituation, auch bei Hausaufgaben, immer wieder selbst **kontrollieren** und feststellen, wie lange du für ein Argument, eine Einleitung oder eine Gliederung im Schnitt brauchst – dementsprechend kannst du planen.

In der Abschlussprüfung hast du 240 Min. Arbeitszeit zur Verfügung. Nimm dir ca. 15 Min. Zeit für die Themenwahl! Wenn du z. B. nach einer Stunde noch das Thema wechseln musst, wird die ohnehin schwierige Prüfungssituation noch belastender.
Hast du ein Thema gefunden, das dir geeignet scheint, kannst du dich bei der Bearbeitung an folgendem Schema orientieren:

Arbeitszeit insgesamt 240 Minuten					
15 Min.	60 Min.	90 Min.	30 Min.	15 Min.	30 Min.
Themenauswahl und -analyse	Stoffsammlung, Stoffordnung und Entwurf der Gliederung	Textentwurf	Reinschrift (falls nötig)	Überarbeitung der Gliederung	Durchlesen, Überprüfen der Rechtschreibung

4 Themenerschließung, Stoffsammlung und Gliederung

4.1 Die Themenauswahl

- Du hast in der Abschlussprüfung **drei Themen** zur Auswahl.
- **Nimm** dir unbedingt **Zeit zum Überlegen**! Entscheide dich erst dann, wenn du die folgenden Fragen eindeutig mit „ja" beantwortet hast:
  - Bin ich mir sicher, dass ich die Art der **Fragestellung richtig verstanden** habe?
  - Weiß ich so viel über das Thema, dass ich **mindestens sechs klar abgegrenzte Argumente** formulieren kann?
  - Interessiert mich das **Thema**, habe ich wirklich eine **Beziehung** – und **Meinung** – dazu?

Entscheidend ist die erste Frage, denn hier kann die **Gefahr einer Themaverfehlung** liegen. Darum einige Beispiele und ihre versteckten Fallen: Lies zuerst die folgenden Themen und überlege, wo du Schwierigkeiten vermuten würdest.

Beispiel:

Zeigen Sie an Beispielen auf, wie sich junge Menschen gefährlichem Nervenkitzel aussetzen. Welche Folgen kann das für sie haben?

Der erste Teil lässt viel Freiheit bei der Auswahl der Beispiele. Das Problem steckt in der Formulierung des zweiten Teils der Frage: Folgen **für sie** sind gefragt, für diejenigen, die sich gefährlichem Nervenkitzel aussetzen – nicht für andere oder die Gesellschaft insgesamt. Pass also auf, dass du das nicht übersiehst!

Beispiel:

Wie kann dem Drogenmissbrauch vorgebeugt werden? Nehmen Sie Stellung zur Wirksamkeit einiger Maßnahmen!

Hier solltest du den Begriff **genau erklären**: Was bedeutet Vorbeugung? Auf jeden Fall nicht Entzugsmaßnahmen, denn dann ist es für Vorbeugung eindeutig zu spät.
Diese Frage enthält eine weitere Schwierigkeit, nämlich die Beurteilung der Wirksamkeit von Maßnahmen. Wer darüber nicht Bescheid weiß, sollte ein solches Thema nicht bearbeiten.

Beispiel:

Nehmen Sie Stellung zu der Aussage, junge Männer und Frauen hätten heute gleiche Chancen bei der Ausbildungs- und Arbeitsplatzsuche.

Welche Argumente stützen diese Aussage, welche widersprechen ihr – aber gib acht: Es geht hier nicht um die Gleichberechtigung von Mann und Frau ganz allgemein, sondern speziell um gleiche Chancen bei der Suche nach einem Ausbildungs- oder Arbeitsplatz.

4.2 Die Themenanalyse

- **Bestimme die Erörterungsart** (siehe S. 1–2). Damit gewinnst du eine Vorstellung, wie der Hauptteil deiner Erörterung strukturiert sein muss.
- Suche und kläre die **Kernbegriffe** des Themas. Am besten **markierst** du die Schlüsselbegriffe aus der Aufgabenstellung und prüfst nach, ob das, was nicht markiert wurde, tatsächlich nicht von tragender Bedeutung ist. Ganz entscheidende Begriffe solltest du doppelt unterstreichen.
- Erschließe dir das Thema **zusätzlich** durch die **W-Fragen**.

Beispiel:

Freizeit an der Schmerzgrenze! Warum suchen Menschen nach immer ausgefalleneren und extremeren Freizeitaktivitäten?

Erörterungsart: lineare Erörterung mit einer Themafrage

Kernbegriffe:
- Warum (Ursachen, Gründe);
- Immer ausgefallenere und extremere Freizeitaktivitäten

Definition: „ausgefallene und extreme Freizeitaktivitäten“: Tätigkeiten in der Freizeit, die der Durchschnittsbürger nicht ausübt; Hobbys und Unternehmungen mit Freunden oder Gleichgesinnten, die außergewöhnlich oder sogar gefährlich sind.

W-Fragen: *Wer* bevorzugt eine solche Art der Freizeitgestaltung?
- Junge Leute
- Dynamische, sportliche Menschen mittleren Alters

Welche extremen Aktivitäten gibt es?
- House-Running
- Paragliding
- Mountain-Rafting
- Laserdrom
- Fahrstuhl-Surfen

Wo werden sie ausgeübt?
- In eigens dafür gebauten Freizeitzentren
- In der Luft oder im Wasser
- In den Städten oder in der freien Natur

Welche Folgen können sich ergeben?
- Finanzielle Belastungen
- Verletzungen
- Freizeitstress

Woher kommen die Anregungen dazu?
- Medien
- Freundeskreis

4.3 Die Stoffsammlung

Die Stoffsammlung liefert im Idealfall **Material für die gesamte Erörterung**, denn auch ein Einfall, der als Argument nicht geeignet ist, lässt sich oft als Einleitungs- oder Schlussgedanke verwenden.
Lege die Stoffsammlung weit an, lass die Gedanken schweifen. Stell dir die betroffenen Personen vor, spüre ihren Absichten und Problemen nach. Was sagen andere zu dem im Thema angesprochenen Zusammenhang?

- **Notiere ungeordnet** alle Gesichtspunkte, die dir zum Thema einfallen.
- Beschrifte das Blatt klug: Schreibe untereinander, damit **Zuordnungen** und **Ergänzungen** möglich sind.
- Wenn dir die Struktur des Hauptteils klar ist, kannst du das **Blatt** entsprechend **einteilen**, etwa in mehrere Spalten (z. B. pro – contra – eigene Meinung).
- Du kannst auch eine **Mind-Map** anfertigen.
- Die oben erwähnten **W-Fragen** helfen ebenfalls weiter.

Beispiel: Ungeordnete Stoffsammlung

- Mutproben unter Gleichaltrigen
- Angabe
- Bedürfnis nach Anerkennung und Geltung
- Viel freie Zeit
- Abenteuerlust, Nervenkitzel
- Gesellschaftliche Ursachen
- Persönliche Herausforderung
- Durch die Medien bedingt
- Monotones, langweiliges Berufsleben
- Wunsch nach übermenschlichen Fähigkeiten
- Austesten der eigenen Leistungsgrenzen
- Ausbruch aus dem Alltag
- Durch den Beruf bedingt
- Gezielte Werbung in den Medien
- Gruppenzwang
- Suche nach Selbstbestätigung
- Beeinflussung durch Presse, Funk und Fernsehen
- Übertriebene Risikobereitschaft
- Mut zum Risiko
- Sich messen mit der Natur, den Naturgewalten

Beispiel: Mind-Map

Eine Mind-Map ist eine Gedanken- oder Ideenlandkarte, die sowohl den Verstand als auch die Sinne anspricht.
Bei der Methode des Mind-Mapping bringst du spontan die Gedanken zu Papier, die dir zum Thema einfallen, und verbindest sie durch Linien, Verzweigungen, Kreise oder Bilder. Dabei entwickeln sich immer neue Assoziationen, sodass es dir vielleicht leichter fällt, Argumente zu finden.

Beispiel für eine Mind-Map zum Thema: „Gründe für extreme Freizeitaktivitäten“

4.4 Die Stoffordnung

Die Stoffordnung bringt System in das kreative Chaos deiner Stoffsammlung. **Verschiedene Farben und Symbole** helfen dir, **Gemeinsamkeiten** festzuhalten, damit du besser **zusammenfassen** kannst. Erarbeite dann klare, übergreifende Gesichtspunkte – orientiere dich dabei auch an der Themafrage! – und finde passende Oberbegriffe und Unterpunkte dazu.

Bei der Suche nach passenden Oberpunkten oder Oberbegriffen kann es hilfreich sein, allgemeine Bereiche des Lebens zu prüfen:

- Öffentliche Bereiche: wirtschaftliche, staatliche, berufliche, gesellschaftliche, soziale, mediale Gründe etc.
- Betroffene Personengruppen: persönliche, familiäre Ursachen etc.
- Strukturen: juristische, materielle, finanzielle, ökologische, zeitliche Aspekte etc.
- Individuelle Bereiche: gesundheitliche/medizinische, physische, psychische, religiöse, moralische Gründe etc.

Beispiel: Gründe für extreme Freizeitaktivitäten

- Gesellschaftliche Gründe:
  - Im Bereich der Medien: gezielte Werbung, Beeinflussung durch Presse, Funk, Fernsehen und Internet
  - Im Bereich des Berufs: Ausgleich zum monotonen Berufsleben, Überschuss an freier Zeit
- Persönliche Gründe:
  - Suche nach Selbstbestätigung: Mutproben, Geltungsbedürfnis, Gruppenzwang
  - Ausbruch aus dem normalen Alltag: übertriebene Risikobereitschaft, Sehnsucht nach übermenschlichen Fähigkeiten, Nervenkitzel und Abenteuerlust, Auseinandersetzung mit Naturelementen

4.5 Die Gliederung

Deine Gesichtspunkte sind jetzt geordnet und sortiert, nun müssen sie in die **Gliederungsform**, die auch Gegenstand der Bewertung deiner Abschlussprüfung ist, überführt werden.

- Befolge das **Prinzip der Steigerung**: Nenne das Wichtigste zuletzt!
  Beachte: In der dialektischen Erörterung stehen daher Argumente, die deine eigene Position unterstützen, im zweiten Abschnitt des Hauptteils.
- Verwende für deine Gliederungspunkte im Hauptteil den **Nominalstil**, das heißt kurze, prägnante Schlagwörter/Substantive mit passenden Adjektiven.
- Achte auf **Einheitlichkeit des Stils**: Verwende entweder durchgehend ganze Sätze oder bleibe im Hauptteil (Teil B) konsequent im Nominalstil.
- **Einleitung und Schluss** müssen immer in ganzen Sätzen formuliert werden.
- Unter jedem Überbegriff müssen **mindestens zwei Unterpunkte** stehen.
  Wenn es nach einem Punkt 1 keinen Punkt 2 gibt, dann ist es auch sinnlos, diesen Gedanken als Punkt 1 zu kennzeichnen. Versuche in dem Fall weitere Unterpunkte zu finden. Möglicherweise kann der Aspekt auch einem anderen Oberbegriff zugeordnet oder zu einem eigenständigen Oberbegriff werden.
- Nenne **keine Beispiele** in der Gliederung. Diese gehören in deinen Aufsatz.

Für die **Form** der Gliederung (die abgegeben werden muss) gibt es **zwei Möglichkeiten:** die **alphanumerische** (auch: konventionelle) und die **dezimale** (auch: numerische) **Gliederung**.

Beide Gliederungsformen können sowohl für die lineare als auch für die dialektische Erörterung eingesetzt werden.

1. Die alphanumerische bzw. konventionelle Gliederung

A. Einleitung: Grundgedanke
B. Überleitung: Themafrage
 I. Oberbegriff
  1. Unterbegriff
   a) Unterpunkt
   b) Unterpunkt
  2. Unterbegriff
   a) Unterpunkt
   b) Unterpunkt
 II. Oberbegriff
  …
  …
C. Schluss: Grundgedanke

2. Die dezimale bzw. numerische Gliederung

A. Einleitung: Grundgedanke
B. Überleitung: Themafrage
 1 Oberbegriff
 1.1 Unterbegriff
 1.1.1 Unterpunkt
 1.1.2 Unterpunkt
 1.2 Unterbegriff
 1.2.1 Unterpunkt
 1.2.2 Unterpunkt
 2 Oberbegriff
  …
  …
C. Schluss: Grundgedanke

Beispiel für eine **alphanumerische** bzw. **konventionelle** Gliederung:

*Beispiel: Warum sind Praktika sinnvoll und welche Folgen kann ein Praktikum haben? (**lineare Erörterung**)*

A. In den Medien ist immer wieder von der „Generation Praktikum" die Rede.

B. Warum sind Praktika sinnvoll und welche Folgen kann ein Praktikum nach sich ziehen?

   I. Gründe, die für Praktika sprechen

      1. Wirtschaftliche Gründe
         a) Einsparen von Arbeitskräften in der Firma
         b) Kennenlernen möglicher Auszubildender
         c) Gewinn neuer Ideen

      2. Persönliche Gründe
         a) Sammeln neuer Erfahrungen
         b) Bei bezahlten Praktika: Aufbessern des Taschengelds
         c) Verbessern der Chancen bei einer späteren Bewerbung

      3. Berufliche Gründe
         a) Kennenlernen verschiedener Arbeitsbereiche
         b) Einblicke in das Berufsleben
         c) Erleichterung der Entscheidung für die spätere Berufswahl

   II. Folgen von Praktika

      1. Gesellschaftliche Folgen
         a) Größere Arbeitszufriedenheit beim Start in den Beruf
         b) Gefahr der Ausnutzung der Jugendlichen durch die Firmen
         c) Regulativ während wirtschaftlicher Krisenzeiten: mehr Praktikanten während schlechter Auftragslage

      2. Soziale Folgen
         a) Wirtschaftliche Unsicherheit für den Praktikanten bei längeren Praktika
         b) Kein Kündigungsschutz
         c) Geringere Bezahlung als bei regulären Ferienjobs

      3. Individuelle Folgen
         a) Ausbruch aus Schülerdasein
         b) Kenntnis positiver und negativer Seiten einer Firma
         c) Persönliche Bekanntschaft bei „Wunschfirma"

C. Wer sich bei der Berufswahl noch nicht sicher ist, sollte überlegen, ein Praktikum zu absolvieren.

Beispiel für eine **dezimale** bzw. **numerische** Gliederung:

Beispiel: Sollte man sich in der heutigen Zeit vegetarisch ernähren?
(dialektische Erörterung)

A. Einleitung: Immer wieder berichtet die Tagespresse von Skandalen über ungenießbares oder chemisch behandeltes Fleisch.
(Oder:) Definition Vegetarier: Ovo-Lacto-Vegetarier und Veganer

B. Sollte man sich in der heutigen Zeit vegetarisch ernähren?

1 Gründe, die für eine fleischlose Kost sprechen

1.1 Ethisch-moralische Gründe
1.1.1 Verbot des Fleischverzehrs durch einige Religionen
1.1.2 Respekt vor dem Lebewesen
1.1.3 Tötungsaspekt

1.2 Persönliche Gründe
1.2.1 Gesundheitliche Aspekte / Diät
1.2.2 Ausreichend Nährstoffe in pflanzlichem Essen
1.2.3 Überwiegen der Tierliebe

1.3 Ökologische Gründe / Tierschutz
1.3.1 Dominanz wirtschaftlicher Interessen bei der Tierhaltung
1.3.2 Hormonbehandlungen für schnellere Aufzucht
1.3.3 Grausame Schlachtverfahren

2 Gründe, die gegen eine vegetarische Ernährung sprechen

2.1 Ökonomische / wirtschaftliche Gründe
2.1.1 Finanzielle Einbußen in der Landwirtschaft bei Fleischverzicht
2.1.2 Geringer Preis von Fleisch gegenüber Bio-Gemüse
2.1.3 Erhalt von Arbeitsplätzen in der Fleischindustrie

2.2 Kulturelle Gründe
2.2.1 Fleischgenuss aus Tradition
2.2.2 Guter Geschmack
2.2.3 Bestandteil vieler traditioneller Gerichte in allen Kulturen

2.3 Gesundheitliche Gründe
2.3.1 Problematik rein pflanzlicher Kost für kleine Kinder
2.3.2 Gefahr der Mangelernährung ohne tierisches Eiweiß
2.3.3 Möglichkeit gesunder Ernährung auch mit Fleisch

3 Synthese: Auch beim Verzehr von Fleisch sollte auf eine gesunde Ernährung geachtet werden.

C. Schluss: Bio-Fleisch wird immer wichtiger werden.
(Oder: eigene Meinung)

5 Die Ausgestaltung des Aufsatztextes

Der Aufsatz selbst besteht aus der **Einleitung**, dem **Hauptteil** mit den **Argumenten** und dem **Schluss**. Gliedere den Text optisch in Absätze, den Abschnitten der inhaltlichen Struktur folgend, das macht ihn „leseappetitlich". Auch bei längeren Ausführungen zu einzelnen Argumenten empfiehlt es sich, durch Absätze für Übersichtlichkeit zu sorgen.

5.1 Die Einleitung

Eine lieblos hingeworfene Einleitung ist keine Einladung an den Leser, den Text weiter zu lesen. Deshalb solltest du einige Gedanken darauf verwenden, eine interessante Einleitung zu gestalten. Dafür gibt es verschiedene Möglichkeiten:

- Aktuelles Ereignis oder konkreter Anlass (z. B. ein aktueller Bericht in den Medien)
- Persönliches Erlebnis
- Definition des Kernbegriffs
- Vergleich mit Ähnlichem
- Annäherung über das (scheinbare) Gegenteil
- Zitat einer bekannten Persönlichkeit (Vorsicht: Das muss wirklich genau passen!)
- Geschichtlicher Rückblick (Vorsicht: Die Fakten müssen stimmen und zur Frage passen!)

Die klassischen **Gefahrenquellen** der Einleitung sind

1. Die Vorwegnahme von Argumenten,
2. Die Vorwegnahme des Erörterungsergebnisses.

Ersteres führt logischerweise zu Wiederholungen, Letzteres zu Langeweile beim Lesen, wenn man ohnehin schon weiß, worauf die ganze Abwägung hinausläuft – vor allem schädlich ist das bei kontroversen Themen. Ein bisschen Spannung sollte schon bleiben!

Außerdem solltest du darauf achten, für deine Einleitung nicht den hinführenden Satz aus der Themenstellung zu verwenden. Entwickle stattdessen deine **eigene Idee** und formuliere daraus einen interessanten und passenden Einleitungsgedanken.

> ! Ganz wichtig ist, dass du die **Themafrage**, die den Schluss der Einleitung bildet, auch wirklich **vollständig und richtig wiedergibst**, sonst bahnt sich unter Umständen eine Themaverfehlung an!

Beispiel:

Warum sind Fremdsprachen heutzutage so wichtig?

A. In einer aktuellen Umfrage unter 17 Fremdenverkehrszentralen in aller Welt stellte sich heraus, dass deutsche Urlauber, ganz im Gegensatz zur landläufigen Meinung, gute Noten für ihr Auftreten im Ausland erhalten. Im Vergleich mit Urlaubern anderer Nationen schnitten sie besonders bei den Fremdsprachenkenntnissen gut ab. Das hängt sicherlich auch damit zusammen, dass in Deutschland Fremdsprachenunterricht in allen Schularten einen hohen Stellenwert genießt. *(Einleitungsgedanke)*

Wie wichtig die Beherrschung fremder Sprachen gerade in der heutigen Zeit ist, soll im Folgenden gezeigt werden. *(Überleitung / Themafrage)*

B. Die Beherrschung anderer Sprachen als der Muttersprache ist in un- Argument 1
1 seren Tagen besonders wichtig, weil wir in einer zunehmend ver-
1.1 netzten Welt leben, die eine entsprechende Kommunikation erfordert.
1.1.1 Europa z. B. rückt politisch, wirtschaftlich und kulturell immer enger zusammen. Wir Europäer wollen außenpolitisch gemeinsam …

5.2 Der Hauptteil

Argumentieren bedeutet so viel wie beweisen, begründen. Es kommt also darauf an, dass du deine Gedanken überzeugend begründest und mit treffenden Beispielen veranschaulichst. Ein **Argument** besteht dabei in der Regel aus folgenden Teilen:

1. Überleitung
2. Behauptung
3. Begründung
4. Beispiel
5. Folgerung, Abrundung oder Rückführung zum Thema

Beispiel:

Freizeit an der Schmerzgrenze! Warum suchen Menschen nach immer ausgefalleneren und extremeren Freizeitaktivitäten?

Die veränderte Berufswelt ist ebenso ein Auslöser für den Wunsch nach ex- Überleitung
tremen Freizeitaktivitäten. Viele Arbeitnehmer empfinden ihre **beruflichen** Behauptung
Aufgaben – ob im Büro oder im Industriebetrieb – als **zu monoton**. Tagein,
tagaus erledigen sie dieselben Tätigkeiten mit denselben Handgriffen in der- Begründung
selben Umgebung. Da scheint ein Besuch in einem Laserdrom Abwechslung Beispiel
in das Leben zu bringen. Mit der Waffe in der Hand führt man einen intergalaktischen Krieg und ist jetzt nicht mehr ein Rädchen von vielen im Ar-
beitsgetriebe, sondern Herr über Leben und Tod. Auf diese Weise wollen so Abrundung
manche dem eintönigen Berufsalltag entrinnen.

Argumentierende Texte werden grundsätzlich in der **Sachsprache** geschrieben, Umgangssprache ist verboten. Sprachliche Bilder, Vergleiche, Fragen, ironische Wendungen dagegen sind erlaubt. Aber du solltest solche Formulierungen äußerst sparsam verwenden, denn sprachliche Tricks dienen der Abwechslung und sind nicht für den Dauergebrauch geeignet.

Nicht erlaubt ist, den Leser persönlich anzusprechen (vor allem nicht im Prüfungsaufsatz!); ebenso wenig solltest du in die Ausarbeitung der Argumente, die gerade nicht der Darstellung der eigenen Meinung dienen, eigene Urteile („Man sollte …“) einfließen lassen. Auch werden Verbesserungsvorschläge nur dort aufgeführt, wo sie tatsächlich gebraucht werden, also z. B. im Abschnitt „Maßnahmen“ (wenn das Thema danach fragt), und nicht irgendwo sonst in den Ausführungen.

Unglücklich wirken negative Beispiele zur Untermauerung einer an sich positiv gemeinten Aussage:

Beispiel:

Sollte man sich heutzutage vegetarisch ernähren?

Wer kein Fleisch isst, kann viele leckere Gerichte nicht essen.

besser: Wer Fleisch isst, hat die Auswahl an vielen leckeren Gerichten.

Innerhalb einer Argumentation kommt den **Beispielen** eine wichtige Funktion zu: Sie veranschaulichen die Aussagen. Deshalb müssen sie wirklich passen. Beschränke dich also nicht auf oberflächliche Formulierungen, sondern bemühe dich, sinnvolle und treffende Beispiele zu finden.

Schlussfolgerungen beweisen nicht, dass die Beispiele zur Behauptung passen, sondern, dass mit die jeweilige Behauptung zur Antwort auf die Themafrage beiträgt. Damit zwingst du dich, immer wieder zum Ausgangspunkt zurückzukehren, und hast eine Absicherung gegen eine Themaverfehlung.

Wenn das Thema nach deiner **persönlichen Einschätzung** fragt und du keine eindeutige Meinung hast, kannst du ein „zwar – aber" formulieren oder die Bedingungen nennen, unter denen du möglicherweise zustimmen oder ablehnen könntest.

Die einzelnen **Abschnitte und Argumente** des Hauptteils werden sprachlich miteinander **verknüpft**.

Beispiel für den 1. Abschnitt, 1. Argument:

- Dabei ist ein erstes wichtiges Argument …
- Als erste Ursache ist hierbei zu erwähnen …
- Ein wesentliches Beispiel ist dabei …

Beispiele für die Überleitung von einem Argument zum anderen:

In diesen Überleitungen lässt sich gut die Steigerung in der Gewichtung der Argumente deutlich machen.

- Nicht nur … zeigt jedoch, wie schwer wiegend die Folgen sind, auch …
- Es gibt jedoch noch wichtigere Maßnahmen.
- Die dargestellte Ursache ist jedoch nicht allein verantwortlich für …
- Dies gilt auch für …
- Zu erwähnen ist auch …
- Ein weiterer wichtiger Gesichtspunkt ist …
- Diese Tatsache hängt eng mit dem nächsten Gesichtspunkt zusammen.
- Von noch größerer Bedeutung in diesem Zusammenhang ist …
- Der entscheidende Grund für … ist …

Beispiele für die Überleitung zwischen den Abschnitten des Hauptteils:

- Die dargestellten Gründe für … haben gezeigt, … Nun sollen auch mögliche Maßnahmen dargestellt werden
- Wie die bisher angeführten Argumente zeigen, spricht vieles für/gegen die Behauptung, dass … Nun sollen jedoch auch die Argumente der Gegenseite dargestellt werden.

!

- Werte deine Argumente nicht selbst durch falsche Ausdrucksweise bei der Steigerung ab (z. B. *ein eher unwichtiges/nicht so wichtiges Argument ist …*).
  Keines deiner Argumente ist weniger wichtig, sonst würdest du es ja nicht verwenden!
- Formuliere zu Beginn jedes Arguments noch einmal klar den Themabezug!
  Es sollte also nicht heißen: *Ein weiterer wichtiger Grund ist der Gruppenzwang …*, sondern: *Ein weiterer wichtiger Grund für den Konsum von Drogen ist der Gruppenzwang …*

Bearbeitest du eine dialektische Erörterung, wird am Ende des Hauptteils, nach den Argumenten, eine **Synthese** verlangt. Das bedeutet, du hast zwei verschiedene Positionen dargestellt, von denen du dich für eine entscheidest. Im Hauptteil beginnst du also nach deinem letzten Argument mit einem neuen Absatz, in dem du die verschiedenen Aspekte der einzelnen Seiten gegeneinander abwägst (Welche Seite ist die wichtigere/bedeutendere?). Du kannst hier noch einmal kurz die Thesen der einzelnen Argumente nennen und dich **für eine Seite entscheiden**. Verzichte dabei auf die 1. Person Singular („ich finde", „mir scheint" etc.); deine persönliche Meinung stellt du erst im Schlussteil dar.

Beispiel:

Nachdem nun ausführlich die Gründe, die im Hinblick auf ethisch-moralische, persönliche und ökologische Aspekte für eine vegetarische Ernährung sprechen, erörtert wurden und auch die Gegenseite mit ökonomischen Gesichtspunkten, kulturellen und gesundheitlichen Aspekten betrachtet wurde, erscheint insgesamt eine fleischhaltige Ernährung sinnvoller. Der hohe Fleischkonsum in Deutschland zeigt, dass der Großteil der Bevölkerung eher den letztgenannten Gründen zustimmt und eine nicht vegetarische Ernährung bevorzugt.

5.3 Der Schluss

Der Schlussteil soll eine Erörterung abrunden; er darf keine Antwort mehr auf die Themafrage(n) enthalten. Als Grundregel gilt: Alles, was das Thema erfragt, muss im Hauptteil beantwortet sein.

Mögliche Schlussgedanken:

- Ausblick auf künftige Entwicklungen
- Weiterführender Gedanke
- Wunsch
- Bedingungen für Verwirklichung von Vorschlägen (hängt vom Thema ab)
- Folgen, Folgerungen (hängt vom Thema ab)
- Maßnahmen (hängt vom Thema ab)

Der Schlussteil sollte nach Möglichkeit nichts wiederholen oder zusammenfassen; der Leser fragt sich sonst zu Recht, warum der Schreiber nicht gleich kurz und bündig formuliert hat. Was für die Einleitung gilt, gilt auch für den Schluss: **keine Argumente** anführen. Diese gehören in den Hauptteil.

Schließlich hast du im Schlussteil die Möglichkeit, deine **eigene Meinung** einzubringen. Dies gilt vor allem dann, wenn du eine dialektische Erörterung bearbeitet und eine Synthese formuliert hast. Versuche hier, keine Argumente vom Hauptteil zu wiederholen. Du darfst aber schreiben, worauf du selbst gesteigerten Wert legst und was für dich persönlich gilt.

Beispiel:

Sollte man sich in der heutigen Zeit vegetarisch ernähren?

Im Hauptteil habe ich erörtert, ob eine vegetarische Ernährung sinnvoll ist oder nicht. Ich persönlich bin der Meinung, dass jeder dies selbst für sich entscheiden sollte. Es gibt nicht „die für alle geltende Ernährungsweise". Jeder hat einen anderen Geschmack und eine eigene Lebensart. Vielleicht ist auch ein Kompromiss für viele Menschen am einfachsten zu praktizieren, das heißt, an einigen Tagen in der Woche Fleisch zu verzehren, an anderen dagegen fleischlos zu essen. So ernährt man sich ausgewogen und hat zugleich geschmackliche Vielfalt. Ich esse gern Fleisch und Wurstwaren und möchte nicht komplett darauf verzichten.

Beispiel:

Freizeit an der Schmerzgrenze! Warum suchen Menschen nach immer ausgefalleneren und extremeren Freizeitaktivitäten?

Wie deutlich wurde, umfassen ausgefallene Freizeitaktivitäten ein sehr breites Feld, das von außergewöhnlichen Tätigkeiten bis hin zu lebensbedrohlichen und kriminellen reicht. Viele davon sind mit Stress und Anspannung verbunden. Die Menschen müssen jedoch erkennen, dass es sich nicht lohnt, in der Freizeit nach immer Außergewöhnlicherem, Gefährlicherem und Sensationellerem zu streben. Bei einigen wird bereits ein neuer Trend nach mehr Besinnung, Ruhe und auch Konsumverzicht beobachtet. Sie haben erkannt, dass man seine Mußestunden genießen sollte. Dies ist ein wichtiger Schritt zur Selbstfindung und inneren Zufriedenheit.

6 Zur Bewertung der Erörterung

In der Regel wird die Deutschlehrkraft die Erörterung ohne Bewertungspunkte, sondern mit Einzelnoten bewerten. Die Vorgabe ist, zur Hälfte den Inhalt und zur anderen Hälfte die Sprache zu benoten. Es ist also nicht nur wichtig, einen sinnvollen Text zu schreiben. Er muss auch sprachlich ansprechend und richtig sein.

Bei der Bewertung des **Inhalts** zählen die Gliederung in der Regel einfach, alle Argumente zusammen zweifach, einfach die Erörterungstechnik sowie einfach Einleitung und Schluss, was zusammen den Teiler 5 ergibt. Im Hinblick auf die **Sprache** werden dreifach der Satzbau, Ausdruck und Stil bewertet, zweifach Rechtschreibung, Zeichensetzung und grammatikalische Richtigkeit. Dies ergibt ebenfalls den Teiler 5, sodass am Ende der Teiler 10 die Abschlussprüfungsnote bestimmt.

Inhalt		**Sprache**	
Gliederung Argumente Erörterungstechnik Einleitung und Schluss	1 x 2 x 1 x 1 x	Satzbau, Ausdruck, Stil Rechtschreibung, Zeichensetzung, Grammatik	3 x 2 x
	Teiler 5 (50 %)		Teiler 5 (50 %)

Diese Angaben sind jedoch nur Richtlinien, die Bewertung macht jede Deutschlehrkraft individuell. Sie wird dir aber ihre Kriterien vor der Prüfung bekannt geben.

7 Die Überarbeitung des Aufsatzes

Für jeden Teil der Erörterung gibt es typische Fehler, die sich besonders häufig einschleichen. Du solltest gezielt darauf achten, sie zu vermeiden – denn wenn man weiß, wo eine Gefahr liegt, kann man sie leichter umgehen.

- Die **Einleitung** solltest du daraufhin kontrollieren, dass sie **nicht wertet** und kein Argument des Hauptteils vorwegnimmt.
- Der klare **Bezug** jedes Arguments **zur Themafrage** muss überprüft werden: Es kann nämlich auch vorkommen, dass zwar die These noch zum Thema passt, das Beispiel jedoch in eine völlig andere Richtung geht.
- Die **Begründung** muss wirklich **vernünftig** und **vertretbar** sein. Vorurteile taugen hier nichts, wie z. B. zum Thema „Probleme berufstätiger Mütter" als These „familiäre Überlastung" und als Begründung dazu: „Kinder berufstätiger Mütter leiden unter Verwahrlosung und bekommen deshalb psychische Probleme". Diese Behauptung kann in einer so pauschalen Form niemals belegt werden und entwertet eine an sich richtige These.
- Die **Beispiele** dürfen **nicht zu persönlich oder zu extrem** sein. „Erst kürzlich wurde wieder eine Freundin von mir auf der Heimfahrt von der Disco überfallen" – im Plauderton erzählt und so verallgemeinernd ist das schwer zu glauben.

Präge dir möglichst viele der folgenden Schritte ein und wende sie bereits bei Übungsaufsätzen an!

Überprüfe den Inhalt:

- Sind meine Aussagen sachlich richtig?
- Habe ich wirklich Argumente zusammengetragen? Denke daran: Erörterungen sind gedankliche Auseinandersetzungen, keine Tatsachenbeschreibungen!
- Sind meine Thesen, Argumente, und Beispiele relevant? Du solltest kein belanglos heiteres Geplauder zu Papier bringen.
- Stehen die Beispiele da, wo sie hingehören?
- Ist die Themafrage in allen Teilen des Textes beantwortet?
- Habe ich alle wichtigen Wörter der Themafrage beachtet?

Überprüfe die Sprache:

- Schreibe bewusst: Jeder Satz hat eine Aufgabe. Bring nicht alles in einen Satz, was dir zu einem Gesichtspunkt einfällt!
- Vermeide unnötig komplizierte Satzgefüge! Falsch: Ein Grund dafür, dass die Behauptung stimmt, ist, dass …
- Überprüfe deine Ausdrucksweise: Ist meine Sprache sachlich und angemessen (keine Umgangssprache)?
- Stimmt die Groß- und Kleinschreibung? Habe ich Fremdwörter richtig geschrieben und inhaltlich korrekt eingesetzt?
- Überprüfe die Rechtschreibung: Besonders bei „dass/das" passieren oft Flüchtigkeitsfehler.
- Ist „z. B." richtig in den jeweiligen Satzbau eingepasst? Falsch: Z. B. man kann im Lexikon nachschlagen.

8 Aufsatzbeispiel Erörterung

Freizeit an der Schmerzgrenze!
Warum suchen immer mehr Menschen nach ausgefallenen und extremen Freizeitaktivitäten? Welche Nachteile können sich dadurch ergeben?

Gliederung:

A. Die Freizeitindustrie boomt, die Menschen betreiben zunehmend außergewöhnliche Beschäftigungen und Hobbys.

B. Warum suchen immer mehr Menschen nach ausgefallenen und extremen Freizeitaktivitäten? Welche Nachteile können sich dadurch ergeben?

1 Gründe für die Beliebtheit extremer Freizeitbeschäftigungen

1.1 Gesellschaftliche Gründe
1.1.1 Einfluss durch Medien und Werbung
1.1.2 Veränderte Berufswelt

1.2 Soziale Gründe
1.2.1 Gemeinschaftserlebnis
1.2.2 Konkurrenzkampf
1.2.3 Geltungsbedürfnis

1.3 Individuelle Gründe
1.3.1 Selbstbestätigung
1.3.2 Grenzerfahrungen
1.3.3 Ausbruch aus dem Alltag, Sehnsucht nach Abenteuer

2 Nachteile extremer Freizeitbeschäftigungen

2.1 Ökologische Nachteile
2.1.1 Umweltverschmutzung
2.1.2 Störung empfindlicher Ökosysteme

2.2 Individuelle Nachteile
2.2.1 Keine Erholung
2.2.2 Hohe Kosten
2.2.3 Verletzungsrisiko

2.3 Gesellschaftlich soziale Nachteile
2.3.1 Selbstüberschätzung, Mutproben
2.3.2 Begehen von Straftaten

C. Extreme Freizeitbeschäftigungen können eine gute Abwechslung im Alltag sein, wenn man dabei die Entspannung nicht vergisst und sich verantwortlich verhält.

Ausarbeitung der Erörterung:

A. Zeit ist in unserer Gesellschaft zur „Mangelware“ geworden. Für viele ist daher die Frage, wie man seine so wertvolle Freizeit gestaltet und am besten für sich nutzt, durchaus bedeutsam. Kein Wunder also, dass die Freizeitindustrie mit ihren vielfältigen Angeboten als Wirtschaftszweig zunehmend an Bedeutung sowie Kunden gewonnen hat. Davon profitieren Gastronomie, Reiseunternehmen, Fitness- und Sportzentren ebenso wie Kulturbetriebe, Verlage, Spiel- und Sportgerätehersteller. Nicht zuletzt bedeutet diese Entwicklung auch für Autofirmen oder Fluggesellschaften ein gewinnbringendes Geschäft, denn die Erholungsuchenden wollen schnellstmöglich die Freizeitzentren, Vergnügungsparks oder abgelegenen Ziele ihrer auserkorenen Abenteuer erreichen. In die Freizeitgestaltung wird also investiert – nicht nur Bares, sondern auch Zeit zur Planung der immer ausgefalleneren Ideen. Denn vielen genügt es schon lange nicht mehr, „nur“ Tennis zu spielen oder Ski zu fahren, sie suchen nach einer weit ungewöhnlicheren Freizeitbeschäftigung. Es drängt sich daher die Frage auf, warum immer mehr Menschen nach extremen Freizeitaktivitäten suchen, aber auch die, welche Nachteile mit dieser Entwicklung verbunden sind.

B. Verschiedene Gründe sind dafür ausschlaggebend, dass sich die Bundesbürger in zu-
1 nehmendem Maße für eine ausgefallene Freizeitgestaltung interessieren. Einige der
1.1 **Ursachen** sind **gesellschaftlicher Art**.

1.1.1 So spielen etwa die **Medien** eine wesentliche Rolle. Bei ausgefallenen Sportarten wird **Werbung** verstärkt eingesetzt. Die Sportartikelindustrie will ihren Umsatz steigern, Urlaubsregionen wollen ihre Vielfalt demonstrieren und dadurch ihre Attraktivität erhöhen, sodass beide gezielt für sportliche Aktivitäten wie Paragliding oder Drachenfliegen werben. Wie bei anderen Produkten werden so Wünsche geweckt, die befriedigt werden, indem man dieser Betätigung nachgeht. Ebenso üben **Film und Fernsehen** einen Einfluss aus: In zahlreichen Actionszenen scheint es ein Leichtes zu sein, in Fahrstuhlschächten oder auf fahrenden Zügen herumzuklettern. Auch in **Zeitungsartikeln** und Reportagen werden ungewöhnliche Freizeitvergnügungen vorgestellt und so bekannt gemacht. Wenn junge Leute vom House-Running, bei dem man Hochhäuser vertikal hinabläuft, und dem damit verbundenen unbeschreiblichen Gefühl berichten, wird mancher Leser oder Zuschauer zur Nachahmung angeregt. Mit Joggen allein ist es dann nicht mehr getan: Man will selbst den „Kick“ erleben.

1.1.2 Die **veränderte Berufswelt** ist ebenso ein Auslöser für den Wunsch nach extremen Freizeitaktivitäten. Zahlreiche Arbeitnehmer empfinden ihre beruflichen Aufgaben – ob im Büro oder im Industriebetrieb – als **zu monoton**. Tagein tagaus erledigen sie dieselben Tätigkeiten mit denselben Handgriffen in derselben Umgebung. Da bringt ein Besuch in einem Laserdrom Abwechslung ins Leben. Mit der Waffe in der Hand führt man einen intergalaktischen Krieg und ist nicht mehr nur ein Rädchen von vielen im Arbeitsgetriebe, sondern Herr über Leben und Tod. Auf diese Weise will manch einer dem eintönigen Berufsalltag entrinnen. Da zudem in der heutigen Berufswelt weniger Tätigkeiten einen hohen körperlichen Einsatz verlangen, will man die Freizeit **möglichst aktiv** verbringen. Nach der eintönigen beruflichen Arbeit erscheinen vielen herkömmliche Beschäftigungen dann zu langweilig.

1.2 Auch im **sozialen Bereich** lassen sich Gründe ausmachen für die Zunahme ungewöhnlicher Freizeitgestaltung.

1.2.1 An erster Stelle steht hier das **Gemeinschaftserlebnis**. Den meisten Vergnügungen, vom Unterwasserhockey bis zum Paintball, wird in einer Gruppe von Gleichgesinnten nachgegangen. Alle verfolgen das gleiche Ziel, haben die gleichen Erlebnisse und machen die gleichen Erfahrungen. Das schweißt zusammen. Vor allem in Extremsituationen muss man sich auf den anderen verlassen können, sodass sich in solchen Abenteurergruppen ein ganz besonderer Gemeinschaftsgeist entwickelt, den viele im

Alltag vermissen. Aus dem Erlebnis, beispielsweise eine riskante Kajaktour gemeinsam bewältigt zu haben, können ganz besondere Freundschaften entstehen.

1.2.2 Die Gruppe, in der man sich in der Freizeit aufhält, kann aber auch einen anderen Effekt ausüben: Als mögliche Konkurrenz kann die Gemeinschaft ein **Ansporn** sein. Die **Wettkampfsituation**, sich mit anderen zu messen und womöglich als bester hervorzutun, stellt für viele im Sport einen großen Reiz dar. Dies gilt oft in gesteigerter Form für extreme Freizeitaktivitäten, weshalb auch dieser Aspekt zum Ausüben einer solchen führen kann. Einer versucht dabei, den anderen zu überbieten, und so treibt man sich gegenseitig zu Höchstleistungen an. Dass dieses **Konkurrenzdenken** allerdings oft auch die Risikobereitschaft steigert, zeigt sich beispielsweise an privaten Autorennen auf einsamen Waldstrecken oder Autobahnabschnitten, bei denen die Teilnehmer ihr Fahrkönnen unter Beweis stellen wollen.

1.2.3 Als weiterer durch soziale Aspekte beeinflusster Grund für ungewöhnliches Freizeitverhalten spielt das **Geltungsbedürfnis** bei vielen eine wesentliche Rolle. Hatte vor 30 bis 40 Jahren Tennis als „weißer Sport“ noch relativ elitären Charakter, so ist er heute zum Volkssport geworden. Eine ähnliche Entwicklung erfolgte bei vielen anderen Sportarten. Will jemand aber aus der breiten Masse hervorstechen oder sucht Anerkennung bei anderen, so muss er schon mit ausgefallenen Freizeitaktivitäten aufwarten, wie zum Beispiel Helikopter-Skiing oder Canyon-Trekking. Viele erfüllt es mit Stolz, wenn sie von etwas Außergewöhnlichem berichten können.

1.3 Am stärksten wirken sich aber auf die ausgefallene Gestaltung der freien Zeit wohl Gründe aus, die im **persönlichen Bereich** liegen.

1.3.1 Zu nennen ist hier etwa die **Suche nach Selbstbestätigung:** In Extremsituationen möchten sich viele bewähren. Sich etwas sehr Schwieriges vorzunehmen und dieses dann zu erreichen, ist sicher eine gute Möglichkeit, das eigene Selbstbewusstsein zu stärken. Denn wer eine Extremsituation wie einen Tandem-Sprung gemeistert hat, wird sicher auch im stressigen Alltag bestehen. Nach einer 24-Stunden-Wanderung durch die Wildnis empfindet sicherlich so mancher – zu Recht – ein Gefühl von Stolz auf seine Leistung, das zuhause sonst kaum aufkommt.

1.3.2 Eng damit verbunden ist auch der Wunsch, seine eigenen **körperlichen und geistigen Grenzen** kennen zu lernen. Im Alltag erlebt man kaum Situationen, die den Menschen an den Rand der Erschöpfung bringen oder das Adrenalin in die Höhe treiben. Um sich selbst besser wahrnehmen und einschätzen zu können, suchen viele dann solche Erlebnisse, die beispielsweise ein Tornadoflug verspricht. Über die eigenen Grenzen hinaus gehen, heißt für viele auch, die **Grenzen der menschlichen Fähigkeiten** zu überschreiten, etwa wenn es um den Traum vom Fliegen geht. Allein über den Wolken zu schweben und die Erde von oben zu betrachten soll nicht nur den Vögeln vorbehalten sein. Beim Paragliding und Drachenfliegen will man selbst dieses Glücksgefühl verspüren.

1.3.3 Für die meisten ist der entscheidende Anlass für eine ungewöhnliche Freizeitbeschäftigung, dass sie **aus dem normalen Alltag ausbrechen** wollen. Viele sind alltagsmüde, darum ist die Sehnsucht nach **Abenteuer und Nervenkitzel** groß. Gerade Menschen, bei denen das Leben ansonsten in geordneten Bahnen verläuft, wollen wenigstens für kurze Augenblicke etwas Außergewöhnliches, den „absoluten Thrill“, erleben. Dazu suchen sie häufig die **Auseinandersetzung mit Naturelementen** wie Wind und Wasser. Beim Mountain-Rafting spüren sie den Kontakt zum Wasser, dessen Kraft und die damit verbundene Gefahr weit mehr als etwa bei einer Tretboot-Tour. Hat der – vielleicht sogar unsportliche – Durchschnittsbürger die ereignisreiche Wildwasserfahrt hinter sich gebracht, stellt sich meist eine innere Befriedigung ein. Er hat sich der Prüfung mit der Naturgewalt gestellt und sie bestanden. Durch die aufregende und unmittelbare Konfrontation mit dem Urelement Wasser hat er wieder seine eigene Lebendigkeit erfahren.

2 Gründe, sich für eine ausgefallene Freizeitaktivität zu entscheiden, gibt es also viele und ganz unterschiedlicher Natur. Doch darf man auch nicht vergessen, welche

2.1 **Nachteile** diese Art der Beschäftigung mit sich bringen kann. Auch wenn gerade Extremsportarten oder Freizeitabenteuer oft eine besondere Nähe zur Natur versprechen, sind mit vielen von ihnen erhebliche **Nachteile für die Umwelt** verbunden.

2.1.1 Es beginnt schon mit der Anreise zum Zielort der Abenteurer, der oft möglichst abgelegen oder mitunter – aufgrund der ausgefallenen Betätigung – zwangsweise von Städten und Gemeinden weit entfernt liegt. Von langen Autofahrten bis hin zu Fernflügen verschmutzen so **Abgase** die Atmosphäre. Auch die Herstellung von Sportgeräten und Freizeitartikeln ist meist schlecht für die **CO_2-Bilanz**. Häufig sind zudem Flüge für die Aktivität selbst vonnöten, wie etwa bei einem Fallschirmsprung. Aber auch Kräne, Boote, Trucks und Jahrmarkt-Fahrgeschäfte werden zum Vergnügen genutzt und verbrauchen dabei allesamt **Energie und Ressourcen**. Ein Spaziergang im Grünen oder ein Paddelausflug im nahe gelegenen See weist da eine weitaus bessere Öko-Bilanz auf.

2.1.2 Da derjenige, der einer ausgefallenen Freizeitbeschäftigung nachgehen will, häufig gerade die unberührte Natur sucht und in unerschlossene Regionen vordringt, werden dort empfindliche **Ökosysteme aus dem Gleichgewicht** gebracht. Seltene Tierarten werden unter Umständen in ihrem gewohnten Lebensumfeld so gestört, dass sie sich in immer noch entlegenere Gegenden zurückziehen müssen – bis auch hier wieder die Extremabenteurer auftauchen und sie erneut vertreiben. Das kann unerwartete Folgen für das Ökosystem haben und sogar dazu führen, dass manche Tier- oder Pflanzenarten aussterben. Schon kleinste Eingriffe in unberührte Landschaften – Bergwelten oder Meerestiefen etwa – können für die natürliche Entwicklung derselben ernst zu nehmende Konsequenzen haben, die der Mensch, der seinem Vergnügen nachgeht, nicht absehen kann.

2.2 Die negativen Aspekte und Konsequenzen außergewöhnlicher Freizeitgestaltung können aber auch den **Einzelnen** ganz persönlich betreffen.

2.2.1 So muss etwa berücksichtigt werden, dass die meisten der extremen Aktivitäten nur **wenig Erholung** bieten. Viele davon sind vielmehr mit Stress und Anspannung verbunden, da man ständig anstrengende oder sogar belastende Situationen erlebt und nicht die nötige Entspannung findet. Eine Trekkingtour im Hochgebirge zum Beispiel fordert den Körper wie auch Geist und Konzentration in höchstem Maße. Geht man es zu relaxt an, kann das schnell gefährlich werden. So kann es passieren, dass man nach dem vermeintlichen Freizeitvergnügen gestresster, erschöpfter oder unruhiger an den Arbeitsplatz oder in die Schule zurückkehrt, als man es vorher war.

2.2.2 Ein weiterer Nachteil ausgefallener Hobbys und Freizeitbeschäftigungen ist, dass sie in der Regel **sehr teuer** sind. Oft ist eine besondere Ausrüstung notwendig – Bergsteigerkluft, Tauchausrüstung, diverse Fahrzeuge und Sportgeräte etwa – oder teure Flüge und Anfahrten in entlegene Gegenden sind erforderlich. Auch eine in vielen Fällen benötigte Einweisung, Trainings oder spezielle fachkundige Unterstützung müssen bezahlt werden. Im Vergleich dazu sind eine einfache Radtour, ein Zeltausflug, Kinobesuch oder Picknick im Grünen wesentlich preisgünstiger.

2.2.3 Noch gravierender aber ist die Gefahr für den Einzelnen zu bewerten, sich zu **verletzen** oder **körperlichen Schaden** zu nehmen. Extreme Freizeitbeschäftigungen bergen immer das Risiko, dass einmal etwas nicht so klappt wie geplant. Neben halsbrecherischen Aktionen und purem Leichtsinn, der bei so viel Abenteuerlust gerne aufkommt, sind vor allem Naturgewalten wie Wetterumschwünge, Gletscherspalten oder unvorhersehbare Auf- und Abwinde unberechenbar. Gerade weil es sich um eine extreme Aktivität handelt, gehört es für viele dazu, die eigene körperliche Grenze bis zum Letzten auszureizen, was schnell nach hinten losgehen und sich auf die Gesundheit niederschlagen kann, sodass man sich zum Beispiel dehydriert in der Wüste oder völlig unterkühlt auf einem Berggipfel wiederfindet.

2.3 Schließlich können sich auch auf **gesellschaftlich-sozialer Ebene** negative Konsequenzen daraus ergeben, dass immer mehr Leute zu ungewöhnlichen Freizeitbetätigungen tendieren.

2.3.1 Derjenige, der sich in seiner Freizeit ungewohnten und extremen Situationen aussetzt, **überschätzt sich** leicht selbst. Insbesondere die Tatsache, dass es sich häufig um Gruppen handelt und diese enormen Druck auf den Einzelnen ausüben können, darf nicht unterschätzt werden. Denn wer frühzeitig aufgibt, gefährdet unter Umständen das ganze Unternehmen und muss sich der Kritik und den Beschwerden der anderen stellen. Vielen kommt es auch blamabel vor, wenn man sich etwas nicht traut, was alle anderen geschafft haben. Gipfeln kann dies dann sogar in waghalsigen **Mutproben**, auf die sich vor allem Jugendliche einlassen, um anerkannt zu werden und nicht als feige zu gelten. Unter dem **Druck der Gruppe** kann es dann passieren, dass der Betroffene seine Männlichkeit durch Dosenstechen und Wetttrinken unter Beweis stellen und innerhalb kürzester Zeit mehrere Dosen Alkohol leeren soll. Er wird daran gemessen, wie viel er verträgt und ob er in betrunkenem Zustand bereit ist, ein Fahrzeug zu lenken. Wer sich solchen Mutproben aussetzt, geht unverantwortlich und fahrlässig mit sich selbst und insbesondere auch mit anderen um.

2.3.2 Gerade auch bei jungen Leuten kann die Suche nach immer extremeren und besonderen Hobbys und Abenteuern letztlich sogar zu **kriminellen Handlungen**, die vermeintlich Spaß bringen, führen. Auf der Suche nach dem „Kick“ lassen sie sich dabei auf äußerst riskante Dinge ein – nicht umsonst sind diese Aktionen untersagt, denn sie gefährden den Ausübenden oder sogar andere mit ihm. Ein Beispiel für solch ein lebensgefährliches Hobby ist etwa das bei Großstadtkindern beliebte S-Bahn- und Fahrstuhl-Surfen. Bei diesem zweifelhaften Freizeitvergnügen hängen sich Jugendliche an die Außenwände von S-Bahnen oder fahren im Fahrstuhlschacht abbruchreifer Häuser, indem sie etwa an den Stahltauen unter der Fahrstuhlkabine durch den Schacht rasen. Ebenso könnte man das sogenannte „Joy-Riding“ anführen, bei dem junge Leute in gestohlenen Autos bei Verfolgungsjagden ihr Leben aufs Spiel setzen. Hier handelt es sich um nicht nur höchst gefährliche, sondern auch kriminelle Taten – und doch ist offenbar das Verlangen nach „action“ und Risiko oft größer als Vernunft, Unrechtsbewusstsein oder die Angst vor einem tödlichen Unfall.

C. Der Wunsch nach einem Abenteuer fern dem Alltag nimmt, wie sich gezeigt hat, aus den verschiedensten Gründen stark zu. Gerade junge Menschen suchen oft etwas Neues, Außergewöhnliches, wobei ein gewisses Risiko nur einen zusätzlichen Reiz darstellt. Doch wer sich für eine extremere Form der Freizeitgestaltung entscheidet, sollte sich auch der Nachteile und Gefahren bewusst sein, die damit verbunden sind. Während gegen manche der ausgefallenen Freizeitaktivitäten kaum etwas einzuwenden ist, können andere bis hin zu lebensbedrohlichen und kriminellen Situationen reichen. Auch sollte nicht vergessen werden, dass ausreichend Erholung besonders in der heutigen stressigen Zeit immens wichtig, bei den angesprochenen Betätigungen aber nicht immer gegeben ist. Ich denke daher, dass bei aller Abenteuerlust, die wohl jeden einmal überkommt, auch Ruhe und Entspannung nicht zu kurz kommen dürfen. Ebenso sollte man mögliche Konsequenzen seiner Vergnügungen für Umwelt und Mitmenschen bedenken und sich entsprechend verantwortlich verhalten.

Die Bearbeitung einer Textaufgabe

1 Die Textaufgabe als Wahlmöglichkeit in der Abschlussprüfung

Im Unterschied zur Erörterung bildet ein **Text** die Grundlage der Aufgabenstellung. Dieser Text kann ein informativer oder argumentativer Text sein bzw. auch sehr häufig eine Mischform, also z. B. ein Kommentar, eine Glosse, ein wissenschaftlicher Text oder eine Reportage)

Mögliche Aufgabenstellungen im Zusammenhang einer Textaufgabe

- Eine Überblicksinformation zu Inhalt und Thema des Textes in ein bis zwei Sätzen
- Eine Inhaltsangabe des Textes, gekürzt auf ca. 1/3 des Umfangs
- Eine Sprachanalyse oder eine Texterläuterung im Hinblick auf Einzelaspekte
- Eine weiterführende Erörterung zum Thema des Textes

Bei der Textaufgabe geht es, wie du aus der Übersicht erkennen kannst, um drei Bereiche:

!

- Du sollst zeigen, dass du die **Aussagen des Textes** verstanden hast und sie wiedergeben kannst.
- Du musst dich mit **sprachlichen Aspekten** auseinander setzen oder einzelne Formulierungen erläutern.
- Im Rahmen einer Erörterung sollst du dich mit **dem** Thema des Textes selbst **auseinander setzen** und dazu **Stellung beziehen**.

Wie wird die Textaufgabe bewertet?

Überblicksinformation:	1 x	
Inhaltsangabe:	3 x	
Texterläuterung:	2 x	
Stellungnahme:	4 x	
	: 10	ergibt die Gesamtnote

2 Die Entscheidung: Textaufgabe – ja oder nein?

Manche Schüler neigen dazu, sich im Hinblick auf die Prüfungssituation von vornherein für die Textaufgabe zu entscheiden. Sie hoffen durch die gegebene Textgrundlage eine sichere Basis ihrer Arbeit vorzufinden. Diese Entscheidung vorschnell zu treffen, ist jedoch riskant. Grundsätzlich solltest du Folgendes bedenken:

Vorteile der Textaufgabe

- Durch die vorgegebenen Einzelfragen ist die Gliederung und damit der Aufbau der eigenen Arbeit vorgegeben und du musst keine eigene Struktur erarbeiten.
- Wenn du dich im Vorfeld der Prüfung gründlich mit sprachlichen und stilistischen Formen vertraut gemacht hast, wirst du diesen Aufgabenabschnitt – falls er enthalten ist! – gut bewältigen können.
- Inhaltlich kannst du dich am Gedankengang des Autors orientieren und brauchst diesen lediglich nachzuvollziehen.

Schwierigkeiten bei der Textaufgabe

- Der letzte Punkt der Textaufgabe ist eine (kurze) Erörterung der im Text angesprochenen Thematik. Die persönliche Erörterung und abschließende Bewertung eines Themas ist wie bei der Erörterung notwendig.
- Eine Textaufgabe verlangt besonders genaues Arbeiten und Formulieren.
- Verständnisschwierigkeiten in einzelnen Bereichen des Textes können für die Gesamtbewertung deiner Arbeit schlimme Folgen haben.

Du solltest dich also grundsätzlich erst dann für die Textaufgabe entscheiden, wenn du den Text genau gelesen hast und dir sicher bist, dass du ihn wirklich und in allen Abschnitten verstanden hast, und wenn du mit der angesprochenen Thematik etwas anfangen kannst.

3 Die Bearbeitung einer Textaufgabe

Zeitplan für die Textaufgabe

15 Min.	30 Min.	15 Min.	70 Min.	20 Min.	70 Min.	20 Min.
Einlesezeit und Entscheidung, welche Aufgabenart man wählt	Genaue Textlektüre: sinnerschließendes Lesen und Vorarbeiten für die Inhaltsangabe	Überblicksinformation	Inhaltsangabe	Stoffsammlung für die Stellungnahme, Reihenfolge der Argumente mithilfe einer groben Gliederung festlegen	Ausgestaltung des Textes der Stellungnahme	Endkontrolle

3.1 Die Absicht des Autors – die Textsorten

Eine wesentliche Vorbedingung für das Gelingen einer Textaufgabe ist, dass du dir Folgendes bewusst machst: Ein Text ist von einem bestimmten Autor mit einer ganz bestimmten Absicht geschrieben worden. Es handelt sich bei einem **Gebrauchstext**, wie er dir vorliegen wird, zwar nicht um „hohe Literatur", doch mit größter Sicherheit folgt auch er einem bestimmten **Schema**. Dieses Schema hängt weitgehend davon ab, welche Absicht der Autor mit seinem Text verfolgt – und der Erfolg deiner Arbeit hängt zum Großteil davon ab, dass du dieses Schema erkennst!
Grob unterteilt kann die Absicht des Autors entweder in der **Information**, der **Unterhaltung** oder der **Beeinflussung** des Lesers liegen. Demzufolge werden die so genannten Gebrauchstexte – im Gegensatz zu den literarischen Texten – in vier Gruppen unterteilt. Die erste Gruppe, die so genannten **normativen** oder regelnden Texte sind für die Textaufgabe ohne Belang, da es sich hierbei um Gesetzestexte oder andere Verordnungen handelt. Die übrigen drei Gruppen sind die **informativen**, die **argumentativen** und die **appellativen** Texte.

Für die Textaufgabe werden in erster Linie **Mischtexte** infrage kommen. Nur wenige Texte informieren, argumentieren oder appellieren ausschließlich. Der so genannte Kommentar zum Beispiel kommentiert nicht nur, er geht von einer Information aus, die er üblicherweise nochmals wiedergibt. Der Autor zieht demnach aus gegebenen Tatsachen eigene Schlussfolgerungen und äußert seine persönliche Meinung dazu. Dabei ist die Grenze zur dritten Textsorte, den appellativen Texten, oft undeutlich. Diese auffordernden Texte haben ihren Zweck darin, dem Leser ein bestimmtes Verhalten nahe zu legen bzw. es hervorzurufen, z. B. Werbetexte.

Wichtig für dich ist demnach, möglichst schnell zu erkennen, worin das **Hauptanliegen** des Autors besteht:

- Will er in erster Linie informieren?
- Will er seine ganz persönliche Meinung äußern?
- Will er seine Leser zu etwas bewegen?

Die gesamte Art der Argumentation wird von der Antwort auf diese Fragen bestimmt, vor allem die Frage nach den verwendeten Stilmitteln.

3.2 Die genaue Textlektüre

Der erste wichtige Arbeitsschritt der Textaufgabe ist die genaue Lektüre des Textes, um seine **Gesamtaussage zu erfassen** und grundlegende **Verständnisprobleme zu klären**. Jetzt musst du dir Klarheit darüber verschaffen, ob du den Text so in den Griff bekommst, dass dir eine Analyse möglich ist.
Zentrale Begriffe, über deren Bedeutung du dir im Unklaren bist, solltest du nachschlagen. Dir steht ja in der Prüfung ein Rechtschreibduden zur Verfügung und dort findest du neben der richtigen Schreibung der Begriffe in aller Regel auch eine Erklärung. Gehen wir nun davon aus, dass du den Text ein erstes Mal gelesen und verstanden hast.

3.3 Das optische Erfassen des Textes und die Auswertung des Ergebnisses

Der nächste Schritt ist nun, den Text insgesamt noch einmal optisch zu erfassen. Ist er stark **gegliedert**, gibt es **Zwischenüberschriften**, werden verschiedene **Schrifttypen** benutzt? Viele **Absätze** bedeuten meist auch eine starke gedankliche Unterteilung, denn der Autor beginnt ja nicht ohne Grund einen neuen Abschnitt. Meist lässt sich später jeder größere Absatz des Textes mit einem Stichwort oder einem kurzen Satz zusammenfassen.
Eine weitere wichtige Information kann die **Überschrift** eines Textes sein. Sie kann Hinweise auf die vorliegende Textsorte geben, z. B. durch eine ironische Färbung, eine klar formulierte Meinung des Autors zum Thema oder durch eine eher wissenschaftliche, sachliche Wortwahl. „Der Fernsehkonsum Jugendlicher" lässt demnach eine sachliche Darstellung erwarten, „Wer die Fernbedienung hat, hat auch die Macht" beleuchtet das gleiche Thema vermutlich aus einer eher ironischen Position.

3.4 Die zweite Lektüre und das eigene Gliedern des Textes

Nun folgt der erste „schriftliche" Arbeitsschritt, das nochmalige Lesen des Textes mit dem Stift in der Hand: das so genannte **sinnerschließende Lesen.** Es ist sehr wichtig, denn es bildet die Voraussetzung und Grundlage einer treffenden Inhaltsangabe.

!

- Versuche, die **Gliederung** des Textes zu erfassen!
  - Wo wechselt das Thema?
  - Wo wird eine Frage gestellt und (eventuell durch den Autor selbst) beantwortet?
  - Gibt es eine Einleitung und wo endet sie?
  - Wo beginnt die Schlusszusammenfassung oder wird sie durch eine Forderung oder einen Ausblick ersetzt?
- Unterstreiche **zentrale Begriffe**, auffallende Zitate und Kernsätze!
- Markiere die einzelnen **Abschnitte** des Textes durch Bleistiftstriche und versuche, sie durch Stichworte zu benennen!

Möglichkeiten für Teilüberschriften (Stichworte für Abschnitte)

- Einleitung (evtl. mit einem Zitat oder Beispiel)
- Einzelargumente (Thesen), oft mit Begründung und Beispiel
- Überleitungen zwischen den Thesen
- Evtl. Gegenbeispiele und Argumente
- Schlussfolgerungen
- Zusammenfassungen
- Schlussgedanken (Appelle, Ausblicke, Fragen)

In vielen Texten findest du die **klassische Argumentationstechnik** der Erörterung wieder:

- These, d. h. Behauptung (z. B. „Tatsache ist, dass …)
- Begründung (z. B. „das verhält sich so, weil …")
- Beispiel (z. B. „das erkennt man daran, dass …")
- Überleitung zur Antithese (z. B. „andererseits ist zu beobachten, dass …"), wenn es sich um einen sachlicheren Text handelt
- Schlussfolgerung (es lässt sich demnach sagen, dass…)

Achte auf die entsprechenden Konjunktionen der Begründung (darum, deshalb, folglich, etc.) oder der Gegenüberstellung (demgegenüber, andererseits, jedoch, etc.)! Sie sind deutliche Hinweise. Nach diesem Arbeitsschritt sollte der innere Aufbau des Textes deutlich sein, und du kannst dich der Bearbeitung der einzelnen Arbeitsaufträge zuwenden.

4 Die Beantwortung der Arbeitsaufträge

4.1 Die Überblicksinformation

Die **Überblicksinformation** kennst du von der Inhaltsangabe her. Sie umfasst folgende Elemente:

- Autor, Titel, Erscheinungsort, Erscheinungsdatum (müssen nur zitiert werden)
- Angabe der Textsorte
- Knappe Wiedergabe der Textaussage

Diese Informationen solltest du in maximal zwei Sätzen unterbringen. Die verwendete Zeitstufe ist dabei – wie bei der Inhaltsangabe – das **Präsens**.

Die **Textsorte** lässt sich anhand sprachlicher Hinweise meist ziemlich eindeutig festlegen:

- **Informativer Text**: knapp, sachlich, keine rhetorischen Stilmittel, keine subjektive Färbung
- **Argumentativer Text**: Argumentationstechnik (These, Begründung, Beispiel), rhetorische Stilmittel nicht vorrangig (aber häufig Einbeziehen des Lesers durch „wir"-Formulierungen), Fachausdrücke
- **Appellativer Text**: subjektiv, Wendung an Leser, z. B. mit Ausrufesätzen (Aufruf zu bestimmtem Verhalten)

Bei **Mischtexten** findest du Elemente aus mehreren Textsorten. Dabei ist eine der folgenden Textsorten zu vermuten:

- **Kommentar**: konkreter sachlicher Ausgangspunkt, z. B. ein aktuelles Ereignis, dazu jedoch subjektive Schlussfolgerungen und Appelle
- **Reportage**: nahe am Bericht, jedoch persönlicher gefärbt; emotionale und anschauliche Darstellung eines Geschehens
- **Glosse**: Sonderform des Kommentars, besonderer Einsatz rhetorischer Stilmittel (Ironie, Übertreibung)
- **Leserbrief**: reagiert entweder auf eine Information oder einen vorangegangenen Kommentar; kann einem Kommentar sehr nahe kommen, aber auch sehr emotional und appellativ sein

In folgender Übersicht findest du ein Grundmuster, wie man **Überblicksinformationen** formulieren kann: Im Hauptsatz stehen die „technischen" Angaben, im Nebensatz die Kernaussage des Textes.

Adverbiale	Prädikat		Subjekt	Objekt *(wahlweise)*	Nebensatz
In dem/der … *(Textsorte)* mit dem Titel … *(Überschrift)*, der/die am … *(Erscheinungsdatum)* in … *(Erscheinungsort)* erschienen ist,	berichtet informiert befürwortet kritisiert diskutiert schreibt stellt dar äußert sich	*diese Verben enthalten die Textsorte* *neutrale Verben*	…… *(Name des Autors/ der Autorin)*	über … *(passenden Begriff einfügen)*	*Jetzt folgt am besten ein Inhaltssatz mit ‚dass', ‚ob', ‚wie' o. Ä., vielleicht auch ein Relativsatz, der sich auf das Objekt bezieht.*
				Hier kannst du auch Substantivierungen einsetzen, um den Satzbau übersichtlicher zu gestalten.	

4.2 Die Inhaltsangabe

Der zweite Arbeitsauftrag ist die Inhaltsangabe. Der Textumfang sollte auf ca. ein Drittel des Originaltextes gekürzt werden. Dabei sind die wesentlichen Argumentations- oder Gedankengänge des Textes übersichtlich wiederzugeben. Das heißt, dass du gewissermaßen die Gliederung des Textes nachvollziehst und dabei vor allem seine Struktur herausarbeitest. Zeige z. B. beim Kommentar, mit welchen Argumenten und Beispielen der Autor seine Meinung darlegt, was er vorschlägt oder kritisiert, wo er zitiert oder selbst formuliert.

In der Inhaltsangabe eignet sich die **indirekte Zitierweise**, um Aussagen des Autors oder von ihm zitierter Personen wiederzugeben, weil sie den eigenen Satzbau weniger beeinflusst und den Textzusammenhang nicht ständig unterbricht.

Die Regeln der indirekten Rede sollten dir vertraut sein, deshalb hier nur eine kurze Erinnerung:

Indirekte Zitierweise

- Setze vorhandene **Personalpronomen** in die 3. Person Singular oder Plural!
  Aus „ich", „wir" oder „unser" wird in der indirekten Rede „er" bzw. „sie" und „ihr".
- Verwende den **Konjunktiv**!

Ein anderes Problem der Inhaltsangabe sind die **Verknüpfungen**. Ständige Wiederholungen des Satzanfangs: „Dann schreibt der Autor" wirken nicht nur ausgesprochen unbeholfen, sie verschleiern auch den logischen Aufbau des Textes, der wiederzugeben ist.

Verwende als **Verknüpfung** passende Formulierungen wie:

- Zu Beginn des Artikels/Kommentars/ … schildert der Autor ein aktuelles Ereignis.
- Daraus zieht er den Schluss, es sei inakzeptabel …
- Andererseits nennt er jedoch auch Gegenbeispiele wie …
- Diese Behauptung begründet er durch …

- Als wichtigstes Beispiel hierfür nennt er ...
- Nun wendet sich der Autor einem anderen Gesichtspunkt zu ...
- Als Vergleich dient dem Autor dabei ...
- Entschieden spricht sich der Autor für/gegen ... aus ...
- Außer den Gründen für ... nennt der Autor jedoch auch mögliche Folgen/Gegenmaßnahmen wie ...

Es ist für die Inhaltsangabe nicht erforderlich, immer wieder auf den Autor Bezug zu nehmen. Viel wichtiger für den Stil einer Inhaltsangabe ist, sich vom sprachlichen Muster der Vorlage zu lösen, um die für die Kürzung des Textes notwendige Distanz zu erreichen. Dazu gehört z. B., dass man alle sprachlichen Besonderheiten (s. u. Sprachanalyse) der Vorlage in die Sachsprache überträgt. Erst dann kann man zusammenfassen, Oberbegriffe finden und den Stil einer Inhaltsangabe treffen. Dieser ist außer durch die Sachsprache auch durch die Verwendung des Präsens gekennzeichnet, weil die Inhaltsangabe zu den beschreibenden Texten gehört, auch wenn die Vorlage berichtet, erzählt oder kommentiert. Deshalb verzichtet die Inhaltsangabe ebenso auf jegliche Meinungsäußerung ihres Schreibers (z. B. „Man sollte ...") wie sie sich nicht an den Leser der Inhaltsangabe wendet; es darf also keine 1. oder 2. Person verwendet werden.

Als Kontrolle beim Abfassen der Inhaltsangabe können dir die anfangs von dir notierten **Teilüberschriften** helfen: Sie sollten in der Regel alle für die Inhaltsangabe verwertet werden, zumindest sollte es eine bewusste Entscheidung sein, einzelne Teile zusammenzufassen. Wenn ein ganzer Abschnitt des Textes in deiner Inhaltsangabe unerwähnt bleibt, solltest du das wirklich begründen können!

Neben der Methode, Teilüberschriften zu finden, kann man auch die wichtigen Wörter unterstreichen. Die so gewonnenen **Kernaussagen** müssen, wie eben gezeigt, ebenfalls überprüft werden. Dann werden sie mithilfe des eigenen Wortschatzes neu formuliert und zu sinnvollen, nicht zu langen Satzgefügen zusammengesetzt.

4.3 Die Texterläuterung

Fast jeder Text, zumindest ein anspruchsvoller wie die Vorlagen für die Abschlussprüfung, enthält Stellen, die sich nicht von selbst erschließen. Der Leser ist also gezwungen, sich mit einigen Passagen mehr oder weniger intensiv auseinander zu setzen.
Die Texterläuterung im Rahmen der Textaufgabe verlangt nun nichts anderes als das, was jeder Leser leisten muss. Dabei kann es sich entweder um die Erklärung eines einzelnen Begriffs oder um die Erläuterung eines längeren Satzgefüges handeln.

!

Bei einer **Begriffserklärung** hat sich folgendes Vorgehen bewährt:

- Zunächst musst du dich mit der **Wortbedeutung** intensiver auseinander setzen; dazu gehört, dass man sich den Begriff bildlich vorstellt.

- Sollte es sich um einen **zusammengesetzten Begriff** handeln, zerlegst du diesen in seine Bestandteile und untersuchst deren Bedeutung; möglicherweise muss die deutsche Bedeutung eines fremdsprachlichen Ausdrucks oder eines Fachausdrucks gefunden werden. Dabei sollte man auf den Textzusammenhang im unmittelbaren Umfeld des Begriffs achten. Bei vielen Begriffen kann es sinnvoll sein, sich über Bedeutungsveränderungen oder historische Zusammenhänge klar zu werden.
- Hilfreich ist die Suche nach **Wörtern** und **Wortfamilien** oder nach Wörtern mit ähnlicher oder gleicher Bedeutung. Auch ein Gegenbegriff kann manchmal die Bedeutung erhellen.
- Im nächsten Schritt ist es sinnvoll, eine Art **Mini-Stoffsammlung** anzulegen, d. h. die W-Fragen zu stellen und sie zu beantworten.
- Nach dem inhaltlichen Überblick beginnst du mit der **Ausarbeitung eines Textes**, in dem du darstellst, was man unter dem gefragten Begriff versteht. Denke an Begründungen und Beispiele, wie du es von der Ausarbeitung eines Arguments gewohnt bist. Arbeite vor allem die Antworten auf die W-Fragen ein. Über die Länge deines selbst verfassten Textes lassen sich kaum genaue Angaben machen, es kommt auf die Vorgabe an, auf die Komplexität des zu erläuternden Begriffs.

Beispiel:

Begriffserklärung: „Werbestrategie“

- Bestandteile:
  werben: jemanden für etwas zu interessieren suchen, Vorzüge einer Sache hervorheben, sich um jemanden bemühen;
  Strategie: geplantes Vorgehen (längerfristig)
- Wortfamilien:
  Werbung, Bewerbung, Wettbewerb, Werbeagentur, Werbesendung, Werbetrommel …; strategisch
- Sinnverwandte Wörter:
  Öffentlichkeitsarbeit, Propaganda, Anpreisung, Reklame, Lockmittel, Public Relations (PR) …;
  Taktik, Berechnung, Maßnahme, Planung …
- W-Fragen:
  - Wer wendet Werbestrategien an? Unternehmen, Parteien, Interessenverbände/Organisationen, öffentliche Einrichtungen
  - Wofür wird geworben? Für Produkte, Veranstaltungen, Ideen …
  - Mit welchen Mitteln? Zeitungsanzeigen, Fernseh- und Rundfunkspots, Plakate, Postwurfsendungen, Telefonmarketing, auf Internetseiten …
  - Welche Zielgruppen sind angesprochen? Vom Produkt abhängig, alle Gruppen in der Gesellschaft
  - Warum wird Werbung betrieben? Information, Absatzsteigerung, Zustimmung bei Wahlen

Musterlösung (geschlossener Text)

Unter Werbestrategien versteht man eine längerfristige Planung von Werbemaßnahmen. Unternehmen aller Branchen und Organisationen wie Parteien und Interessenverbände oder öffentliche Einrichtungen beauftragen Werbeagenturen, geeignete Formen der Werbung zu finden, um bestimmte Produkte oder politisch-gesellschaftliche Ziele einer breiteren Öffentlichkeit bekannt zu machen. Mitarbeiter dieser Werbeagenturen müssen die Vorzüge der jeweiligen Produkte und die angesprochene Zielgruppe gut kennen, damit sie sich die passenden Bilder und Texte ausdenken können, mit denen sie die Zielgruppe ansprechen wollen. Diese Werbefirmen organisieren die Produktion von Fernseh- und Rundfunkspots, Plakaten, Anzeigenserien in Zeitschriften und Tageszeitungen, z. T. auch das Layout von Internet-Seiten. Mithilfe von Marktanalysen und Befragung der Verbraucher lässt sich die Wirksamkeit von Werbemaßnahmen untersuchen, sodass auch längerfristig der Erfolg oder Misserfolg einer Werbekampagne deutlich werden und die Vorgehensweise verändert oder angepasst werden kann.

Erläuterung einer Textstelle

- Wie bei der Begriffserklärung solltest du die wesentlichen Begriffe erklären. Achte dabei auf den **Textzusammenhang** im unmittelbaren Umfeld der Textstelle.
- Hier sind die **W-Fragen** ebenfalls unerlässlich und hilfreich; die Antworten solltest du wiederum als Mini-Stoffsammlung notieren.
- Sprachliche bzw. stilistische **Besonderheiten** der Textvorlage wie ironische Wendungen, saloppe Formulierungen, sprachliche Bilder oder Redensarten **müssen in die Sachsprache übertragen werden**; dabei lässt sich erschließen, was der Autor mit diesen Formulierungen zum Ausdruck bringen wollte.
- Nach diesen Vorleistungen beginnst du ebenfalls mit der Ausarbeitung eines in sich geschlossenen Textes, in dem du darstellst, was mit der Textstelle vom Autor gemeint sein könnte.

Beispiel:

Erläuterung einer Textstelle

(Abschlussprüfung 2000, Textaufgabe: „Her mit den Uniformen“)

„Eine Gesellschaft aber, die, gewollt oder ungewollt, die Klamottendiktatur von Kindesbeinen an propagiert, stärkt nicht das Ego, sondern fördert den Egoismus.“ (Z. 27 ff.)
Erklären Sie die Behauptung des Verfassers, dass in unserer Gesellschaft eine „Klamottendiktatur“ herrscht, und erläutern Sie, inwieweit damit egoistische Verhaltensweisen verstärkt werden!

An diesem Beispiel lässt sich zeigen, dass auch die Aufgabenstellung selbst schon zwei Arbeitsaufträge enthält, zum einen die Erklärung einer Textstelle, zum anderen eine Erläuterung, die über die Textstelle hinausgeht. Die Aufgabenstellung muss also sorgfältig gelesen werden!

Musterlösung

Wenn Klamottendiktatur herrscht, schreibt die Gruppe verbindlich *(Diktatur)* vor, was die Mitglieder an Marken für Kleidung, Schuhe oder Taschen *(Klamotten)* zu tragen haben. Wer sich widersetzt, ist in der jeweiligen Gruppe nicht anerkannt, denn Sozialprestige und Erfolg werden nur über Äußerlichkeiten wie Kleidung *(das Ego wird nicht gestärkt)* verteilt. Dass diese Zusammenhänge in unserer Gesellschaft wirksam sind, erkennt man in vielen Bereichen, vor allem auch in Schulen und anderen Gruppen, in denen Jugendliche zusammenkommen *(W-Fragen)*. Das Ziel heißt: Ich kann in der Gesellschaft auch mithalten, notfalls gegen die Interessen anderer *(Egoismus)*.
Klamottendiktatur fördert egoistische Verhaltensweisen, weil unter ihrem Einfluss soziale Fähigkeiten nicht mehr gefragt sind. Der Erfolg in der Gruppe stellt sich ohne persönlichen Einsatz ein, ohne soziale Vorleistungen und Leistungen für andere. Wer sich aber für andere nicht einsetzt und nur noch auf sich schaut, handelt egoistisch. Wenn Haben wichtiger ist als Sein, dann ist es einfacher, sich mit materiellen Dingen zu übertrumpfen als mit persönlichem Einsatz. Zu egoistischen Verhaltensweisen in der Gesellschaft kann man rücksichtsloses Verhalten etwa auch im Beruf oder im Straßenverkehr zählen. Klamottendiktatur fördert außerdem Eigentumskriminalität, die immer egoistische Züge trägt.

4.4 Die Sprachanalyse

Die Sprachanalyse wird am oft im Zusammenhang mit der Textgrundlage „Kommentar“ oder „Glosse“ verlangt, denn hier finden sich gehäuft rhetorische Stilmittel. Sie sind ein bewusstes Mittel, das der Autor gezielt einsetzt, um seine jeweilige Absicht zu erreichen.
Um diese Aufgabe gut zu bewältigen, ist eine gründliche Vorbereitung unerlässlich, denn nicht jedes Stilmittel fällt auf den ersten Blick ins Auge.

Bestimmung der Textsorte

Der erste Punkt der Sprachanalyse ist grundsätzlich die Einordnung des vorliegenden Textes, d. h. du musst ihn einer Textsorte zuordnen und das durch Beispiele aus dem Text belegen. Das bedeutet konkret, dass du z. B. informative und argumentative Elemente herausgreifst, die dich zu dem Schluss kommen lassen, dass du z. B. einen Kommentar vor dir hast.

Die Sprachebene

Die Sprachebene des Textes muss ebenfalls geklärt werden, d. h. du musst festlegen, ob sich der Autor – wie es sehr häufig der Fall ist – der gehobenen Umgangssprache bedient oder ob insgesamt eine andere Sprachebene überwiegt. Besondere Wissenschaftlichkeit der Wortwahl oder eine starke Annäherung an die Umgangssprache wären hier Möglichkeiten.

- **Gehobene Umgangssprache**: etwas längere Sätze, unter Umständen verschachtelter Satzbau, Fremdwörter und Fachausdrücke in Maßen
- **Umgangssprache**: Alltagsvokabular, kaum Fremdwörter, kurze Sätze, evtl. direkte Wendung an den Leser
- **Dialekt**: volkstümlich; wird deswegen häufig als nicht ‚intelligent’ angesehen
- **Gruppensprachen** wie der Jugend„slang“

Elemente bestimmter aus dem Rahmen fallender Sprachebenen sind auf jeden Fall deutliche Hinweise auf die Zielgruppe des Artikels. Jedem Autor wird daran gelegen sein, dass die von ihm angesprochene Personengruppe das verwendete Vokabular versteht und mit seinem Satzbau keine Schwierigkeiten hat.

Achte bei der **Bestimmung der Sprachebene** darauf, dass du

- Die **Hauptsprachebene** des Textes herausfindest und bezeichnest,
- Anführst, wodurch sich das **begründen** lässt,
- Vermeidest, sprachlichen Beobachtungen, die du nur mit einem einzigen Beispiel belegen kannst, zu viel Gewicht zu geben,
- Eindeutige Belege zum verwendeten Sprachstil nennst.

Typische Stilmittel

Als Nächstes solltest du – auf dem Weg vom Allgemeinen, Offensichtlichen zum Einzelmerkmal – die auffälligsten Stilmittel des Textes nennen. Manche Autoren verwenden bestimmte Stilmittel mehrfach, deshalb solltest du bei der Lektüre auf stilistische Wiederholungen achten.

Auswahl häufiger Stilmittel

Stilmittel	**Beispiel**	**Absicht**
Einschübe	Diese Entwicklung sei – so will man uns glauben machen – jedoch weiter ohne größere Bedeutung.	hier: Einflechten der persönlichen Meinung in einen Informationstext
wiederholte **Gegenüberstellungen**	*Einerseits ..., andererseits; während hier ..., ist auch das Gegenteil zu beobachten*	Deutliche Strukturierung
Betonung des **Nominalstils**	Die Schnelligkeit und Effizienz der Maßnahmen führt zur Einsparung von Unkosten, allerdings auch zur Beeinträchtigung des Arbeitsklimas.	Weitergabe von vielen Informationen mit wenigen Worten; sehr informations- und faktenreich, wirkt dadurch wissenschaftlich

Rhetorische Stilmittel zur Lenkung der Lesermeinung

Der Übergang von generellen Stilmerkmalen zu spezifisch **rhetorischen Stilmitteln** ist natürlich fließend. Du solltest aber auf jeden Fall versuchen, Stilmittel nie isoliert zu betrachten, sondern sie immer im Zusammenhang mit der zugrunde liegenden **Absicht** des Verfassers bzw. dem Thema des Textes darzustellen.
Der Autor eines Kommentars oder einer Glosse bezieht sich oft ganz konkret auf seine Leser und versucht, sie auf seine eigene Position einzustimmen.
Nur wem bewusst ist, dass er zu einer bestimmten Meinung gebracht werden soll, wird – oft mit Recht – vermuten, dass der Autor bestimmte Informationen zurückhält, die seiner Absicht zuwiderlaufen würden.

Rhetorische Stilmittel für argumentative Texte (z. B. Kommentar, Glosse)

Rhetorisches Mittel	**Beispiel**	**Absicht**
gemeinsames Lächerlichmachen einer Sache oder Person:	Glaubt der Ärmste wirklich, wir seien so vergesslich wie er?	Identifikation zwischen Autor und Leser
Verwendung des Personalpronomens „wir“	Wie oft hat man uns damit schon in die Irre geführt, wie oft sind wir schon betrogen worden.	Identifikation zwischen Autor und Leser
Fragen und Ausrufe	Sind wir als Verbraucher dafür verantwortlich zu machen?“ „Das kann nicht das letzte Wort gewesen sein!	direkte Wendung an den Leser/Identifikation
einseitige Argumente, d. h. Fehlen der Gegenargumente:	Dieses Vorgehen ist einfach lächerlich!	Die Lenkung der Lesermeinung durch Aufbau eines Feindbildes

Allgemeine rhetorische Mittel im Überblick

Rhetorisches Mittel	**Beispiel**	**Absicht**
abwertende Ausdrucksweise	In seiner Beschränktheit merkt er nicht einmal, dass er nichts verstanden hat.	Lenkung der Lesermeinung; Polarisierung
Anapher Wiederholung des gleichen Wortes am Anfang aufeinander folgender Sätze	Die Krise ist nicht vorbei, die Krise besteht.	Betonung des Ausdrucks
Antithese Entgegensetzung von Ausdrücken	Schnell ist die Menge erreicht, doch nur langsam die Vollkommenheit.	Polarisierung
Aufzählung	Er war ihr Liebling, Freund, Vertrauter.	Verstärkung
Einfügung	Das ist ja – und wer wollte das leugnen – die Absicht gewesen.	erregtes Sprechen, kommentierender Gedanke
Inversion Umstellung der Satzglieder	Bestürzend war das Ende der Beziehung.	Betonung des Satzgliedes, das am Anfang steht
Ellipse Auslassen eines Wortes oder Satzteiles	Wir waren faul. Aber wenigstens begabt.	größere Eindringlichkeit
Ironie versteckter Spott	Das hat er ja wieder wunderbar hingekriegt.	versteckt Kritik üben, Missstand bloßstellen

rhetorische Frage Scheinfrage	Ist das denn wirklich der Sinn der Sache? Ist das nicht schrecklich?	Bekräftigung der bestehenden Meinung
verfremdete Zitate	Süßer die Kassen nie klingeln	durch Verfremden von bekannten Strukturen spielen mit den Erwartungen des Lesers, dadurch größere Eindringlichkeit; witzig
Steigerung	Er hat ihn angegriffen, besiegt, vernichtet.	Dramatisierung; Verstärkung
Übertreibung	Die Ergebnisse der Studie sind katastrophal.	Verstärkung des Ausdrucks

4.5 Die weiterführende Erörterung

Der Aufbau der weiterführenden Erörterung entspricht im Großen und Ganzen den Grundsätzen der allgemeinen Erörterung (S. 1–21). Allerdings ist im Zusammenhang mit einer Textaufgabe keine Gliederung anzufertigen, ebenso werden weder Einleitung noch Schluss verlangt. Voraussichtlich wird die Aufgabenstellung Folgendes von dir verlangen:

- Darstellung von Argumenten **für** bzw. **gegen** etwas (z. B. auch die Richtigkeit einer Behauptung oder eines Zitats überprüfen)
- Darstellung von Gründen und Folgen, Auswirkungen und Gegenmaßnahmen etc.
- Persönliche Stellungnahme unter einem bestimmten Gesichtspunkt

Die Themenaufstellung kann dabei einem allgemeinen Erörterungsthema sehr verwandt sein, achte jedoch unbedingt darauf, worauf sich die Frage im dir vorliegenden Einzelfall bezieht. Am besten formulierst du dir die Fragestellung noch einmal selbst ganz genau. Es besteht sonst die Gefahr, dass du dich zu sehr an den im Text geäußerten Gedanken orientierst, die das Erörterungsthema eventuell nur am Rande streifen.

Grundsätzlich solltest du die genaue Fragestellung als Überschrift über deine Stellungnahme schreiben und im Text den drei Teilabschnitten einen einleitenden Satz voranstellen, der den jeweiligen Abschnitt ankündigt; dabei nimmt man am besten die Themafrage wieder auf. Die Gefahr einer Themaverfehlung ist auch bei Stellungnahmen im Rahmen einer Textaufgabe durchaus gegeben.

Eine Stellungnahme erfordert zwingend neben der Erläuterung der gegensätzlichen Sichtweisen (hängt von der Fragestellung ab) einen dritten Abschnitt, in dem die eigene Meinung gut begründet wird. Ein einziger Satz reicht dafür nicht aus. Deshalb solltest du im Idealfall anstreben, deine Meinung annähernd so ausführlich darzustellen wie einen der beiden vorangehenden Abschnitte. Als Hilfe sollte dir der Hinweis dienen, dass bereits erwähnte Aspekte hier mit einem persönlichen Hintergrund oder Bezug versehen wieder erscheinen dürfen. Als weitere Möglichkeit bietet sich an, einige interessante Aspekte aus der Stoffsammlung aufzuheben und für die Ausgestaltung der eigenen Meinung einzusetzen. Wenn du Gedankengänge aus dem Originaltext übernehmen möchtest, was an sich erlaubt ist, solltest du sie nicht abschreiben, sondern sie mit eigenen Worten umformulieren, sie dem Textfluss und so deinem persönlichen Schreibstil anpassen.

5 Aufsatzbeispiel Textaufgabe

1 Verfassen Sie eine Überblicksinformation.
2 Geben Sie den Inhalt des Textes in gekürzter Form wieder.
3 Analysieren Sie die sprachlichen Mittel des Textes und arbeiten Sie dabei die Absicht des Autors heraus.
4 Wie beurteilen Sie die Forderung, islamische Frauen in Deutschland sollten ihr typisches Kopftuch ablegen? Erörtern Sie Argumente für und gegen diese Forderung und nehmen Sie selbst Stellung.

Das Streiflicht

(SZ) Das Kopftuch ist ein praktisches Kleidungsstück. Schützt im Herbst und Winter die Ohren vor kaltem Wind, das Haar vor Zerzausung. Auch in der Hitze des Sommers, sagen seine Freundinnen, sei es angenehm zu tragen. Nicht so stramm gezurrt wie in der Kälte und – zu dieser Jahreszeit – von feinerem Stoff, fächele es der Haut Kühlung zu. Was kann das Kopftuch noch für uns tun? Hat es nicht eine ästhetische Dimension? „Die Falten des Stoffs werden die Stärke und Richtung des Windes anzeigen und dem Haus einen eigenartigen und fortwährenden Atem verleihen." Dem Haus? Gut, das ist natürlich ein Christo-Zitat und bezieht sich auf den Reichstag. Aber gilt es nicht auch für Köpfe unter Tüchern im Wind und überhaupt für Körperverhüllungen, die Formen variieren und Volumina erweitern? Richter, Rechts- und Staatsanwälte und natürlich Pfarrer wissen um die Wirkungen wallenden, Silhouetten verändernden Stoffes.
Es hat ja auch ein Pastor, Gerhard Williges vom Missionarischen Dienst der Braunschweigischen Landeskirche, folgenden Vorschlag gemacht: Einmal im Monat oder auch nur im Vierteljahr sollen „deutsche Frauen" – alle am selben Tag – Kopftücher tragen ..., weil der Kirchenmann Ohrenentzündungen vorbeugen will? Die Verfremdung von Kopfformen liebt? Vom eigenen Talar weiß, wie fließender Stoff der Haut schmeichelt? Nein, sagt er: um Solidarität mit moslemischen Frauen zu bekunden, die immer wieder auf offener Straße von Skinheads und anderem Gesocks angepöbelt werden! Dies, sagt Pfarrer Williges, sei „aktive Nächstenliebe". Da ist man gleichzeitig gerührt und wütend ob soviel guten Willens und praktischer Hilflosigkeit: Glaubt der Gute im Ernst, dass mehr als die Frauen des Bastelkreises einer Braunschweiger Gemeinde dieses Zeichen setzen werden, tapfer gemeinsam bei Edeka einkaufend, kopftuchbedeckt dem Pöbel trotzend? Fast hätten wir den Pfarrer gleich wieder vergessen, wäre nicht inzwischen eine landesweite Kopftuch-Debatte ausgebrochen. In deren Verlauf haben sich bereits Alice Schwarzer, Uta Ranke-Heinemann sowie die Frauenministerinnen Schoppe und Böhrk ernst und empört gegen das Tragen von Tüchern ausgesprochen, weil diese Kopfbedeckung die Demütigung der Frauen in der islamischen Welt symbolisiere.
Vermutlich wird sich als nächstes eine Initiative bilden, die zum bewussten Verzicht auf Kopftücher aufruft, um gegen die Zustände etwa in Iran zu demonstrieren. Ja, was immer deutsche Frauen in diesen Tagen auf dem Kopf haben oder nicht: Es ist die schiere Solidarität! Danach wird nichts geschehen sein, aber alle werden wieder einmal einen Beitrag dazu geleistet haben. Vielleicht wird man sich dann darauf besinnen, dass es vor allem auf zügige Verpackung und raschen Versand jener ankommt, die andere Menschen auf offener Straße angreifen. Wir schlagen grüne, vergitterte Autos vor.

(Quelle: Süddeutsche Zeitung vom 16./17. 1. 1993)

Musteraufsatz

1 Überblicksinformation

Der vorliegende Artikel, eine Glosse, ist unter der Rubrik „Das Streiflicht" am 16. 1. 1993 in der Süddeutschen Zeitung erschienen. Nach einer allgemeinen Einleitung zum Thema Körper verhüllender Stoffe setzt sich der Autor mit dem Appell eines Pastors auseinander, deutsche Frauen sollten aus Gründen der Solidarität mit moslemischen Frauen an bestimmten Tagen ebenfalls ein Kopftuch tragen – ein Vorschlag, den der Autor für absurd hält.

2 Inhaltsangabe

Der Autor, dessen Name ungenannt bleibt, wie es der Tradition des „Streiflichts" in der Süddeutschen Zeitung entspricht, beginnt seinen Artikel mit der geradezu verdächtig unverfänglichen Aussage, das Kopftuch sei ein praktisches Kleidungsstück. Der erste Absatz des Textes beschäftigt sich dann auch lediglich mit diesem Aspekt sowie der „ästhetischen Dimension" von Körper verhüllenden Stoffen.
Erst nach dieser relativ umfangreichen Einleitung kommt der Autor zu seinem eigentlichen Thema, nämlich dem Vorschlag eines Pastors, dass deutsche Frauen an bestimmten, noch festzulegenden Tagen Kopftücher tragen sollten. Der Grund dafür sei weder praktischer noch ästhetischer Natur – wie der Autor einflicht – sondern die Solidarität mit moslemischen Frauen, die sich in Deutschland immer wieder Akten der Diskriminierung, auch der gewaltsamen, ausgesetzt sehen. Der Autor hält diesen Vorschlag für völlig unsinnig, registriert jedoch mit Staunen, dass Letzterer von prominenten Politikerinnen und Frauenrechtlerinnen doch so ernst genommen wurde, dass sie sich vehement gegen ihn ausgesprochen haben.
Angesichts dieser Entwicklung hält es der Autor nun sogar für möglich, dass sich eine Gegeninitiative bilden könnte, die – ebenfalls aus politischen Gründen – gegen das Tragen eines Kopftuchs eintritt.
Den Grund, warum der Autor derartige Aktionen für unsinnig hält, sowie seinen Gegenvorschlag, erfährt der Leser erst in den letzten Zeilen des Artikels. Für den Verfasser dienen die vorgeschlagenen Solidaritätsbekundungen lediglich dazu, das Gewissen der Beteiligten zu beruhigen, bewirken in der Sache aber nichts. Für eine sehr viel geeignetere Maßnahme hielte er dagegen ein entschlosseneres Vorgehen der Polizei gegen die Täter.

3 Sprachanalyse

Die Textsorte, der der vorliegende Text zuzuordnen ist, ist eindeutig die Glosse. Als Mischtext mit informativen und argumentativen Merkmalen weist ihn die Tatsache aus, dass er von einer Sachinformation ausgeht und diese auch nochmals mitteilt „Ein Pastor, Gerhard Williges vom Missionarischen Dienst der Braunschweigischen Landeskirche (hat) folgenden Vorschlag gemacht … (Z. 12/13), in erster Linie aber seine eigene Meinung kundtut „Vermutlich wird sich als nächstes eine Initiative bilden …" (Z. 28). Demnach lassen sich die Kennzeichen des Kommentars nachweisen. Die Verwendung spezieller rhetorischer Stilmittel zeigt zudem, dass es sich um die Sonderform der Glosse handelt.
Die Glosse arbeitet hauptsächlich mit dem Stilmittel der Ironie, des unterschwelligen Spotts. Doch auch die zahlreichen anderen rhetorischen Stilmittel der Glosse dienen in erster Linie einem gemeinsamen Zweck: Der Leser soll durch witzige bis boshafte Kommentare zu einem Thema unterhalten werden und sich letztlich der Meinung des Autors anschließen.
Die Sprachebene des vorliegenden Textes ist eindeutig die gehobene Umgangssprache. Die Sätze sind insgesamt klar gegliedert und gut verständlich. Anzeichen für einen wissenschaftlichen Stil wie Nominalisierungen oder verschachtelter Satzbau fehlen. Allerdings

enthält der Text durchaus gängigere Fremdwörter wie „variieren“ (Z. 9), „symbolisiere“ (Z. 27) und geht von einer Allgemeinbildung des Lesers aus, die die Kenntnis des Verhüllungskünstlers Christo einschließt. Ein relativ hoher Anteil an Fragesätzen im gesamten Text betont die Wendung zum Leser und damit die umgangssprachliche Komponente.
Bei dem vorliegenden Text lässt sich das Stilmittel der Ironie an verschiedenen Beispielen nachweisen. „Glaubt der Gute im Ernst … (Z. 20), „Ja, was immer deutsche Frauen … auf dem Kopf haben oder nicht: Es ist die schiere Solidarität!“ (Z. 29–31).
Die beabsichtigte Meinungseinheit von Leser und Autor soll durch die häufige Verwendung des Personalpronomens „wir“ statt des eigentlich zutreffenderen „ich“, d. h. durch Verallgemeinerung erreicht werden.“ Fast hätten wir den Pfarrer gleich wieder vergessen …“ (Z. 22/23); „Wir schlagen grüne, vergitterte Autos vor“ (Z. 34)
Um dem thematisierten Vorschlag des Pastors möglichst von vornherein jede Berechtigung abzusprechen, führt der Autor das Kopftuch als Kleidungsstück erst einmal auf seine unpolitische Basis zurück. Dabei verwendet er in dieser Hinführung zum eigentlichen Thema in fast jedem Satz ein rhetorisches Stilmittel wie die Ellipse „schützt in Herbst und Winter die Ohren …“ (Z. 1/2), die Parenthese „Nicht so stramm gezurrt wie in der Kälte und – zu dieser Jahreszeit – von feinerem Stoff …“ (Z. 3/4), die Frage, gekoppelt mit einer Personifikation „Was kann das Kopftuch noch für uns tun?“ (Z. 5), die rhetorische Frage „Hat es nicht eine ästhetische Dimension?“ (Z. 4/5) oder die Aufzählung „Richter, Rechts- und Staatsanwälte und natürlich Pfarrer“ (Z. 10).
Der Autor lenkt demnach erst einmal vom eigentlichen Thema ab. Dies geschieht kunstvoll, um die Spannung beim Leser aufzubauen, worum es ihm denn nun eigentlich geht. Das Thema der Glosse wird dann im Mittelteil des Textes klar, wobei der Vorschlag des Pastors sogar als wörtliches Zitat erscheint „Dies“, sagt Pfarrer Williges „sei aktive Nächstenliebe“. (Z. 18/19). Das vernichtende Urteil des Autors über diesen Vorschlag kommt in entsprechend überzeichneten Formulierungen, d. h. durch das Stilmittel der Übertreibung zum Ausdruck: „Glaubt der Gute …, dass mehr als die Frauen des Bastelkreises einer Braunschweiger Gemeinde dieses Zeichen setzen werden, tapfer gemeinsam bei Edeka einkaufend, kopftuchbedeckt dem Pöbel trotzend?“ (Z. 20–22). Bewusst werden veraltete Ausdrücke wie „Pöbel“ gewählt oder es wird das steif und merkwürdig wirkende Partizip verwendet („einkaufend“, „trotzend“), um die Vorstellung lächerlich erscheinen zu lassen. Durch die Formulierung als rhetorische Frage wird dies noch verstärkt
Auch die Bemerkung, nun sei „eine landesweite Kopftuchdebatte ausgebrochen“ (Z. 23/24) ist eine Abwertung, denn üblicherweise wird eine Debatte geführt, sie bricht nicht aus wie eine Krankheit.
Die Verurteilung des Vorschlags gipfelt in der Vermutung: „Danach wird nichts geschehen sein, aber alle werden wieder einmal einen Beitrag dazu geleistet haben.“ (Z. 31/32) – eine absurde Verknüpfung von Gegensätzen (Oxymoron).
Zur Formulierung seines eigenen Vorschlags wählt der Autor das Stilmittel der Umschreibung, er nennt nichts davon direkt beim Namen „… raschen Versand jener …, die andere Menschen … angreifen“ (Z. 33/34), „grüne, vergitterte Autos“ (Z. 34). Damit überlässt es der Autor schließlich dem Leser, konkrete Forderungen zu formulieren.

4 Weiterführende Erörterung

Wenn Menschen auf Dauer in einem fremden Land leben wollen, wird von der Gesellschaft des Gastlandes oft erwartet, dass sie sich den dort bestehenden Verhältnissen anpassen. Das gilt auch für kulturelle Gegebenheiten, wie z. B. die Stellung der Frau in der Gesellschaft. In Deutschland gibt es für Frauen keine bestimmten Kleidungsvorschriften. Aus diesem Grund wird durch das in vielen islamischen Ländern vorgeschriebene Kopftuch eine Integration in die Gesellschaft erschwert und die kulturellen Unterschiede werden noch betont. Ein Kopftuch ist ein so auffälliges äußeres Zeichen, dass eine Frau, die es trägt, in den meisten Fällen als Ausländerin zu erkennen ist und dadurch häufig schon vor

einem ersten Kennenlernen mit Vorurteilen belegt wird. Wenn das Kopftuch nicht getragen wird, könnte dies verhindert werden.
Außerdem ist es vor allem für Kinder und Jugendliche weiblichen Geschlechts eine schwere Belastung, wenn sie, die oft schon in Deutschland geboren wurden und dort aufwachsen, in Konflikt zwischen ihrer Umgebung, z. B. in der Schule, und den Forderungen des Elternhauses gebracht werden. Ihnen sollte die Möglichkeit gegeben werden, sich von vornherein unbelastet von äußeren Signalen in ihrem „Gastland" zurechtzufinden. Die kulturellen Unterschiede bleiben ohnehin deutlich genug durch die von den Eltern vorgelebten Traditionen. Mädchen und junge Frauen, für die die Akzeptanz in einer Gruppe Gleichaltriger von großer Bedeutung ist, werden durch das Tragen des Kopftuchs in ein Raster gestellt, das sie unter Umständen zu Außenseitern macht.
Die Argumente gegen das Tragen des islamischen Kopftuchs nehmen allerdings nur die potenziellen Trägerinnen und ihre Angehörigen, d. h. Moslems in Deutschland in die Pflicht. Sie sollen ihr Verhalten ändern, um eine Integration hier zu fördern. Auf der anderen Seite kann man jedoch auch Forderungen an die „Gastgeber" stellen, an deren Toleranz und Bereitschaft zur Integration.
Für islamische Frauen bedeutet das Kopftuch nicht nur ein beliebiges Kleidungsstück, sondern es ist Teil ihrer kulturellen und religiösen Identität. Wenn man von ihnen verlangt, dieses Kopftuch um der Integration willen abzulegen, beraubt man sie dadurch unter Umständen eines Teils ihres Selbstverständnisses. Sie selbst – und natürlich auch ihre Verwandten – würden damit schwer zurechtkommen. Das bedeutet, dass man Frauen und Mädchen in familiäre und persönliche Konflikte bringen würde, um – nur eventuell – größere gesellschaftliche Anpassung zu erreichen.

Zum anderen kann die Anpassung im Bereich der Kleidung kein Maßstab für Integration, d. h. Akzeptanz eines moslemischen Ausländers in Deutschland sein. Ein Großteil der ausländischen Mitbürger wird als solcher zu erkennen sein, ob er nun mitteleuropäische Kleidung trägt oder nicht. Und dann kommt es eben doch darauf an, Toleranz zu zeigen, den anderen als Person zu akzeptieren, egal, wie er gekleidet ist – oder welche Hautfarbe er hat. Die Forderung an islamische Frauen, ihr Kopftuch abzulegen, wird unter diesem Gesichtspunkt eher als vorgeschoben entlarvt. Eigentlich geht es darum, ein Zeichen der Unterordnung zu verlangen, statt an der eigenen Einstellung etwas zu verändern.
Ich selbst würde mich den Argumenten gegen die Forderung anschließen, islamische Frauen in Deutschland sollten ihr Kopftuch ablegen. Gerade für unser Land ist es meiner Meinung nach eine wichtige Aufgabe, kulturelle Unterschiede nicht zur Herstellung eines Feindbildes zu benutzen oder sie – als anderes Extrem – abschaffen zu wollen. Toleranz kann man nur lernen, wenn man den anderen so lässt, wie er ist, und nicht, indem man ihn den eigenen Vorstellungen so ähnlich wie möglich macht.

Abschlussprüfungsaufgaben an Wirtschaftsschulen
Deutsch – 2005: Erörterungsthemen

1 Die Fußballweltmeisterschaft 2006 findet in Deutschland statt.
Welche Chancen bringt dieses Großereignis unserem Land?
Welche Probleme gehen damit einher?

2 Generationsbedingte Spannungen und Konflikte gibt es in allen Familien.
Auf welche Ursachen sind sie zurückzuführen?
Was kann von allen Beteiligten getan werden, um sie abzubauen?

3 Viele Erwachsene, aber auch immer mehr Jugendliche wollen sich operativ verschönern lassen.
Wie beurteilen Sie diesen Trend?

4 Internetauktionen sind zum Volkssport geworden.
Erörtern Sie die Ursachen dieser Entwicklung.
Zeigen Sie Probleme, die sich daraus entwickeln können.

5 Experten warnen die westlichen Industrienationen vor einem zu sorglosen Umgang mit der zur Verfügung stehenden Energie.
Aus welchen Gründen ist es nötig, Energie zu sparen?
Welche Möglichkeiten zum sinnvollen Energiesparen hat der Einzelne?

Musterlösungen

2005/1 Die Fußballweltmeisterschaft 2006 findet in Deutschland statt. Welche Chancen bringt dieses Großereignis unserem Land? Welche Probleme gehen damit einher?

Mustergliederung

A. Im Frühsommer 2005 fand in Deutschland der Confederations Cup statt, ein Fußballturnier, an dem acht Nationen aus allen Teilen der Welt teilnahmen. Dieses sportliche und gesellschaftliche Ereignis gab einen Vorgeschmack auf die 2006 ebenfalls in Deutschland stattfindende Fußballweltmeisterschaft.

B. Welche Chancen verbinden sich damit? Welche Probleme wirft diese Veranstaltung auf?

1 Chancen, die mit der Fußballweltmeisterschaft verbunden sind

1.1 Aufschwung für die Sportart Fußball
1.1.1 Motivationsschub für Einzelne
1.1.2 Aufschwung für Sportvereine

1.2 Investitionsschub für die Infrastruktur der Austragungsorte
1.2.1 Bau von Sportstätten
1.2.2 Verbesserung der Verkehrsanbindung
1.2.3 Investitionen im Hotel- und Gaststättenbereich

1.3 Hoffnung auf steigende Einnahmen im Tourismus
1.3.1 durch Gäste während des Turniers
1.3.2 durch dauerhaften Zuwachs im Tourismusgeschäft

1.4 Steigerung der Bekanntheit Deutschlands durch weltweite Berichterstattung

1.5 Chance, Deutschland als weltoffenes und modernes Land zu zeigen
1.5.1 Wirtschaftliche Erfolge durch Investitionen aus dem Ausland
1.5.2 Politische Erfolge durch steigende Sympathien für Deutschland

2 Probleme, die mit der Fußballweltmeisterschaft verbunden sind

2.1 Ungleichgewicht in der Sportförderung
2.1.1 Hauptaugenmerk auf Fußball
2.1.2 Weniger Geld für weniger bekannte Sportarten

2.2 Schaden für die einheimische Bevölkerung durch Preiserhöhungen
2.2.1 im Gastronomiebereich
2.2.2 für Verkehrsmittel
2.2.3 für Eintrittskarten

2.3 Sicherheitsprobleme
2.3.1 Randalierende Fußballfans
2.3.2 Terroristische Anschläge

2.4 Fehlende öffentliche Gelder für andere wichtige Infrastrukturmaßnahmen

2.5 Vernachlässigung anderer wichtiger gesellschaftlicher und politischer Themen in den Medien

C. Während der Spiele des Confederations Cup hat die Begeisterung der deutschen Zuschauer in den perfekt hergerichteten Fußball-Arenen gezeigt, mit welcher Freude und Offenheit die Gäste begrüßt und begleitet wurden, sodass Zweifel an der Fußballweltmeisterschaft eigentlich keine Grundlage haben.

2005/2 Generationsbedingte Spannungen und Konflikte gibt es in allen Familien. Auf welche Ursachen sind sie zurückzuführen? Was kann von allen Beteiligten getan werden, um sie abzubauen?

Mustergliederung

A. Beispiel eines alltäglichen Streits in der Familie

B. Auf welche Ursachen sind Spannungen und Konflikte in der Familie zurückzuführen? Was kann von allen Beteiligten getan werden, um sie abzubauen?

1 Ursachen von Spannungen

1.1 Von Seiten der Kinder
1.1.1 Schulischer Druck und fehlende berufliche Perspektiven
1.1.2 Einflüsse aus dem Freundeskreis
1.1.3 Entwicklungsstand der Kinder

1.2 Von Seiten der Eltern
1.2.1 Fehler in der Erziehung
1.2.2 Unterschiedliche Lebensauffassung der Eltern
1.2.3 Berufliche und familiäre Überlastung

2 Maßnahmen, um Konflikte abzubauen

2.1 Hilfe von außen durch Beratungsstellen
2.2 Einhaltung klarer Regeln und Absprachen
2.3 Veränderung der inneren Einstellung
2.4 Kritische Selbsteinschätzung der Beteiligten

C. Konflikte in der Familie müssen ausgetragen werden, aber wichtig ist es, eine Form der Auseinandersetzung zu finden, die Kindern und Eltern weiterhilft.
Ausblick: Der Spannungsabbau zwischen den Generationen könnte junge Menschen ermutigen, selbst wieder mehr Kinder zu bekommen

Musteraufsatz

A. Erst vor kurzem gab es in unserer Familie einen großen Streit, mit allem, was dazugehört: knallende Türen, lautes Geschrei, heulende Mutter, brüllender Vater, beleidigter Sohn, zur Freundin geflüchtete Tochter, eisiges Schweigen beim nächsten Zusammentreffen der Streithähne. Der Auslöser? Eine Kleinigkeit: Wer führt den Hund aus? Es drängt sich die Frage auf, wieso ein vergleichsweise unbedeutender Anlass einen großen Streit in einer Familie heraufbeschwören kann.

B. 1 Welche Ursachen verbergen sich hinter Konflikten, wie sie sich in nahezu allen Familien immer wieder ergeben? Wenn die Ursachen erforscht sind, ist es einfacher, Maßnahmen zu finden, wie die Beteiligten Spannungen abbauen können.

1.1 Zunächst möchte ich beschreiben, wie das Verhalten der Kinder zu Konflikten führen kann. Sie verbringen viel Zeit außerhalb der Familie und unterliegen vielfältigen Einflüssen, die sie mit nach Hause nehmen. Als erstes Beispiel sollen die Konflikte dienen, die sich aus dem Besuch der Schule ergeben. Zu nennen sind hier einmal Belastungen durch Hausaufgaben, deren Erledigung häufig Anlass zu Streitigkeiten bietet, entweder weil die Kinder sie aus der Sicht der Eltern sehr zögerlich angehen oder weil die häusliche Vorbereitung sehr zeitraubend sein kann. Dazu gesellen sich noch schlechte Noten in der Schule, Streit mit Mitschülern oder Lehrern. Die Kinder kommen schlecht gelaunt nach Hause, treffen auf Eltern, die vielleicht nicht richtig reagieren, und fast jeder weiß, wie schnell dies zu einem Konflikt führen kann. Bei Jugendlichen kommt noch hinzu, dass die Lage auf dem Lehrstellenmarkt für zusätzliche Belastungen sorgt. Unsichere Zukunftsaussichten der Kinder verschärfen den Druck, gute Leistungen in der Schule zu erbringen, und damit die psychische Belastung für alle Beteiligten, die sich oft genug in Streitigkeiten entlädt.
Großen Einfluss auf die Kinder übt außer der Schule auch der Freundeskreis aus. Welche Musik von den Kindern gehört wird, wie sie sich anziehen, wie und mit wem sie ihre Freizeit verbringen wollen, wird fast ausschließlich durch Freunde und Mitschüler bestimmt. Das angestrebte äußere Erscheinungsbild trifft aber sehr häufig bei den Eltern auf großen Widerstand. Sie möchten z. B. ihre Tochter nicht bauchnabelfrei in die Schule gehen lassen, sie möchten nicht die vom Nachwuchs gerade heiß geliebte Musik als ohrenbetäubenden Lärm in der Wohnung ertragen müssen. Dass sich hieraus zum Teil heftige Konflikte ergeben, ist verständlich.
In den Gepflogenheiten im Freundeskreis und in den von Werbung vermittelten Konsumwünschen liegen weitere Konfliktpotenziale, weil sich daraus auch ein ausgeprägtes Anspruchsdenken der Kinder entwickelt. In der Gruppe geht es unter anderem auch um Konkurrenz untereinander. Der Wettbewerb wird häufig über Markenkleidung und elektronische Produkte wie Handy, MP3-Player, iPod oder Computer ausgetragen. Ab und an hörte man auch schon von Schönheitsoperationen bei Jugendlichen. Da aber das Einkommen der Eltern in den meisten Fällen doch eine obere Grenze hat und ihre Bereitschaft, jegliche Forderung der Kinder zu erfüllen, ebenfalls, gibt es in vielen Familien heftige Auseinandersetzungen um die Befriedigung der Ansprüche der Töchter und Söhne.

Aber man sollte den Kindern nicht zu viele Vorwürfe machen. Für viele ihrer aus der Sicht der Erwachsenen falschen Verhaltensweisen können sie nichts, denn ihr Entwicklungsstand lässt große Einsicht und umfassenden Überblick gar nicht zu. Ihnen fehlt die Reife, um beispielsweise die Belastung der Eltern zu erkennen. Sie wissen nicht, welchem Druck ihre Eltern möglicherweise am Arbeitsplatz ausgesetzt sind und wie stark dieser das Verhalten ihrer Eltern innerhalb der Familie beeinflusst. Es ist ja häufig nicht einmal den Erwachsenen selbst bewusst – wie sollen dann die Kinder darauf richtig reagieren? Auch Spannungen zwischen den Ehepartnern wirken sich auf das Klima zwischen den anderen Familienmitgliedern aus und können zu Konflikten zwischen

Eltern und Kindern führen. Kinder spüren zwar häufig, dass etwas nicht stimmt. Aber es wäre zu viel von ihnen verlangt, dass sie jederzeit über Strategien eines Konfliktmanagements verfügen.
Außerdem ist die Zeit der Pubertät grundsätzlich eine schwierige Zeit, in der Kinder dazu neigen, gegen alles zu sein, was die Eltern vorschlagen oder selbst tun. Das ist kein böser Wille der eben noch so lieben Kleinen, sondern der Versuch, im Dschungel der Gefühle und Werthaltungen einen für sie jeweils passenden Weg zu finden. Dieser Pfad ist steinig und keineswegs geradlinig oder rational, sosehr es die Eltern sich auch wünschen. Und ohne Konflikte geht diese Entwicklung nie vonstatten.

1.2 Aber auch im Verhalten der Eltern liegen Ursachen für Konflikte. Sie machen Fehler in der Erziehung. Wenn sie z. B. bewusst oder unbewusst unter Geschwistern einzelne bevorzugen, fühlen sich die anderen zurückgesetzt. Oft kommt es deshalb zu Konflikten, weil vielleicht dem schulisch nicht so leistungsfähigen Kind die guten Noten eines anderen Kindes der Familie vorgehalten werden. Eines der Kinder darf länger ausbleiben, das andere muss weniger oft die Spülmaschine ausräumen: Diese Liste ließe sich beliebig fortsetzen, ebenso die Liste der sich daraus ergebenden Streitigkeiten.
Die Kinder leiden auch oft unter einem mangelnden Verständnis der Eltern für ihre Bedürfnisse, die ja nicht immer so überzogen sein müssen, wie oben dargestellt. Sie haben das Gefühl, sie könnten nie etwas für sich erreichen, weder Taschengelderhöhung noch die Erlaubnis für Partybesuche oder besondere Unternehmungen mit Freunden. Im Gegenteil, sie erleben oft, dass ihre Eltern sehr große Anforderungen an sie stellen. Schulnoten müssen immer gut sein, bei nur ausreichenden Leistungen erteilen Eltern oft Fernsehverbot oder schränken die Computer-Spielzeit drastisch ein. Von manch strengen Eltern werden Kinder mit Hausarrest bestraft, wenn Aufgaben im Haushalt nicht oder nur nachlässig erledigt oder Anweisungen nicht befolgt werden. Wenn es dann zu einem großen Krach kommt, liegt die Schuld nicht auf der Seite der Kinder.
Diese denken auch oft, dass ihre Eltern ihnen zu wenig vertrauen. Hinter Verboten und Vorschriften verbirgt sich aber häufig die große Verantwortung der Eltern für ihre Kinder. Sie schätzen deshalb Risiken und Gefahren ganz anders ein und betrachten viele Unternehmungen der Kinder unter dem Blickwinkel, dass ihnen möglichst kein Unglück widerfährt. Das gilt z. B. für nächtliche Heimfahrten von Diskotheken, für Urlaub mit Freunden und ohne Eltern. Diese reagieren häufig mit Verboten, was wiederum die Kinder nicht einsehen, und die nun folgenden Auseinandersetzungen kann sich jeder vorstellen.
Die unterschiedlichen Einschätzungen von Gefahren und Leistungen durch Eltern und Kinder beruhen fast immer auf abweichenden Lebenseinstellungen der Erwachsenen. Zum einen haben sie in ihrer Jugend selbst eine andere Art von Erziehung erlebt, als es heute üblich ist. Sie wurden weniger frei erzogen, Gehorsam war in ihrer Jugend wichtiger als selbstständiges Denken und Handeln. In Familien, in denen noch die Großelterngeneration mit unter einem Dach wohnt, verschärfen sich Familienkonflikte sehr oft, wenn sich die Großeltern mit ihren Ansichten von Erziehung auch noch einmischen.

Zum anderen haben Eltern mehr Lebenserfahrung und können deshalb z. B. langfristige Auswirkungen bestimmter Verhaltensweisen ihrer Kinder wesentlich besser abschätzen als die Sprösslinge selbst. Sie wissen z. B., dass gute Noten in der Schule bessere Chancen auf dem Lehrstellenmarkt bedeuten oder dass soziale Fähigkeiten wie Teamarbeit am Arbeitsplatz verlangt werden und in der Familie deshalb eingeübt werden müssen. Dass Kinder im Haushalt bestimmte Tätigkeiten übernehmen, ist darüber hinaus eine Entlastung für die Eltern, für die Kinder aber nicht selten Anlass zum Streit.
Eine weitere wichtige Ursache für Konflikte liegt sehr oft in den beruflichen und familiären Belastungen der Eltern. In den letzten Jahren hat sich der Druck auf Arbeitnehmer am Arbeitsplatz verstärkt. Die Anforderungen an die individuelle Leistung und

Verantwortung sind gestiegen, Arbeitszeiten wurden verlängert, die Gefahr, den Arbeitsplatz zu verlieren, wird immer größer und erfasst immer weitere Bereiche der Gesellschaft. Die Eltern tragen ihre Sorgen am und um den Arbeitsplatz zwangsläufig mit nach Hause. Dort treffen sie auf Kinder, die die Aufmerksamkeit ihrer Eltern zu Recht fordern. In vielen Familien ist deshalb oft die Grenze der Belastung erreicht und schon Kleinigkeiten können Konflikte heraufbeschwören, die nicht selten katastrophale Folgen haben können. Kommen noch ungünstige Wohnverhältnisse wie eine zu kleine Wohnung, ein problematisches Wohnumfeld oder gar Arbeitslosigkeit eines Elternteils, im schlimmsten Fall beider Eltern, dazu, ist es oft ein Wunder, wenn Familien trotz allem diese Krisen bewältigen können.

2 Familien, die schwierige Situationen meistern, verfügen offenbar über Strategien, wie sich Spannungen abbauen lassen und Konflikte so ausgetragen werden können, dass sich die einzelnen Familienmitglieder ernst genommen fühlen. Dazu können alle Beteiligten beitragen.

2.1 Viele staatliche oder kirchliche Stellen bieten Familienberatung an. Gestresste Eltern oder auch Kinder können sich dort professionelle Hilfe holen. In besonders komplizierten Fällen werden auch Familienhelfer eingesetzt, die eine Zeit lang Familien begleiten. Im Augenblick sind auch Fernsehsendungen sehr beliebt, in denen eine „Super-Nanny" zeigt, wie man mit Kindern richtig umgeht, und Erziehungsratschläge erteilt bzw. selbst vorführt.

2.2 Im Wesentlichen werden dort, sowohl in den Doku-Soaps im Fernsehen als auch bei den Beratungsstellen, einige wichtige Grundsätze für die Organisation des Familienalltags vermittelt. Dazu gehört vor allem, dass klare Absprachen getroffen werden und sich alle Beteiligten an Vereinbarungen und Regeln halten.
Viele Konflikte entzünden sich, wie oben beschrieben, an Kleinigkeiten wie z. B. der Mithilfe der Kinder im Haushalt. Wenn hier feste Regeln eingeführt werden, wer für welches Aufgabengebiet zuständig ist, müssen diese auch eingehalten werden. Gleichzeitig mit den Regeln könnten z. B. auch Sanktionen für den Fall festgelegt werden, dass Pflichten nicht erfüllt werden. Es könnte den Kindern sicher Mut machen, wenn auch Eltern bei Regelverletzung „bestraft" werden. Nur muss dies vorher geklärt sein und von beiden Seiten akzeptiert werden. Solche Verfahrensweisen erfordern andererseits viele Gespräche. Deshalb ist es grundsätzlich auch sinnvoll, feste Gesprächsrunden einzurichten, in denen sich die Mitglieder der Familie unbeschadet äußern können, ohne sofort von den anderen kritisiert oder zurechtgewiesen zu werden. Kompromisse gelingen nur, wenn die Beteiligten miteinander reden sowie Bedürfnisse und Wünsche aussprechen können, ohne dass sofort ein neuer Streit entbrennt.
Um den frustrierenden Streiterfahrungen positive gemeinsame Erlebnisse entgegenzusetzen, wäre auch die Einführung eines Familientages sinnvoll. Damit sind gemeinsame Unternehmungen gemeint, die nicht ständig durch die Erfordernisse von Schule, Beruf, Haushalt beeinflusst werden dürfen. Dabei kann es sich um gemeinsame Ausflüge, Konzert- und Theaterbesuche, Wanderungen, Spieleabende, Lesetage handeln – der Phantasie der Familienmitglieder sind keine Grenzen gesetzt. Hauptsache ist, die verschiedenen Interessen der Erwachsenen und der Kinder bzw. der Jugendlichen werden angemessen berücksichtigt und die Familienmitglieder streiten nicht schon wieder, wenn die Inhalte und Ziele festgelegt werden.

2.3 Falls im alltäglichen Ablauf sich durch verbesserte Organisation schon die Familiensituation entschärft, ist viel gewonnen, weil positive Erlebnisse den Eindruck überlagern, man streite sich nur noch. Aber zu den äußeren Veränderungen muss eine Veränderung der inneren Einstellung kommen. Beide Seiten müssen wirkliches Interesse am anderen zeigen. Dazu gehört, dass Eltern ihren Kindern wirklich zuhören und versuchen, sich in sie hineinzuversetzen. Sie können sich unter anderem mit den Freunden ihrer Kinder beschäftigen, um zu erfahren, was im Freundeskreis der Kinder gerade

„in“ ist und warum ihre eigenen Töchter und Söhne nun gerade dieses eine Kleidungsstück oder dieses Handy haben müssen. Vielleicht hilft auch ein Treffen mit den Eltern der anderen Kinder, um die Einflüsse transparent zu machen.
Kinder, vor allem die älteren, können ebenfalls Interesse für ihre Eltern zeigen und sich deren Situation vor Augen führen. Sie können deren Arbeitsplatzprobleme nicht lösen, aber dafür Verständnis zeigen und ihre eigenen persönlichen Probleme, wenn schon nicht vergessen, so doch öfter in den Hintergrund schieben. Es wäre sicher gut, wenn die Eltern sich ihren Kindern mehr öffnen und mehr Vertrauen in deren Fähigkeiten setzen würden. Vielleicht lassen sich eher Kompromisse erzielen, was z. B. die Hilfe im Haushalt angeht, wenn die Kinder von den großen Belastungen ihrer Eltern wissen.
Und wenn Kinder erkennen, warum Eltern etwas verbieten, beispielsweise mit Freunden eine kleine Reise zu unternehmen, weil sie nämlich Angst um ihren Nachwuchs haben, dann könnten die Kinder erstens die Verbote besser verstehen und zweitens den Eltern Vorschläge machen, wie sich ihrer Meinung nach Gefahren umgehen lassen.
Sowohl bei der Erledigung von übernommenen Pflichten als auch bei Unternehmungen außerhalb der Familie könnten die Eltern ihre Kinder schrittweise in die Selbstständigkeit entlassen. Das entlastet sie selbst und die Kinder sehen, dass sie ernst genommen werden. Dies ist in jedem Fall besser als ständiger Streit.

2.4 Die schwierigste aller Übungen zur Vermeidung von Konflikten dürfte in der kritischen Einschätzung der eigenen Person und in der Selbstbeherrschung liegen.
Viele Eltern beharren auf ihrem Standpunkt, z. B. bei Schulnoten oder Haushaltsarbeiten, obwohl sie selbst weder besonders gute Schüler noch besonders fleißige Zimmeraufräumer waren. Sie sind vielleicht selbst nicht besonders zuverlässig, was die Einhaltung von Absprachen oder die Pünktlichkeit angeht. Was sie von ihren Kindern fordern, sollten sie selbst als Leistung erbringen können: Erziehung durch Vorbild!
Aber auch Kinder stellen an Eltern rigorose Forderungen, die sie selbst nie einhalten können oder wollen. Jugendliche neigen in der Pubertät z. B. zu moralischen Forderungen in einer Absolutheit, die von Eltern, die gelernt haben, mit Kompromissen zu leben, nie erfüllt werden können. Wenn die Jugendlichen nun durch Erfahrungen und Gespräche in der Familie lernen, ihren Standpunkt zu relativieren, dann dürfte vielen Konflikten der Boden entzogen sein. Dazu gehört aber auf beiden Seiten eine gehörige Portion Selbstbeherrschung, und die muss erst trainiert werden. Auch Erwachsene können da nur lernen und üben, solche Eigenschaften sind den meisten Menschen nicht in die Wiege gelegt worden. Doch erfolgreich Spannungen abzubauen, kommt nicht ohne Selbstbeherrschung aus. Und das gilt für alle Beteiligten, Eltern und Kinder.

C. Familienkonflikte gab es immer. Sie zu verhindern, ist unmöglich und nicht sinnvoll, da Konflikte ausgetragen werden müssen, sonst schwelen sie im Untergrund weiter und zerstören die Familie. Entscheidend ist, eine Form der Auseinandersetzung zu finden, von der Kinder und Eltern profitieren. In der Gegenwart verschärfen sich Familienkonflikte, weil in der modernen Gesellschaft sehr oft eine starke Ich-Bezogenheit vorherrscht. Eine der gravierenden Folgen davon ist meiner Meinung nach die zunehmende Kinderlosigkeit. Wenn es aber in den Familien besser gelingt, Spannungen zwischen den Generationen abzubauen und Konflikte zu lösen, könnte das die jungen Menschen ermutigen, selbst Kinder aufzuziehen.

**2005/3 Viele Erwachsene, aber auch immer mehr Jugendliche wollen sich operativ verschönern lassen.
Wie beurteilen Sie diesen Trend?**

Mustergliederung

A. „Schönheit, die Sie sich leisten können!" So lautet die Überschrift einer Anzeige, mit der eine Klinik in der Tagszeitung für ihre Dienste an der Schönheit wirbt. Genannt werden Preise zwischen 2 000 und 3 000 Euro für verschiedene Operationen. Kein Wunder, wenn sich viele Erwachsene und immer mehr Jugendliche operativ verschönern lassen wollen.

B. Wie ist dieser Trend zu beurteilen?

1 Welche Argumente sprechen für eine Schönheitsoperation?

1.1 Steigerung des Selbstbewusstseins
1.2 Stärkung der Persönlichkeit
1.3 Stärkere Ausstrahlung auf andere
1.3.1 Sozialer Erfolg bei Partnerwahl und im Freundeskreis
1.3.2 Größere Chancen im beruflichen Leben

1.4 Gesundheitliche Aspekte
1.4.1 Linderung körperlicher Beschwerden
1.4.2 Beseitigung psychischer Leiden wegen sichtbarer Schönheitsfehler

2 Welche Argumente sprechen gegen eine Schönheitsoperation?

2.1 Hohe Kosten
2.2 Schnell wechselnde Schönheitsideale
2.3 Verlust an Individualität
2.3.1 Nachahmung bekannter Vorbilder
2.3.2 Gesichter und Körper „von der Stange"

2.4 Gesundheitliche Gefahren
2.4.1 Gefahr ärztlicher Kunstfehler
2.4.2 Unbekannte Langzeitfolgen

3 Eigene Meinung

3.1 Ablehnende Haltung: Verlust der Identität
3.2 Einzig sinnvolle Einschränkung: Operationen zur Linderung körperlicher und seelischer Schmerzen

C. Medien bringen über Werbung und Musikvideos die Bilder der „schönen Menschen" in das Bewusstsein vieler Leute. Vor allem Jugendliche sind anfällig dafür, weil sie nach Vorbildern suchen. Ob dieser Trend von Dauer sein wird, ist nicht abzuschätzen.

**2005/4 Internetauktionen sind zum Volkssport geworden.
Erörtern Sie die Ursachen dieser Entwicklung.
Zeigen Sie Probleme, die sich daraus entwickeln können.**

Mustergliederung

A. Dialog zwischen Fischen in einem Aquarium: „Und woher kommst du?" – „Ich komme aus der eBay" (aus dem Film: „Findet Nemo").
Der Name des größten Internetauktionsunternehmens eBay ist nahezu jedermann geläufig und viele Leute – sowohl Jugendliche als auch Erwachsene – sind stolz, wenn sie bei Internetauktionen Schnäppchen gemacht haben.

B. Wieso konnten sich Internetauktionen zu einem Volkssport entwickeln?
Mit welchen Problemen muss man rechnen?

1 Ursachen des Volkssports „Internetauktion"

1.1 Bequemer Einkauf am Computer zu Hause
1.1.1 Kaum organisatorische Hürden
1.1.2 Keine Ladenöffnungszeiten

1.2 Schneller, umfassender Überblick über Angebote und Preise
1.3 Anonymität der Anbieter und Käufer
1.4 Freude über preislich günstige Schnäppchen
1.5 Freude am Wettkampf

2 Probleme, die sich aus Internetauktionen entwickeln können

2.1 Große Konkurrenz für den Einzelhandel
2.2 Gefahr krimineller Machenschaften
2.2.1 aufgrund nicht ausreichender Kontrolle des Handels durch die Internetauktionshäuser
2.2.2 Betrug durch verschwiegene Warenmängel

2.3 Gefahren für den Einzelnen
2.3.1 Verführung zu Spontankäufen durch großes Angebot
2.3.2 Gefahr der Überschuldung
2.3.3 Suchtgefahr

C. Trotz aller Bedenken wird die Fangemeinde wachsen. Das zeigt sich daran, dass außer eBay noch weitere Auktionshäuser entstanden sind. Manche dieser neuen Unternehmen konzentrieren sich auf besondere Sparten, manche machen eBay Konkurrenz, geben sich aber Mühe, die Probleme des Branchenführers zu vermeiden.

**2005/5 Experten warnen die westlichen Industrienationen vor einem zu sorglosen Umgang mit der zur Verfügung stehenden Energie.
Aus welchen Gründen ist es nötig, Energie zu sparen?
Welche Möglichkeiten zum sinnvollen Energiesparen hat der Einzelne?**

Mustergliederung

A. Beschreibung einer alltäglichen Situation, in der Energie verschwendet wird

B. Warum ist es notwendig, Energie zu sparen?
Welche Möglichkeiten hat der Einzelne, Energie zu sparen?

1 Gründe für die Notwendigkeit, Energie zu sparen

1.1 Stetiges Ansteigen der Preise für Energie
1.2 Knappe Ressourcen
1.3 Wirtschaftliche Abhängigkeit von Importen
1.4 Umweltverschmutzung durch Verbrennung fossiler Energieträger

2 Möglichkeiten des Einzelnen, Energie zu sparen

2.1 Nutzung neu entwickelter, Energie sparender Technologien
2.2 Nutzung regenerativer Energiequellen
2.3 Verhaltensänderungen

C. Eigene Meinung: Der Einzelne wird erst vernünftig reagieren, wenn die Energiepreise für den Normalverbraucher deutlich zu hoch geworden sind.
Appell: Mehr Investitionen in die Erforschung regenerativer Energiequellen

Musteraufsatz

A. Wer kennt diese Situationen nicht? Alle Lichter im Haus brennen, die Heizung arbeitet im tiefsten Winter auf Hochtouren, aber die Fenster sind geöffnet; für den Weg zum Briefkasten oder zum Bäcker wird das Auto aus der Garage geholt. Der Energieverbrauch steigt in Deutschland und in den anderen europäischen Industriestaaten immer weiter.
Aber die Zahl der warnenden Stimmen wird größer. Viele Experten mahnen einen weniger sorglosen Umgang mit Energie in den Industriestaaten an.

B. Welche Gründe führen sie für die Notwendigkeit des Energiesparens an? Welche Möglichkeiten hat der Einzelne, Energie einzusparen?

1 Fast jeden Tag liest man es in der Zeitung oder hört und sieht es in den Nachrichten,

1.1 Autofahrer erleben es an den Tankstellen: Der Ölpreis steigt und steigt. Die hohen Kosten für Energie fallen einem als erstes ein, wenn man an Energiesparen denkt. Dabei geht es außer um Treibstoff für Fahrzeuge auch um Kosten für Heizöl, Erdgas und Strom. Die hohen Preise belasten zunächst die privaten Haushalte, die einen immer größeren Anteil ihres ohnehin recht knappen Budgets für Energiekosten aufbringen müssen. In absehbarer Zeit werden aber auch die Preise für industrielle Produkte und Dienstleistungen steigen und zusätzlich die Kassen der Bürger belasten. Das könnten z. B. Preissteigerungen bei Urlaubsflügen oder höhere Preise für Produkte aus Kunststoff oder Aluminium sein, die aus Erdöl oder mit hohem Aufwand an elektrischer Energie hergestellt werden.
Fachleute sind sich noch nicht einig, ab welchem Preis für ein Barrel Rohöl unsere Volkswirtschaft tatsächlich Schaden nimmt, wobei man sich unter „Schaden" auf jeden Fall den Verlust von Arbeitsplätzen vorstellen muss.
Daraus lässt sich erkennen, dass Energieeinsparungen grundsätzlich notwendig sind, weil dies einen Beitrag zur Senkung von Kosten bedeutet, sowohl für Privathaushalte als auch für Unternehmen.

1.2 Ein weiterer Zwang zur Einsparung von Energie liegt darin begründet, dass die Energievorkommen begrenzt sind und die verbleibenden Mengen an fossilen Brennstoffen immer knapper werden. In den kommenden Jahrzehnten werden sich die USA und China einen Wettlauf um die letzten Reserven liefern. Wir Europäer können nicht tatenlos zuschauen, aber auch kaum direkt eingreifen. So bleibt uns nur eisernes Sparen, um die Rohstoffe Kohle, Erdöl und Erdgas möglichst lange nutzen zu können, bis andere Energieträger großtechnisch nutzbar geworden sind.
Außerdem ist es unsere Aufgabe, die Energieversorgung nachfolgender Generationen zu sichern. Der eine Weg wird sein, alternative Energiequellen zu erschließen, aber auch durch Einsparung lassen sich, wie Experten ausgerechnet haben, zwischen 30 und 50 % Energie gewinnen, was bedeutet, dass die Ressourcen länger ausreichen würden. Wir könnten also für die nächsten Generationen vorsorgen und sind aus ethischen Gründen dazu verpflichtet.

1.3 Es gibt aber auch politische Gründe, Energie zu sparen. Außer Kohle gibt es in Deutschland keine nennenswerten Vorkommen an fossilen Brennstoffen, was bedeutet, dass unser Land in sehr hohem Maß von Rohstoffimporten abhängig ist. Politische Turbulenzen wie z. B. die Anschläge vom 11. September 2001 oder der Krieg im Irak lassen den Ölpreis wie eine Fieberkurve sofort ansteigen und bringen unsere Wirtschaft in Gefahr. Wenn auch ein Wiedereinstieg in die Atomenergie die Abhängigkeit vom Erdöl verringern könnte, besteht trotzdem weiterhin die Abhängigkeit vom Import des Rohstoffs Uran. Dieses energiepolitische Problem kann also nicht dauerhaft gelöst werden, abgesehen von allen anderen Risiken der Atomenergie.

Wenn also Energie eingespart werden kann, könnte das auch unsere politische Abhängigkeit von Rohstoff exportierenden Ländern verringern, zumal einige dieser Länder zu den politisch eher unsicheren Staaten zählen.

1.4 Der bedeutsamste Grund für Energieeinsparungen ist die Umweltverschmutzung als Folge der Verbrennung fossiler Rohstoffe. Saurer Regen, Waldsterben, Ozonloch, globale Klimaveränderung sind zurzeit aus den aktuellen Schlagzeilen der Massenmedien zwar verschwunden, was aber nicht bedeutet, dass Umweltverschmutzung nicht mehr stattfindet. Leider besteht keine Einigkeit unter Wissenschaftlern und Politikern über die tatsächlichen Zusammenhänge. Diese ungeklärten Sachfragen sind für manche Politiker ein willkommener Anlass, Entscheidungen auf die lange Bank zu schieben. Um diesen politischen Querelen aus dem Weg zu gehen, aber trotzdem Umweltschäden zu verringern, sind Energiesparmaßnahmen nach Meinung vieler Experten ein guter und notwendiger Weg.

2 Welche Möglichkeiten hat nun der Einzelne, seinen Beitrag zur Einsparung von Energie zu leisten?

2.1 In Privathaushalten ließe sich z. B. viel Energie einsparen, wenn neu entwickelte Technologien eingesetzt werden. Dafür gibt es zahlreiche Möglichkeiten. Herkömmliche Glühlampen lassen sich durch Energiesparlampen ersetzen, die nicht nur weniger Strom verbrauchen, sondern auch länger ihren Dienst tun. Wer statt eines alten Kühlschranks oder einer alten Waschmaschine ein modernes, Energie sparendes Gerät verwendet, tut ebenfalls etwas Gutes. Auch bei der Gebäudeheizung lässt sich viel Energie einsparen, z. B. durch den Austausch alter Heizkessel gegen neue und durch den Einsatz von Dämmstoffen beim Hausbau. Die Automobilindustrie tüftelt an Drei-Liter-Fahrzeugen; wer sich also ein Fahrzeug anschafft, das wenig Sprit verbraucht, gehört ebenfalls zum Kreis der vernünftigen Sparer. Allerdings zeigt das Verhalten der Autokäufer in den vergangenen Jahren, dass die großen Fahrzeuge mit leider auch größerem Treibstoffverbrauch eher als die kleinen, sparsamen Autos auf Gegenliebe stoßen. Hier muss noch viel Überzeugungsarbeit geleistet werden.

2.2 Ein weiterer Schritt ist die Nutzung regenerativer Energien. Auch hier gibt es vielfältige technische Möglichkeiten, angefangen von der Nutzung unseres heimischen Holzes in Hackschnitzelheizungen über Biogasanlagen bis zur Herstellung von Strom aus Wind- und Wasserenergie. Durch die gesetzlich festgelegte Einspeisevergütung z. B. ist eine Photovoltaikanlage auf dem Dach eines Privathauses mittlerweile auch eine interessante Möglichkeit, Energie umwelt- und geldbeutelschonend zu erzeugen. Eine ähnliche energiepolitische Wirkung haben solarthermische Anlagen, welche die Sonnenwärme zur Erwärmung von Wasser nutzen. Der Spareffekt besteht eben darin, dass dadurch die Vorkommen an fossilen Brennstoffen geschont werden. Wer also diese neuen Technologien im Privathaushalt nutzt, leistet einen wichtigen Beitrag zur Einsparung von Energie.

2.3 Allerdings bedeuten diese Maßnahmen zum Teil größere Investitionen. Billiger und deshalb für jedermann sofort durchführbar sind Verhaltensänderungen. Dazu gehört unter anderem auch die Mülltrennung im Privathaushalt, weil dadurch ein Recycling wertvoller Rohstoffe ermöglicht werden kann. Der Energiespareffekt liegt darin, dass zum einen wertvolle Ressourcen wie Rohöl geschont werden, zum anderen aber auch z. B. ein hoher Stromverbrauch bei industriellen Herstellungsprozessen vermieden werden kann. Als Beispiel sei hier die Aluminiumgewinnung genannt. Selbst die Verbrennung von Müll in einem Heizkraftwerk würde, bei allen Umweltbedenken, noch eine Einsparung von fossilen Brennstoffen bedeuten.

Zu den Verhaltensänderungen, die ein Einzelner leisten kann, gehört aber auch das Einsparen von Energie durch eine Senkung des Stromverbrauchs. Das klassische Beispiel ist hier das Abschalten des Stand-by-Betriebs bei elektronischen Geräten. Experten

behaupten, auf diese Weise ließe sich ein großes Kraftwerk in der Bundesrepublik einsparen. Das wäre doch ein wirklicher Erfolg der Energiesparer!
Auch Maßnahmen beim Warmwasserverbrauch helfen durch einfache Tricks – wie Wasser sparende Armaturen und den Verzicht auf ein Bad in einer mit warmem Wasser üppig gefüllten Badewanne – beim Energiesparen, denn im Vergleich zu einem Vollbad spart eine warme Dusche Wasser und Energie, schont die Haut und beruhigt außerdem das Gewissen.
Als letzte Möglichkeit seien hier Einsparungen genannt, die sich durch Verzicht auf den Einsatz des eigenen Kraftfahrzeugs erzielen lassen. Viele Wege lassen sich zu Fuß oder mit dem Fahrrad zurücklegen. Das spart Treibstoff sowie Geld und hat außerdem den angenehmen Nebeneffekt, dass man etwas für die Gesundheit tut.
Ein weiteres Einsparpotenzial ergibt sich durch Fahrgemeinschaften. Jeder kennt die Situation: Im Berufsverkehr bilden sich oft lange Staus, und wenn man genau hinsieht, sitzt in den meisten Fahrzeugen ein einzelner, einsamer Mensch. Der tägliche Weg zur Arbeitsstätte lässt sich aber mit ein wenig Organisationstalent gemeinsam zurücklegen. Damit wird einerseits Energie gespart, andererseits auch Zeit, wenn sich dadurch die Zeit verkürzt, die man im Stau verliert. Und der Umwelt ist ebenfalls durch geringeren Schadstoffausstoß gedient.
Schließlich sollen auch noch die öffentlichen Verkehrsmittel erwähnt werden. Sie schneiden in der Energiebilanz wesentlich besser ab als ein privates Kraftfahrzeug und eignen sich besonders gut als Energiesparmöglichkeit für den Einzelnen.

C. Meiner Meinung nach wird sich in der nahen Zukunft leider wenig ändern. Die Preise für Energie in Form von Treibstoff, Heizenergie und Strom werden weiter steigen, die politischen Abhängigkeiten werden sich nicht so schnell lösen und Länder wie Deutschland oder unsere europäischen Nachbarn werden ohnmächtig zuschauen müssen, wie sich andere Nationen auf der Erde nicht um Energieprobleme kümmern. Erst wenn die Kosten so hoch werden, dass sich nahezu jeder zum Sparen gezwungen sieht, wird sich das Blatt wenden. Die Menschen reagieren im Allgemeinen erst, wenn sie aus finanziellen Gründen nicht anders können.
Allerdings haben steigende Energiepreise auch einen positiven Effekt: Die Gewinnung von Energie aus regenerativen Quellen wird wirtschaftlich interessant. Also sollte schon jetzt in die Forschung auf diesem Gebiet mehr investiert werden.

Abschlussprüfungsaufgaben an Wirtschaftsschulen
Deutsch – 2005: Textaufgabe

1 Verfassen Sie eine Überblicksinformation.

2 Geben Sie den Inhalt des Textes in gestraffter Form wieder.

3 Erläutern Sie die Aussage: „Die Bildersucht, der die Menschheit verfallen ist, hat auch die Gesetze des Politikbetriebs verändert“ (Z. 20/21).

4 Haben die Medien Ihrer Meinung nach heute zu viel Macht über die Politik?

Wenn die Wirklichkeit pausieren muss
Die reale Welt kommt dem Fernsehen nicht hinterher – die Macht eines Massenmediums

Alles war angerichtet am Aschermittwoch im italienischen Bormio: Schnee, Sonne, prima Pisten, Zuschauer aus nah und fern. Der auf dem Programm stehende WM-Riesenslalom fand dennoch nicht statt. Kurz entschlossen waren nämlich die Kameraleute des TV-Senders RAI in Streik getreten. Keine TV-Übertragung, kein Skirennen, beschlossen die Organisatoren.

Nun hätte es zweifellos einen gewissen Reiz, darüber nachzudenken, was einem streikende Kameraleute künftig so alles ersparen könnten. Doch dazu ist das eigentliche Problem viel zu ernst. Das Verhältnis von realer Welt und Medien wird immer öfter auf den Kopf gestellt. Man tut dem elektronischen Konkurrenten sicher nicht Unrecht, wenn man das Phänomen eingrenzt und behauptet: Das Fernsehen schafft sich häufig seine eigene Wirklichkeit. Und wenn italienische Streiklust dem immerwährenden Bildersenden eine Zwangspause verordnet, muss eben auch die Wirklichkeit mal pausieren.

Von der Rolle des passiven Nachrichtenübermittlers hat sich das Medium längst verabschiedet. Fernsehen bildet die Welt nicht mehr einfach ab, es formt und inszeniert sie nach seinen Bedürfnissen. Am augenfälligsten ist das im Sport. Damit die Werbekundschaft die aberwitzigen Kosten für die Übertragungsrechte refinanziert, richtet sich der Zeitplan von Weltmeisterschaften oder Olympischen Spielen nach der Prime Time[1] der wichtigsten TV-Staaten. Leichtathleten müssen dann auch schon mal in der Mittagshitze und Skispringer im nächtlichen Dunkel ran. Es geht schließlich um Millionen.

Wobei nicht nur Geld die Sitten verdirbt. Die Bildersucht, der die Menschheit verfallen ist, hat auch die Gesetze des Politikbetriebs verändert. Wenn im Parlament die Kameras aus sind, werden die Redner einsam. Die wichtigsten Debatten werden ohnehin in den TV-Runden von Frau Christiansen oder Frau Illner geführt. Themen und Teilnehmer bestimmt die Redaktion. Und ob da jemand gut oder schlecht ausschaut, hat er nicht allein selbst in der Hand. Da spricht der Regisseur, der nervöse Finger oder entgleiste Gesichtszüge in Nahaufnahme zeigen kann, durchaus ein Wörtchen mit.

Auf Parteitagen wird schon lange nicht mehr so lange mit der Basis diskutiert, wie Bedarf besteht. Die zentralen Beschlüsse müssen vielmehr so rechtzeitig gefasst werden, dass sie noch in den wichtigsten Nachrichtensendungen – möglichst als Spitzenmeldung – zu platzieren sind. In Wahlkampfzeiten sind die Politiker dann sowieso Dauergäste der Fernseh-Arenen. Hier wird gewonnen oder verloren. Und die Union wird in den nächsten Monaten die Frage der Kanzlerkandidatur intern nicht ohne Berücksichtigung der Kameratauglichkeit der möglichen Bewerber diskutieren.

---

1 Prime Time = Hauptsendezeit

Die Fernsehwelt ist glatt. Und die Grenzen der verschiedenen Formate verschwimmen. Nachrichten müssen im Infotainment Unterhaltungswert entwickeln. Selbst der Wetterbericht wird zur kleinen Show und gebiert TV-Stars, die man in der Werbung neben Ex-Minister Nobby Blüm wieder trifft, während aktive Politiker im Big-Brother-Container vorbeischauen und dort irgendwann von der Schönheitschirurgen-Witwe abgelöst werden, die ihre Prominenz der Angeklagtenrolle in einer Gerichts-Doku-Soap verdankt. Oder war's ein wirklicher Prozess? Egal.

(Hans-Peter Kastenhuber in den „Nürnberger Nachrichten" vom 2. März 2005, leicht überarbeitet und gekürzt)

Musterlösung

1 **Überblicksinformation**

In dem Kommentar „Wenn die Wirklichkeit pausieren muss. Die reale Welt kommt dem Fernsehen nicht hinterher – die Macht eines Massenmediums", erschienen am 2. März 2005 in den „Nürnberger Nachrichten", schreibt der Autor Hans-Peter Kastenhuber über den großen Einfluss der Massenmedien auf Politik und Gesellschaft. Er kritisiert, wie dieser eine eigene Wirklichkeit schafft und in die Abläufe von realen Ereignissen eingreift.

2 **Gestraffte Inhaltswiedergabe**

Bei den Skiweltmeisterschaften ist der Riesenslalom in diesem Jahr wegen eines Streiks beim zuständigen Fernsehsender abgesagt worden. Das zeigt exemplarisch, wie die Massenmedien häufig über die Realität bestimmen. So kommt es zu einer Umkehrung der Verhältnisse. Informationen werden vom Fernsehen nicht mehr nur wiedergegeben, vielmehr verändert das Medium die Wirklichkeit gemäß seinen Interessen, was an Beispielen aus dem Sport verdeutlicht wird. Werbeeinnahmen spielen dabei eine entscheidende Rolle.

Auch die Politik ist von den Veränderungen betroffen, die durch den Wunsch der Menschen nach Fernsehbildern bedingt sind. Wichtige Fragen werden nicht mehr im Bundestag, sondern im Fernsehen diskutiert, wobei Redakteure bestimmen, was und wer bedeutend ist und wie der Einzelne präsentiert wird.

Selbst wichtige Entscheidungen in der Politik werden im Hinblick auf die Sendezeiten des Fernsehens getroffen, weil dort auch über den Ausgang von Wahlen entschieden wird.

Fast alle Fernsehsendungen, auch die informativen, werden so umgestaltet, dass ihr Unterhaltungswert steigt. Dadurch werden künstlich Prominente geschaffen, für deren Bekanntheit es keinen Grund gibt. Die Grenzen zwischen Realität und Fiktion verschwimmen.

3 **Texterläuterung**

Die Aussage „Die Bildersucht, der die Menschheit verfallen ist, hat auch die Gesetze des Politikbetriebs verändert" (Z. 20/21) enthält mehrere zu erläuternde Aspekte. Mit der Formulierung „Bildersucht, der die Menschheit verfallen ist" wird verdeutlicht, dass die Menschen in unserer Gesellschaft ein sehr starkes Bedürfnis haben, alles, was geschieht, in Form von (bewegten) Bildern zu erfahren. Dieses Begehren ist so stark ausgeprägt, dass es vom Autor als Sucht bezeichnet wird.

Als Beispiel, wie diese Sucht geweckt und gleichzeitig befriedigt wird, lässt sich der Medienrummel um das Sterben und die Beerdigung Papst Johannes Pauls II. sowie um die Wahl seines Nachfolgers nennen. Auch die Inszenierung königlicher Hochzeiten befriedigt die Sensationsgier der Menschen. Die Bildberichterstattung über große Katastrophen wie den Tsunami in Südostasien lässt die Menschen emotional an solchen Ereignissen teilhaben.

Weil die Menschen so sehr nach Bildern verlangen, richtet sich auch die Politik in ihrem Vorgehen mehr und mehr nach dem Fernsehen.

Tagesordnungen von Parteitagen werden so umgestaltet, dass wichtige Beschlüsse zeitlich passend zu den Hauptsendezeiten gefasst werden. Dabei kann die innerparteiliche Diskussion vernachlässigt werden.

Die Auswahl von Kandidaten erfolgt zum Teil nach der Einschätzung ihrer Wirkung im Fernsehen, nicht unbedingt nach ihren Fähigkeiten. Kleidung, Gesten und Aussehen sind oft wichtiger als politische Überzeugungen.

So werden Fernsehduelle der wichtigsten Kandidaten zum Gradmesser ihrer jeweiligen Wahlchancen. Und hochrangige Politiker diskutieren über wichtige Themen eher in Talkshows statt im Bundestag.

4 **Stellungnahme**

Haben die Medien Ihrer Meinung nach heute zuviel Macht über die Politik?

Für die Richtigkeit dieser Behauptung spricht eine Reihe von Argumenten. Viele Politiker werden von Journalisten regelrecht verfolgt. Sie haben kein Privatleben mehr, können keinen unbeobachteten Schritt tun. Jeder private Fehler oder jede falsche Reaktion führt zu politischen Diskussionen, obwohl die Fehler vielleicht nichts mit Politik zu tun hatten. Um von lästigen Journalisten in Ruhe gelassen zu werden, verändern manche Politiker deshalb bewusst oder unbewusst ihre politischen Ansichten, bis es den Journalisten genehm ist. Andere ziehen sich aus dem politischen Geschäft zurück. Viele Leute lassen sich davon abschrecken, überhaupt politische Arbeit zu leisten.

Dies führt zum nächsten Argument, nämlich dass Äußerlichkeiten die sachliche Politik verdrängen. Wie eine Person in der Öffentlichkeit erscheint, ist wichtiger als das, was sie an kreativen politischen Ideen und Problemlösungen zu bieten hat. Ein Nadelstreifenanzug und eine flotte Frisur ersetzen aber nicht politischen Sachverstand, und wer eben nicht über ein telegenes Äußeres verfügt, ist noch lange kein schlechter Politiker.

Ein weiteres Argument betrifft die politische Sprache, die durch Medien verkürzt und damit sehr oft verfälscht wird. Schwierige politische Zusammenhänge wie z. B. die Frage einer Mehrwertsteuererhöhung oder der Reformen im Gesundheitsbereich lassen sich nicht auf griffige Slogans verkürzen. Die „Steuererklärung auf dem Bierfilz“ klingt in einem schnellen Fernsehinterview verführerisch, aber bei näherem Hinsehen zeigen sich die Fallstricke. Für gründliches Nachdenken ist aber im hektischen Medienbetrieb keine Zeit. Aus verkürzt wiedergegebenen Äußerungen entwickeln sich sehr schnell und sehr oft falsche Aussagen.

Ein weiterer Hinweis auf zu große Medienmacht ist die Verschiebung der Wahrnehmung bei den Zuschauern. Wenn von Fernsehmachern bestimmte politische Themen in den Vordergrund geschoben werden, erscheinen sie im Bewusstsein der Zuschauer als besonders wichtig, obwohl das in Wirklichkeit vielleicht gar nicht zutrifft. Das kann so weit führen, dass andere Themen, die mindestens ebenso wichtig wären, von der Öffentlichkeit nicht wahrgenommen werden. Im Augenblick bestimmt die Frage, ob es zu Neuwahlen zum Bundestag kommen wird, das öffentliche Denken und Handeln. Dass es aber mindestens so wichtig wäre, alle anderen Politikbereiche zu verfolgen, wird vergessen.

Die Medien haben vor allem dann zu viel Macht, wenn sie nicht politisch neutral berichten und dadurch die Bevölkerung in einer bestimmten Richtung beeinflussen. Die öffentlich-rechtlichen Sender sind zu einer weitgehenden Neutralität verpflichtet; Privatsender haben da schon mehr Freiheiten, was ihre politische Berichterstattung angeht. Zu Zeiten Helmut Kohls galt SAT 1 zeitweise als Haussender der Bundesregierung. Diesen Vorwurf einer politisch beeinflussenden Berichterstattung muss man

aber in erster Linie einigen großen Boulevardzeitungen machen. Mit Schlagzeilen und verfälschenden Bildern gelingt es diesen Zeitungen immer wieder, die Leser zu beeinflussen. „Wir sind Papst" ist ein Beispiel für eine nicht angemessene Schlagzeile, ein anderes, dass Bundeskanzler Schröder Redakteure einer großen Boulevardzeitung seit längerem nicht mehr auf Auslandsreisen in seinem Flugzeug mitnimmt, weil sie seiner Meinung nach nicht neutral genug berichtet hat.
Die Gefahr einer verfälschenden Berichterstattung ist in einer von den Medien geprägten Gesellschaft ein großes und ernstes Problem, auch für unsere Demokratie, in der nur informierte Bürger ihrer Rolle gerecht werden.
Man kann aber auch den Blickwinkel verändern und erkennt dann, dass die Behauptung nicht immer berechtigt ist.
Die Massenmedien haben sich mit Hilfe politischer Unterstützung entwickelt – man denke an die Einführung des Privatfernsehens. Die Massenmedien sind vorhanden und unersetzlich. Gerade in einer Demokratie sind Bürger und Politiker auf die Medien angewiesen. Sie sorgen für eine öffentliche Diskussion politischer Themen, die sonst kaum oder nur am Stammtisch stattfände. Gerade der Austausch von Meinungen wird durch Massenmedien ermöglicht, z. B. im Fernsehen bei Talkshows zu politischen Themen. Dadurch, dass in verschiedenen Medien auch unterschiedliche Meinungen und Auffassungen zu Wort kommen, können sich die Leute in unserem Land einen Überblick über die vielfältigen Ideen und Lösungsvorschläge verschaffen. Das kommt unserer pluralistischen Gesellschaft entgegen. Es spricht gegen die Übermacht der Medien, wenn sie untereinander in Konkurrenz um die Zuschauer und Leser treten.
Gerade in Wahlkampfzeiten sorgen die Massenmedien auch für die politische Bildung der Bürger, wenn nämlich Kandidaten vorgestellt und Wahlverfahren erläutert werden. Das bundesdeutsche Wahlrecht ist etwas kompliziert, und wenn durch Zeitung und Fernsehen der Wähler aufgeklärt wird, welche Funktion die Erst- und die Zweitstimme haben, kann das nur von Vorteil für unser Gemeinwesen sein.
Auch zwischen den Wahlterminen ermöglicht die Berichterstattung der Massenmedien den Bürgern indirekt eine Einflussnahme auf die Politik. Regelmäßige Umfragen und ihre Veröffentlichung zeigen den Politikern immer wieder eine Art Zwischenstand und geben Hinweise auf Wünsche und Vorstellungen der Menschen im Land. Ob das Bürgersprechstunden der Abgeordneten ebenfalls so umfassend leisten könnten wie die Medien?
Dass der Einfluss der Medien auf die Politik nicht zu groß ist, beweist ihre Rolle als Kontrollorgan, als vierte Gewalt im Staat. Diese Rolle kann gar nicht zu groß sein, weil die Medienberichterstattung Politiker dazu zwingt, Entscheidungsprozesse transparent zu machen und korrekt zu handeln. Viele Skandale sind von Presse und Fernsehen aufgedeckt worden. Ohne sie hätte kein Mensch davon erfahren. So lästig den Politikern Journalisten auch sein mögen, in einer Demokratie sind die Bürger darauf angewiesen, dass sie kritisch und umfassend unterrichtet werden.
Meiner Meinung nach haben die Medien nicht zu viel Macht über die Politik. Ich denke, dass Politiker die Massenmedien auch selbst nutzen können, um ihre Politik zu vermitteln. Wer als Politiker vernünftig handelt und die Medien akzeptiert, kann sie in gewissem Umfang auch sinnvoll steuern mit den Informationen, die er Medienmitarbeitern gibt. Allerdings erfordert das überlegtes Handeln und Selbstbeherrschung.
Außerdem entscheidet meiner Meinung nach der Zuschauer oder Leser selbst, welche Medien er nutzt und vor allem, wie viel er von dem glaubt, was er zu sehen und zu hören bekommt. Wenn sich die Bürger kritisch verhalten und geschickt auswählen, steuern sie über den Markt die Macht der Medien und beschränken sie damit.

Abschlussprüfungsaufgaben an Wirtschaftsschulen
Deutsch – 2006: I. Erörterungsthemen

1 Immer häufiger sieht man an Bahnhöfen und anderen öffentlichen Plätzen Überwachungskameras.
Beurteilen Sie den Sinn von Überwachungskameras, indem Sie Vor- und Nachteile abwägen.

2 Der Arbeitsmarkt in Deutschland ist seit längerem angespannt. Oft wird Jugendlichen deshalb geraten, sich auch im Ausland um eine Stelle zu bewerben.
Würden Sie nach Ihrer Ausbildung beruflich ins Ausland gehen oder nicht?

3 An immer mehr Schulen werden so genannte Notebookklassen eingerichtet. Das sind Klassen, in denen jede Schülerin und jeder Schüler über ein eigenes, weitgehend von den Eltern finanziertes Notebook verfügt, das in möglichst vielen Fächern im Unterricht genutzt wird.
Beurteilen Sie die Einrichtung der Notebookklassen, indem Sie Vor- und Nachteile abwägen.

4 „Alle möchten länger leben, aber niemand möchte alt sein." (Benjamin Franklin)
Zeigen Sie an Beispielen, welche Schwierigkeiten alte Menschen in unserer Gesellschaft haben.
Was kann unternommen werden, um die Lebensbedingungen alter Menschen zu verbessern?

5 Schon lange wird der Bevölkerung die Benutzung öffentlicher Verkehrsmittel empfohlen.
Welche Aspekte sprechen für eine verstärkte Nutzung des öffentlichen Personenverkehrs?
Warum verweigern sich noch immer viele diesem Angebot?

2006 / 1 Immer häufiger sieht man an Bahnhöfen und anderen öffentlichen Plätzen Überwachungskameras.
Beurteilen Sie den Sinn von Überwachungskameras, indem Sie Vor- und Nachteile abwägen.

Mustergliederung

A. Seit langem fordert der bayerische Innenminister eine verstärkte Installation von Überwachungskameras.

B. Welche Vorteile bringen Überwachungskameras, welche Nachteile sind damit verbunden?

1 Vorteile von Überwachungskameras

1.1 Hilfsmittel für gezielten Polizeieinsatz
1.2 Gefühl der Sicherheit für die Bürger
1.3 Mittel der Abschreckung
1.4 Dokumentation von Straftaten
1.5 Beitrag zur Fahndung

2 Nachteile von Überwachungskameras

2.1 Hohe Kosten bei Anschaffung und Betrieb
2.2 Gefahr der mutwilligen Beschädigung
2.3 Missbrauch durch Unbefugte
2.4 Beschränkung der persönlichen Freiheit
2.5 Probleme beim Datenschutz

C. Der Einsatz von Überwachungskameras sollte nicht generell sein, sondern muss von Fall zu Fall entschieden werden.

Musteraufsatz

A. Der derzeitige bayerische Innenminister Günter Beckstein verlangt schon seit langem die verstärkte Installation von Überwachungskameras. Mit dieser Forderung stieß er lange Zeit auf Ablehnung, was nach den negativen Erfahrungen mit der Beschattung während des Nationalsozialismus und unter dem SED-Regime der DDR mehr als verständlich war. Nach und nach schließen sich jedoch auch andere Politiker diesem Weg an, da sich die gesellschaftlichen Rahmenbedingungen verändert zu haben scheinen. Heute werden Überwachungskameras besonders an stark frequentierten Plätzen wie Bahnhöfen und Flughäfen angebracht und sollen, wenn es nach jüngsten Überlegungen geht, auch auf Autobahnen eingesetzt werden. Nachfolgend sollen Gründe genannt werden, die für die Anbringung von solchen Kameras sprechen und es wird diskutiert, welche Nachteile diese Geräte mit sich bringen.

B. 1.1 Überwachungskameras stellen ein Hilfsmittel für den Polizeieinsatz dar. Die aktuellen Daten werden auf Monitore in einen Dienstraum übertragen und es ist rasch zu sehen, wo sich Krisenherde entwickeln. Auf diese Weise können Polizisten wesentlich effektiver eingesetzt werden, weil sofort das Ziel klar ist und die Einsatzzentrale auch abschätzen kann, wie viele Einsatzkräfte benötigt werden. Entwickelt sich beispielsweise nachts im U-Bahnbereich eine Schlägerei, ist anhand der Videoüberwachung zum einen zu sehen, wie es zu der Schlägerei kommt, zum anderen auch, wie viele Personen daran beteiligt sind. Aber auch verdeckte Ermittler haben so bessere Chancen, wenn sie z. B. Drogendealer fassen sollen, da verdächtige Personen vor dem Zugriff zunächst eine

Zeit lang unauffällig beobachtet werden können. Die Polizeibeamten lassen sich anhand der Monitore während des Einsatzes besser lenken und leiten. Natürlich erübrigen sich dadurch die üblichen Streifengänge nicht, aber die Anzahl der Kontrollgänge und das hierfür notwendige Personal können eventuell reduziert werden, sodass die Polizisten dann auch für andere Aufgaben zur Verfügung stehen.

1.2 „Normalen" Bürgern geben diese Geräte ein Gefühl der Sicherheit, da sie sich gewissermaßen unter der Kontrolle der Gesetzeshüter bewegen. Gerade Frauen und ältere Mitbürger wagen sich so auch noch spät abends auf die Straße, wenn sie z. B. mit dem Bus oder der U-Bahn auf dem Heimweg vom Disco-, Kino- oder Theaterbesuch sind. Zu diesem Zeitpunkt sind oft nicht mehr so viele andere Menschen unterwegs, die man im Notfall um Hilfe bitten könnte. Kameras vermitteln diesem Personenkreis folglich ein Gefühl des Schutzes, auch wenn dieser natürlich nicht hundertprozentig sein kann.

1.3 Daneben sind Kameras als Mittel der Abschreckung nicht zu vergessen. Allein das Bewusstsein, dass Videokameras installiert sind, hält manchen von illegalen Taten ab. Wahrscheinlich würde es sogar genügen, Attrappen zu installieren, wenn die Medien im Gegenzug ausführlich über erweiterte Überwachung berichten würden. Mit Alarmanlagen verfährt man ja ähnlich, warum sollte dies also bei Kameras nicht funktionieren? Freilich setzt die Abschreckung voraus, dass Täter nicht vollkommen skrupellos sind. Doch für die überwiegende Mehrheit, vor allem für Kleinkriminelle, stellen Überwachungskameras auf jeden Fall eine Abschreckung dar, da man bei ihnen noch ein gewisses Maß an Unrechtsbewusstsein und Angst vor Strafverfolgung voraussetzen kann.

1.4 Ein zunehmend wichtiger Gesichtspunkt ist die Dokumentation von Straftaten durch Überwachungskameras. Da die Daten gespeichert werden, sind sie für eine begrenzte Zeit immer wieder abrufbar. Auf diese Weise ist es leichter möglich strafbare Aktionen nachzuweisen. Damit haben Ermittler einen absolut zuverlässigen Beweis in der Hand, der nicht widerlegbar ist. Inzwischen wird an einer neuen Generation von Kameras gearbeitet, die Passanten anhand ihrer biometrischen Daten, ähnlich wie am Bankautomaten, identifizieren sollen, wodurch die Sicherheit des Beweises weiter steigen dürfte. Mit all diesen Daten kann man zweifelsfrei belegen, wann sich ein Verdächtiger wo bewegt hat und wie eine Tat abgelaufen ist. Ein möglicher Einspruch von mutmaßlichen Tätern erscheint vor diesem Hintergrund sinnlos.

1.5 Einer der wichtigsten Aspekte von Videokameras ist, dass sie einen wesentlichen Beitrag zur Fahndung leisten können. Erst in jüngster Zeit konnten mithilfe von Videoaufzeichnungen kriminelle ausländische Studenten identifiziert und gefasst werden, die in deutschen Bahnhöfen Kofferbomben deponiert hatten, die zum Glück aufgrund technischer Fehler nicht explodierten. Die fanatischen jungen Männer, die die Anschläge auf das New Yorker World-Trade-Center verübten, konnten so nachträglich ebenfalls identifiziert werden, auch wenn die Katastrophe selbst nicht mehr zu verhindern war. Dadurch war es aber möglich, die Hintermänner herauszufinden und Gegenmaßnahmen einzuleiten. Inzwischen ist auch die Bildbearbeitung so weit fortgeschritten, dass unscharfe Aufnahmen im Nachhinein optimiert werden können. Im Übrigen leisten Videokameras bei der Überwachung von Banken schon seit Langem gute Dienste und führen trotz der gelegentlichen Maskierung der Täter oft zum Fahndungserfolg. Weil sich Täter im öffentlichen Bereich nicht hinter Masken verbergen können, dürfte die Trefferquote hier noch höher sein.

2.1 Videokameras an öffentlichen Plätzen sind allerdings nicht nur positiv zu werten, sondern auch kritisch zu betrachten. So entstehen den Kommunen erhebliche Kosten durch die Anschaffung und den Betrieb der Geräte. Bei dem Erwerb geht es ja nicht nur um die Kamera alleine, sondern es müssen zudem Computer mit entsprechender Software erstanden werden, zu denen der Datenfluss von den Kameras aus gewährleistet sein muss. So verschlingt die Installation beträchtliche Summen. Dazu muss das Personal geschult werden, um die Geräte optimal bedienen zu können. Außerdem entstehen wie bei allen technischen Einrichtungen auch hier Folgekosten. Oft sind die Kameras Wind und Wetter ausgesetzt, was im Laufe der Zeit ihre Funktionstüchtigkeit beeinträchtigt. Sie müssen gewartet oder sogar ersetzt werden. Wenn man, wie derzeit gefordert wird, Überwachungskameras flächendeckend einsetzen will, scheint eine Finanzierung hierfür utopisch. Deshalb wird eine Installation immer nur punktuell möglich sein.

2.2 Doch nicht nur Anschaffung und Betrieb verursachen Kosten, nicht kalkulierbar ist auch das Risiko mutwilliger Beschädigung. Viele Kameras sind an exponierten Stellen angebracht und fordern z. B. manchen Jugendlichen zu Unfug heraus: Zielwerfen mit Schneebällen ist da noch als harmlos einzustufen. Manchmal ist hingegen sogar die völlige Zerstörung festzustellen. Trotzdem lohnt eine Fahndung nicht, weil die Kosten hierfür höher ausfallen würden als für eine neue Kamera. Auf Dauer aber ergeben sich beträchtliche Summen, die zu Lasten des Steuerzahlers gehen, für dessen Sicherheit die Kameras schließlich angebracht wurden. Nicht auszuschließen ist ferner, dass mancher einfach nur seinen Frust über andere staatliche Maßnahmen wie z. B. Strafzettel, Steuernachzahlungen o. Ä. an den Geräten auslässt.

2.3 Ferner ist die Gefahr des Missbrauchs durch Unbefugte nicht zu unterschätzen. In der Vergangenheit berichteten die Medien schon mehrfach darüber, dass unerlaubt Kameras beispielsweise in Toiletten angebracht wurden und der Privatbereich von Besuchern durch Spanner ausspioniert wurde. Es ist nicht auszuschließen, dass diejenigen, die die Videokameras im öffentlichen Bereich bedienen, diese zu voyeuristischen Zwecken verwenden. Technisch dürfte das sicher leicht machbar sein, ebenso wie die Speicherung zu privaten Zwecken und die anschließende Löschung auf dem öffentlichen Rechner. In diesem Fall hätten Überwachungskameras ihren eigentlichen Zweck, den Schutz der Bevölkerung, völlig verfehlt.

2.4 Ein ebenfalls wichtiges Argument gegen Überwachungskameras sehen viele Menschen in der Einschränkung ihrer persönlichen Freiheit. Kaum jemand möchte auf Schritt und Tritt überwacht werden. Unsere Gesellschaft ist geprägt von großem Freiraum für jeden Einzelnen, und diese Freiräume werden im Grundgesetz unseres Landes garantiert. Zu Recht haben viele Menschen Bedenken und fragen sich, wohin das führen soll, wenn Telefone unbemerkt abgehört werden können und an vielen Stellen Videokameras stehen, die jederzeit eine Beobachtung ermöglichen. Mit dem gleichen Recht wie der Staat, der seine Einrichtungen und seine Bürger schützen will, könnten private oder kommunale Einrichtungen ihren Anspruch anmelden, ihren Bestand, wie z. B. Sportplätze, Buswartehäuschen, Ausstellungsflächen für Autos usw. schützen zu wollen und deshalb Kameras zu installieren. Dadurch wäre die Bevölkerung an zahlreichen Stellen zu überwachen und einem eventuellen Missbrauch Tür und Tor geöffnet. Der freie persönliche Bewegungsspielraum wäre deutlich eingeschränkt. Verständlich, wenn viele die moderne Technik daher mit kritischen Augen sehen.

2.5 Ein weiteres Problem kann es beim Datenschutz geben. Menschen haben feststehende Gewohnheiten. Sie brechen zu einer bestimmten Zeit von ihrer Wohnung zur Arbeit auf, fahren mit bestimmten Verkehrsmitteln, bevorzugen bestimmte Sitzplätze, steigen an der gleichen Haltestelle aus, treffen dort Bekannte usw. Dies wiederholt sich tagtäglich und wird ebenso oft von den Kameras aufgezeichnet. Aus allen diesen Bausteinen ergibt sich letztlich ein Bild der jeweiligen Person, das für Werbezwecke und dergleichen verwendet werden kann. Ähnliche Profile entwarf schließlich auch schon die Staatssicherheit in der DDR; warum sollte sich dies in unserer Gesellschaft, wenn auch mit anderen Maßgaben, nicht wiederholen? Und wer garantiert, dass die gespeicherten Daten in bestimmten Abständen auch wirklich gelöscht werden?

C. Grundsätzlich muss der Einsatz von Überwachungskameras in jedem einzelnen Fall geprüft werden. Obwohl es nachvollziehbar ist, dass die Bevölkerung und die Politiker auf die Linie des eingangs genannten bayerischen Innenministers einschwenken, weil sie sich durch terroristische Anschläge und eine scheinbar zunehmende Gewaltbereitschaft gerade bei sozial schwachen Jugendlichen bedroht fühlen, muss doch vor blindem Aktionismus gewarnt werden. Absolute Sicherheit kann und wird es nicht geben. Auf keinen Fall sollte man zu diesem Zweck die freiheitlichen Grundrechte unseres Staates aus den Augen verlieren.

2006/2 Der Arbeitsmarkt in Deutschland ist seit längerem angespannt. Oft wird Jugendlichen deshalb geraden, sich auch im Ausland um eine Stelle zu bewerben.
Würden Sie nach Ihrer Ausbildung beruflich ins Ausland gehen oder nicht?

Mustergliederung

A. Menschen, die im 19. Jahrhundert nach Amerika auswanderten setzten große Hoffnungen in ihre neue Heimat.

B. Was spricht für eine Arbeitsstelle im Ausland, was dagegen?

1 Aspekte für einen Arbeitsplatz im Ausland

1.1 Kennenlernen von anderen Kulturen
1.2 Kontakte zu ausländischen Mitarbeitern
1.3 Erwerb von zusätzlichen Qualifikationen
1.4 Schwierigkeiten bei der Stellensuche in Deutschland
1.5 Verbesserung der Karrieremöglichkeiten

2 Gesichtspunkte, die gegen eine Stelle im Ausland sprechen

2.1 Einschränkung bzw. Verlust sozialer Kontakte in Deutschland
2.2 Zurechtfinden in einem fremden Land
2.3 Angespannte Situation des Arbeitsmarktes auch in anderen Ländern
2.4 Unkalkulierbare Kosten
2.5 Schwierigkeiten bei der Rückkehr ins Heimatland

C. Die weltweite Vernetzung vieler Firmen fordert von den Mitarbeitern oft, einen Arbeitsplatz im Ausland zu akzeptieren.

2006/3 **An immer mehr Schulen werden so genannte Notebookklassen eingerichtet. Das sind Klassen, in denen jede Schülerin und jeder Schüler über ein eigenes, weitgehend von den Eltern finanziertes Notebook verfügt, das in möglichst vielen Fächern im Unterricht genutzt wird. Beurteilen Sie die Einrichtung der Notebookklassen, indem Sie Vor- und Nachteile abwägen.**

Mustergliederung

A. Egal ob im privaten, schulischen oder beruflichen Bereich – der PC bzw. Laptop ist aus unserem Leben nicht mehr wegzudenken.

B. Was spricht für die Einrichtung von Notebookklassen an Schulen und was dagegen?

1 Für die Einrichtung von Notebookklassen spricht:

1.1 Zeitersparnis durch die Speicherung des Erarbeiteten
1.2 Chance zum selbständigen Lernen
1.3 Größere Anschaulichkeit durch moderne Software
1.4 Möglichkeit der Gruppenarbeit durch Vernetzung
1.5 Erwerb von Schlüsselqualifikationen

2 Gegen Notebookklassen spricht

1.1 Problem der Finanzierbarkeit durch die Eltern
1.2 Hohe Kosten durch Beschädigung oder Diebstahl
1.3 Gefahr des Missbrauchs durch unerlaubten Internetzugang oder unzulässige Software
1.4 Technische Probleme bei Dauerbetrieb
1.5 Vertiefung sozialer Unterschiede zwischen den Schülern

C. Notebookklassen können eine zusätzliche Bereicherung zum üblichen Unterricht sein, sind aber kaum ausschließlich einsetzbar.

2006/4 „Alle möchten länger leben, aber niemand möchte alt sein.“ (Benjamin Franklin)
Zeigen Sie an Beispielen, welche Schwierigkeiten alte Menschen in unserer Gesellschaft haben.
Was kann unternommen werden, um die Lebensbedingungen alter Menschen zu verbessern?

Mustergliederung

A. Der Traum vom ewigen Leben bei bester Gesundheit ist schon uralt.

B. Mit welchen Schwierigkeiten haben alte Menschen in unserer Gesellschaft zu kämpfen; wie kann man ihre Rahmenbedingungen verbessern?

1 Schwierigkeiten alter Menschen in unserer Gesellschaft

1.1 Keine Rücksichtnahme durch Jüngere
1.2 Überforderung im täglichen Leben durch moderne Technik
1.3 Kaum barrierefreie Gebäude
1.4 Verschlechterung der Teilnahme am alltäglichen Leben durch Schließung kleinerer Bank- und Postfilialen und Verlagerung von Einkaufsmöglichkeiten in Gewerbegebiete
1.5 Problem der Finanzierbarkeit bei Gebrechlichkeit und Krankheit
1.6 Zunehmende Isolation mit fortschreitendem Alter

2 Möglichkeiten, diese Schwierigkeiten zu lindern

2.1 Änderung der Einstellung der jüngeren Generation gegenüber den Älteren durch Förderung ehrenamtlicher Tätigkeiten
2.2 Schulungsangebote für Senioren bezüglich moderner Medien
2.3 Baurechtliche Anreize für barrierefreie Gebäude
2.4 Verbesserung der Mobilität im Alter durch Fahrdienste und spezielle Angebote der öffentlichen Verkehrsmittel für Senioren
2.5 Förderung privater Vorsorge für das Alter
2.6 Nutzung des Erfahrungsschatzes Älterer

C. Aufgrund der zunehmenden Anzahl älterer Mitbürger in unserer Gesellschaft ist es unbedingt notwendig, besser auf ihre Sorgen und Probleme einzugehen, was sich durch die einseitige Orientierung der Medien am Jugendideal jedoch schwierig gestaltet.

2006/5 Schon lange wird der Bevölkerung die Benutzung öffentlicher Verkehrsmittel empfohlen. Welche Aspekte sprechen für eine verstärkte Nutzung des öffentlichen Personenverkehrs? Warum verweigern sich noch immer viele diesem Angebot?

Mustergliederung

A. Der tägliche Schulweg ist für die meisten Schüler ohne öffentliche Verkehrsmittel nicht vorstellbar.

B. Was spricht für die Benutzung öffentlicher Verkehrsmittel und was hält Menschen davon ab, diese zu benutzen?

1 Für die Benutzung öffentlicher Verkehrsmittel spricht:

1.1 Unabhängigkeit von äußeren Einflüssen
1.2 Senkung des Unfallrisikos
1.3 Finanzielle Attraktivität
1.4 Beitrag zum Umweltschutz
1.5 Gute Anbindung an öffentliche Verkehrsnetze

2 Gründe gegen die Benutzung öffentlicher Verkehrsmittel

2.1 Unpünktlichkeit der Verkehrsmittel
2.2 Gebundenheit an zeitliche Vorgaben
2.3 Überfüllung im Berufsverkehr
2.4 Mangelnde Flexibilität bei Reiseziel und Gepäckmitnahme
2.5 Zweifel an der Sicherheit

C. Viele Menschen ziehen auch weiterhin den privaten PKW öffentlichen Verkehrsmitteln vor und werden bestenfalls einen Mix aus beidem akzeptieren.

Musteraufsatz

A. Ohne öffentliche Verkehrsmittel zur Schule zu kommen ist für viele völlig undenkbar. Bereits in der Grundschule, die sich in der Regel noch in unmittelbarer Nähe des Wohnortes befindet, gibt es Fahrdienste, die den sicheren Schulweg gewährleisten sollen. Sobald Schüler an weiterführende Schulen wechseln, werden auch die Schulwege länger, weil sich Realschulen, Wirtschaftsschulen und Gymnasien meist zentral an einem Ort befinden und gerade im ländlichen Raum große Schülereinzugsgebiete haben, die es wegen der weiten Wege unmöglich machen, mit dem Fahrrad zur Schule zu gelangen. Die Frage, ob man öffentliche Verkehrsmittel benutzen will oder nicht, stellt sich also gar nicht, weil man selbst noch keinen Führerschein hat und es den Eltern wegen der eigenen Arbeit an Zeit fehlt, ihre Kinder zur Schule zu fahren. Für Schüler und Eltern sind öffentliche Verkehrsmittel darüber hinaus interessant, weil die Schulträger dafür kostenlose Fahrkarten zur Verfügung stellen. Erst ab dem Zeitpunkt, wenn man einen Führerschein machen darf, z. B. für einen Roller, bieten sich Ausweichmöglichkeiten zu den öffentlichen Verkehrsmitteln. Spätestens jetzt stellt sich die Frage: Was spricht für die Benutzung öffentlicher Verkehrsmittel und was dagegen?

B. 1.1 Viele Bürger benutzen öffentliche Verkehrsmittel, weil diese in der Regel relativ unabhängig von äußeren Einflüssen sind. Gerade im Winter, wenn durch Schnee und Eis widrige Verhältnisse herrschen, die ein Weiterkommen mit dem privaten Pkw oder gar mit dem Fahrrad oder Roller als unmöglich erscheinen lassen, besitzen Bus, Bahn und Flugzeug entscheidende Vorteile. Selbst wenn es auch hier zu Verspätungen kommen kann, werden die Strecken dieser Massenverkehrsmittel als erste vom Winterdienst versorgt und eventuelle Schäden vorrangig beseitigt. Außerdem hat die Bahn selbst dann noch freie Fahrt, wenn Straßen wie z.B. in der Hauptreisezeit der Ferien überfüllt sind, sodass man in dieser Situation deutlich schneller vorwärts kommt.

1.2 Ein weiterer Aspekt für die Benutzung öffentlicher Verkehrsmittel ist die Senkung des persönlichen Unfallrisikos. Wie man in den Medien immer wieder liest, gehören beispielsweise Fliegen und Bahn fahren zu den sichersten Reisemöglichkeiten überhaupt. Würden sich alle täglich weltweit mit dem Flugzeug oder der Bahn transportierten Personen mit dem Auto fortbewegen, wären sie wegen der oft weit entfernten Reiseziele im Vergleich deutlich länger auf der Straße und die Verkehrsdichte wäre noch um ein Vielfaches höher, womit auch das Unfallrisiko weiter steigen würde. Diese Tatsache sollte noch mehr Personen dazu veranlassen, auf öffentliche Verkehrsmittel umzusteigen.

1.3 Nicht zu vergessen ist, dass die öffentlichen Verkehrsmittel gerade für Reisen finanziell attraktiv sind, weil die Unternehmen bei einer großen Zahl von Fahrgästen entsprechend kalkulieren können. Busunternehmen bieten Tagesausflüge zu bestimmten Zielen an, deren Preis pro Person angesichts der derzeitigen Benzinkosten relativ niedrig ist. Beim privaten PKW kommen neben dem Benzin die Verschleißkosten und eventuell Maut- oder Parkgebühren hinzu. Diese Kosten verteilen sich beim Bus auf mehrere Schultern. Darüber hinaus gibt es inzwischen Billigflieger, die Reisende zu einem extrem günstigen Preis z. B. von München nach Hamburg bringen. Auch mit Angeboten wie der Bahncard, Familienermäßigungen oder Tageskarten im Nahverkehr lassen sich erschwingliche Preise erzielen, wenn man gründlich und rechtzeitig genug recherchiert und plant.

1.4 Man sollte nicht vergessen, dass die Nutzung dieser Verkehrsmittel einen wichtigen Beitrag zum Umweltschutz darstellt. Jeder weiß, dass Autos beim Fahren Abgase produzieren, die auch durch technische Vorrichtungen wie den Katalysator nur begrenzt reduziert werden können. Häufig kann man beobachten, dass im Berufsverkehr nur jeweils ein bis zwei Personen im Auto sitzen. Würden diese auf öffentliche Verkehrsmittel umsteigen, wäre dies unter dem Aspekt des Schadstoffausstoßes besser für die Umwelt. Darüber hinaus haben Pkw eine geringere Lebensdauer als Busse, Bahnen oder Flugzeuge und müssen irgendwann, oft schon nach zehn Jahren, verschrottet werden. Auch unter diesem Aspekt sind öffentliche Verkehrsmittel ein wichtiger Gesichtspunkt für eine gesunde Umwelt.

1.5 Außerdem gibt es in Deutschland eine streckenweise als vorbildlich zu bezeichnende verkehrstechnische Infrastruktur, die eine gute Anbindung an öffentliche Verkehrsnetze gewährleistet. Selbst in vielen ländlichen Bereichen fahren regelmäßig Busse, die eine Schließung kleiner Bahnhöfe zumindest ansatzweise kompensieren. Mit ihnen kann man größere Verkehrsknotenpunkte erreichen, von denen man seine Reise dann z. B. mit der Bahn fortsetzen kann. Um zu den Flughäfen zu kommen, wurden inzwischen Shuttlebusse eingeführt, die zu günstigen Preisen den Transfer besorgen. Durch das relativ feinmaschige Verkehrsnetz ist man also zumindest in größeren Städten und Ballungszentren sowie auch in einigen ländlichen Gegenden mithilfe der öffentlichen Verkehrsmittel ausreichend mobil.

2.1 Doch neben den positiven Aspekten gibt es vieles, was gegen eine Nutzung öffentlicher Verkehrsmittel spricht, wie etwa deren Unpünktlichkeit. Immer wieder kommt es vor, dass öffentliche Verkehrsmittel die in Fahrplänen angegebenen Zeiten nicht einhalten, weil sie ebenfalls im Stau stehen oder es technische Probleme gibt. In der Folge erreicht man dann z.B. den Anschlusszug nicht mehr und muss auf den nächsten warten. Wenn man wichtige Termine wahrzunehmen hat, ist die Unpünktlichkeit nicht nur ärgerlich, sondern es können daraus auch persönliche Nachteile entstehen, wenn man beispielsweise dadurch zu einem Vorstellungsgespräch zu spät erscheint.

2.2 Des Weiteren ist die Gebundenheit an starre Fahrpläne ein Nachteil, weil dadurch nicht auf die individuellen Bedürfnisse der Fahrgäste reagiert werden kann. Während man mit dem privaten Pkw die Zeit des Aufbruchs nach aktuellen Gegebenheiten richten kann, muss man sich bei öffentlichen Verkehrsmitteln nach dem vorhandenen Angebot richten. In Städten ist dies zwar meist kein Problem, doch in ländlichen Gebieten fahren Busse manchmal nur im ein- bis dreistündigen Takt und man muss, wenn man einen fest vorgegebenen Termin hat, der in der Zeit zwischen zwei Busabfahrten liegt, oft mit einem Bus früher fahren und die dadurch entstandene Wartezeit am Zielort überbrücken.

2.3 Viele empfinden die Überfüllung während des Berufsverkehrs als sehr unangenehm. Dicht gedrängt steht man im Sommer in der überfüllten U-Bahn oder dem Bus, die Mitfahrenden schwitzen, die Luft ist extrem stickig und jeder wünscht sich sehnlichst, dieser Tortur zu entkommen. Ähnlich verhält es sich im Winter, wenn öffentliche Verkehrsmittel überheizt sind und die schneenasse Kleidung die Luftfeuchtigkeit steigen lässt. Das Öffnen der Fenster bringt in all diesen Fällen nur wenig Besserung. Abgesehen davon empfinden viele schon allein die körperliche Nähe zu anderen Fahrgästen als unangenehm. Auch das Warten in engen muffigen U-Bahnschächten der Großstädte bei schummriger Beleuchtung und hohem Geräuschpegel schreckt viele von der Nutzung öffentlicher Verkehrsmittel ab.

2.4 Berücksichtigen muss man darüber hinaus die mangelnde Flexibilität, der man bei der Benutzung öffentlicher Verkehrsmittel ausgesetzt ist. Fest gebuchte Fahrten sind abgesehen von stichhaltigen Ausnahmen so durchzuführen wie vereinbart, ansonsten muss man z. B. bei Urlaubsreisen eine Reiserücktrittskostenversicherung abschließen, die eventuell anfallende Kosten übernimmt. Darüber hinaus sind Umbuchungen oft kostenpflichtig. Bei Bahnfahrten ist die Benutzung des nachfolgenden oder vorangehenden Zuges nicht immer möglich. Wenn man am Zielbahnhof angekommen ist, muss man oft erst einmal sehen, wie man sein eigentliches Ziel von dort aus erreicht, was in fremden Städten häufig nicht so einfach ist. Auch die Mitnahme von größeren Gepäckmengen gestaltet sich schwierig: In der Bahn steht in den Reisewägen nur geringer Stauraum zur Verfügung, genau wie beim Bus, bei Flugzeugen gibt es eine Gewichtsbegrenzung. Insgesamt gesehen ist man mit dem Pkw beim Ansteuern von Reisezielen und bei der Gepäckmitnahme deutlich flexibler.

2.5 Seit einiger Zeit muss man ferner Zweifel an der Sicherheit öffentlicher Verkehrsmittel haben. Wo viele Menschen sind, besteht auch immer die Gefahr von terroristischen Anschlägen. Als am Londoner Flughafen Heathrow Flüge nach Amerika storniert und etliche Terroristen festgenommen wurden, da sie Attentate mit Flüssigsprengstoff geplant hatten, wären die Passagiere ohne die langfristige Aufmerksamkeit der Behörden und glückliche Zufälle ihrem Schicksal ausgeliefert gewesen. Ähnlich verhielt es sich mit zwei Kofferbomben in deutschen Bahnhöfen, die glücklicherweise nicht explodiert waren. Ob hier Hinweise auf den Displays der ICEs etwas nutzen, die vor herrenlosen Koffern und auffälligen Personen warnen und um Mithilfe bzw. Meldung bei Personal oder Polizei bitten, darf angezweifelt werden. Bei der großen Personendichte an Bahnhöfen ist eine umfassende Kontrolle ebenso wenig möglich wie in U-Bahnen, da die Reisenden hier keine Sicherheitsschranken passieren müssen und auch Überwachungskameras nur eine punktuelle Kontrolle erlauben. Außerdem ist eine totale Überwachung kaum finanzierbar. Auch Reisebusse stellen ein, wenn auch in erster Linie nicht terroristisches Sicherheitsrisiko dar, da manche Busunternehmer ihre Fahrzeuge aus Kostengründen nicht gründlich warten lassen und die Fahrer manchmal ohne ausreichend Schlaf gleich auf die nächste Tour geschickt werden.

C. Trotz der vielen positiven Aspekte beschäftigen vor allem die zahlreichen negativen Begleiterscheinungen öffentlicher Verkehrsmittel die Reisenden, was auch daran liegen mag, dass Negatives von den Medien eher aufgegriffen wird. Die offenbar zunehmende Terrorgefahr, aber auch reine Bequemlichkeit und persönliche Befindlichkeiten werden mittelfristig das private Auto weiterhin attraktiver erscheinen lassen als die öffentlichen Verkehrsmittel. Wenn die Nebenkosten weiter steigen, wird man Fahrgemeinschaften bilden. Außerdem wird die Automobilindustrie versuchen, das Auto durch niedrigen Verbrauch, alternative Antriebe und schickes Design weiterhin konkurrenzfähig und für potentielle Käufer interessant erscheinen zu lassen, weil damit ein Kapitalzuwachs und letztlich Arbeitsplätze verbunden sind. Der Wunsch nach individueller Mobilität und die weit verbreitete Reiselust sind so in den Köpfen der Menschen verankert, dass kaum jemand ausschließlich öffentliche Verkehrsmittel verwenden wird. Lediglich ein massiver Rohstoff- bzw. Energiemangel könnte zu einem Umdenken führen.

Lesen Sie den Text „Lernen wie in Bullerbü" genau durch und bearbeiten Sie dann die folgenden Aufgaben.

1 Verfassen Sie eine Überblicksinformation.

2 Geben Sie den Inhalt des Textes in gestraffter Form wieder.

3 Erläutern Sie die Aussage: „Es ist eine Bullerbü-Landwirtschaft, die auf dem Lübecker Bauernhof gelehrt wird, eine Landwirtschaft, die mit moderner Nahrungsmittelproduktion wenig zu tun hat – das ist weltfremd, aber Programm" (Z. 25–27).

4 Lohnt es sich Ihrer Meinung nach, ökologisch erzeugte Nahrungsmittel zu kaufen, auch wenn sie teuer sind?

Lernen wie in Bullerbü[1]
Auf Schulbauernhöfen erfahren Kinder, dass die Milch nicht aus der Packung stammt

Wenn Silke Gorgas jemals Zweifel am Wert ihrer Arbeit als Bauernhofpädagogin hatte, sind sie bei der letzten Kartoffelernte beseitigt worden: Da buddelte ein Junge aus der dritten Grundschulklasse im Acker und rief, als er die erste Kartoffelknolle entdeckte: „Die sehen ja aus wie echte." Es ist das Verdienst des Vereins „Landwege", dass Schüler inzwischen durch Anschauung lernen, dass die Milch im Supermarkt von lebendigen Kühen stammt und auch „echte" Möhren und Kartoffeln in der Erde heranreifen. 7 000 Kinder und Jugendliche besuchen mittlerweile jedes Jahr Ställe, Äcker und Gärten des Biohofes. Sie kommen zu Projekttagen, lernen, wie man Schafwolle verarbeitet, Weidensessel baut oder Wildkräuter sammelt, oder sie gehen mit der ganzen Klasse zum Unterricht auf den Bauernhof.

Dabei begleiten die Pädagogen vom Landwege-Verein eine Schulklasse zwei Tage lang auf dem Ringstedtenhof, am ersten Tag zum Angucken und am zweiten zum Mitmachen. „Wer kann schon rechnen?", fragt Silke Gorgas eine erste Klasse im Saustall, und die Kinder rufen so laut „Ich!", dass die dösenden Sauen die Augenlider hochziehen. Die Kinder lassen das Stroh aus den Händen fallen und streiten eine Weile, ob die Sau vor ihnen neun oder zehn Ferkel hat. „Es sind zehn, und jedes von ihnen trinkt einen Liter. Wie viel Milch muss die Sau also jeden Tag produzieren?" – „Das Ferkel legt sich ja in die Sch …", staunt ein Mädchen, ein Junge zieht sich sein Tarnfarben-T-Shirt über die Nase; zwei andere rennen zu den Mastschweinen und grölen: „Brrrrrr! Wildsau, wann wachst du auf!" Die anderen aber rechnen und staunen brav über die zehn Liter Tagesleistung. Die Klasse hat Glück: Die Ferkel sind hungrig und stürzen sich auf die Zitzen der im Stroh liegenden Sau. Einen Moment lang lauschen alle, wie die Ferkel saugen und schmatzen. Dann geht es durch den Garten, in dem Klatschmohn, Schnittlauch und Erbsen blühen, raus zu den Schafen.

Es ist eine Bullerbü-Landwirtschaft, die auf dem Lübecker Bauernhof gelehrt wird, eine Landwirtschaft, die mit moderner Nahrungsmittelproduktion wenig zu tun hat – das ist weltfremd, aber Programm. Die Eier, die die meisten Kinder zu Hause essen, kommen nicht von Hühnern, die wie die Hennen vom Ringstedtenhof durch Gärten und Wiesen

---

1 Bullerbü = ein idyllischer, winziger Ort aus dem Kinderbuch „Die Kinder von Bullerbü" von Astrid Lindgren. Die Geschichten spielen vor langer Zeit in Schweden, die Kinder wachsen unbeschwert auf den Bauernhöfen ihrer Eltern auf.

ziehen. Und die Wurst auf dem Frühstücksbrot der Schulkinder stammt vermutlich von Schweinen, die zu Tausenden in engen, fensterlosen Ställen gemästet wurden und weder Schlamm noch Stroh kennen. Doch der Ringstedtenhof will nicht vermitteln, wie in den modernen industrialisierten Agrarbetrieben heute gewirtschaftet wird. Die Schüler sollen vielmehr lernen, wie Anbauen und Ernten, Füttern und Schlachten mit dem Essen zusammenhängen. „Dieses Wissen ist nicht nur in den großen Städten verloren gegangen“, sagt Michaela Schenke, die gemeinsam mit ihrem Mann einen Schulbauernhof in Nordhessen aufgebaut hat. „Unsere Gesellschaft wirft Kulturerbe weg“, sagt sie und erzählt von der kleinen Tochter eines Milchbauern, die noch nie in ihrem Leben eine Kuh gemolken hatte – bis sie mit ihrer Klasse den Schulbauernhof besuchte. „Die Mechanisierung riegelt die Ställe ab wie Fabrikanlagen.“

Auf den Schulbauernhöfen ist das natürlich anders. „Bei uns lebt gerade kein Eber“, erzählt Silke Gorgas beim Stallrundgang. „Der Bauer hat ihn schlachten lassen.“ „Tierquälerei!“, rufen einige Kinder. „Und was ist mit den leckeren Würstchen eben beim Frühstück?“ Ja, die seien lecker gewesen. „Wir Menschen essen Schweinefleisch“, sagt Silke Gorgas sehr bestimmt. „Die Tiere sollen ein gutes Leben haben, aber dann schlachten wir sie.“ Das wussten die Kinder, doch der Zusammenhang von Würstchen und saugenden Ferkeln scheint sie zu überraschen. Als die Kinder hinter den Schafen herlaufen, seufzt die Klassenlehrerin: „Hier müsste eine Schule sein.“ In den nächsten Tagen wird sie die Bauernhoferlebnisse im Unterricht aufarbeiten. Ihre Klasse hat sich in kleine Gruppen aufgeteilt, einige haben sich leise an zwei Schafe angeschlichen und füttern sie nun mit Pappelblättern, andere jagen den Ausreißern hinterher, einer der Lautesten und Wildesten vergräbt seine Hände im Fell eines Schafes und ruft seinen Freunden zu: „Fasst mal an, die hat so ein molliges Fell!“

Die Arbeitsgemeinschaft „Lernort Bauernhof“ arbeitet seit zwei Jahren an Fortbildungsprogrammen. Eines ihrer Ziele: Schulkinder, die im Acker nach Kartoffeln graben, sollen verstehen, dass es echte Kartoffeln sind, die sie suchen.

(Tanja Busse in DIE ZEIT vom 8. September 2005, leicht gekürzt und überarbeitet)

Musterlösung

1 **Überblicksinformation**

In dem informativen Text „Lernen wie in Bullerbü“, der in leicht gekürzter und überarbeiteter Form vorliegt und am 8. September 2005 in der Wochenzeitung DIE ZEIT erschien, schreibt die Verfasserin Tanja Busse über eine Grundschulklasse, die einen Schulbauernhof besucht. Die Kinder werden von einer Bauernhofpädagogin begleitet und lernen etwas über ländliches Leben auf dem Bauernhof und die Herkunft ökologischer Lebensmittel.

2 **Gestraffte Inhaltswiedergabe**

Die Verfasserin beschäftigt sich im vorliegenden Text mit dem Konzept der Schulbauernhöfe. Anhand einiger Beispiele erläutert sie diesen Ansatz. Da Kinder zunehmend den Bezug zum ländlichen Leben verloren haben und wenig über die Herkunft von Lebensmitteln wissen, lädt der Verein „Landwege“ Grundschüler auf Biobauernhöfe ein und veranstaltet Projekttage, um sie mit dem bäuerlichen Leben in Kontakt zu bringen. Während sie am ersten Tag nur zuschauen, dürfen sie am zweiten Tag selbst Hand anlegen. Lebensnah werden den Schülern im Schweinestall beispielsweise leichte Rechenaufgaben gestellt und sie können sich ungezwungen mit den Lebensgewohnheiten der Tiere vertraut machen. Bewusst distanziert sich der im Text erwähnte

Lübecker Bauernhof von moderner Massenproduktion. Sein Ziel ist es, die naturnahe Nahrungsmittelproduktion in ihren Einzelschritten zu bewahren und zu vermitteln und Schülern Zusammenhänge zu erklären. Den Kindern soll klar werden, dass ein Bauernhof nicht nur eine heile Welt darstellt, sondern dass Tiere auch geschlachtet werden müssen, um Lebensmittel herstellen zu können. Seit zwei Jahren arbeitet eine Arbeitsgemeinschaft an Fortbildungsprogrammen, die Schülern ein derartiges naturverbundenes Lernen ermöglichen sollen.

3 **Texterläuterung**

Gemeint ist, dass die hier erwähnte Landwirtschaft so praktiziert wird, wie sie in den Erzählungen Astrid Lindgrens geschildert wurde. Sie ist märchenhaft, idyllisch und spiegelt eine heile Welt wider, in der Tiere artgerecht leben dürfen und Lebensmittel wie in früheren Zeiten produziert werden. Mit den modernen Massentierhaltungen und der Fließbandproduktion in Schlachthäusern oder genetisch veränderten Pflanzen hat dies nichts gemein. Doch auch wenn auf diesen Bauernhöfen keine Produktion im großen Stil möglich ist, hält man am eigenen Konzept fest, um Schülern einen Eindruck von naturnahem Leben zu geben. „Weltfremd" erscheint dieser Grundsatz nur deshalb, weil der erhebliche Nahrungsmittelbedarf unserer Tage damit nicht zu befriedigen ist.

4 **Weiterführende Erörterung**

Lohnt es sich Ihrer Meinung nach, ökologisch erzeugte Nahrungsmittel zu kaufen, auch wenn sie teurer sind?

Zahlreiche Punkte sprechen für den Kauf ökologischer Lebensmittel. Häufig ist der Erzeuger, in der Regel ein Bauernhof, **dem Verbraucher bekannt**, sodass er es sich nicht leisten kann, Ware zu verkaufen, die nicht den Kriterien ökologischer Landwirtschaft entspricht, ohne Gefahr zu laufen, sich zu ruinieren. Der Kunde kann in den Stall gehen, wenn er frisch seine Milch holt, er kann sehen, mit welchem Futter das Geflügel gefüttert wird, das ihm später zum Kauf angeboten wird oder sich überzeugen, dass die Hühner nicht in Legebatterien gehalten werden. Ähnliches gilt für Obst und Gemüse. Auf diese Weise wächst Vertrauen zwischen dem Bauern und seinem Abnehmer und letzterer ist gerne bereit, einen höheren Preis zu akzeptieren. Außerdem sind die **Vertriebswege kurz**, weil ökologische Landwirte ihre Waren entweder auf dem Markt oder in eigenen Hofläden verkaufen. Qualvolle Viehtransporte durch ganz Europa entfallen, zudem lassen sich die kürzeren Wege wesentlich effektiver kontrollieren. Auf diese Weise lässt sich ausschließen, dass die Artikel zunächst in andere Länder verfrachtet, dort umetikettiert und anschließend, eventuell sogar zu höheren Preisen, ins Erzeugerland zurückgebracht werden. Wenn man im Bioladen einkauft, erhält man vorwiegend **regionale Produkte**, wodurch man die ansässigen Landwirte unterstützt. Immer wieder hört man, dass die Bauern für ihre Waren nur noch geringe Preise erzielen, was viele dazu veranlasst, ihren Hof aufzugeben. Andere setzen bewusst auf heimische Anbauprodukte, die dem Wechsel der Jahreszeiten unterliegen oder bieten besondere Dienstleistungen an, wenn sie beispielsweise bei privaten Feiern biologisch gemästete Spanferkel grillen. Der Verbraucher weiß so, wie und wo die Nahrungsmittel erzeugt wurden und sichert zudem **Arbeitsplätze in der Region**, weil er das Überleben der bäuerlichen Kultur vor Ort unterstützt. Hinzu kommt, dass Bioläden bei weitem nicht so anonym sind wie große Supermärkte, weil sie meist in ihrem räumlichen Angebot begrenzt sind und nur wenig, dafür aber konstantes Verkaufspersonal haben. Da der Kundenkreis im Bioladen oft eher klein ist, ergeben sich leichter **persönliche Kontakte** zwischen Verkäufer und Kunde, als wenn man im Supermarkt seinen Einkaufswagen eilig füllt und an der Kasse den geforderten Preis zahlt, während dahinter bereits zahlreiche weitere Kunden Schlange stehen. Die Abkehr vom schnellen anonymen Einkauf hin zu mehr persönlichem Gespräch und individueller Beratung, wie man es früher von den sogenannten Tante-Emma-Läden kannte, in deren Service-Tradition

Bioläden in vielerlei Hinsicht zu stehen scheinen, hat natürlich ihren Preis. Weil darüber hinaus trotz eines begrenzten Kundenkreises ein entsprechendes Angebot vorhanden sein und Ausschuss aussortiert werden muss, sind höhere Preise aus **wirtschaftlichen Gründen** durchaus gerechtfertigt. Außerdem greifen ökologisch produzierende Landwirte auf **bewährtes Saatgut zurück**. Die Diskussionen, ob gentechnisch veränderter Mais auch in Deutschland verwendet werden soll, sind noch nicht so lange her und es gab heftige Proteste, als in unserem Land Versuchsfelder ausgewiesen wurden. Schließlich sei, so meinen viele Menschen, nicht auszuschließen, dass der Pollenflug auch die herkömmlichen Pflanzen mit Gentechnik verseuche und bis heute sei nicht klar, welche Auswirkungen dies auf Flora und Fauna habe. Der Kauf ökologischer Waren stärkt also die bewährte Produktion. Auch hier sind höhere Preise verständlich, weil natürliches Saatgut im Vergleich zu gentechnisch manipuliertem oder chemisch behandeltem häufig nicht so resistent gegen Krankheiten und Schädlinge ist. Nicht zu vergessen ist der wichtige **Beitrag zum Umweltschutz**, weil Öko-Landwirte ihren Acker nicht nur in Monokultur bestellen, sondern auf Abwechslung achten und nebenher auch noch die die Äcker begrenzenden Feldränder pflegen, wo Wildtiere einen Unterschlupf finden. Zum Düngen werden natürliche Abfallprodukte eingesetzt und keine Chemie. All dies verteuert die Herstellung. Sie ist aufwändiger und oft weniger effektiv, wodurch ein höherer Preis nicht zu vermeiden ist.
Es gibt allerdings auch viele Argumente gegen den Kauf ökologisch erzeugter Lebensmittel.
Mancher Kunde fühlt sich abgestoßen, wenn er im Obstregal des Bioladens verschrumpelte Äpfel mit Flecken entdeckt, wo es doch im Supermarkt makellose Ware gibt. Viele Menschen bedenken nicht, dass diese Äpfel nicht gespritzt und deshalb Schädlingen ausgeliefert sind. Deshalb akzeptieren viele unbewusst lieber chemische Rückstände im Obst und erhalten dafür äußerlich einwandfreie Produkte – zu einem niedrigeren Preis. **Konkurrenzfähig** ist die in Bioläden angebotene Ware optisch oft nicht. Ferner ist das „**Ökologische**“ für den Verbraucher häufig nur sehr **schwer nachprüfbar**. Mancher Hersteller schreibt „Bio“ auf seine Ware, obwohl sie nicht oder nur teilweise ökologisch erzeugt wurde. Wenn dieses Angebot nicht schon von Verbraucherorganisationen wie „Stiftung Warentest“ oder noch besser „Ökotest“ überprüft wurde, besteht für den Kunden keine 100-prozentige Garantie, dass er wirklich ökologische Lebensmittel erwirbt. Man muss den Anbieter folglich schon genau kennen, um sichergehen zu können, dass es sich tatsächlich um Bioprodukte handelt. In Anbetracht allgemein steigender Lebenshaltungskosten erscheint es darüber hinaus **unmöglich**, eine mehrköpfige Familie **ausschließlich mit ökologischen Nahrungsmitteln zu versorgen**. Der finanzielle Aufwand dafür wäre monatlich fast doppelt so hoch wie für herkömmliche Lebensmittel. Gerade weil viele Menschen heute umsichtiger mit ihrem Geld kalkulieren müssen, haben vor allem die großen Discounter, die nie oder doch nur ganz selten und in geringen Mengen ökologische Waren anbieten, erhebliche Umsatzrenditen erzielt. In der Regel befinden sich Discounter an verkehrstechnisch günstigen Stellen und verfügen über gute Parkmöglichkeiten, was bei Bioläden nicht immer so ist, weil sie sich keine hohen Pachtgebühren leisten können und deshalb **meist etwas abseits** der übrigen Einkaufsgelegenheiten positioniert sind. Falls man die Absicht hat, in einem Hofladen einzukaufen, muss man sich extra auf den Weg zum Bauernhof machen, was Zeit und wegen des weiteren Weges zusätzliches Geld kostet. Abgesehen davon haben Bio- und Hofläden aufgrund geringeren Personals oft wesentlich **starrere und kürzere Öffnungszeiten** als die Supermärkte. Man muss sich also schon bewusst für den Bio-Anbieter entscheiden und manchmal Unannehmlichkeiten in Kauf nehmen, wozu viele nicht bereit sind, wenn sie sich erst einmal beim preisgünstigen Discounter befinden.
Meines Erachtens sollte das Angebot ökologisch erzeugter Waren beibehalten oder sogar noch ausgeweitet werden. Angesichts der jüngsten Gammelfleischskandale, aber

auch der Ungewissheit, ob die im Supermarkt angebotenen Produkte möglicherweise radioaktiv bestrahlt oder trotz gesetzlicher Verbote gentechnisch verändert wurden, ist das Vertrauen der Verbraucher in die herkömmliche Lebensmittelindustrie stark gesunken. Außerdem sollten sich die Verbraucher darüber klar werden, dass es Nahrungsmittel nicht zum Nulltarif geben kann. Mastbetriebe haben beispielsweise hohe Aufwendungen nicht nur bei der Anschaffung von Zuchtvieh, sondern auch durch die entstehenden Folgekosten, die für Futter, Stallungen, Tierärzte, Schlachtbetriebe und das eigene Personal aufgebracht werden müssen. Deshalb sollte ein niedriger Preis nicht das allein entscheidende Kaufkriterium sein, sondern müsste den Kunden misstrauisch machen. Echte Qualität hat ihren Preis, der vom Verbraucher bezahlt werden muss. Der ökologische Anbieter erscheint hier wesentlich glaubwürdiger; er führt auch häufig einen Nachweis, von welchem Lieferanten aus der Region er seine Ware bekommt. Warum sollten der Staat bzw. die Verbraucher die Bauern, die heute wegen immer schärferer EU-Vorschriften ihre Felder oft brach liegen lassen, nicht durch staatliche Unterstützungen bzw. verstärkte Einkäufe dazu ermutigen, biologisch zu wirtschaften, selbst auf das Risiko hin, geringere Mengen zu erwirtschaften oder wegen des Verzichts auf Pestizide vielleicht sogar Ernteausfälle zu erleiden? Dieser Weg erscheint wesentlich sinnvoller als auf Gentechnik und Chemie zu setzen, da bis heute keine Langzeitstudien existieren, die Aufschluss geben könnten, welche Folgen gentechnisch veränderte oder chemisch behandelte Nahrung beim Menschen hat. Außerdem herrscht in der EU ein erheblicher Nahrungsmittelüberschuss, der manche Länder sogar dazu veranlasst, frische Lebensmittel wie z. B. Äpfel zu vernichten und tonnenweise ins Meer zu kippen, um die Marktpreise künstlich hochzuhalten. Für die europäischen Länder dürfte es daher keine übermäßige Anstrengung und Belastung sein, vermehrt ökologische Produkte zu erzeugen. Vielleicht wären so auch die Gesundheitskosten zu reduzieren, weil es eventuell weniger Allergien und andere ernährungsbedingte Krankheiten gäbe. Freilich können sich wegen sinkender Einkommen und steigender Arbeitslosigkeit nicht alle Menschen die teureren Öko-Produkte leisten und sind gezwungen, Waren aus den Supermärkten zu konsumieren. Ein höherer Preis für ökologische Waren erscheint jedoch dennoch gerechtfertigt, denn es muss zum einen kein Überangebot herrschen, zum anderen braucht man nicht jeden Tag Fleisch und exotische Früchte, sondern kann sich auch auf das regionale und jahreszeitliche Angebot beschränken. Vielleicht würde der Preis für ökologische Waren ja auch sinken, wenn die Nachfrage entsprechend steigen würde und die Bio-Läden aus ihrem Nischendasein herauskämen. Möglicherweise tragen die Lebensmittelskandale der letzten Jahre zu einem Umdenken bei, denn wer guten Gewissens die Nahrung zu sich nimmt, deren Herkunft und Erzeugungsart er kennt, nimmt auch manche Einschränkungen und Unannehmlichkeiten in Kauf.

Abschlussprüfungsaufgaben an Wirtschaftsschulen
Deutsch – 2007: I. Erörterungsthemen

1 Doping-Affären bringen den Hochleistungssport zunehmend in Verruf.
Erörtern Sie die Ursachen dieser Entwicklung.
Welche Möglichkeiten gibt es, dagegen vorzugehen?

2 Die Zahl der Menschen, die im Internet einkaufen, wächst.
Was halten Sie vom Internetshopping?

3 Die Forderung nach einem absoluten gesetzlichen Rauchverbot in öffentlich zugänglichen Gebäuden, vor allem in der Gastronomie, wird immer häufiger gestellt.
Wie beurteilen Sie ein solches Rauchverbot?

4 Die Angebote der Freizeitindustrie werden immer ausgefallener.
Welche Gründe hat diese Entwicklung?
Welche Gefahren sind damit verbunden?

5 Konzerte der modernen Musikszene lösen bei Jugendlichen eine für viele Erwachsene unvorstellbare Begeisterung aus.
Wie lässt sich diese erklären?
Mit welchen negativen Seiten sind große Musikkonzerte oft verbunden?

2007/1 Doping-Affären bringen den Hochleistungssport zunehmend in Verruf. Erörtern Sie die Ursachen dieser Entwicklung. Welche Möglichkeiten gibt es, dagegen vorzugehen?

Mustergliederung

A. „Ehrlich währt am längsten" – ein für viele Lebensbereiche gültiges Sprichwort.

B. Warum wird zu Dopingmitteln gegriffen und wie kann man dagegen vorgehen?

1 Ursachen verstärkten Dopingkonsums

1.1 Einstufung als Kavaliersdelikt
1.2 Leichte Verfügbarkeit von Dopingmitteln
1.3 Verlangen nach Anerkennung
1.4 Angst vor Kürzung von Fördermitteln
1.5 Leistungsdruck

2 Mögliche Gegenmaßnahmen zum Dopingkonsum

2.1 Bemühen um realistische Erwartungshaltung des Publikums
2.2 Stärkere gesellschaftliche Ächtung von Doping
2.3 Häufigere und schärfere Kontrollen
2.4 Dauerhafte Sperre überführter Sportler
2.5 Schaffung eines internationalen Anti-Doping-Gesetzes

C. Der maßlose und unkontrollierte Gebrauch von Dopingmitteln schadet dem Sport.

2007/2 Die Zahl der Menschen, die im Internet einkaufen, wächst. Was halten Sie vom Internetshopping?

Mustergliederung

A. Computer und Internet sind mittlerweile für viele Menschen bei der Bewältigung alltäglicher Prozesse scheinbar unersetzlich geworden.

B. Welche Kriterien sprechen dafür, über das Internet einzukaufen, welche dagegen?

1 Gesichtspunkte für den Interneteinkauf

1.1 Stressfreier Einkauf von zu Hause aus
1.2 Zeitersparnis
1.3 Großes, internationales Warenangebot
1.4 Möglichkeit sofortigen Preisvergleichs
1.5 Unabhängigkeit von Ladenöffnungszeiten

2 Argumente gegen den Interneteinkauf

2.1 Soziale Isolation
2.2 Verlust des realen Einkaufserlebnisses
2.3 Keine Möglichkeit der Warenbegutachtung
2.4 Erhebliches Betrugsrisiko
2.5 Gefahr der Verschuldung

3 Eigene Einschätzung

C. Die Computertechnologie schreitet in einem rasanten Tempo voran und bietet immer neue Chancen und Möglichkeiten, den Menschen den Alltag zu erleichtern.

Musteraufsatz

A. Computer und Internet sind mittlerweile für viele Menschen bei der Bewältigung alltäglicher Prozesse scheinbar unersetzlich geworden. In zahlreichen Lebensbereichen haben sich durch den Einsatz der modernen Technik große Veränderungen ergeben. Ein Beispiel hierfür ist das Internetshopping, das es erlaubt, mithilfe des PCs Einkäufe jeder Art zu tätigen. Parallel zu den herkömmlichen Geschäften hat man heute die Möglichkeit, über das Internet weltweit einzukaufen, sofern man über einen Computer und einen Internetzugang verfügt und mit den Modalitäten des modernen Zahlungsverkehrs vertraut ist. Neben viel Komfort birgt die Nutzung des Internets allerdings auch einige Risiken in sich. Daher stellt sich die Frage, wie das Internetshopping insgesamt zu beurteilen ist.

B. Zunächst soll dargestellt werden, welche Kriterien das Einkaufen mithilfe des PCs sinnvoll und nützlich erscheinen lassen.

1.1 Für Interneteinkäufe spricht, dass man diese bequem von zu Hause aus erledigen kann. Überlegungen, wann das nächste öffentliche Verkehrsmittel fährt, erübrigen sich ebenso wie ein Nachdenken über den Nachhausetransport der eingekauften Waren, weil man sich alles nach Hause liefern lassen kann. Abgesehen davon muss man keine langen Wege zu den Läden zurücklegen und sich nicht in überfüllte Geschäfte begeben. Stattdessen kann man entspannt vor dem Computerbildschirm eine Warenauswahl treffen und seine Kaufentscheidung in Ruhe überdenken ohne dass ein Verkäufer oder der nächste Kunde bereits ungeduldig wird.

1.2 Nicht zu vergessen ist die Zeitersparnis durch das Internetshopping. Der Interneteinkauf befreit den Käufer davon, sich mit dem Auto durch den oftmals starken Verkehr in den Innenstädten bewegen zu müssen, um an das gewünschte Einkaufsziel zu gelangen. Auch die Suche nach einem Parkplatz oder das Anstellen vor einem gerade zu Stoßzeiten überfüllten Parkhaus entfällt. Die meisten Handelsportale und Websites ermöglichen es dem Käufer, sehr schnell und unkompliziert mit wenigen Mausklicks einen Kauf abzuschließen und die Zahlungsmodalitäten auszuwählen. Gerade wenn man gezielt nach einem bestimmten Gegenstand sucht, ist es oft einfacher und wesentlich schneller, im Internet danach zu forschen und den gewünschten Artikel dort zu bestellen, als erst verschiedene Geschäfte zu durchforsten. Das Internetshopping erweist sich hierin dem herkömmlichen Einkauf gegenüber als eindeutig überlegen.

1.3 Ein weiterer wichtiger Punkt, der für den Einkauf über das Internet spricht, ist das beträchtliche Warenangebot, aus dem man sich weltweit bedienen kann. Für den Einzelhandel ist es unmöglich, ein derartiges Sortiment bereitzuhalten, weil dadurch die Betriebskosten deutlich steigen und zusätzliche Lagerkapazitäten erforderlich werden würden. Das Internet hingegen macht es möglich, an Waren zu kommen, an die man sonst nur sehr mühsam gelangen könnte. Beispielsweise bieten Musikalienhandlungen meist nur herkömmliche Orchester- oder Soloinstrumente an. Wer jedoch nach einem Dudelsack, einem ungarischen Cymbal oder einer russischen Balalaika sucht, wird im Netz erfolgreicher sein, als wenn er versuchen würde, eine Bestellung im Geschäft aufzugeben.

1.4 Daneben hat man beim Internetshopping die Möglichkeit eines sofortigen Preisvergleichs. Schnell lassen sich verschiedene Websites einander gegenüberstellen, sodass man rasch das Angebot mit dem besten Preis-Leistungs-Verhältnis herausfiltern kann. Anders sieht das beim Ladeneinkauf aus: Auch wenn ein Artikel als reduziert ausgewiesen ist, weiß man noch lange nicht, ob er nicht in gleicher Qualität und Aufmachung im Geschäft nebenan noch preiswerter zu haben wäre. Um eine sichere Vergleichsbasis zu haben, müsste man daher vor dem Kauf noch weitere Kaufhäuser und Läden aufsuchen, in denen der identische Artikel geführt wird. Diesen Aufwand wird wohl kaum ein Kunde betreiben. Hier sei auch noch auf den Internetmarktplatz Ebay verwiesen, wo man alles entweder direkt erwerben oder zu komfortablen Preisen ersteigern kann. Ein vergleichbares Waren- und Preisangebot ist im Einzelhandel bisher undenkbar.

1.5 Ein entscheidender Gesichtspunkt des Internetshoppings ist die Unabhängigkeit von Ladenöffnungszeiten. An jedem Wochentag ist ein Einkauf rund um die Uhr möglich. Ein Zentralcomputer speichert die eingehenden Bestellungen, selbst wenn kein Mensch anwesend ist. Die herkömmlichen Geschäfte müssten zusätzliches Personal für die Beratung und die Kasse bereitstellen, um denselben Rund-um-die-Uhr-Service garantieren zu können. Selbst die Öffnung der Ladenschlusszeiten hat in Deutschland bisher nicht dazu geführt, dass 24 Stunden täglich an allen Wochentagen ein Einkauf möglich wäre. Für die Ladeninhaber würden dadurch erhebliche Personalkosten entstehen, vielerorts ist die notwendige Nachfrage nach derartig langen Öffnungszeiten auch gar nicht vorhanden. Das Internet bietet hier deutlich bessere Möglichkeiten. Gerade für viele Berufstätige stellt das Internetshopping eine enorme Erleichterung dar, da es sie unabhängig von Ladenöffnungszeiten macht und ihnen einen bequemen, stressfreien Einkauf ermöglicht.

2 Allerdings hat das Internetshopping neben den hier genannten positiven Aspekten auch negative Seiten, die es nicht zu vergessen gilt.

2.1 Wer nahezu ausschließlich mit den Anbietern im Netz kommuniziert, isoliert sich zunehmend von seinen Mitmenschen. Im Laden findet in der Regel eine Beratung statt, oder man kann bei Unklarheiten oder Fragen zumindest jemanden um Auskunft bitten. Dies entfällt bei der Anonymität des Internets vollkommen, weil man in den meisten Fällen lediglich mit einer Maschine Kontakt aufnimmt, die nur zur Wiedergabe eines vorgefertigten Textes in der Lage ist. Menschliche Nähe und Einfühlungsvermögen sind hier nicht zu erwarten. Viele Menschen gehen zusammen mit Familienmitgliedern oder Freunden einkaufen, die ihnen bei der Entscheidung, was gekauft wird, behilflich sein können. Auch dieser Meinungsaustausch ist beim Interneteinkauf meist hinfällig, weil sich der Kunde in der Regel alleine vor den PC setzt und sich damit von sozialen Interaktionen ausgrenzt.

2.2 Man sollte auch nicht vergessen, dass ein realer Einkauf abwechslungsreich und unterhaltsam sein kann. Es geht nicht nur darum, schnell einen bestimmten Artikel zu kaufen und sofort anschließend wieder nach Hause zu fahren. Stadt- und Schaufensterbummel, auch nach Ladenschluss, tragen wesentlich zu einem zufriedenstellenden Einkaufserlebnis bei. Es ist ein Genuss, allein oder zu zweit in einen Buchladen zu gehen und dort auch ohne Kaufabsicht in Büchern zu schmökern, oder interessehalber durch Bekleidungs- bzw. Möbelhäuser zu schlendern, sich inspirieren zu lassen und Erfahrungen auszutauschen. Diesem emotionalen und vor allem mit allen Sinnen zu genießenden Einkaufserlebnis hat das Internet nichts Vergleichbares entgegenzusetzen.

2.3 Ein nennenswerter Nachteil des Internetkaufs ist zudem, dass die Ware vor dem Kauf nicht begutachtet werden kann. Häufig sind die im Internet abgebildeten Waren mithilfe von Bildbearbeitungsprogrammen optimiert und man kann sich nicht sicher sein, dass tatsächlich der Artikel zu sehen ist, den man später käuflich erwirbt. Hinzu kommt, dass man nicht weiß, ob z. B. die bestellte Kleidergröße sicher den eigenen Bedürfnissen entspricht, da gerade Kleidungsstücke bei gleicher Größenangabe manchmal sehr unterschiedlich ausfallen. Außerdem kann die Ware beschädigt sein und ein Nachweis, dass der Schaden bereits beim Versand vorlag, ist häufig eher schwierig. Da der Internethandel überdies meistens über Vorkasse erfolgt, ist die Rückabwicklung oder ein Umtausch mit erheblichem Mehraufwand verbunden.

2.4 Als besonders nachteilig stellt sich das erhöhte Betrugsrisiko bei Internetkäufen dar. Vor allem Internetmarktplätze wie Ebay werden von professionellen Betrügern dazu benutzt, arglose Kunden um ihr Geld zu bringen. Diese erhalten nach dem vermeintlich günstigen Schnäppchenkauf und der daraufhin erfolgten Vorkasse nicht die beispielsweise erwartete neue digitale Videokamera, sondern lediglich einen verpackten Ziegelstein. Die realen Personen hinter den Verkäufernamen lassen sich in solchen Fällen meist nur sehr schwer ermitteln, sodass die betrogenen Käufer häufig ohne jede rechtliche oder finanzielle Wiedergutmachung auskommen müssen. Weitaus problematischer noch gestalten sich jene Internetbetrügereien, bei denen gestohlene Waren in ganz normalen Internethandelsportalen zum Kauf angeboten werden. So ist schon mancher Kunde einem vermeintlich besonders komfortablen Kaufangebot gefolgt, um wenig später zu seinem Schrecken feststellen zu müssen, dass er unwissentlich Diebesgut erworben hat und somit in die Gefahr geraten ist, unfreiwillig zu einer Straftat beigetragen zu haben.

2.5 Ein wesentlicher Gesichtspunkt, der gegen das Internetshopping spricht, ist die Gefahr der Verschuldung. Die Leichtigkeit des Einkaufs stellt insofern eine Gefahr dar, da man schnell den Überblick verliert, wie viel man bestellt hat und welche Summen bereits zu zahlen sind. Dazu trägt auch bei, dass die Bezahlung in der Regel über eine Kreditkarte erfolgt oder der Betrag vom Konto abgebucht wird. Auch wenn man Auftragsbestätigungen erhält, ist das noch lange keine Garantie, dass man sich bewusst macht, auf welche Höhe sich die Ausgaben bereits belaufen. Ohne Ausgabendisziplin und exakte Buchführung läuft man leicht Gefahr, in finanzielle Nöte zu geraten, weshalb Vorsicht beim Internetshopping angebracht ist.

3 Ein Einkauf über das Internet bietet viele Vorteile. Doch herkömmliche Geschäfte sind dieser Shoppingmöglichkeit, wie ich meine, dennoch überlegen, da die Läden das Stadtbild beeinflussen, soziale Kontakte ermöglichen, regionale Arbeitsplätze erhalten und

für Käufer bei einem Einkaufsbummel sogar Freizeitwert besitzen können. Manche Geschäfte haben inzwischen zu ihrem Stammsitz gleichzeitig ein Internetportal eingerichtet und erlauben es ihren Kunden so, beide Einkaufsmöglichkeiten parallel zu nutzen. Die Risiken, die mit dem Internetshopping verbunden sind, überwiegen meines Erachtens die Vorzüge dieser Einkaufsform, sodass ich mir nicht vorstellen kann, dass der Internethandel die traditionellen Geschäfte langfristig völlig verdrängen kann.

C. Die Computertechnologie schreitet in einem rasanten Tempo voran und bietet immer neue Chancen und Möglichkeiten, den Menschen den Alltag zu erleichtern. Man darf gespannt sein, welche Entwicklungen in den nächsten Jahren noch auf uns zukommen. Bei aller Begeisterung über den Fortschritt und die spürbaren Vereinfachungen zahlreicher Lebensprozesse sollte man jedoch nicht vergessen, dass jeder Fortschritt auch Risiken und Nachteile in sich birgt, die man sich bewusst vor Augen führen sollte.

**2007/3 Die Forderung nach einem absoluten gesetzlichen Rauchverbot in öffentlich zugänglichen Gebäuden, vor allem in der Gastronomie, wird immer häufiger gestellt.
Wie beurteilen Sie ein solches Rauchverbot?**

Mustergliederung

A. Zahlreiche Bundesländer erwägen die Einführung eines gesetzlichen Rauchverbots in öffentlichen Gebäuden bzw. haben ein derartiges Rauchverbot bereits auf den Weg gebracht.

B. Welche Punkte sprechen für ein absolutes Rauchverbot in öffentlichen Räumen, welche dagegen?

1 Kriterien für ein derartiges Rauchverbot

1.1 Ende der Rauchbelästigung beim Essen
1.2 Vermeidung lästiger Gerüche in Räumen und Kleidung
1.3 Nachlassender Nachahmungseffekt
1.4 Verbesserter Schutz der Nichtraucher

2 Argumente gegen ein Rauchverbot in öffentlichen Gebäuden

2.1 Stärkere Belastung von Anwohnern gastronomischer Betriebe
2.2 Eingriff des Staates in die persönliche Entscheidungsfreiheit
2.3 Erheblicher verwaltungstechnischer Aufwand
2.4 Finanzielle Einbußen für die Gastronomie

3 Beurteilung

C. In immer mehr Ländern wird öffentlich darüber diskutiert, ein generelles Rauchverbot einzuführen.

Musteraufsatz

A. Zahlreiche Bundesländer erwägen die Einführung eines gesetzlichen Rauchverbots in öffentlichen Gebäuden bzw. haben ein derartiges Rauchverbot bereits auf den Weg gebracht. Dies ist ein weiterer Schritt, um Nichtraucher zu schützen und vor allem Jugendliche vom Rauchen fernzuhalten. Nach einer deutlichen Steuererhöhung, die zu einer drastischen Verteuerung von Rauchwaren führte, folgte eine Umstellung der Zigarettenautomaten, sodass Zigaretten nur noch mit Bank- oder Führerscheinkarte erhältlich sind. Nun beabsichtigen zahlreiche politische Vertreter zusätzlich zu den bisherigen Maßnahmen ein generelles Rauchverbot in öffentlichen Gebäuden, also beispielsweise in Bahnhöfen oder Ämtern, aber auch in der Gastronomie einzuführen, wovon Jugendliche und Erwachsene gleichermaßen betroffen wären.

B. Es stellt sich angesichts dieser aktuellen Diskussion die Frage, welche Kriterien für und welche gegen ein generelles Rauchverbot in öffentlichen Räumen, vor allem in der Gastronomie, sprechen.

1 Zunächst soll diskutiert werden, was für ein solches Rauchverbot spricht.

1.1 Ein derartiges Rauchverbot führt z. B. dazu, dass man beim Essen in Restaurants und Gaststätten nicht durch unangenehmen Qualm belästigt wird. Jeder kennt die Situation, wenn ein appetitliches Essen auf dem Tisch steht und sich im Raum gleichzeitig Raucher befinden. Man stillt dann zwar seinen Hunger, aber von echtem Genuss kann keine Rede sein, weil der Rauchgeruch den Duft des Essens überlagert und damit ein wesentliches sinnliches Erlebnis entfällt.

1.2 Zusätzlich bleibt Rauch in den Räumen permanent vorhanden, indem er sich in Tapeten und Gardinen festsetzt. Ein Raum, der nach kaltem Rauch riecht, wirkt abstoßend und lädt nicht unbedingt zum längeren Verweilen ein. Außerdem bleibt der Qualm an der eigenen Kleidung haften. Meist bemerkt man dies gar nicht, solange man sich unter Rauchern aufhält. Doch wenn man dieselbe Kleidung am nächsten Morgen wieder anziehen möchte, muss man feststellen, dass sich der Rauch unangenehm darin festgesetzt hat. Diese Auswirkungen lassen sich auch in anderen öffentlichen Räumen, wie z. B. Zugabteilen, nachweisen, in denen sich der Rauch dauerhaft auf die Polstersessel niederschlägt. Ein weiteres Problem stellen gerade in Zügen oder auch in vielen Gaststätten Brandflecken in den Postern dar, die durch Unachtsamkeit entstehen. All dies würde durch ein generelles Rauchverbot an solchen Orten vermieden werden.

1.3 Ein zumindest teilweise eingeführtes Rauchverbot würde auch dazu führen, dass es weniger schlechte Vorbilder vor allem für Jugendliche gäbe. Mancher Teenager fühlt sich inspiriert, wenn Eltern oder Bekannte und ältere Freunde rauchen, es diesen gleich zu tun. Zum einen glauben viele, dadurch erwachsener zu wirken, andere empfinden es als lässig und cool, mit der Zigarette in der Hand gesehen zu werden. Freilich verhindert ein Rauchverbot in öffentlichen Räumen nicht, dass man all das weiterhin im Freien tun könnte, doch würde es eine solche Einschränkung vielen nicht mehr so einfach machen und sie würden somit auch nicht länger negative Vorbildfunktion erfüllen.

1.4 Das wichtigste Argument für ein grundsätzliches Rauchverbot in öffentlichen Gebäuden ist aber der Schutz von Nichtrauchern. Es lässt sich gar nicht vermeiden, dass man passiv Rauch inhaliert, wenn im selben Raum Tabak konsumiert wird. Viele sind sich der damit einhergehenden Gefahren noch immer nicht bewusst, obwohl durch Studien belegt wurde, dass Passivrauchen zum Teil sogar noch schädlichere Auswirkungen auf die Gesundheit als das aktive Rauchen hat. Wer schon einmal ein Foto einer Raucherlunge gesehen hat, kann sich ein eindringliches Bild von den durch Tabakkonsum und Passivrauchen ausgelösten Schädigungen machen. Unter diesen Gesichtspunkten scheint ein Rauchverbot zumindest für öffentliche Gebäude dringend angebracht. Gerade in der Gastronomie wäre ein derartiges Verbot sehr empfehlenswert, da auch junge Familien mit Kindern, deren Immunsystem noch weit anfälliger ist, dem Qualm häufig schutzlos ausgesetzt sind. Auch für viele Angestellte in der Gastronomie wäre ein Rauchverbot wünschenswert, um sie an ihrem Arbeitsplatz vor den negativen gesundheitlichen Folgen des Passivrauchens zu schützen.

2 Einige Argumente können jedoch auch gegen die Einführung eines derartigen Rauchverbots angeführt werden.

2.1 Ein Rauchverbot in öffentlichen Gebäuden, vorzugsweise der Gastronomie, könnte zu einer höheren Belastung von Anwohnern führen. Starke Raucher sind meist bereits so sehr an ihre Zigarette nach dem Essen gewöhnt, dass ein Rauchverbot innerhalb der Gaststätte dem Rauchen an sich nur bedingt Einhalt gebietet. Erfahrungen aus anderen Ländern, in denen ein solches gesetzliches Verbot schon eingeführt wurde, zeigen, dass viele Raucher nach dem Essen den Weg nach draußen suchen, um dort ihre Zigarette rauchen zu können. Neben der sicher zu erwartenden Lärmbelästigung, die so beispielsweise durch eine lautere Unterhaltung im Freien entstehen kann, bleiben Zigarettenkippen als unschöne Hinterlassenschaften auf Gehsteigen oder möglicherweise auch in Vorgärten zurück. Anwohner vor solchen Ärgernissen dauerhaft zu bewahren, erscheint kaum durchführbar.

2.2 Daneben sollte man sich überlegen, ob man es hinnehmen will, dass der Staat durch seine Gesetzgebung in immer mehr private Bereiche entscheidend eingreift. Die im Grundgesetz festgeschriebene persönliche Freiheit gilt für Raucher und Nichtraucher gleichermaßen. Daher erscheint es nicht unbedingt hinnehmbar, dass der Gesetzgeber die persönliche Entscheidungsfreiheit so drastisch einschränken will. Selbst wenn man in Betracht zieht, dass durch das Rauchen erhebliche Folgekosten vor allem für das Gesundheitswesen entstehen, muss eine demokratische Gesellschaft jedem Individuum seine Freiräume lassen können. Eine weitere Zunahme gesetzlicher Regelungen führt nur zu vermehrter Bürokratie und weniger Selbstregulierung durch die Bürger.

2.3 Sicherlich würde die Einführung des Rauchverbots auch zu einem großen verwaltungstechnischen Aufwand führen. Wer ein solches Verbot gesetzlich festschreibt, muss kontrollieren, ob es eingehalten wird, wofür zusätzliches Personal notwendig ist. Um die Umsetzung der Vorgaben durchzusetzen, muss es bei Verletzung dieser Vorschriften einen entsprechenden Katalog von Sanktionen geben, wobei man sich fragt, wie diese Strafen aussehen sollen und wer bestraft wird: Der Besitzer einer Gaststätte z. B., weil er Rauchen zulässt, oder der Raucher, weil er sich über das Verbot hinwegsetzt. Wie heute schon bei Verstößen im Straßenverkehr wird es nicht bei mündlichen Ermahnungen bleiben, sondern es ist hierfür die schriftliche Form erforderlich, was einen zusätzlichen Verwaltungsaufwand und nicht unerhebliche Kosten nach sich zieht.

2.4 Besonders in der Gastronomie befürchtet man durch dieses eingeschränkte Rauchverbot finanzielle Einbußen. Besitzer oder Pächter von Einraumgaststätten wären in besonderem Maß von diesem Verbot betroffen, weil sie sich zumindest in Bayern eindeutig für oder gegen ein Rauchverbot in ihrem Lokal entscheiden müssen. Egal, wie ihre Entscheidung ausfällt: Ein Teil der Gäste bleibt in jedem Fall der Gaststätte fern, wodurch der Umsatz sinkt, was sich natürlich finanziell negativ auswirkt. Besonders kleinere Gaststätten fürchten hier um ihre Existenz. Eine weitere Einnahmequelle hatten Wirte bisher, wenn sie die Aufstellung von Zigarettenautomaten in ihrem Lokal erlaubten. Dies würde bei der Einführung eines absoluten Rauchverbots in der Gastronomie ebenfalls entfallen, da Automaten in diesem Fall ja keinen Sinn mehr machen würden. Die Bedenken der Wirte gegen einen solchen Gesetzentwurf erscheinen daher in Teilen durchaus nachvollziehbar.

3 Die bisherige Regelung mit Raucherzonen und der freiwilligen Einführung der Rauchfreiheit in der Gastronomie hat sich nur teilweise bewährt, da viele Gaststätten räumlich bedingt gar nicht dazu in der Lage sind, Raucher und Nichtraucher strikt voneinander zu trennen. Immer mehr Studien belegen, wie schädlich und gefährlich Rauchen, egal ob aktiv oder passiv, ist. Ein Rauchverbot in öffentlich zugänglichen Gebäuden, auch in der Gastronomie, würde meiner Ansicht nach dazu führen, Nichtraucher und Angestellte stärker zu schützen und könnte so auch dazu beitragen, das Gesundheitswesen spürbar zu entlasten. Daher ist ein solches Rauchverbot durchaus positiv zu beurteilen.

C. In immer mehr Ländern wird öffentlich darüber diskutiert, ein generelles Rauchverbot einzuführen. Einige Staaten der USA beispielsweise haben bereits so strikte Vorgaben, dass das Rauchen hier nicht einmal mehr in der eigenen Wohnung erlaubt ist. Soweit wird es wohl in absehbarer Zeit in Deutschland nicht kommen, auch wenn ich mir sicher bin, dass diese Thematik noch zu heißen Debatten führen wird. Ebenso wichtig wie die Diskussion um Einführung oder Ausweitung eines Rauchverbotes wäre es jedoch, dem Rauchen und der Nikotinabhängigkeit generell vorzubeugen und vor allem Kinder und Jugendliche von den großen gesundheitlichen Gefahren und Risiken des Rauchens zu überzeugen und sie davor zu schützen.

2007/4 Die Angebote der Freizeitindustrie werden immer ausgefallener. Welche Gründe hat diese Entwicklung? Welche Gefahren sind damit verbunden?

Mustergliederung

A. Es liegt in der Natur des Menschen, an seine Grenzen zu gehen und stets neuen Nervenkitzel zu suchen.

B. Warum werden die Angebote der Freizeitindustrie immer exotischer und welche Gefahren sind damit verbunden?

1 Gründe für immer ausgefallenere Angebote

1.1 Flucht aus dem Alltag
1.2 Neugier auf Ungewöhnliches
1.3 Wunsch nach Abgrenzung von der Allgemeinheit
1.4 Beteiligung an aktuellen Modetrends

2 Gefahren exotischer Angebote

2.1 Verlangen nach immer neuen und größeren Herausforderungen
2.2 Finanzielle Engpässe durch hohe Kosten
2.3 Umweltschäden durch Bau und Auflassung von Freizeitanlagen
2.4 Gefahr von Gesundheitsschäden

C. Die meisten Kommunen verfügen über ansprechende Freizeiteinrichtungen, in denen man sich auch ohne spezielle „Events“ sehr gut vergnügen kann.

2007/5 Konzerte der modernen Musikszene lösen bei Jugendlichen eine für viele Erwachsene unvorstellbare Begeisterung aus.
Wie lässt sich diese erklären?
Mit welchen negativen Seiten sind große Musikkonzerte oft verbunden?

Mustergliederung

A. Musik umgibt uns in allen Lebenslagen von morgens bis abends.

B. Was begeistert junge Menschen an großen Konzerten moderner Musik; welche negativen Begleiterscheinungen gibt es dabei?

1 Erklärungsansätze für die Begeisterung

1.1 Konzerte als emotionale Bereicherung
1.2 Kontakt zu Gleichgesinnten
1.3 Erlebnis des Konzertumfelds
1.4 Wunsch, die Stars live zu erleben
1.5 Begeisterung für die Musik und die Show

2 Negative Seiten großer Konzertereignisse

2.1 Ungünstige Rahmenbedingungen
2.1.1 Eingeschränkte Sicht zur Bühne
2.1.2 Schlechter Sound bei manchen Open-Air-Konzerten
2.2 Hohe Kosten
2.3 Gefahr von Hysterie und Unfällen
2.4 Verleitung zum Drogenkonsum
2.5 Gehörschäden durch hohe Geräuschpegel

C. Begeisterte Jugendliche werden sich keinesfalls von möglichen Gefahren abschrecken lassen.

Lesen Sie den Text „Top in der B-Note" genau durch und bearbeiten Sie dann die folgenden Aufgaben.

1 Verfassen Sie eine Überblicksinformation.

2 Geben Sie den Inhalt des Textes in gestraffter Form wieder.

3 Erläutern Sie die Aussage: „Gefragt sind vor allem die sogenannten Soft Skills, ein Modeausdruck für Schlüsselqualifikationen wie Teamfähigkeit, Kommunikations- und Sozialkompetenz" (Z. 23–25).

4 Halten sie es im Rahmen der Berufsvorbereitung für wichtig, einen Benimm-Kurs zu besuchen?

Top in der B-Note
Die Deutschen sehnen sich nach fast vergessenen Tugenden wie Anstand und Höflichkeit. Souveräne Umgangsformen fördern auch die Karriere

Perfekte Manieren können ziemlich anstrengend sein. Vor allem in einer Zeit, in der Etikette längst kein Privileg der Oberschicht mehr ist. Fast jeder kann mittlerweile bei Tischsitten oder Dresscodes mitreden, weil das Trainieren der vermeintlich richtigen Benimmregeln in den vergangenen Jahren einen eigenen Status erlangt hat.

Beinahe jeden Monat erscheint ein neuer Ratgeber mit den angeblich ultimativen Tipps zu Umgangsformen. Stiltrainer nennt sich eine prosperierende[1] Berufsgruppe, die in exklusiven Hotels oder profanen[2] Volkshochschulen Nachhilfestunden für die Begrüßung, den Small Talk oder das Hantieren mit Messer und Gabel erteilt. Teenager, die heutzutage eine Tanzschule besuchen, können dort ein Anti-Blamierprogramm gleich mitabsolvieren. Bleibt die Frage: Kann denn jeder gutes Benehmen lernen? „Grundsätzlich schon", sagt einer, der es wissen muss, Moritz Freiherr Knigge[3]. Der Unternehmensberater, der kürzlich den ersten „Deutschen Knigge-Rat" mitbegründete, verbindet mit Umgangsformen die klassischen Tugenden wie Verantwortung, Respekt und Besonnenheit: „Etikette ist eine Haltung, die nicht in einem Wochenendseminar erlernbar ist." Nur wer seine Mitmenschen aus innerer Überzeugung zuvorkommend behandle, habe das Zeug zum wahrhaft edlen Zeitgenossen.

Das bloße Büffeln von Benimmregeln reicht also nicht aus, kann allerdings mitunter von Vorteil sein. Gerade im Job gilt das souveräne Auftreten als karrierefördernde Maßnahme. Für Vertreter der flegelhaften Ellbogenfraktion findet sich in der modernen Arbeitswelt nur schwerlich ein Platz. Personalchefs, die zwischen etlichen Bewerbern entscheiden müssen, wählen laut Studien meist diejenigen aus, die neben exzellenten Zeugnissen auch gute Umgangsformen und eine gepflegte Erscheinung vorweisen können.

---

1 prosperierend = *hier:* im wirtschaftlichen Aufschwung befindlich

2 profan = *hier:* gewöhnlich

3 Moritz Freiherr Knigge ist ein Nachfahre jenes Herrn Knigge, der bereits im 18. Jahrhundert ein erstes sogenanntes „Benimm-Buch" geschrieben hat. Deshalb nennt man bis heute einen solchen Ratgeber auch einen „Knigge".

Dazu zählen nicht nur saubere Fingernägel oder schuppenfreie Schulterpartien. Gefragt sind vor allem die sogenannten Soft Skills, ein Modeausdruck für Schlüsselqualifikationen wie Teamfähigkeit, Kommunikations- und Sozialkompetenz. Vieles davon fehlt in den Lehrplänen der deutschen Schulen und Universitäten. Deshalb verdonnern viele Unternehmen ihre Nachwuchsmanager und Führungskräfte notgedrungen zum Besuch von speziellen Benimmschulungen.

Dort erfahren sie dann, wie Fettnäpfchen bei Geschäftsessen und Kundengesprächen ausgelassen werden können. In Rollenspielen üben die Teilnehmer den korrekten Handschlag – nicht zu fest und nicht zu lasch – oder das Austauschen von Visitenkarten – erst anschauen, dann einstecken. Wie entscheidend derartige Details sein können, zeigen etwa Untersuchungen zum ersten Eindruck. Dieser entsteht in weniger als zehn Sekunden und ist nur schwer zu revidieren. Das spontane Urteil wird zu 55 Prozent über Auftreten und Outfit, zu 40 Prozent über den Klang der Stimme und nur zu fünf Prozent über den Inhalt der Worte gefällt.

Gerade vor TV-Kameras regiert mitunter gnadenlose Stilkontrolle. Als Niedersachsens Ministerpräsident Christian Wulff kürzlich nach einem Auftritt bei „Sabine Christiansen" die Zuschauerpost durchsah, fand er kaum politische Kommentare. Stattdessen überwog das Missfallen am schlampig gebundenen Krawattenknoten.

Vor allem unsere Spitzenpolitiker sind es, die derzeit den Wertewandel in der Republik erstaunlich offensiv propagieren. Bundeskanzlerin Angela Merkel möchte „Deutschland dienen", verwendet lange Zeit verpönte Vokabeln wie „Demut" oder „Anstand" und erfüllt so instinktsicher die neue Sehnsucht des Volkes nach mehr Ehrlichkeit und Harmonie. „Bewährte Grundeigenschaften wie Anständigkeit, Verlässlichkeit und Pflichterfüllung sollten in Deutschland wieder mehr Einzug halten", sekundiert[4] der ehemalige SPD-Chef Matthias Platzeck. Der neuerdings stilvolle Umgang zwischen CDU- und SPD-Politikern lässt auf höflichere Zeiten hoffen.

(Kayhan Özgenc im FOCUS vom 9. Januar 2006, für Prüfungszwecke leicht gekürzt und verändert)

Musterlösung

1 **Überblicksinformation**

Der informative Text „Top in der B-Note" von Kayhan Özgenc, der am 9. Januar 2006 in der Wochenzeitschrift FOCUS erschienen ist, beschäftigt sich mit der Bedeutung guter Umgangsformen. Anhand mehrerer Beispiele erläutert der Autor, was unter gutem Benehmen zu verstehen ist und äußert die Hoffnung, dass nicht zuletzt mithilfe der Politik ein Wertewandel einsetzt.

2 **Gestraffte Inhaltswiedergabe**

Kayhan Özgenc schreibt, die Wichtigkeit richtigen Benehmens sei heute allen Gesellschaftsschichten bewusst. Inzwischen gäbe es auf dem Markt eine Reihe von Büchern, die sich mit guten Umgangsformen auseinandersetzten. Auch regelrechte Trainingsprogramme zur Schulung des Benehmens würden von verschiedenen Institutionen angeboten, wobei gutes Benehmen letztlich eine Frage der inneren Einstellung sei. Anhand einiger Beispiele zeigt der Verfasser des Textes, dass neben den Umgangsformen Teamfähigkeit, Kommunikations- und Sozialkompetenz, aber auch der erste Eindruck für die

4 sekundieren = *hier:* unterstützen

berufliche Laufbahn von großer Bedeutung seien, weshalb zukünftige Führungskräfte zu entsprechenden Schulungen geschickt würden. Der äußere Eindruck überlagere oft die Inhalte, wie der Autor am Beispiel eines deutschen Politikers zeigt. Selbst führende Politiker der Bundesrepublik legten zunehmend Wert auf tradierte Werte wie Ehrlichkeit und Harmonie, die sie in der derzeitigen Großen Koalition zu pflegen versuchten und so Hoffnungen weckten, dass sich diese Einstellung auf alle Bevölkerungsschichten übertragen ließe.

3 **Texterläuterung**
„Gefragt sind vor allem die sogenannten Soft Skills, ein Modeausdruck für Schlüsselqualifikationen wie Teamfähigkeit, Kommunikations- und Sozialkompetenz" (Z. 22–24)
Dem Autor geht es darum zu zeigen, dass in der heutigen Arbeitswelt neben dem fachlichen Können soziale Fähigkeiten von großer Bedeutung sind, weil diese ein stress- und konfliktfreies Zusammenleben ermöglichen. „Teamfähigkeit" versetzt die Mitarbeiter in die Lage, nicht zu egoistischen Einzelkämpfern zu werden, sondern mit anderen ein gemeinsames Ziel vor Augen zu haben und in der Zusammenarbeit dadurch eventuell bessere Ergebnisse zu erzielen. „Kommunikationskompetenz" meint, dass es selbstverständlich sein sollte, im Umgang miteinander einen höflichen Sprachstil zu wählen, der der Situation angemessenen ist. Mitarbeiter, die ihre Kollegen mit Respekt, Verständnis und Offenheit behandeln, verfügen demnach über Sozialkompetenz.

4 **Weiterführende Erörterung**
Halten Sie es im Rahmen der Berufsvorbereitung für wichtig, einen Benimm-Kurs zu besuchen?
Im Rahmen von Berufsfindungstagen bieten viele Schulen „Benimmkurse" an, die den Schülern das notwendige Rüstzeug für entsprechende Situationen auf ihrem weiteren Lebensweg geben oder bereits Bekanntes in Erinnerung rufen sollen. Dabei stellt sich die Frage, ob solche Aktionen nützlich oder eher überflüssig sind. Sinnvoll ist dieses Angebot oder der Besuch externer Kurse, weil man im **Umgang mit anderen mehr Sicherheit** gewinnt. Wenn man vom zukünftigen Chef beispielsweise im Rahmen des Vorstellungs- oder Einstellungsgesprächs zum Essen in ein besseres Lokal eingeladen wird, kann es leicht zu einem versehentlichen Fehltritt kommen: Wer gibt wem zuerst die Hand? Wer setzt sich zuerst an den Tisch? Wie und wann benutzt man die Serviette? Mit welchem der vielen Gläser beginnt man und welches Besteck nimmt man zuerst? Diese Beispiele zeigen, dass es allein in diesem Bereich viele Stolpersteine gibt, die bereits im Vorfeld des Gesprächs zu Unsicherheiten führen können, was auch negative Auswirkungen auf die Unterhaltung mit dem Essenspartner haben kann. Ähnliche Schwierigkeiten kann es aber auch bei einem normalen Vorstellungsgespräch im Büro geben, wenn es um richtige, nicht übertriebene Kleidung, ein dezentes Make-up, die Körperhaltung während des Gesprächs usw. geht. Hier kann der vorherige Besuch eines Benimm-Kurses Sicherheit schaffen und damit das Selbstbewusstsein stärken, wodurch man seine eigene Person in viel besserem Licht präsentieren kann. Gute Umgangsformen, die man in einem Benimmkurs erwerben kann, führen auch zu einer **höheren Akzeptanz in der Gesellschaft**. Wer gelernt oder sich bewusst gemacht hat, wie man mit anderen Menschen umgeht, wird von anderen geschätzt. Ein Verhalten, das von Gleichberechtigung, Gerechtigkeit, Offenheit und Höflichkeit getragen ist, führt meistens dazu, dass auch Mitarbeiter ein ähnliches Verhalten an den Tag legen. So kann ein gutes Arbeitsklima geschaffen werden. Natürlich wird es immer Unterschiede geben, ob man mit gleichrangigen Mitarbeitern kommuniziert oder mit Vorgesetzten, doch auch hier können Benimmkurse helfen und damit dazu beitragen, im Betrieb anerkannt zu werden. Damit einher geht die **berufliche Karriere**. Wenn Vorgesetzte spüren, dass ihr Mitarbeiter abgesehen von seinem Fachwissen mit Ge-

schäftspartnern oder Kunden höflich umgeht und sich angemessen zu benehmen weiß, ist es gut möglich, dass man ihm zunehmend Verantwortung überträgt, weil die Firma nicht befürchten muss, sich durch Fehltritte des Mitarbeiters zu blamieren. Fühlen sich Kunden oder Partner verstanden, akzeptiert und gut aufgehoben, steigert das unter Umständen den Umsatz und ist auf Dauer für den Mitarbeiter von beruflichem Nutzen. Benimmkurse, in denen man entsprechende Umgangsformen lernt, schaffen hier wichtige Grundlagen. Allerdings gibt es auch Gesichtspunkte, die **gegen den Besuch eines Benimmkurses sprechen**. Jeder Mensch wird von seinen Eltern und seinem sozialen Umfeld geprägt. Man kann Umgangsformen zwar lernen, aber vielen ist **nicht klar, wann sie diese wie einsetzen sollen**. Wenn im privaten Umfeld ruppige Umgangsformen herrschen, tut man sich schwer, in einer konkreten Situation das angemessene Verhalten an den Tag zu legen, weil die richtigen Verhaltensnormen zwar gelernt, aber nicht verinnerlicht sind. Wer ordentliches Benehmen lernt, dieses aber im Alltag geschäftlich wie privat nicht anwendet, hat keine Chance, die Normen wie selbstverständlich zu beherrschen. Ein Benimmkurs allein hilft nicht weiter, sondern liefert nur Anstöße. Es besteht außerdem die Gefahr, sich **hinter erlernten Normen zu verstecken**. Statt klar seine Meinung zu äußern und zu vertreten, verbirgt man sich hinter Höflichkeitsformeln, weil man Angst vor persönlichen Nachteilen oder einer möglichen Verletzung des anderen hat. Vordergründige Höflichkeit, bei der erkennbar ist, dass dahinter eine völlig andere Meinung steht, führt dazu, dass man unglaubwürdig wird. Ein falsch verstandener Benimmkurs kann folglich auch genau das Gegenteil dessen bewirken, was er eigentlich erreichen will und führt Betroffene eventuell sogar in die Isolation. Problematisch kann es auch werden, wenn man positive Umgangsformen so gut beherrscht, dass man glaubt, damit **fachliche Schwächen überspielen zu können**. Gelegentlich benötigt man im Alltag den Rat eines Fachmanns. Gibt einem dieser freundlich und bereitwillig Auskunft und tritt einem vielleicht noch in berufsspezifischem Outfit gegenüber, setzt man dieses Verhalten und Erscheinungsbild oftmals mit Kompetenz gleich. Leider kann sich das häufig als Trugschluss erweisen. Das ist nicht nur ärgerlich, sondern kann unter Umständen auch zusätzliche Kosten für den Ratsuchenden verursachen. Benimmkurse sind unter diesem Aspekt kritisch zu sehen. Ein Eingeständnis des Nichtwissens wäre hier sinnvoller als vordergründige Höflichkeit. Trotz der negativen Gesichtspunkte sind Benimmkurse eine gute Einrichtung, weil sie manchem helfen, schwierige oder nicht vertraute Situationen zu meistern. Sie können jedoch nur Anstöße liefern, da jeder Mensch von seiner Umwelt so stark geprägt wird, dass er sich nur geringfügig verändern kann, die Grundstrukturen aber bleiben erhalten. Man kann sich vieles aneignen, ob man es aber auch umsetzen kann, ist eine andere Sache. Wenn man Witze erzählen kann, ist man noch lange kein humorvoller Mensch – wenn man ordentliche Umgangsformen lernt, legt man deshalb nicht automatisch ein gutes Verhalten an den Tag.

Abschlussprüfungsaufgaben an Wirtschaftsschulen
Deutsch – 2008: I. Erörterungsthemen

1 Bei den Olympischen Spielen 2008 in Peking treten die besten Sportler der Welt gegeneinander an. Jahrelang haben sie sich auf dieses Ereignis vorbereitet und hart trainiert. Können Sie einem jungen Menschen heute empfehlen, Leistungssport zu betreiben?

2 Bei sogenannten „Flatrate-Partys" trinken vor allem Jugendliche viel zu viel Alkohol. Wo liegen Ihrer Meinung nach die Gründe für diesen Alkoholmissbrauch? Was könnte gegen das „Koma-Trinken" unternommen werden?

3 Die Globalisierung schreitet immer weiter fort. Welche Chancen sind damit verbunden? Welche Gefahren könnten auftreten?

4 In einigen Bundesländern ist das Fach „Soziales Engagement" fester Bestandteil des Stundenplans. Sollte ein solches Fach auch an Schulen in Bayern eingeführt werden?

5 Viele Erwachsene sehen die intensive Beschäftigung Jugendlicher mit elektronischen Medien sehr kritisch. Zeigen Sie auf, welche Gefahren von elektronischen Medien ausgehen können. Wie können Schule und Familie junge Menschen auf den Umgang mit elektronischen Medien vorbereiten?

Musterlösungen

2008/1 Bei den Olympischen Spielen 2008 in Peking treten die besten Sportler der Welt gegeneinander an. Jahrelang haben sie sich auf dieses Ereignis vorbereitet und hart trainiert. Können Sie einem jungen Menschen heute empfehlen, Leistungssport zu betreiben?

Mustergliederung

A. Für viele sportlich begabte Jugendliche sind die Teilnehmer der Olympischen Spiele 2008 in Peking Vorbilder, denen sie gern nacheifern möchten. Doch der Leistungsdruck im Sport wird immer stärker, und die Dopingfälle häufen sich. Kann man jungen Menschen den Einstieg in den Leistungssport daher heute wirklich noch empfehlen?

B. Welche Gesichtspunkte sprechen dafür, Jugendlichen die Ausübung von Leistungssport zu empfehlen, und welche Aspekte lassen sich dagegen anführen?

1 Argumente, die für eine Empfehlung von Leistungssport sprechen

1.1 Chance auf eine erfolgreiche Karriere im Spitzensport
1.2 Finanzielle Vorteile
1.3. Ruhm und Popularität
1.4 Selbstverwirklichung und Selbstbestätigung
1.5 Erlernen von Disziplin und Selbstkontrolle
1.6 Entwicklung und Förderung der außergewöhnlichen Begabung
1.7 Kennenlernen fremder Länder und Kulturen
1.8 Begegnung und Austausch mit Sportlern aus aller Welt
1.9 Messen der eigenen sportlichen Leistung im internationalen Maßstab möglich

2 Kriterien, die gegen eine Empfehlung von Leistungssport sprechen

2.1 Mögliche Gefährdung der Gesundheit durch körperliche Überbeanspruchung
2.2 Gefahr, mit Doping in Berührung zu kommen
2.3 Erfolgs- und Leistungsdruck durch die hohen Erwartungen der Öffentlichkeit
2.4 Verlust der Privatsphäre durch Popularität
2.5 Massiver Freizeitverlust
2.6 Wenig Zeit für die Pflege von Freundschaften außerhalb des sportlichen Bereichs
2.7 Starke Einschränkung eines geregelten Familienlebens
2.8 Zu wenig Zeit für die Ausbildung (Schule oder Lehre)

C. Die Entscheidung, sich ernsthaft dem Leistungssport zu widmen, muss der Betroffene nach sorgfältiger Berücksichtigung aller positiven und negativen Aspekte letztlich für sich selbst treffen. Vor allem junge Menschen müssen sich der Konsequenzen eines Lebens für den Sport bewusst sein. Zu dieser Entscheidung darf sie niemand drängen.

**2008/2 Bei sogenannten „Flatrate-Partys“ trinken vor allem Jugendliche viel zu viel Alkohol.
Wo liegen Ihrer Meinung nach die Gründe für diesen Alkoholmissbrauch?
Was könnte gegen das „Koma-Trinken“ unternommen werden?**

Mustergliederung

A. Der Alkoholtod eines 16-jährigen Schülers im März 2007 hat bundesweit Diskussionen um strengere Kontrollen des Alkoholkonsums von Jugendlichen ausgelöst.

B. Wo liegen die Gründe für den Alkoholmissbrauch bei Jugendlichen und welche Maßnahmen lassen sich dagegen ergreifen?

1 Gründe für den Alkoholmissbrauch bei Jugendlichen

1.1 Motivation junger Menschen, Alkohol zu konsumieren
1.1.1 Alkohol als Partyspaß
1.1.2 Wunsch nach Integration und Anerkennung
1.1.3 Persönliche Problemsituationen
1.1.4 Mangelndes Problembewusstsein
1.2 Gesellschaftliche Bedingungen, die den Alkoholmissbrauch bei Jugendlichen begünstigen
1.2.1 Alkohol als gesellschaftlich akzeptierte „Alltagsdroge“
1.2.2 Abhängigkeit vieler Wirtschaftszweige vom Produkt Alkohol
1.2.3 Verharmlosung und Manipulation durch Werbung

2 Mögliche Maßnahmen gegen den Missbrauch von Alkohol durch Jugendliche

2.1 Maßnahmen des Staates
2.1.1 Verbot von Flatrate-Partys
2.1.2 Generelles Alkoholverbot unter 18 Jahren
2.1.3 Stärkere Besteuerung von Alkoholika
2.1.4 Strengere Kontrollen zur Einhaltung des Jugendschutzes
2.1.5 Verstärkte Aufklärung in Schulen und Medien
2.2 Maßnahmen des Einzelnen
2.2.1 Vorbildfunktion Erwachsener
2.2.2 Erziehungsaufgabe der Eltern

C. Jugendliche sollten darin unterstützt werden, eine starke und eigenständige Persönlichkeit zu entwickeln, damit sie einen verantwortungsvollen Umgang mit Alkohol leichter erlernen können.

Musteraufsatz

A. Der tragische Fall eines 16-jährigen Schülers, der Ende März 2007 in Berlin nach rund 50 Gläsern Tequila ins Koma gefallen und anschließend gestorben ist, hat bundesweit Diskussionen um strengere Kontrollen des Alkoholkonsums Jugendlicher ausgelöst. Dabei sind vor allem sogenannte Flatrate-Partys in das Auge der Kritik geraten. Bei diesen Veranstaltungen werden alkoholische Getränke ohne Mengenbegrenzung zu einem Pauschalpreis ausgeschenkt. Die Feiernden können also so viel Alkohol trinken, wie sie möchten. Besonders Jugendliche werden von solchen Partys angezogen, da sie hier für wenig Geld an viel Hochprozentiges kommen. Ein großer Teil der jungen Partybesucher betrinkt sich dabei oft bis zur Bewusstlosigkeit und dies nicht selten in voller Absicht. Der zunehmende Alkoholkonsum bei Jugendlichen, der in den Medien gern mit dem Begriff „Koma-Trinken" umschrieben wird, hat sich inzwischen zu einem gesellschaftlichen Problem entwickelt, das auf politischer Ebene Forderungen nach Maßnahmen laut werden lässt.

B. Die Frage, was gegen den steigenden Alkoholmissbrauch junger Menschen getan werden kann, lässt sich nur sinnvoll beantworten, wenn man zunächst nach den Gründen für das übermäßige Trinken bei Jugendlichen fragt.

1 Die Gründe des Alkoholmissbrauchs bei Jugendlichen sind vielfältig und verstärken sich oft gegenseitig. Im Folgenden wird zum einen die Motivation Jugendlicher, Alkohol zu konsumieren, erklärt, und zum anderen werden die gesellschaftlichen Bedingungen beschrieben, die den Alkoholmissbrauch begünstigen.

1.1 Junge Menschen befinden sich aufgrund ihres jugendlichen Alters in einer charakteristischen Lebenssituation mit bestimmten Wünschen, Gefühlen und Denkweisen, die sich von der Lebenswelt Erwachsener unterscheiden. So haben junge Leute in der Übergangszeit von der Jugend zum Erwachsensein mit Problemen zu kämpfen, denen sich Erwachsene meist nicht mehr gegenübersehen. Jugendliche sind auf der Suche nach ihrer eigenen Identität, möchten von den Eltern unabhängig werden und selbstständig sein. Trotz dieser Wünsche haben sie auch Angst vor dem Ernst des Lebens, fühlen sich oft unsicher und manchmal unverstanden. Viele Gründe für den Alkoholmissbrauch bei Jugendlichen hängen daher mit genau dieser besonderen Lebenssituation im Jugendalter zusammen.

1.1.1 Wie Erwachsene wollen auch Jugendliche manchmal Abstand von ihrem Alltag gewinnen, Schule oder Elternhaus für einen Abend vergessen. Sie suchen Ablenkung beim Feiern mit ihren Freunden in Kneipen oder Diskotheken. Dass dabei Alkohol als notwendiger Partyspaß nicht fehlen darf, ist nicht nur bei jungen Leuten eine weitverbreitete Vorstellung. Doch im Gegensatz zu den meisten Erwachsenen, die bereits einen geregelten beruflichen und privaten Alltag haben, wünschen sich viele Jugendliche, noch einmal über die Stränge zu schlagen, bevor der Ernst des Lebens auf sie zukommt. Sie möchten zwar als Erwachsene gelten, haben aber auch das Bedürfnis, ihre Jugend voll auszukosten. So lässt sich beispielsweise besonders auf Schulabschlussfeiern ein übermäßiger Alkoholkonsum beobachten. Es ist ein verständlicher Wunsch junger Leute, Spaß haben zu wollen und beim Feiern Alkohol zu konsumieren. Doch viele Jugendliche kennen ihre Grenzen noch nicht und können nicht einschätzen, was sie vertragen. Aus dieser Unerfahrenheit und dem jugendlichen Bedürfnis nach Zerstreuung heraus kann der Alkoholgenuss schnell zum Alkoholmissbrauch werden. Verstärkt wird dies durch die leichte Verfügbarkeit von Alkohol und seinen niedrigen Preis, der besonders bei Flatrate-Partys die Hemmschwelle, sich zu betrinken, sinken lässt.

1.1.2 Der Wunsch junger Leute nach Integration und Anerkennung spielt bei Art und Menge des Alkoholkonsums oft eine entscheidende Rolle. Der Genuss von Alkohol gilt unter Jugendlichen gemeinhin als „cool" und als Zeichen des Erwachsenseins. Viele glauben, sie können nur dann zu einer Gruppe gehören und in einer Clique anerkannt sein, wenn sie Alkohol trinken. Häufig besteht ein Gruppenzwang. Keiner will vor seinen Freunden als Feigling oder Schwächling dastehen, weil er den angebotenen Alkohol ablehnt. Manche wollen ihren Freunden imponieren, indem sie möglichst große Mengen alkoholischer Getränke zu sich nehmen. Sie prahlen gern damit, wie viele Flaschen Bier oder Gläser Schnaps sie getrunken haben. Durch ihren übermäßigen Alkoholkonsum möchten sie gegenüber Freunden und Bekannten die eigene Leistungsfähigkeit zur Schau stellen. Viele Jugendliche wollen dabei auch ihre eigenen Grenzen austesten. Sie sehen den Genuss von Alkoholika als Mutprobe und betreiben ihn oft sogar als eine Art Sport.

1.1.3 Persönliche Probleme Jugendlicher können ebenfalls Auslöser für einen Missbrauch von Alkohol sein. Gerade im Jugendalter erlebt man Enttäuschungen und Frustgefühle oft und besonders intensiv. Einige junge Erwachsene können mit ihren negativen Empfindungen nicht umgehen und versuchen, diese durch Alkohol zu vertreiben. Mögliche Schwierigkeiten in Schule, Ausbildung oder Elternhaus verstärken diese Tendenz. Oftmals ist es schlicht Langeweile, die junge Leute zum Alkoholkonsum treibt. Ihnen fehlen Beschäftigungsalternativen, und sie wissen nicht, was sie mit ihrer freien Zeit anfangen sollen. Wenn Jugendliche merken, dass sie eine bestimmte Situation mit Alkohol besser bewältigen können, ist dies meist der erste Schritt auf dem Weg zu einem missbräuchlichen Alkoholkonsum mit der Gefahr, alkoholabhängig zu werden.

1.1.4 Viele Jugendliche, die sich regelmäßig betrinken, sind sich der Gefahren, die vom Alkohol ausgehen, nicht bewusst. Sie sind von Eltern und Schule zu wenig über die Konsequenzen des Alkoholkonsums aufgeklärt, haben keinen Anlass, sich über ihr eigenes Trinkverhalten Gedanken zu machen, und gehen daher naiv mit dem Thema Alkohol um. Dass man durch übermäßigen Genuss von alkoholischen Getränken in Lebensgefahr geraten kann, kommt den wenigsten in den Sinn. Abschreckende Medienberichte über Todesfälle bei Jugendlichen durch Alkoholkonsum werden von jungen Leuten meist als Ausnahme abgetan, die ihnen selbst nicht widerfahren kann. Alkohol ist für viele lediglich ein harmloser Partyspaß.

1.2 Die für Jugendliche charakteristische Lebenssituation liefert zwar viele einleuchtende Gründe für den Alkoholmissbrauch bei jungen Menschen, kann diesen allerdings nicht vollständig erklären. Hinzu kommen bestimmte gesellschaftliche Bedingungen, die den übermäßigen Alkoholkonsum von Jugendlichen begünstigen.

1.2.1 Alkohol ist allgemein gesellschaftlich akzeptiert, denn er gilt nicht als gefährliche Droge. Das Trinken zu bestimmten Anlässen oder einfach nur zum Lustigsein gehört in unserem Alltag dazu. Alkohol ist in den meisten Fällen ein fester Bestandteil der Freizeitgestaltung. Durch die gesellschaftliche Akzeptanz und Verharmlosung des Alkoholkonsums wird dieser oft weder bei Erwachsenen noch bei Jugendlichen als problematisch empfunden. Jugendliche können nur schwer von etwas ferngehalten werden, was unter Erwachsenen als selbstverständlich gilt. Erwachsene übernehmen durch ihren leichtfertigen Umgang mit der „Alltagsdroge" Alkohol eine negative Vorbildfunktion für junge Menschen.

1.2.2 Es gibt viele Wirtschaftszweige, die von der Herstellung oder dem Vertrieb alkoholischer Getränke leben. Da der Markt bereits mit den verschiedensten alkoholischen Produkten übersättigt ist, müssen immer wieder neue Marktlücken gefunden werden, um konkurrenzfähig zu bleiben. Die Alkoholindustrie arbeitet ständig an der Entwicklung neuer Produkte und an der Erschließung geeigneter Kundenkreise. Vor allem Jugendliche geraten dabei als Zielgruppe in das Visier der Hersteller und werden durch ein ausgedehntes Marketing beeinflusst. Ein Beispiel für die gezielte Beeinflussung Jugendlicher ist die Entwicklung der sogenannten Alkopops. Diese sind bei jungen Leuten besonders beliebt, weil sie zwar Alkohol enthalten, man ihnen ihren Alkoholgehalt aufgrund des süßen Geschmacks aber nicht anmerkt. Auch Flatrate-Partys sind eine Maßnahme, um Alkohol gewinnbringend zu verkaufen. Trotz des Pauschalpreises und des hohen Alkoholkonsums können die Veranstalter dabei Gewinne erzielen.

1.2.3 Die Alkoholindustrie setzt auf massenwirksame Werbung durch die Medien, um ihre Produkte möglichst zahlreich und gewinnbringend vertreiben zu können. Mit gekonnter Werbung verspricht man durch den Genuss von Alkohol Freiheit und Abenteuer. Bewusst werden Hinweise auf Probleme und Gefahren des Konsums alkoholischer Getränke vermieden, und man versucht stattdessen, in der Öffentlichkeit ein positives und unproblematisches Bild davon zu erzeugen. Besonders Jugendliche werden durch die Alkoholwerbung gezielt angesprochen und lassen sich leicht beeinflussen.

2 Maßnahmen, die gegen den Alkoholmissbrauch Jugendlicher, insbesondere gegen das „Koma-Trinken“, unternommen werden können, müssen sich vornehmlich auf die Ursachen des Missbrauchs konzentrieren. Dabei können wirksame Vorkehrungen sowohl vom Staat als auch von Privatpersonen ausgehen.

2.1 Vom Gesetzgeber wird der Alkoholkonsum Jugendlicher genau geregelt. Bier und Wein dürfen Jugendliche erst ab 16 Jahren kaufen, bei branntweinhaltigen Getränken ist dagegen nur der Ausschank an Erwachsene erlaubt. Die Realität sieht allerdings meist anders aus, da die gesetzlichen Bestimmungen oft umgangen werden. Von staatlicher Seite können Maßnahmen gegen den Alkoholmissbrauch bei Jugendlichen ergriffen werden, indem man die Gesetze verschärft und die Kontrollen ihrer Einhaltung verstärkt. Dies kann allerdings nur zusammen mit einer breiten Aufklärung über die Gefahren des Alkohols Erfolg haben, da gesetzliche Bestimmungen allein keinen Bewusstseinswandel einleiten.

2.1.1 Zunächst liegt es aus Sicht des Staates nahe, ein Verbot von Flatrate-Partys zu erwirken, um den unbegrenzten Ausschank von Alkohol an Jugendliche und damit das übermäßige Trinken zu verhindern. Als erstes Bundesland hat Baden-Württemberg ein dementsprechendes Verbot umgesetzt. Zu bedenken ist allerdings, dass solch eine Regelung nie lückenlos sein kann. So lassen sich Gastwirte immer wieder Möglichkeiten einfallen, um das Verbot zu umgehen. Es werden beispielsweise 30 Getränkemarken für einen Euro angeboten, oder man wirbt mit dem Motto „Zahle ein Getränk, bekomme fünf.“. Dies ist letztlich das gleiche System wie bei einer Flatrate-Party.

2.1.2 Von vielen wird ein weitaus größerer Schritt gefordert: das generelle Alkoholverbot für Jugendliche unter 18 Jahren. Dies würde einen Alkoholkonsum im Übermaß bei jungen Leuten mit Sicherheit massiv einschränken, birgt jedoch einige Risiken. Zum einen kann solch eine Regelung nur dann funktionieren, wenn eine umfassende Kontrolle gewährleistet ist. Diese Art von Kontrolle ist allerdings kaum möglich, da Menschen nicht überall und rund um die Uhr überwacht werden können. Zum anderen besteht die Gefahr, dass Alkohol in der Wahrnehmung Jugendlicher durch ein Verbot noch viel interessanter und aufregender wird.

2.1.3 Wirkungsvoller als ein generelles Verbot von Alkohol unter 18 Jahren und die Maßnahme gegen Flatrate-Partys wäre eine stärkere Besteuerung von alkoholischen Getränken. Jugendliche haben in der Regel keine größeren finanziellen Möglichkeiten und könnten sich bei einer massiven Verteuerung von Alkohol Trinken im Übermaß nicht mehr erlauben. Sie müssten es sich mehrfach überlegen, ob sie ihr Geld wirklich in alkoholische Getränke investieren wollen.

2.1.4 Neben gesetzlichen Verschärfungen ist auch eine strengere Kontrolle zur Einhaltung der im Jugendschutzgesetz festgelegten Bestimmungen und eine strengere Bestrafung bei Verstößen nötig. Dazu muss eine erhöhte Überprüfung von Verkaufsstellen, Gaststätten und Diskotheken stattfinden.

2.1.5 Die wichtigste Maßnahme, die vonseiten des Staates ergriffen werden kann, ist eine verstärkte Aufklärung Jugendlicher und ihrer Eltern über die Folgen des Alkoholkonsums. So könnten beispielsweise dementsprechende Veranstaltungen in Schulen und Gemeinden gefördert werden. Es könnten auch Warnhinweise auf Flaschen mit Alkoholika angebracht werden, wie es schon mit Zigarettenschachteln praktiziert wird. Aktionen gegen Alkohol in verschiedenen Medien, wie Fernsehen oder Zeitung, wären für eine Aufklärung ebenfalls hilfreich.

2.2 Nicht nur Maßnahmen des Staates sind notwendig, um den Alkoholmissbrauch von Jugendlichen zu verhindern, auch jeder Einzelne kann dazu etwas beitragen. Besonders relevant ist die Vorbildfunktion der Erwachsenen. Nur so kann in unserer Gesellschaft ein neues Bewusstsein bezüglich der „Alltagsdroge“ Alkohol entstehen.

2.2.1 Erwachsene und insbesondere die eigenen Eltern haben eine Vorbildfunktion für Jugendliche. Eltern müssen ihren Kindern vorleben, dass man nicht unbedingt Alkohol braucht, um fröhlich oder glücklich zu sein. Erwachsene sollten sich überlegen, ob es wirklich nötig ist, bei jeder Gelegenheit Alkohol zu konsumieren. Wer mit dem Sektfrühstück oder Frühschoppen beginnt, dann den geschäftlichen Abschluss mit Sekt oder Cognac begießt und am Abend vor dem Fernseher einige Flaschen Bier konsumiert, wird kaum als Vorbild für junge Menschen taugen.

2.2.2 Eltern müssen ihre Erziehungsaufgabe in Sachen Alkohol ernster nehmen. Sie sollten schon frühzeitig damit beginnen, ihre Kinder über Alkohol und seine Gefahren aufzuklären. Sie können darüber hinaus viele weitere Vorkehrungen treffen, um einen Missbrauch von Alkohol bei ihren Kindern zu verhindern. Anregungen für sinnvolle Freizeitgestaltung, ein offenes Auge für die Probleme und das Verhalten der Kinder sind dabei nur einige von vielen sinnvollen Maßnahmen.

C. Um Jugendliche nachhaltig vor Alkoholmissbrauch zu schützen, ist neben dem Staat auch jedes einzelne Mitglied unserer Gesellschaft gefragt. Dabei darf es nicht um strenge Bestrafungen und lückenlose Überwachung junger Menschen gehen, sondern diese sollten darin unterstützt werden, eine starke und eigenständige Persönlichkeit zu entwickeln. Mit einem gefestigten, selbstbewussten Charakter sind Jugendliche eher in der Lage, sich mit Problemen sinnvoll auseinanderzusetzen, die Gefahren von übermäßigem Alkoholkonsum selbstständig zu erkennen und einen verantwortungsvollen Umgang mit Alkohol zu erlernen.

2008/3 Die Globalisierung schreitet immer weiter fort. Welche Chancen sind damit verbunden? Welche Gefahren könnten auftreten?

Mustergliederung

A. Mit dem Begriff „Globalisierung“ verbinden viele Menschen ganz unterschiedliche Vorstellungen, die von Zustimmung über Ablehnung bis hin zu Angst und Unsicherheit reichen. Die Befürworter der Globalisierung berufen sich auf die mit ihr verbundenen Chancen, Kritiker dagegen betonen Gefahren und Risiken.

B. Welche Chancen liegen in der Globalisierung und welche Gefahren können entstehen?

1 Chancen der Globalisierung

1.1 Schnelle Entwicklung fortschrittlicher Technologien in allen Bereichen
1.2 Chance besonders für die junge Generation, ihre Bildung durch Auslandserfahrungen zu bereichern und davon in Schule und Beruf zu profitieren
1.3 Weltweite Vernetzung fördert den Kulturaustausch: Menschen können voneinander lernen
1.4 Verbreitung von Demokratie und Menschenrechten
1.5 Freier Welthandel als Chance für Entwicklungsländer, aus eigener Kraft wirtschaftlich stark zu werden
1.6 Anstieg des weltweiten Wirtschaftswachstums und allgemeinen Wohlstandes durch Ausdehnung des Welthandels

2 Gefahren der Globalisierung

2.1 Anstieg der Arbeitslosigkeit durch Verlagerung der Industrie von Deutschland weg ins Ausland
2.2 Gefahr der Verdrängung von Kulturen durch Ausbreitung der westlichen Zivilisation
2.3 Erhöhtes Risiko internationaler Konflikte durch Zusammenprall unterschiedlicher Kulturen mit gegensätzlichen Weltanschauungen
2.4 Wirtschaft steht zu sehr im Vordergrund, sodass Umweltschutz, Menschenrechte und Demokratie zukünftig weiter auf der Strecke bleiben werden
2.5 Entwicklungsländer als Verlierer der Globalisierung, weil sie im internationalen Wettbewerb nicht mithalten können
2.6 Anstieg von weltweiter Armut und Vergrößerung des Unterschiedes zwischen Arm und Reich

C. Globalisierung ist kein Ereignis, dem die Menschheit ausgeliefert ist. Sie ist von Menschen gemacht und gesteuert. Aus diesem Grund kommt es darauf an, was wir aus den Chancen der Globalisierung machen und wie wir ihren Gefahren am wirkungsvollsten begegnen.

2008/4 In einigen Bundesländern ist das Fach „Soziales Engagement" fester Bestandteil des Stundenplans. Sollte ein solches Fach auch an Schulen in Bayern eingeführt werden?

Mustergliederung

A. Soziales Engagement bedeutet, sich mit seinem Handeln dafür einzusetzen, dass ein respektvolles Zusammenleben in unserer Gesellschaft möglich wird. Es umfasst sowohl das soziale Verhalten in alltäglichen Situationen als auch den aktiven Einsatz für gesellschaftliche Belange.

B. Wäre es sinnvoll, ein Unterrichtsfach „soziales Engagement" an Schulen in Bayern einzuführen?

1 Argumente für die Einführung eines Faches „Soziales Engagement"

1.1 Vermittlung sozialen Verhaltens durch die Schule notwendig, wenn Elternhaus diese erzieherische Funktion nicht übernimmt
1.2 Unsicherheiten von Jugendlichen im sozialen Verhalten können beseitigt werden
1.3 Schüler erkennen die Notwendigkeit sozialen Engagements
1.4 Schüler lernen verschiedene Möglichkeiten kennen, sich sozial zu engagieren

2 Argumente gegen die Einführung eines Faches „Soziales Engagement"

2.1 Vorbildfunktion der Lehrer nicht immer gegeben
2.2 Schüler bringen unterschiedliche Kompetenzen und Voraussetzungen in Bezug auf soziales Engagement mit
2.3 Wer soll über die Inhalte des Faches entscheiden?
2.4 Theoretisches Erlernen im Unterricht garantiert kein Gelingen bei der praktischen Umsetzung, besonders außerhalb der Schule

C. „Soziales Engagement" kann nicht im Rahmen eines vorgegebenen, speziellen Unterrichtsfaches erlernt werden. Vielmehr sollte die Bedeutung von Tugenden wie Hilfsbereitschaft und Einsatz für andere allgemein im Unterricht und im Zusammenleben in der Schule herausgestellt werden.

Musteraufsatz

A. Den Begriff „sozial" definiert der Duden als „die Gesellschaft, die Gemeinschaft betreffend, gesellschaftlich; gemeinnützig, wohltätig". Zu „Engagement" findet sich die Erklärung „persönlicher Einsatz". Soziales Engagement bedeutet also, sich dafür einzusetzen, dass ein respektvolles Zusammenleben in unserer Gesellschaft möglich wird. Das betrifft nicht nur den aktiven Einsatz für gesellschaftliche Probleme. Soziales Engagement fängt bereits in alltäglichen Situationen an, in denen es auf ein angemessenes soziales Verhalten ankommt.
Seit Kurzem wird von Eltern und Lehrern, aber auch in den Medien eine Diskussion darüber geführt, ob die Einführung eines speziellen Unterrichtsfaches zum Erlernen sozialen Engagements beitragen kann.

B. In einigen Bundesländern ist das Fach „Soziales Engagement" bereits fester Bestandteil des Lehrplans. Ob die Einführung eines speziellen Unterrichtsfaches beim Erlernen von sozialem Verhalten hilfreich oder sogar notwendig ist und daher auch in Bayern gelehrt werden sollte, kann kontrovers diskutiert werden.

1 Zunächst sollen die Aspekte angeführt werden, die für eine Einführung des Unterrichtsfaches „Soziales Engagement“ sprechen.

1.1 Schreckensmeldungen aus den Nachrichten und verschiedene Studien machen deutlich, dass nicht in jedem Elternhaus soziale Kompetenzen vermittelt werden. Nicht allen Kindern wird die Bedeutung von Tugenden wie Rücksichtnahme oder Hilfsbereitschaft bewusst gemacht, bevor sie in die Schule kommen. Immer häufiger fehlt ihnen schon die Fähigkeit zu „einfachen“ sozialen Handlungen im Alltag, wie z. B. einem älteren Herrn in der U-Bahn den eigenen Platz anzubieten. Solche Verhaltensweisen in alltäglichen Situationen bilden die Grundlage für das soziale Engagement in einer Gesellschaft. Durch die Einführung eines Faches „Soziales Engagement“ könnte gewährleistet werden, dass alle Kinder eine solche Erziehung genießen. Die allgemeine Schulpflicht würde verhindern, dass Kinder, die zu Hause kein angemessenes soziales Verhalten vermittelt bekommen, ganz ohne Orientierung in diesem Bereich aufwachsen.

1.2 Gerade jungen Menschen fällt es zudem oft schwer, zu entscheiden, welches Verhalten in welchen Situationen „angemessen“ ist und wie sie auch in ihrem Alltag sozialen Einsatz zeigen können. Dementsprechend verschieden verhalten sich die Kinder dann auch in Situationen, bei denen soziales Handeln gefragt ist. In einem speziellen Unterrichtsfach könnten grundlegende Verhaltensregeln und -möglichkeiten geklärt werden, mit dem Ziel, Unsicherheiten im Verhalten von Kindern und Jugendlichen diesbezüglich zu verringern. Eine von Beginn der Schulzeit an im Stundenplan fest verankerte Unterrichtsstunde könnte den Schülern von Anfang an beibringen, wie sie sich in die Gesellschaft einbringen können.

1.3 Mit einem solchen Unterrichtsfach wird den Schülern außerdem die Möglichkeit eingeräumt, in der Schule über Konflikte oder Unsicherheiten im sozialen Verhalten in bestimmten Situationen zu sprechen, sodass sie über ihr eigenes Auftreten in verstärktem Maße nachdenken würden. Ein Erfahrungsaustausch untereinander, wenn möglich noch mit einem kompetenten Fach- und Vertrauenslehrer, könnte bewirken, dass die Notwendigkeit sozialen Engagements anerkannt wird. Gerade im Rahmen eines Klassenverbandes kann, z. B. mithilfe von Rollenspielen, besonders gut aufgezeigt werden, dass gesellschaftliches Zusammenleben auf die soziale Beteiligung jedes Einzelnen angewiesen ist.

1.4 Mithilfe eines Unterrichtsfaches „Soziales Engagement“ könnten die Schüler aber auch über die Vielzahl an Möglichkeiten informiert werden, wie sie sich über alltägliche Situationen hinaus aktiv für gesellschaftliche Probleme einsetzen können. Es könnten verschiedene Projekte und Organisationen vorgestellt werden – von der Freiwilligen Feuerwehr über die Mithilfe im Altersheim bis hin zu Umwelt- und Menschenrechtsvereinen. Durch ein eigenes Unterrichtsfach bestünde die Gelegenheit, diese unterschiedlichen Möglichkeiten sozialen Engagements genau zu betrachten und ihre Vor- und Nachteile gemeinsam zu diskutieren. Dadurch könnte die Bereitschaft Jugendlicher, sich in einem dieser Bereiche zu engagieren gesteigert werden.

2 Jedoch ist der Nutzen eines solchen Unterrichtsfaches fraglich, wenn man nachfolgende Aspekte betrachtet.

2.1 Der Erfolg des Faches „Soziales Engagement“ hängt in entscheidendem Maße davon ab, ob es von den Schülern ernst genommen wird oder nicht. Eng damit verbunden ist auch die Person des Lehrers. Was ist, wenn der Lehrer seiner Vorbildrolle selbst nicht gerecht wird? Wenn er sich selbst nicht sozial verhält und aktiv engagiert, dann wird er das auch nicht von seinen Schülern verlangen können. Die Lehrer müssten folglich speziell für das neue Unterrichtsfach ausgebildet werden, was mit einem zusätzlichen Zeit- und Geldaufwand verbunden ist und trotzdem noch keine Garantie dafür gibt, dass der Lehrer seine Vorbildrolle erfüllt.

2.2 Besonders schwierig gestaltet sich auch der Aspekt, dass Schüler ganz unterschiedliche Voraussetzungen und Kenntnisse aus dem Elternhaus mitbringen. Wenn Kinder auf der einen Seite bereits wissen, wo im Alltag ihre Mithilfe gefragt ist, oder sich bereits in Vereinen, Jugendgruppen o. Ä. engagieren, dann werden sie dieses Fach nur als Verlängerung des Schultages sehen oder sich an dessen Stelle eine Unterrichtsstunde wünschen, in der sie z. B. Unterrichtsstoff wiederholen können oder Zeit für das Üben von Vokabeln erhalten. Auf der anderen Seite kann auch die Schule Versäumnisse des Elternhauses nicht vollständig ausgleichen, und der Erfolg eines solchen Faches bei Schülern, die wenig soziale Kompetenz mitbringen, wäre fraglich.

2.3 Des Weiteren stellen die Unterrichtsinhalte ein Problem dar. Wer entscheidet darüber, welche Bereiche sozialen Engagements vermittelt werden und welche nicht? Soziales Engagement hat viele verschiedene Gesichter, und das Verständnis von angemessenem sozialen Verhalten ist von Kultur zu Kultur unterschiedlich und wandelt sich im Laufe der Zeit. Es ist schwer vorstellbar, dass die Unterrichtsinhalte, die bis zum jetzigen Zeitpunkt noch gar nicht vorliegen, auf diese Umstände stets aktuell reagieren könnten und der Vielfalt und Bandbreite an Möglichkeiten sozialen Engagements gerecht werden würden.

2.4 Anzuzweifeln ist zuletzt vor allem die theoretische Wissensvermittlung während einer Unterrichtsstunde. Sicherlich kann man Hilfsbereitschaft und aktiven Einsatz für andere anhand von Texten oder Fallbeispielen „erlernen“, aber was nützt eine Eins im Test oder als mündliche Mitarbeitsnote, wenn das theoretisch erworbene Wissen im praktischen Leben nicht angewendet wird. Besteht nicht die Gefahr, dass Kinder im Unterricht die Bereitschaft zu sozialem Handeln nur aufweisen, weil sie es müssen, nicht weil sie es wollen? Der Erwerb sozialer Kompetenzen ist auch eine Frage der inneren Einstellung, nicht nur des Wissens. Theoretisches Erlernen von sozialem Engagement im Unterricht garantiert kein Gelingen bei der praktischen Umsetzung, besonders außerhalb der Schule.

C. Nach der Gegenüberstellung verschiedener Argumente, die für oder gegen die Einführung eines Unterrichtsfaches zum Erlernen sozialen Engagements sprechen, bin ich zu der Überzeugung gelangt, dass die Nachteile überwiegen. Meiner Meinung nach können weder Tugenden wie Hilfsbereitschaft und Rücksichtnahme noch die Bereitschaft zu aktivem Engagement im Rahmen eines vorgegebenen, speziellen Unterrichtsfaches erlernt werden. Beides setzt auch ein inneres Bedürfnis voraus und kann nicht nur auf dem Weg des Wissens erworben werden. Vielmehr sollte die Bedeutsamkeit sozialen Engagements allgemein im Unterricht und im Zusammenleben in der Schule herausgestellt werden. Darüber hinaus gäbe es sicher noch weitere Maßnahmen, wie z. B. pädagogische Freizeitangebote, bei denen Kinder und Jugendliche spielerisch lernen, sich sozial zu verhalten. Hier können sie verschiedene Möglichkeiten des persönlichen Einsatzes direkt „vor Ort“ kennenlernen, statt sie nur theoretisch im Unterricht zu besprechen. Aus diesem Grund stehe ich einer Einführung des Faches „Soziales Engagement“ in Bayern skeptisch gegenüber.

**2008/5 Viele Erwachsene sehen die intensive Beschäftigung Jugendlicher mit elektronischen Medien sehr kritisch.
Zeigen Sie auf, welche Gefahren von elektronischen Medien ausgehen können.
Wie können Schule und Familie junge Menschen auf den Umgang mit elektronischen Medien vorbereiten?**

Mustergliederung

A. Viele Eltern stehen dem Umgang ihrer Kinder mit elektronischen Medien, vor allem mit dem Computer, kritisch gegenüber. Sie sehen besonders die Gefahren, denen junge Menschen dabei ausgesetzt sind.

B. Worin bestehen diese Gefahren und welche Möglichkeiten haben Schule und Familie, junge Menschen auf den Umgang mit elektronischen Medien vorzubereiten?

1 Gefahren elektronischer Medien

1.1 Gesundheitliche Schäden durch langes Sitzen vor dem PC oder Fernseher
1.2 Unterdrückung des natürlichen Bewegungsdranges
1.3 Gefahr von Missbrauch durch Datenklau
1.4 Unkontrollierbarer Zugriff von Kindern und Jugendlichen auf nur für Erwachsene bestimmte Inhalte
1.5 Nachlassendes Interesse am Schul- und Berufsleben
1.6 Rückzug in eine irreale Welt
1.7 Rückgang sozialer Kontakte
1.8 Suchtgefahr

2 Möglichkeiten der Vorbereitung von jungen Menschen auf den Umgang mit elektronischen Medien

2.1 In der Familie
2.1.1 Eltern müssen sich selbst mit den elektronischen Medien auskennen und sich ausreichend darüber informieren
2.1.2 Frühzeitige Aufklärung der Kinder über Gefahren elektronischer Medien
2.1.3 Regelmäßige Freizeitaktivitäten innerhalb der Familie, die den Jugendlichen eine Alternative zu Computer und Fernseher aufzeigen
2.1.4 Gemeinsame Nutzung elektronischer Medien durch Eltern und ihre Kinder für sinnvolle Zwecke wie Informationssuche oder Lernprogramme
2.1.5 Positive Vorbildfunktion der Eltern, die ihr Leben nicht nach dem Fernsehprogramm oder dem Computer ausrichten
2.2 In der Schule
2.2.1 Schulische Aufklärung über die Gefahren elektronischer Medien
2.2.2 Nutzung des Computers in der Schule zum Lernen und zur Recherche
2.2.3 Vermehrtes Angebot von Kursen zum Umgang mit modernen Medien
2.2.4 Verstärktes Angebot von außerschulischen Aktivitäten als Alternative

C. Die Beschäftigung mit Fernseher, Handy oder Computer birgt nicht nur Gefahren für junge Menschen, sondern auch große Vorzüge. Eine umfassende Aufklärung Jugendlicher über die Gefahren und Möglichkeiten elektronischer Medien durch Schule und Elternhaus ist zum Erlernen eines verantwortungsvollen Umgangs mit ihnen dringend notwendig. Daneben ist auch ein ausreichendes Angebot von alternativen Beschäftigungsmöglichkeiten für Jugendliche sinnvoll.

Lesen Sie den Text „Spritsparen statt Biosprit“ genau durch und bearbeiten Sie dann die folgenden Aufgaben.

1 Verfassen Sie eine Überblicksinformation.

2 Geben Sie den Inhalt des Textes in gestraffter Form wieder.

3 Erläutern Sie die Aussage: „Mehr Effizienz, das ist der Königsweg, um den Klimawandel in Grenzen zu halten und die Abhängigkeit vom Erdöl abzubauen.“ (Z. 26/27)

4 Würden Sie angesichts der im Text dargestellten Probleme auf ein eigenes Auto verzichten?

Spritsparen statt Biosprit
Aus Pflanzen gewonnener Kraftstoff kann nur einen kleinen Teil des Mineralöls ersetzen

Der brasilianische Präsident reist durch Europa und lockt mit dem Stoff, über den sein Land in Hülle und Fülle verfügt: Ethanol aus den Zuckerrohr-Plantagen. Für die alte Welt ist das ein attraktives Angebot. Erdöl wird zwangsläufig teurer, und seine Verbrennung in Automotoren heizt das Klima auf. Um Mineralöl durch eigene Biokraftstoffe ersetzen zu können, bräuchten die Europäer schon die Fläche Asiens, ganz abgesehen davon, dass das Ackerland auch noch Lebensmittel hervorbringen soll.

Mobilität lässt sich auf unterschiedliche Weise herstellen, die Grundnahrungsmittel der Menschheit sind dagegen an den Boden gebunden. Diesen Boden verlieren sie aber zunehmend, um energieliefernden Pflanzen Platz zu machen. Eine OECD-Studie, die am Dienstag in Paris vorgestellt wurde, warnt vor den gravierenden Folgen dieser Verschiebung: Lebensmittel für die Bevölkerung verteuern sich ebenso wie Futtermittel für die Nutztiere. Die „Tortilla-Krise“, die der steigende Mais-Preis in Mexiko auslöste, war nur der Anfang. Vor allem in Südamerika und Südostasien verdrängt die Plantagenwirtschaft Primärwälder[1] und andere Ökosysteme, in denen viel Kohlendioxid gebunden ist.

„Bio“, das Zauberwort, verliert im Zusammenhang mit den gegenwärtigen, aus Pflanzen gewonnenen Kraftstoffen stark an Zauberkraft. Der Ersatz von Mineralöl durch Ethanol, Biodiesel und das Öl der Feldfrüchte wäre in großem Maßstab verantwortungslos. Schon der hohe Energie- und Düngemitteleinsatz, den der Anbau dieser Pflanzen mit sich bringt, beeinflusst die Klimabilanz negativ. Biosprit kann einen kleinen Teil des Mineralöls ersetzen, mehr nicht, wenn negative Effekte auf die Umwelt vermieden werden sollen.

Auch ökonomisch geht die Rechnung nicht auf, schon gar nicht, wenn der Biokraftstoff mit direkten Subventionen, mit Steuervorteilen und Quotenregelungen unterstützt wird. Auch in Deutschland muss man fragen, welchen Sinn es hat, wenn dem Benzin und Diesel ein paar Prozent Biosprit beigemischt werden müssen, obwohl die Technik Autos mit dem halben Verbrauch ermöglicht. Mehr Effizienz, das ist der Königsweg, um den Klimawandel in Grenzen zu halten und die Abhängigkeit vom Erdöl abzubauen. Und eine Verkehrs- und Siedlungsstruktur, die manche Autofahrt gar nicht erst erfordert.

Es gibt derzeit kostengünstigere und klimawirksamere Methoden, die Biomasse zu nutzen. Landwirtschaftliche Reststoffe, organischer Müll, Abbruch- und Schwachholz können als Brennstoff für kleine Kraftwerke dienen, die Strom und Wärme erzeugen. Mit Biosprit aus aller Welt wäre die Abhängigkeit vom Öl zwar geringer. Der Preis ist dann aber für die Lebensmittel zu entrichten, und den höchsten Preis zahlen die, welche jetzt schon zu wenig zum Leben haben.

1 Primärwald = Wald, der ohne menschliche Beeinflussung entstanden ist

(Wolfgang Roth in der SÜDDEUTSCHEN ZEITUNG vom 12. September 2007)

Musterlösung

1 **Überblicksinformation**

In seinem Artikel „Spritsparen statt Biosprit" aus der Süddeutschen Zeitung vom 12. September 2007 setzt sich Wolfgang Roth kritisch mit der Nutzung von Biosprit auseinander. Er zeigt die negativen Konsequenzen auf, die der Ersatz von Mineralöl durch Biosprit zur Folge haben würde, und weist schließlich auf alternative Methoden der Klimaentlastung hin.

2 **Gestraffte Inhaltswiedergabe**

Wolfgang Roth geht zu Beginn seines Textes kurz darauf ein, was die Attraktivität von Biosprit ausmacht, und beschreibt anschließend eine Verwendung in großem Maßstab als verantwortungslos. Obwohl Erdöl immer teurer werde und darüber hinaus dem Klima schade, sei ein Ersatz von Mineralöl durch Biosprit angesichts der negativen Folgen nicht sinnvoll. Da der Anbau der für den Biosprit notwendigen Pflanzen sehr viel Fläche erfordere, werde nicht nur zwangsläufig das Ackerland für den Anbau von Lebensmitteln stark zurückgedrängt, sondern auch Wälder und andere wichtige Ökosysteme. Dies schade zum einen massiv der Umwelt und bringe zum anderen laut einer OECD-Studie die Verteuerung der Lebensmittel für die Bevölkerung mit sich. Schon der hohe Einsatz von Energie- und Düngemitteln beim Anbau der energieliefernden Pflanzen ergebe, so Roth, eine negative Bilanz für das Klima. Auch, wenn die Abhängigkeit vom Erdöl mit der Verwendung von Biosprit reduziert werden könnte, so müsste der ärmere Teil der Bevölkerung dafür einen hohen Preis bezahlen. Nach Roth gibt es gegenwärtig alternative Methoden, das Klima zu entlasten, die wirksamer und kostengünstiger seien, wie etwa die Verwertung von Reststoffen. Am wichtigsten sei es angesichts des Klimawandels jedoch, auf die Effizienz von diesbezüglichen Maßnahmen zu achten.

3 **Texterläuterung**

„Mehr Effizienz, das ist der Königsweg, um den Klimawandel in Grenzen zu halten und die Abhängigkeit vom Erdöl abzubauen." (Z. 26/27)

Mit dem Begriff „Effizienz" bezeichnet man das Verhältnis vom Nutzen zum Aufwand. Wenn der eingesetzte Aufwand den Nutzen einer Maßnahme übersteigt, so ist diese nicht als effizient und damit nicht als wirtschaftlich anzusehen. Genau das ist laut Roth bei einem Ersatz von Mineralöl durch Biosprit der Fall. Die Bilanz fällt negativ aus, weil das gewünschte Ergebnis den hohen Einsatz für den Biosprit und seine negativen Folgen nicht aufwiegen kann.

Eine Reduzierung des Klimawandels und der Abhängigkeit vom Erdöl kann also nach Wolfgang Roth nur dann sinnvoll erreicht werden, wenn das Kosten-Nutzen-Verhältnis der entsprechenden Maßnahmen beachtet wird. Der Nutzen für das Klima muss die Kosten rechtfertigen können. Als Königsweg bezeichnet Roth diese Herangehensweise, weil es sich zwar um eine einfache, aber sehr wirksame Art der Problemlösung handelt.

4 Weiterführende Erörterung

Würden Sie angesichts der im Text dargestellten Probleme auf ein eigenes Auto verzichten?

„Mobilität lässt sich auf unterschiedliche Weise herstellen“ (Z. 7), schreibt Wolfgang Roth in seinem Artikel und weist so darauf hin, dass wir bei der Fortbewegung nicht zwangsläufig auf ein Auto angewiesen sind.

Durch die **Nutzung öffentlicher Verkehrsmittel** wie Bus und Bahn oder den **Einsatz des Fahrrads** ist es möglich, die alltäglichen Wege auch ohne eigenes Kraftfahrzeug zurückzulegen. Der Verzicht auf ein Auto kann mit Sicherheit zum Schutz des Klimas beitragen, vor allem, wenn sich einige Menschen diesem vorbildlichen Handeln anschließen würden. Doch auch bei dieser Maßnahme muss der Betroffene nach der **Effizienz**, also nach dem Verhältnis der ihm entstehenden Kosten und dem Nutzen für die Umwelt, fragen. Die Beantwortung dieser Frage hängt stark von der persönlichen Lebenssituation des Einzelnen ab.

Als Einwohner einer größeren Stadt mit den Möglichkeiten des öffentlichen Nahverkehrs und der guten Erreichbarkeit von Geschäften und Ämtern ist der Verzicht auf ein Auto nicht so problematisch wie für den Bewohner einer ländlichen Region mit weniger gut ausgebauter Infrastruktur. In der Großstadt kann es sogar eine Erleichterung darstellen, nicht Besitzer eines Autos zu sein, wenn man an die oft schlechte Parkplatzsituation und die vollen Straßen denkt. Doch **auf dem Land**, wo der eigene Wohnort von Arbeitsplatz, Geschäften und öffentlichen Einrichtungen meist weiter entfernt ist und nur schlechte Verkehrsanbindungen existieren, **ist ein eigenes Fahrzeug unverzichtbar**. Viele Pendler, die ihren Arbeitsplatz mit öffentlichen Verkehrsmitteln nicht erreichen und wegen Familie oder Freunden nicht umziehen möchten, sind ebenfalls auf ein Auto angewiesen.

Für eine **Familie mit Kindern** wird der Verzicht auf ein Auto unabhängig vom Wohnort zum Problem. Wie soll man die vielen Einkäufe transportieren, wie kommen die Kinder zur Schule oder zum Kindergarten und welche Möglichkeiten für größere Unternehmungen mit der Familie bleiben ohne eigenes Fahrzeug noch übrig?

An diesen Fragen zeigt sich bereits, wie sehr uns ein Auto das Leben erleichtert und wie viel **persönliche Freiheit** wir dadurch gewinnen. Die heutige Selbstverständlichkeit eines eigenen Pkw darf nicht den Blick dafür verstellen, wie abhängig wir letztlich von der dadurch gewährten **Mobilität** sind. Der Verzicht auf ein Auto bedeutet, ein Stück weit auf seine Freiheit und Unabhängigkeit zu verzichten. Ohne eigenes Transportmittel ist man gezwungen, sich nach dem Fahrplan der öffentlichen Verkehrsmittel zu richten. Wenn diese nicht rund um die Uhr fahren, hat man zum Beispiel bei abendlichen Unternehmungen oder am Wochenende ein Problem. Auch spontane Vorhaben werden schwierig. Möchte man einen Ort erreichen, der mit den öffentlichen Verkehrsmitteln nicht erreicht werden kann, ist man auf die Hilfe von anderen angewiesen. Ebenfalls beim Transport größerer Dinge, etwa nach einem Einkauf, ist man von der Mithilfe durch Freunde oder Verwandte, die mobil sind, abhängig. Sich bei den genannten Beispielen jedes Mal ein Taxi zu bestellen, können sich viele sicher nicht leisten.

Ich würde auf ein eigenes Auto nicht verzichten wollen, weil die aufgezählten Nachteile in meinen Augen den dadurch erzielten Nutzen für die Umwelt überwiegen. Zum Schutz des Klimas kann man auch dann sehr viel beitragen, wenn man nicht bereit ist, für die Umwelt auf das eigene Fahrzeug zu verzichten. Viel wichtiger ist meiner Meinung nach, **sich allgemein klimabewusst zu verhalten** und die eigenen Handlungen daraufhin zu prüfen. So sollte man beispielsweise beim Autokauf nicht den sportlichen Aspekt in den Vordergrund stellen, sondern gezielt auf einen **niedrigen Verbrauch** achten. Es ist auch nicht nötig, jede kleine Strecke mit dem Auto zurückzulegen, sondern man kann alternativ zu Fuß gehen, mit dem Fahrrad fahren oder öffentliche Verkehrsmittel nutzen. Autofahren sollte angesichts der Probleme des Klimawandels und der Abhängigkeit vom Erdöl nicht mehr als bloßes Hobby oder Vergnügen betrieben werden. Was nützt ein großer Geländewagen mit hohem Verbrauch, wenn er nur in der Stadt gefahren wird? Ein Auto sollte **Nutzfahrzeug und nicht Statussymbol** sein. Auch im Haushalt gibt es viele Möglichkeiten, Energie zu sparen und so zum Klimaschutz beizutragen, wie etwa durch die **Verwendung von Energiesparlampen** und den **Verzicht auf höhere Raumtemperatur** im Winter. Beim Einkaufen kann man bevorzugt Produkte auswählen, die in der Region hergestellt wurden, da diese nicht auf langem Weg transportiert werden mussten. Es gibt also sehr viele Möglichkeiten, sich im Alltag klimabewusst zu verhalten. Durch solche kleinen Dinge kann jeder Einzelne viel für den Schutz des Klimas bewirken, ohne dass er dafür große Nachteile in Kauf nehmen muss. Dies ist ein effizienter Weg des Umweltschutzes, der jedem offensteht.

Abschlussprüfungsaufgaben an Wirtschaftsschulen
Deutsch – 2009: I. Erörterungsthemen

1 Internetforen sind vor allem bei Jugendlichen sehr gefragt.
Erörtern Sie die Vor- und Nachteile solcher Diskussionsplattformen.

2 An den bayerischen Schulen fand im laufenden Schuljahr ein Gesundheitstag statt.
Welche Gründe sprechen dafür, eine solche Aktion jährlich einmal zu veranstalten?
Welche Möglichkeiten gibt es, diese sinnvoll zu gestalten?

3 Es gibt immer mehr Anglizismen, also englischstämmige Wörter wie „Desktop“ und „To-do-Liste“ in der deutschen Sprache.
Welche Vor- und Nachteile bringt diese Entwicklung mit sich?

4 Die Forderung nach Ganztagsschulen ist derzeit sehr aktuell.
Erörtern Sie die Vor- und Nachteile des schulischen Ganztagsbetriebs.

5 Klimaschutz ist notwendig.
Welche Maßnahmen kann jeder Einzelne in diesem Zusammenhang ergreifen?
Welche positiven und negativen Folgen ergeben sich daraus für den Einzelnen?

Musterlösungen

2009/1 Internetforen sind vor allem bei Jugendlichen sehr gefragt. Erörtern Sie die Vor- und Nachteile solcher Diskussionsplattformen.

Mustergliederung

A. Internet- oder Diskussionsforen sind virtuelle Räume im Internet, in denen sich Menschen zu allen möglichen Themen austauschen und ihre Meinung einbringen können.

B. Welche Vor- und Nachteile bringt die Aktivität in Internetforen mit sich?

1 Vorteile

1.1 Einüben von Diskussionsstrategien
1.2 Einbringen der eigenen Meinung in die gesellschaftliche und politische Diskussion
1.3 Schnelle Hilfe bei jeder Art von Fragen und Problemen
1.4 Unkomplizierter Informations-, Erfahrungs- und Meinungsaustausch

2 Nachteile

2.1 Begünstigung eines unpassenden Umgangstons durch die Anonymität der Forenbenutzer
2.2 Missbrauch der Foren für verschleierte Werbezwecke oder politische Propaganda
2.3 Rückgriff auf Internetforen anstelle von eigener Recherchearbeit
2.4 Verbreitung von Halbwahrheiten und falschen Informationen

C. Nutzt man Internetforen mit einem kritischen und wachen Blick, sind sie eine hervorragende Möglichkeit, um sich auf schnellem Weg zu informieren und hilfreiche Ratschläge einzuholen.

Musteraufsatz

A. Internetforen bzw. Diskussionsforen sind virtuelle Räume im Internet, in denen Menschen zu allen möglichen Themen ihre Meinungen und Erfahrungen mit anderen Benutzern austauschen können. Besonders Jugendliche sind auf solchen Plattformen aktiv, diskutieren miteinander und nutzen die Foren sehr häufig, um an Informationen für die Schule oder ihr Privatleben zu gelangen.

B. Die Nutzung von Internetforen bringt eine Reihe von Vorteilen mit sich, die ihre Beliebtheit vor allem bei jungen Menschen erklären. Demgegenüber gibt es allerdings auch Nachteile dieser virtuellen Diskussionsräume, denen man sich als aktiver User bewusst sein sollte.

1 Den Vorteilen von Internetforen sollen im Folgenden mögliche Nachteile gegenübergestellt werden, um zu einem abschließenden Fazit zu gelangen.

1.1 In Internetforen geht es neben dem Austausch von Informationen und Ratschlägen auch um die Diskussion von verschiedenen Themen und Sachfragen, mit denen sich die betreffende Plattform beschäftigt. Das können politische, gesellschaftliche, kulturelle Fragen sein, aber auch ganz spezielle Themen wie die Diskussion um einen Popstar oder um eine Fernsehsendung. Hier treffen oftmals Menschen zusammen, die völlig unterschiedliche Sichtweisen vertreten und diese in den Foren öffentlich darlegen. Dabei versuchen sie natürlich, die Forennutzer von ihrer Meinung zu überzeugen und stichhaltige Argumente vorzulegen. Da sich viele User in diesen virtuellen Räumen tummeln und sich aufmerksam an Diskussionen beteiligen, ist es gar nicht so einfach, seine Überzeugung wasserdicht vorzubringen. Immer wieder wird es Teilnehmer geben, die doch einen Einwand finden und das Gesagte entkräften können. Wenn man sich aktiv an Forendiskussionen beteiligt, indem man Beiträge liest, selbst verfasst und die Rückmeldung der Leser wahrnimmt, kann man viel über die richtigen Diskussionsstrategien lernen. Man übt das Argumentieren und die schriftliche Erörterung. Vor allem für Jugendlich kann das in der Schule sehr hilfreich sein.

1.2 Öffentliche Foren bieten die Möglichkeit, sich in politische und gesellschaftliche Fragen einzubringen und sich für Themen einzusetzen, die einem besonders am Herzen liegen. Mithilfe der Diskussionsplattformen kann der Benutzer seine Ansichten und Forderungen einer breiten Öffentlichkeit zugänglich machen und auch andere motivieren, sich für seine Ziele zu engagieren. Teilweise kann man über Foren sogar mit Politikern in Kontakt treten und auf diese Weise für bestimmte Interessen eintreten.

1.3 Internetforen werden vor allem dann genutzt, wenn man schnell Hilfe bei der Lösung eines Problems braucht oder auf spezielle Fragen Antworten sucht, die man selbst nicht ohne Weiteres finden kann. In Foren trifft man auf eine Vielzahl von Benutzern, die Experten für das Gebiet sind, mit dem sich die betreffende Plattform beschäftigt, und ihr Wissen gern mit anderen teilen. Bei Anfragen können sie mit ihrem Fachwissen in der Regel rasch weiterhelfen. Auch trifft man meist auf Benutzer, die das Problem, vor dem man gerade steht, selber schon einmal hatten. Diese können mit ihrer Erfahrung natürlich gute Ratschläge geben. So gibt es zum Beispiel eine große Zahl an Foren, in denen sich Schüler bei Hausaufgaben, Referaten oder Klausuren gegenseitig weiterhelfen. Da die verschiedenen Beiträge der Benutzer nicht gelöscht, sondern gespeichert werden, hat man mit den Foren ein umfangreiches virtuelles Archiv vor sich, das man bei Fragen und Problemen aller Art nutzen und dabei meist auch eine Antwort finden kann. Hinzu kommt, dass den Forenbesuchern durch die Anonymität der Diskussionsplattformen die Angst genommen wird, Fragen zu stellen oder Probleme zu schildern, die ihnen eigentlich unangenehm und peinlich sind.

1.4 Der größte Vorteil, den Internetforen bieten, ist der unkomplizierte Austausch von Informationen, Erfahrungen und Meinungen. Vom eigenen Schreibtisch aus kann man bequem das Wissen von Fachleuten abrufen, ihnen in kürzester Zeit über Forenbeiträge Fragen stellen und auch seine eigenen Erfahrungen kundtun, die wiederum anderen weiterhelfen können. Ohne solche Plattformen wäre das nur mit großem Aufwand möglich. Auch kommen über die Internetforen Menschen zusammen, die im „wahren Leben" nie in Kontakt miteinander treten würden, weil sie zum Beispiel in ganz verschiedenen Berufsfeldern arbeiten oder sich vom Alter her zu sehr unterscheiden. Durch die Anonymität der Foren werden solche Grenzen jedoch aufgehoben. Man kann sich mit den unterschiedlichsten Menschen austauschen und auf diese Weise Erkenntnisse sammeln, zu denen man außerhalb des virtuellen Raumes nur schwer gelangt wäre.

2 Die Nachteile von Internetforen liegen vor allem in der Anonymität des Internets und der Unkenntnis seiner Benutzer begründet.

2.1 In den Diskussionsforen treten die Benutzer nicht als Personen aus Fleisch und Blut auf, die von den Mitmenschen wiedererkannt werden können, sondern sie legen sich eine virtuelle Identität zu, die in der Regel mit dem Menschen außerhalb des Internets nicht in Verbindung gebracht werden kann. Diese Anonymität hat zwar wie gezeigt viele Vorteile, bringt jedoch auch einige Nachteile mit sich. Denn sie begünstigt häufig einen Umgangston der Forenteilnehmer untereinander, der unangebracht, unsachlich oder sogar beleidigend werden kann. Wer keine Konsequenzen zu fürchten hat, der achtet häufig nicht auf seine Worte anderen gegenüber und wird rücksichtslos. Besonders Jugendliche leben hier Aggressionen aus, die sie so ungestraft im wahren Leben nicht zeigen können. Eine sachliche, angemessene Diskussion in den Foren wird somit durch die Anonymität des Internets oftmals behindert.

2.2 Die Anonymität in Internetforen wird von vielen Unternehmen für Werbezwecke ausgenutzt, ohne dass die User die Informationen oder Ratschläge als Werbung erkennen können. Dabei geben sich die Mitarbeiter der Firmen als normale Forenbenutzer aus, die zum Beispiel auf bestimmte Produkte und Aktionen aufmerksam machen oder Links zu kommerziellen, oftmals fragwürdigen Webseiten veröffentlichen. Vor allem unkritische Internetnutzer, zu denen häufig junge Menschen zählen, können dadurch leicht manipuliert und zum Geldausgeben verführt werden. Neben verschleierter Werbung kann man in Internetforen auch auf Benutzer treffen, die versuchen, politische Propaganda zu verbreiten. So können sich zum Beispiel rechtsextreme Gruppierungen die Anonymität von Diskussionsplattformen zu Nutze machen, um gegen Minderheiten zu hetzen und mit ihren bedenklichen politischen Ansichten möglichst viele Menschen zu erreichen und zu beeinflussen. Auch hier sind es wieder Jugendliche, die als besonders gefährdet betrachtet werden müssen.

2.3 Viele Schüler versuchen, sich die Arbeit für Hausaufgaben und Referate zu erleichtern oder gleich ganz zu sparen, indem sie in den entsprechenden Hausaufgaben- bzw. Schülerforen, die in einer Vielzahl vorhanden sind, um die nötigen Informationen bitten. Sie verzichten auf die eigene Recherche- und Schreibarbeit, indem sie die Aufsätze von anderen Forenbenutzern kopieren und in der Schule als die eigenen ausgeben. Dabei gehen sie nicht nur unkritisch mit dem Material um, das ihnen die anderen User liefern, sondern sie können auf diese Weise auch nicht lernen, wie man erfolgreich auf eigene Faust im Internet oder in Bibliotheken recherchiert. Außerdem geht ihnen die Übung verloren, selbstständig Texte zu verfassen.

2.4 In Internetforen finden sich zwar viele Menschen, die über Fachwissen verfügen, aber auch sehr viele, die vom Thema eigentlich keine Ahnung haben und trotzdem fleißig Beiträge verfassen und Ratschläge erteilen. Dabei ist es oft schwierig zu unterscheiden, welcher Benutzer ein Experte ist und welcher nicht. Man kennt denjenigen ja nicht, der hinter einem Beitrag steckt. Außerdem haben die Nutzer, die eine Antwort auf ihre

Frage suchen, meist selbst nicht das Fachwissen, um eine fehlerhafte von einer richtigen Antwort zu unterscheiden, und müssen den Forenteilnehmern blind vertrauen. Viele Informationen, die auf Diskussionsplattformen verbreitet werden, sind schlicht falsch oder geben nur die halbe Wahrheit wieder. Besonders unkritische Internetnutzer halten diese Aussagen jedoch für bare Münze und überprüfen sie nicht. Bedenklich sind diese Fehlinformationen vor allem, weil sie sich über das Internet rasend schnell verbreiten können, bevor sie als falsch erkannt werden.

C. Internetforen sollten mit einem kritischen und wachen Blick genutzt werden, um den genannten Nachteilen, die sich bei ihrer Nutzung ergeben können, vorzubeugen. Ist man sich als Forennutzer der Gefahren des Internets bewusst und kann mit ihnen umgehen, so sind Diskussionsplattformen eine hervorragende Möglichkeit, sich auf schnellem Weg zu informieren und hilfreiche Ratschläge einzuholen. Besonders Jugendliche können von der Nutzung der Internetforen profitieren, indem sie sich aktiv in eine Community einbringen, wertvolle Erfahrungen austauschen und sich weiterbilden.

2009/2 An den bayerischen Schulen fand im laufenden Schuljahr ein Gesundheitstag statt. Welche Gründe sprechen dafür, eine solche Aktion jährlich einmal zu veranstalten? Welche Möglichkeiten gibt es, diese sinnvoll zu gestalten?

Mustergliederung

A. Im November 2008 wurde der erste bayerische Gesundheitstag an fast allen bayerischen Schulen durchgeführt.

B. Welche Gründe sprechen dafür, einen Gesundheitstag einmal im Jahr zu veranstalten, und welche Möglichkeiten gibt es, diese Aktion sinnvoll zu gestalten?

1 Gründe für einen jährlichen Gesundheitstag

1.1 Gesundheitserziehung ist Aufgabe der Schule, ein regelmäßiger Gesundheitstag unterstützt sie dabei
1.2 Fördert das Gemeinschaftsgefühl von Schülern und Lehrern und damit ein gutes Schulklima
1.3 Erweitert das Wissen von Schülern und Lehrern zum Thema Gesundheit
1.4 Fördert die Gesundheit von Schülern und Lehrern
1.5 Gesunde Schüler lernen besser, gesunde Lehrer lehren besser

2 Möglichkeiten der sinnvollen Gestaltung

2.1 Vorträge von Experten über gesunde Ernährung und Bewegung
2.2 Gemeinsame sportliche Aktivitäten
2.3 Gemeinsame gesunde Mahlzeiten
2.4 Aktive Miteinbeziehung der Eltern in den Gesundheitstag
2.5 Projekte zur Gestaltung eines gesunden Schulalltags an der eigenen Schule

C. Wenn ein Gesundheitstag an Schulen sinnvoll gestaltet wird, trägt die regelmäßige Durchführung einer solchen Aktion zur Bereicherung des Unterrichts bei und fördert vor allem die Gesundheit von Schülern und Lehrern gleichermaßen.

2009/3 Es gibt immer mehr Anglizismen, also englischstämmige Wörter wie „Desktop“ und „To-do-Liste“ in der deutschen Sprache. Welche Vor- und Nachteile bringt diese Entwicklung mit sich?

Mustergliederung

A. In der deutschen Sprache ist der Gebrauch von Anglizismen weit verbreitet und vor allem für junge Menschen längst ein selbstverständlicher Teil des Wortschatzes.

B. Welche Vor- und Nachteile hat die Verbreitung von englischstämmigen Wörtern im Deutschen?

1 Vorteile von Anglizismen in der deutschen Sprache

1.1 Erleichtern vor allem jungen Menschen den Zugang zur englischen Sprache
1.2 Bieten im Vergleich zu deutschen Bezeichnungen oftmals griffigere und kürzere Ausdrucksmöglichkeiten
1.3 Ersparen das Suchen passender deutscher Bezeichnungen für englische Begriffe im Bereich Computer und Internet
1.4 Bereicherung der deutschen Sprache durch neue Wörter und Redewendungen
1.5 Anpassung an die Weltsprache Englisch ist im Zeitalter der Globalisierung unabdingbare Voraussetzung

2 Nachteile von Anglizismen in der deutschen Sprache

2.1 Behindern den korrekten Erwerb der englischen Sprache
2.2 Gebrauch von Anglizismen führt schnell zu Missverständnissen
2.3 Nutzen von Anglizismen oft fragwürdig
2.4 Negativer Einfluss auf die fehlerfreie Anwendung der deutschen Sprache
2.5 Verlust von Sprachkultur

C. Mit der Verwendung von Anglizismen im Deutschen sollte sparsam umgegangen werden. Englische Begriffe sind zwar in manchen Fällen sinnvoll, doch wo deutsche Wörter den gleichen Zweck erfüllen, sollte man auf Anglizismen eher verzichten.

Musteraufsatz

A. Anglizismen sind in der deutschen Sprache weit verbreitet und vor allem junge Menschen sehen die englischstämmigen Begriffe als selbstverständlichen Teil ihres Wortschatzes. Die lässige Begrüßung „Hi", der lockere Ausdruck „cool" als Zeichen der Anerkennung oder die modische Bezeichnung „Outfit" für Kleidung haben längst Eingang in die Jugendsprache gefunden. Häufig werden diese englischen Begriffe von ihren Benutzern nicht einmal mehr als Fremdwörter wahrgenommen. Doch nicht nur in der Sprache von Jugendlichen nimmt die Verbreitung von Anglizismen immer mehr zu. Spätestens seit dem Siegeszug von Computer und Internet gehören englische Begriffe zum Sprachalltag aller Deutschen. Auch die Wirtschafts- und Werbewelt greift gern auf englische Bezeichnungen zurück. Aus diesem Grund ist die Kenntnis von Anglizismen häufig sogar zur Voraussetzung geworden, um sich in Berufs- und Lebenswelt orientieren zu können.

B. Angesichts dieser Entwicklung in der deutschen Sprache stellt sich die Frage, welche Vor- und Nachteile die Verbreitung von Anglizismen mit sich bringt.

1 Im Folgenden sollen zunächst die möglichen Vorteile von Anglizismen im Deutschen dargestellt werden.

1.1 Ein naheliegender Vorteil von Anglizismen im Deutschen ist die Erleichterung, die sich daraus für das Erlernen der englischen Sprache ergeben kann. Besonders Kinder und Jugendliche werden durch den alltäglichen Umgang mit englischen Begriffen und Wendungen schnell mit der englischen Sprache vertraut. Sie bekommen leichter einen Zugang zum Englischen und verlieren so ihre Scheu vor dem Erlernen dieser Fremdsprache. Bevor sie sich im Kindergarten oder in der Schule mit dem Englischunterricht auseinandersetzen müssen, kennen sie durch die häufige Verwendung von Anglizismen bereits viele englische Ausdrücke und haben aus diesem Grund weniger Schwierigkeiten, sich in den Unterricht einzufinden. Auch Menschen, die nie Englisch erlernt haben, können unter Umständen von Anglizismen profitieren, da sie die Bedeutung englischer Begriffe, die oft im Deutschen verwendet werden, mit der Zeit zwangsläufig erlernen.

1.2 Das Deutsche ist eine Sprache, in der man oftmals mehr Wörter braucht, um etwas Bestimmtes auszusagen, als dies in anderen Sprachen der Fall ist. Vergleicht man zum Beispiel die verschiedenen Übersetzungen von Gebrauchsanweisungen, so stellt man meist fest, dass die deutsche Version mehr Platz einnimmt. Vor allem die englische Sprache ist im Vergleich zur deutschen um einiges knapper im Ausdruck. Aus diesem Grund können Anglizismen die Möglichkeit einer griffigeren und prägnanteren Ausdrucksweise bieten, wo dies in der deutschen Sprache nicht möglich ist. Englische Begriffe wie zum Beispiel Teamwork, Brainstorming oder Mindmap sind kurz, treffend und einprägsam. Eine deutsche Umschreibung würde hier länger und umständlicher ausfallen.

1.3 Der Einfluss der englischen Sprache auf die deutsche ist besonders im Bereich von Internet und Computer sehr groß. Die USA sind schließlich Begründer des Internets und führend in der Computerindustrie. Es wundert daher nicht, dass die meisten Bezeichnungen in diesem Gebiet aus dem Englischen stammen. Begriffe wie Desktop, Software, Hardware oder Homepage sind für Computer- und Internetnutzer keine Fremdwörter, sondern gehörten zur alltäglichen Sprache. Um sich im World Wide Web zurechtfinden und mit dem eigenen Rechner umgehen zu können, ist die Kenntnis solcher Bezeichnungen sogar wichtige Voraussetzung. Wollte man für all diese englischen Begriffe passende deutsche Ausdrücke finden, wäre dies ein sehr großer Aufwand. Viele Bezeichnungen lassen sich darüber hinaus nicht in der gleichen kurzen und präzisen Art auf Deutsch ausdrücken. Die Anglizismen bieten im Bereich von Computer und Internet zudem den Vorteil, dass man sich über Sprachgrenzen hinweg verständigen kann, weil jeder über das gleiche Vokabular verfügt. Denn die englischen Bezeichnungen sind international längst zum Standard geworden.

1.4 Die beiden vorangegangenen Punkte zeigen, dass der Gebrauch von Anglizismen neue und vielfältige Ausdrucksmöglichkeiten mit sich bringt. Anglizismen bieten eine Fülle an Wörtern und Redewendungen, mit denen der deutsche Sprecher seinen Wortschatz erweitern kann. Dort, wo es im Deutschen keine vergleichbare Bezeichnung gibt oder wo treffende Beschreibungen fehlen, kann auf das englische Vokabular zurückgegriffen werden. Aber nicht nur aus Gründen der Nützlichkeit sind Anglizismen für das Deutsche und seine Sprecher von Vorteil. Die deutsche Sprache gewinnt durch den neuen Wortschatz an Vielfalt, wird lebendiger und reichhaltiger. Aus diesem Grund können Anglizismen als Bereicherung des Deutschen angesehen werden.

1.5 Im Zeitalter der Globalisierung hat sich das Englische zur wichtigsten Welt- und Wirtschaftssprache entwickelt, mit der man sich über Ländergrenzen hinweg verständigt. Vor allem in Wirtschaft und Wissenschaft findet der Gedankenaustausch überwiegend mithilfe englischer Begrifflichkeiten statt, da die Verständigung unkomplizierter ist, wenn man auf Ausdrücke zurückgreifen kann, die allen bekannt sind. Wer sich hier sprachlich nicht anpasst, isoliert sich und kann im internationalen Wettbewerb nicht mithalten. Angesichts dieser Entwicklung ist es kein Wunder, dass Anglizismen in der deutschen Sprache weit verbreitet sind. Viele der Anglizismen, die Eingang in die deutsche Sprache gefunden haben, sind auch international zu Standardbezeichnungen geworden. Diese Anpassung an die Weltsprache Englisch ist daher nicht nur von Vorteil, sondern auch unabdingbare Voraussetzung, um sich in der globalisierten Welt behaupten zu können.

2 Den genannten Vorteilen von Anglizismen in der deutschen Sprache stehen jedoch auch Nachteile gegenüber.

2.1 Anglizismen können auf der einen Seite zwar einen leichteren Zugang zur englischen Sprache bieten, ihren fehlerfreien Erwerb jedoch auch behindern. Denn es gibt viele Wörter unter den Anglizismen, die englisch klingen, aber in Wahrheit Wortschöpfungen sind, die kein englisches Wort mit der entsprechenden Bedeutung haben. Beispiele dafür sind etwa „Handy“, „Talkmaster“ oder „Streetworker“. Wer glaubt, bei diesen Ausdrücken handele es sich um korrekte englische Bezeichnungen, wird in der Kommunikation mit englischen Muttersprachlern Schwierigkeiten haben. Denn diese werden ihn nicht verstehen oder ihn sogar missverstehen. In dieser Hinsicht sind Anglizismen also für das Erlernen des Englischen nicht förderlich, sondern von Nachteil.

2.2 Der Gebrauch von Anglizismen im Deutschen kann schnell zu Missverständnissen führen, wenn diese nicht richtig verstanden werden. So kann ein Großteil der Menschen mit vielen englischen Begriffen oder Redewendungen gar nichts anfangen. Das ist besonders bei längeren englischen Werbebotschaften oder komplizierten englischen Berufsbezeichnungen der Fall. Dass eine Übersetzung dabei schnell fehlerhaft und somit missverständlich wird, ist eine logische Folge. In der Kommunikation miteinander sind Anglizismen also nicht immer hilfreich, sondern können diese sogar behindern. Außerdem ist zu bedenken, dass diejenigen ausgegrenzt werden, die kein Englisch sprechen und verstehen.

2.3 Viele Menschen, vor allem Jugendliche, verwenden Anglizismen nur, um von ihren Mitmenschen als besonders modern wahrgenommen zu werden. Dabei geht es nicht darum, sich sprachlich vorteilhaft auszudrücken und sich verständlicher zu machen, sondern lediglich um die äußere Wirkung auf den Gesprächspartner. Oftmals werden englische Begriffe auch genutzt, um einer Aussage künstlich mehr Bedeutung zu verleihen, die sie aber eigentlich gar nicht hat. Diese Strategie wird vor allem in der Werbung oder bei Berufsbezeichnungen angewendet. So macht der schicke „Facility

Manager" sicherlich mehr Eindruck als der altbackene „Hausmeister". Doch durch diesen Gebrauch der Anglizismen werden letztendlich auch Informationen verschleiert, weil die eigentlichen Dinge nicht mehr bei ihren wahren Namen genannt werden. Der Nutzen von Anglizismen ist somit häufig fragwürdig. In den meisten Fällen gibt es deutsche Wörter, mit denen man sich genauso gut, wenn nicht besser ausdrücken kann.

2.4 Durch den Gebrauch von Anglizismen kann die korrekte Anwendung und der fehlerfreie Ausdruck der deutschen Muttersprache in negativer Weise beeinflusst werden. So kennen viele Jugendliche nicht die deutsche Entsprechung der englischen Wörter, die sie in der Alltagssprache verwenden. Aus diesem Grund sind sie nicht ohne Weiteres in der Lage, sich ausschließlich in deutschen Begrifflichkeiten auszudrücken und auf die Anglizismen zu verzichten. Das verleiht ihrer Sprache und ebenfalls ihrer schriftlichen Ausdrucksweise einen schlechten Stil. Auch die Grammatik kann darunter leiden, wenn zum Beispiel englische Verben auf deutsch konjugiert werden. Wer davon spricht, dass „sie downloadet" oder „wir upgedated haben", wird sicher nicht mit Sprachgewandtheit glänzen.

2.5 Die deutsche Sprache macht einen wesentlichen Teil der deutschen Kultur und Identität aus. Sie blickt auf eine lange Geschichte zurück und verleiht den Deutschen sprachliche Eigenständigkeit. Durch die weite Verbreitung von Anglizismen im Deutschen geraten jedoch viele deutsche Begriffe in Vergessenheit und werden verdrängt. Vor allem junge Menschen, die mit den englischen Bezeichnungen aufwachsen, kennen die entsprechenden deutschen Wörter nicht mehr. Dadurch wird die Reichhaltigkeit und Vielfalt des Deutschen eingeschränkt. Viele verlieren darüber hinaus das Bewusstsein für den Wert der deutschen Sprache und verstehen nicht, warum man sie erhalten sollte. Durch die Anglizismen geht also ein Stück der deutschen Sprachkultur und mit ihr ebenfalls ein Teil der kulturellen Identität der Deutschen verloren.

C. Die genannten Vor- und Nachteile von Anglizismen im Deutschen machen deutlich, dass mit der Verwendung von englischen Begriffen eher sparsam umgegangen werden sollte. Es gibt Fälle, in denen der Gebrauch englischer Bezeichnungen durchaus sinnvoll ist. Dies ist vor allem dann der Fall, wenn man sich mit ihrer Hilfe klarer ausdrücken kann, zum Beispiel im Bereich Computer und Internet. Doch wo man mit deutschen Wörtern ebenso gut in der Lage ist, sich zu verständigen, sind Anglizismen in den meisten Fällen überflüssig und oft sogar nachteilig. Man sollte also darauf achten, englische Begriffe nur dann zu benutzen, wenn es wirklich von Vorteil für die sprachliche Verständigung und den sprachlichen Ausdruck ist.

2009/4 Die Forderung nach Ganztagsschulen ist derzeit sehr aktuell. Erörtern Sie die Vor- und Nachteile des schulischen Ganztagsbetriebs.

Mustergliederung

A. Zur Zeit wird in Deutschland verstärkt diskutiert, ob die Einführung des Ganztagsbetriebs an deutschen Schulen empfehlenswert ist.

B. Welche Vor- und Nachteile ergeben sich durch die Einführung des Ganztagesunterrichts an Schulen?

1 Vorteile

1.1 Stärkt das Gemeinschaftsgefühl der Schüler untereinander
1.2 Fördert die Zusammenarbeit zwischen Schülern und Lehrern
1.3 Stundenplan kann den Bedürfnissen der Schüler angepasst werden
1.4 Bessere Vereinbarkeit von Familie und Beruf aufseiten der Eltern
1.5 Bietet Raum für vielfältige Schülerprojekte und Beschäftigungsangebote
1.6 Verbesserte individuelle Förderung vor allem von lernschwächeren Schülern

2 Nachteile

2.1 Höherer Kostenaufwand bei Material und Personal
2.2 Risiko einer körperlichen und geistigen Überforderung der Schüler
2.3 Einfluss der Eltern auf die Erziehung ihrer Kinder geht zurück
2.4 Weniger Zeit für das Familienleben und außerschulische Aktivitäten
2.5 Schränkt die Freiheit und Freizeit der Schüler ein

C. Durch den Ganztagsbetrieb an Schulen lassen sich die Lernbedingungen und das Schulklima insgesamt verbessern. Dabei dürfen jedoch auch die Nachteile einer Ganztagsschule nicht aus den Augen gelassen werden, die vor allem in einer massiven Einschränkung von Freiheit und Freizeit der Schüler bestehen.

**2009/5 Klimaschutz ist notwendig.
Welche Maßnahmen kann jeder Einzelne in diesem Zusammenhang ergreifen?
Welche positiven und negativen Folgen ergeben sich daraus für den Einzelnen?**

Mustergliederung

A. Jeder Einzelne kann durch umweltbewusstes Handeln sinnvoll zum Klimaschutz beitragen.

B. Welche Maßnahmen kann jeder Einzelne für den Klimaschutz ergreifen und welche positiven wie negativen Folgen ergeben sich daraus für den Einzelnen?

1 Maßnahmen für den Klimaschutz

1.1 Öffentliche Verkehrsmittel oder Fahrrad nutzen; zu Fuß gehen
1.2 Flugreisen, besonders Inlandsflüge, vermeiden
1.3 Privaten Energie- und Wasserverbrauch senken
1.4 Energiesparende Haushaltsgeräte und Energiesparlampen anschaffen
1.5 Regional hergestellte Produkte kaufen
1.6 Beim Einkaufen auf umweltschonende Verpackungen achten
1.7 Weniger Fleisch und mehr pflanzliche Produkte essen

2 Positive und negative Folgen

2.1 Positive Folgen
2.1.1 Verbesserung der Gesundheit durch mehr Bewegung und gesündere Ernährung
2.1.2 Vorbildfunktion des Einzelnen für seine Mitmenschen
2.1.3 Kostenersparnis durch Senkung des Energieverbrauchs
2.1.4 Entwicklung einer bewussteren Sichtweise auf Umwelt und eigenes Handeln
2.2 Negative Folgen
2.2.1 Einschränkung der Mobilität durch häufigen Verzicht auf das Auto
2.2.2 Größerer Zeitaufwand durch Verzicht auf Flug- und Autoreisen
2.2.3 Zusätzliche Kosten bei der Anschaffung energiesparender, meist teurerer Geräte
2.2.4 Höherer Aufwand beim Einkaufen durch genaue Kontrolle der Produkte

C. Klimabewusstes Handeln lohnt sich für den Einzelnen, weil es nicht nur ihm selbst einen hohen Nutzen bringt, sondern darüber hinaus der ganzen Gesellschaft.

Lesen Sie den Text „Ich habe es geschafft. Und du?“ genau durch und bearbeiten Sie dann die folgenden Aufgaben.

1 Verfassen Sie eine Überblicksinformation.

2 Geben Sie den Inhalt des Textes in gestraffter Form wieder.

3 Erläutern Sie die Aussage: „Zehn Tage Abenteuer – um anders sehen zu können.“ (Z. 29)

4 Viele Jugendliche verfügen in ihrem Zimmer über einen Computer. Diskutieren Sie, ob dies sinnvoll ist.

„Ich habe es geschafft. Und du?“
In Frankreich verzichteten Grundschüler zehn Tage lang auf Fernsehen und Computer

Eltern sind im Erziehungsalltag mit der ewigen Frage konfrontiert: Erlauben oder Grenzen setzen? Zum Beispiel beim Fernsehkonsum. „Mama, ich langweile mich so. Ich will jetzt fernsehen!“ Nachgeben oder standhaft bleiben? Wie viel Zeit sollen Kinder vor dem Bildschirm verbringen, ohne dass es ihnen schadet? Das Thema beschäftigt Eltern auf der ganzen Welt. Darum möchte ich vom Abenteuer einer ganzen Schule erzählen. Die Geschichte ist im gerade abgelaufenen Schuljahr in Straßburg passiert.

Es war wie ein Wunder. Sie konnten es kaum fassen, die Eltern und die Lehrer. Der zuständige Schulrat hatte vorhergesagt: „Das klappt nie!“ Und doch: Die 254 Schülerinnen und Schüler der Grundschule Ziegelwasser im Straßburger Wohnviertel Neuhof haben es geschafft. Sie haben den Kampf gewonnen: zehn Tage ohne Bildschirm.

Xavier Rémy, der Rektor der Schule, hatte die Kinder begeistert: „Es ist wie beim Sport. Ihr kämpft gegen drei übermächtige Gegner: euren Fernseher, eure Computer und eure Spielkonsolen. Die werden alles daransetzen, dass ihr den Wettkampf verliert. Das Spiel ist nicht von vornehcrein gewonnen! Aber ihr werdet siegen.“

Die Spielregeln waren klar. Jedes Kind führt zehn Tage lang ein Stundenheft. Da trägt es ein, was es vor Schulbeginn, in der Mittagspause und abends nach der Schule macht. Für jede Stunde ohne Bildschirm gibt es einen Punkt, maximal fünf Punkte pro Schultag. Für die schulfreien Tage – mittwochs und am Wochenende – konnte man sieben Punkte einheimsen.

Los ging es mit dem feierlichen Versprechen, „alles Menschenmögliche zu tun, um die Herausforderung anzunehmen und die Punkte ehrlich zu zählen.“ Die Schüler reagierten mit Begeisterung. Morgens vor der Schule war stets die erste Frage: „Ich habe es geschafft. Und du?“ Stolz war, wer alle fünf Punkte mitbrachte. Wem ein Punkt fehlte, erklärte es oft mit Bedauern: „Mein Bruder hat den Fernseher angemacht, und ich habe kurz draufgeschaut, das war aber nicht absichtlich!“ Nach zehn Tagen schließlich der unerwartete Triumph: Von 14 732 möglichen Punkten hatten die Kinder 13 149 erreicht: 89 Prozent!

Sinn des Ganzen war es nicht, die Kinder fernsehfrei zu machen, denn das wäre illusorisch. Das Ziel war die kritische Auseinandersetzung mit unkritischem Medienkonsum. Motto war daher: „Zehn Tage Abenteuer – um anders sehen zu können.“

Ausgearbeitet wurde das Straßburger Projekt von einer Verbraucher-Initiative für dauerhafte Entwicklung. Unterstützt wurde es vom Land, von der Stadt, von der Schulbehörde, von örtlichen Abgeordneten und in einem unglaublichen Ausmaß von der Öffentlichkeit. Die ganze Stadt fieberte dem Endergebnis entgegen, das Stadtviertel war stolz auf seine kleinen Helden. In den Straßenbahnen hingen Poster. Künstler sandten Bilder, der Louvre, das berühmte Museum in Paris, einen der täglich rund fünfzig Ermutigungsbriefe.

Sechzig Eltern sind aktiv geworden und haben – neben den Vereinen des Viertels – Aktivitäten für die Schüler organisiert: sportliche Wettkämpfe, Fahrradtouren, einen Besuch auf dem Polizeirevier, einen Flohmarkt im Schulhof, Nähkurse und einen Grillabend. Die Familien haben Gesellschaftsspiele, Spielkarten und Bücher hervorgeholt und den Kindern vorgelesen, mit ihnen gespielt und geredet. So haben bei dem Abenteuer „Zehn Tage ohne“ erstaunlicherweise die Eltern am meisten gelernt. Sie fingen an, sich zu fragen, ob es wirklich sinnvoll ist, mehr Fernseher in der Wohnung zu haben als Kinder. Sie mussten sich ernsthaft mit den Gefahren auseinandersetzen, denen Kinder ausgesetzt sind, die ihre Zeit überwiegend vor dem Bildschirm verbringen. In Nordamerika ist Fernsehen – abgesehen vom Schlafen – die Haupttätigkeit von Kindern. Sie verbringen fünfzig Prozent mehr Zeit vor dem Bildschirm als in der Schule und haben mit elf Jahren schon rund 8 000 Morde gesehen. In Westeuropa ist es noch nicht so weit. Für Wissenschaftler ist diese Tendenz gefährlich. Zu viel Zeit vor dem Bildschirm macht Kinder passiv, träge, dick und unkonzentriert. Neurologen empfehlen darum vier Regeln: Allerhöchstens zwei Stunden Bildschirm pro Tag; Fernsehkonsum nur in Absprache mit den Eltern; kein Fernseher und kein Computer im Kinderzimmer und Säuglinge nicht vor den Fernseher.

(Martin Koschorke in Publik-Forum Nr. 17/2008, S. 36, gekürzt und leicht bearbeitet)

Musterlösung

1 **Überblicksinformation**

In dem informativen Text „Ich habe es geschafft. Und du?“ im Publik-forum aus dem Jahr 2008 berichtet der Autor Martin Koschorke über eine Grundschule in Frankreich, deren Schüler zehn Tage lang auf Fernsehen und Computer verzichtet haben. Er stellt Verlauf, Ziel und Ergebnis dieses Experiments dar und geht am Ende auf die Gefahren von übermäßigem Fernsehkonsum bei Kindern ein.

2 **Gestraffte Inhaltswiedergabe**

Martin Koschorke leitet seinen Artikel aus der Perspektive von Eltern ein, die sich bei der Erziehung ihrer Kinder immer wieder mit dem Thema Fernsehkonsum auseinandersetzen müssen und sich fragen, wie viel Zeit vor dem Bildschirm sie ihren Sprösslingen erlauben können, ohne dass es ihnen schadet. Um diese Frage zu beantworten, informiert der Autor im Folgenden über eine Grundschule in Straßburg, deren Schüler im Rahmen eines Projektes versuchen sollten, zehn Tage auf Fernsehen und Computer zu verzichten. Obwohl der Schulrat daran zweifelte, dass die Kinder diesen Verzicht schaffen können, waren am Ende 89 Prozent der Schüler erfolgreich. Laut Koschorke war Ziel dieses Projektes, den Teilnehmern eine kritische Auseinandersetzung mit dem eigenen Medienkonsum zu vermitteln. Während der Zeit des Verzichtes hätten nicht nur die Kinder gelernt, dass eine sinnvolle Beschäftigung ohne Fernseher und Computer möglich ist, auch die Eltern seien sich der Gefahren eines übermäßigen Medienkonsums bewusst geworden. Nachdem der Autor diese Gefahren mit konkreten Zahlen anschaulich macht hat, gibt er den Eltern zum Abschluss seines Textes noch Ratschläge zum richtigen Umgang mit dem Fernsehkonsum ihrer Kinder auf den Weg. Zwei Stunden vor dem Bildschirm pro Tag sei die Höchstgrenze. Auf Fernseher und Computer im Kinderzimmer solle man außerdem gänzlich verzichten.

3 **Texterläuterung**

„Zehn Tage Abenteuer – um anders sehen zu können.“ (Z. 29)

Die Aussage gibt das Motto wieder, unter dem das Projekt der französischen Grundschule stand. Der zehntägige Verzicht auf Fernsehen und Computer stellt ein Abenteuer dar, weil der Blick auf den Bildschirm bei den meisten Menschen zur alltäglichen Beschäftigung geworden ist, die nicht mehr wegzudenken ist. Viele wissen gar nicht mehr, was sie ohne die Mattscheibe anfangen sollen. Aus diesem Grund war das Vorhaben der Schüler zum einen schwierig und zum anderen hatte es einen ungewissen Ausgang. Niemand wusste im Vorhinein, ob dieses Abenteuer tatsächlich gelingen und zu welchem Ergebnis es führen würde.

Das erhoffte Ziel des Projektes wird durch den zweiten Teil des Mottos deutlich. Die Teilnehmer sollten durch den ungewohnten Verzicht auf ihre alltäglichen Sehgewohnheiten eine neue Sicht auf den Medienkonsum bekommen und sich kritisch mit dem unbedachten Blick in die Röhre auseinandersetzen. Indem Kinder und Eltern erfahren, dass es sinnvolle Alternativen zum Fernsehkonsum gibt und ihnen der Verzicht gut tun kann, erhofften sich die Veranstalter des Projektes eine neue Haltung der Teilnehmer gegenüber dem eigenen Umgang mit Fernsehen und Computer.

4 **Weiterführende Erörterung**

Viele Jugendliche verfügen in ihrem Zimmer über einen Computer. Diskutieren Sie, ob dies sinnvoll ist.

Die Beschäftigung mit dem Computer ist für die meisten Jugendlichen **aus dem Alltag nicht mehr wegzudenken**. Für sie gehört der Rechner zum Leben selbstverständlich dazu. Aus diesem Grund findet man in vielen Zimmern von Jugendlichen einen Computer, über den sie eigenständig verfügen können. Sie nutzen ihn vorwiegend zum Spielen, Chatten, aber auch für schulische Zwecke, zum Beispiel zur Recherche oder zum Schreiben von Texten. **Kritische Stimmen warnen** jedoch davor, Kindern und Jugendlichen einen eigenen Rechner zu überlassen, ohne dessen Benutzung kontrollieren zu können. Es stellt sich daher die Frage, ob Computer in Kinderzimmern wirklich sinnvoll sind.

Die größte Gefahr eines eigenen Computers im Jugendzimmer ist der **Kontrollverlust der Eltern** über die Beschäftigung des Jugendlichen mit dem Rechner. Sie können nicht mehr genau nachvollziehen, wie viel Zeit ihr Kind vor dem Bildschirm verbringt und für welche Zwecke es den Computer nutzt. Dies kann zur Folge haben, dass der Jugendliche **übermäßig viel Zeit** für Computerspiele oder das Surfen im Internet aufwendet, dadurch die Schule oder seine Freunde vernachlässigt und sich auch nicht mehr genügend bewegt. Schnell kann die Nutzung des Rechners und das Spielen zur **Sucht** werden, wenn der Jugendliche ohne Aufsicht Tag für Tag mit dem Computer allein gelassen wird.

Ohne Hilfe der Eltern ist es Jugendlichen zudem nur schwer möglich, einen **eigenverantwortlichen**, **selbstkritischen Umgang** mit dem Computer zu erlernen. Da die Eltern nicht selbst nachvollziehen können, wie ihr Kind den Rechner oder das Internet nutzt, können sie darauf auch keinen positiven, erzieherischen Einfluss nehmen. Sie können den Jugendlichen nicht auf Fehler oder Gefahren hinweisen und ihm zeigen, wie man es besser machen sollte.

Darüber hinaus kann der Computer im Jugendzimmer für die jungen Leute von Nachteil sein, weil er sie zu sehr von ihren Pflichten, wie etwa den Hausaufgaben, ablenkt. Die Entscheidung, ob man seinen Aufsatz schreiben oder nicht doch schnell noch ein Autorennen spielen will, fällt meist zuungunsten der Hausaufgaben aus.

Auf der anderen Seite bedeutet ein Rechner im Jugendzimmer jedoch **nicht zwangsläufig einen Kontrollverlust** der Eltern über die Computernutzung ihrer Kinder. Wenn sie engagiert und aufmerksam sind, können sie trotzdem in **Kommunikation** mit ihren Kindern stehen, über die Benutzung des Rechners reden und sich wenn nötig auch anschauen, was ihre Kinder mit dem Computer anstellen. Nur weil der Rechner im Kinderzimmer steht, ist er **der Aufsicht der Eltern nicht vollständig entzogen**. Unter bestimmten Voraussetzungen, die sowohl von Eltern als auch von Kindern erfüllt werden müssen, kann sich ein Computer im Jugendzimmer durchaus als sinnvoll erweisen.

Computerkenntnisse werden heute nahezu überall vorausgesetzt. Dies betrifft sowohl Schule und Studium als auch die Berufswelt. Schüler schreiben Aufsätze mithilfe des Computers, recherchieren für Referate im Internet und bereiten Präsentationen mit dem Rechner vor. Je eher die jungen Leute also den richtigen Arbeitseinsatz des Computers erlernen, desto besser ist es für ihr **schulisches und berufliches Vorankommen**. Ein eigenes Gerät, mit dem sie in Ruhe und ohne misstrauische Blicke im Nacken arbeiten können, ist dafür wichtig. Dass sie durch die Möglichkeiten des Computers, zu spielen oder zu chatten, von den schulischen Pflichten abgelenkt werden können, ist natürlich richtig. Doch wenn der Wille und die Selbstdisziplin zum Lernen nicht vorhanden sind, werden sie sich auch durch andere Dinge ablenken lassen. Es muss nicht der Rechner, es kann auch ein spannender Roman sein, der von den Hausaufgaben abhält.

Neben der schulischen, erfüllt der Computer auch eine **wichtige soziale Funktion**. Die meisten Jugendlichen chatten im Internet mit Freunden, schließen Bekanntschaften, können sich austauschen und informieren. Neugierige Eltern, die jedes Wort mitlesen und genau auf die Informationen achten, die ihr Kind abruft, behindern die **freie Entfaltung des Jugendlichen**. Für junge Menschen ist es wichtig, sich auch einmal ungestört informieren und über Dinge plaudern zu können, die ihre Eltern nichts angehen. Mit einem eigenen PC haben sie diese Möglichkeit. Der Gefahr von jugendgefährdenden Inhalten, denen die Jugendlichen ausgesetzt sind, kann dabei zum Beispiel durch **Jugendschutzprogramme** begegnet werden.

Wenn Eltern ihren Kindern einen eigenen Rechner im Zimmer erlauben, ist dies mit **großem Vertrauen den Jugendlichen gegenüber** verbunden. Die Jugendlichen bekommen die Möglichkeit, unter Beweis zu stellen, dass sie in der Lage sind, eigenverantwortlich mit dem Computer umzugehen. Dieser Vertrauensvorsprung **stärkt ihr Selbstbewusstsein** und kann sie beim Erwachsenwerden unterstützen, weil sie nicht mehr ständig unter der Aufsicht ihrer Eltern stehen müssen. Sie haben nicht mehr das Gefühl, wie kleine Kinder behandelt zu werden.

Hinzu kommt, dass die Jugendlichen ihre **Selbstständigkeit** im Umgang mit einem eigenen Rechner erproben und dabei testen können, ob sie für einen eigenverantwortliche Beschäftigung mit dem PC schon bereit sind. Wenn sie dabei einmal über die Stränge schlagen, gehört das zum Lernprozess dazu und ist ganz normal. Auch für die Eltern ist es von Vorteil, wenn sie erleben, wie ihr Kind mit einem eigenen Computer umgeht. Denn so sind sie in der Lage, nachzuvollziehen, ob sie ihrem Kind genügend **Kompetenz in der Nutzung der neuen Medien** vermittelt haben, und können bei Bedarf eingreifen.

Ein eigener Computer kann für Jugendliche also sinnvoll und nützlich sein, wenn sie durch Elternhaus und Schule die nötige Kompetenz für den eigenständigen und bewussten Umgang mit dem PC bereits erworben haben. Eine weitere notwendige Bedingung betrifft die Eltern der jungen Leute. Sie müssen sich darüber im Klaren sein, dass sie ihre Verantwortung nicht an der Zimmertür abgeben. Auch wenn der Rechner sich hinter den Türen des Kinderzimmers befindet, sind sie **in der Pflicht**, auf den richtigen Umgang ihrer Kinder mit dem Computer zu achten und Missbrauch zu verhindern. Unter diesen Voraussetzungen spricht nichts gegen einen Computer im Zimmer von Jugendlichen.

Abschlussprüfungsaufgaben an Wirtschaftsschulen
Deutsch – 2010: I. Erörterungsthemen

1 In keinem europäischen Land dürfen Autofahrer auf Autobahnen so schnell fahren wie hierzulande.
Nehmen Sie Stellung dazu, ob auch in Deutschland eine generelle Geschwindigkeitsbegrenzung auf Autobahnen eingeführt werden sollte.

2 Online-Rollenspiele wie „World of Warcraft" üben auf viele Jugendliche eine große Anziehungskraft aus.
Weshalb sind diese Spiele so beliebt?
Welche Gefahren sind damit verbunden?

3 Ein positives Schulklima ist die Grundlage einer guten Schule.
Inwiefern bringt ein angenehmes Schulklima Vorteile mit sich?
Welche Möglichkeiten gibt es, dieses zu verbessern?

4 Ein Ehrenamt ist laut Definition eine Aufgabe, die man ohne Bezahlung in einer Institution ausübt.
Sollten Ihrer Meinung nach junge Menschen in Deutschland ein Ehrenamt übernehmen?

5 Zahlreiche junge Mädchen möchten „Germany's Next Topmodel" werden.
Beurteilen Sie die Vor- und Nachteile einer Teilnahme an dieser Sendung.
Zu welchem Ergebnis kommen Sie?

Musterlösungen

2010/1 In keinem europäischen Land dürfen Autofahrer auf Autobahnen so schnell fahren wie hierzulande.
Nehmen Sie Stellung dazu, ob auch in Deutschland eine generelle Geschwindigkeitsbegrenzung auf Autobahnen eingeführt werden sollte.

Mustergliederung

A. In allen Nachbarländern von Deutschland darf man auf Autobahnen nicht schneller als 130 Stundenkilometer fahren.

B. Sollte auch in Deutschland eine generelle Geschwindigkeitsbegrenzung auf Autobahnen eingeführt werden?

1 Argumente, die für eine generelle Geschwindigkeitsbegrenzung auf Autobahnen sprechen

1.1 Vorteile für die Verkehrsteilnehmer
1.1.1 Stressreduktion
1.1.2 Verminderung des Unfallrisikos

1.2 Vorteile für den Staat
1.2.1 Einheitliche europaweite Regelung
1.2.2 Einnahmen für die öffentlichen Kassen (Bußgelder)

1.3 Vorteile für die Umwelt
1.3.1 Weniger Lärm
1.3.2 Weniger Luftverschmutzung durch geringeren Benzinverbrauch

2 Argumente, die gegen eine generelle Geschwindigkeitsbegrenzung auf Autobahnen sprechen

2.1 Nachteile für den Fahrer
2.1.1 Längere Fahrzeiten
2.1.2 Einschränkung individueller Fahrgewohnheiten

2.2 Nachteile für die Autoindustrie
2.2.1 Einbußen beim Verkauf von Premiumfahrzeugen
2.2.2 Kostenanstieg bei Produktionsumstellung

2.3 Nachteile für den Staat
2.3.1 Durchsetzung unpopulär: Druck der Autofahrer-Lobby auf die Regierung
2.3.2 Kosten durch Kontrollen über die Einhaltung der Begrenzung

3 Synthese: für/gegen die Geschwindigkeitsbegrenzung

C. Meiner Meinung nach kann man wegen der vielen Baustellen ohnehin oft nicht sehr schnell fahren.

2010/2 Online-Rollenspiele wie „World of Warcraft“ üben auf viele Jugendliche eine große Anziehungskraft aus. Weshalb sind diese Spiele so beliebt? Welche Gefahren sind damit verbunden?

Mustergliederung

A. Der Jahresumsatz von Blizzard Entertainment, die das Online-Rollenspiel „World of Warcraft“ veröffentlichen, stieg im letzten Jahr auf über eine Milliarde Dollar.

B. Warum sind Online-Rollenspiele so beliebt und welche Gefahren sind damit verbunden?

1 Gründe für die Beliebtheit der Spiele

1.1 Beschaffenheit der Spiele
1.1.1 Große Vielfalt
1.1.2 Aufwändige Gestaltung
1.1.3 Spannende Spielführung

1.2 Positive Auswirkungen für den Spieler
1.2.1 Entstehung eines Gemeinschaftsgefühls unter den Spielern
1.2.2 Ausübung von Kontrolle und Besitz von Macht
1.2.3 Flucht in eine Scheinwelt: Identifikation mit den Spielfiguren
1.2.4 Stärkung des Selbstwertgefühls durch Spielerfolge und durch Anerkennung vonseiten der Mitspieler

2 Gefahren der Spiele

2.1 Gefahren für die körperliche Gesundheit
2.1.1 Gewichtszunahme durch geringe körperliche Auslastung
2.1.2 Abnahme der physischen Leistungsfähigkeit

2.2 Gefahren für die schulische Leistung
2.2.1 Verlust von Sprachkompetenz
2.2.2 Konzentrationsschwierigkeiten
2.2.3 Vernachlässigung schulischer Aufgaben

2.3 Gefahr der sozialen Isolation
2.3.1 Desinteresse gegenüber anderen Hobbys
2.3.2 Vernachlässigung sozialer Kontakte
2.3.3 Verlust von sozialen Werten und Kompetenzen

2.4 Gefahr für die Persönlichkeitsentwicklung
2.4.1 Entstehung eines verzerrten Weltbildes durch Belohnung von Gewalt
2.4.2 Probleme bei der Unterscheidung von realer und virtueller Welt (Gefahr der Nachahmung)
2.4.3 Suchtgefahr

C. Meiner Meinung nach sind Online-Rollenspiele gut geeignet, um strategisches und strukturiertes Denken zu üben, aber man sollte das Spielen zeitlich beschränken.

Musteraufsatz

A. Das bekannte Online-Rollenspiel „World of Warcraft“, unter Kennern WOW abgekürzt, ist ein Massen-Mehrspieler-Online-Rollenspiel, das heißt, dass viele Spieler gleichzeitig zusammen über das Internet spielen. Seit 2004 ist es auf dem Markt, und da es nicht mit dem einmaligen Kauf der Software getan ist, sondern für das Spielen ein monatliches Entgelt von 10–12 Euro anfällt, hat die Firma Blizzard Entertainment, die das Spiel erfunden hat, inzwischen über eine Milliarde Dollar Jahresumsatz. WOW zählt damit zu den lukrativsten Unterhaltungsmedien überhaupt. Es gibt aber auch andere Online-Rollenspiele, bei denen die Spieler Figuren, Avatare genannt, in einem Spiel lenken und miteinander in Gilden interagieren. Ebenfalls sehr bekannt ist beispielsweise „Final Fantasy“. Doch trotz der großen Beliebtheit dieser Spiele besonders bei jungen Leuten wird auch immer wieder davor gewarnt. Warum Online-Rollenspiele so beliebt und welche Gefahren tatsächlich mit ihnen verbunden sind, soll in der folgenden Erörterung diskutiert werden.

B. Einer der Gründe, warum viele Online-Rollenspiele so **beliebt** sind, ist ihre **Beschaf-**
1 **fenheit**. Die Spieler tauchen in fantastische Welten ein und können ihre Figuren ganz
1.1 nach Wunsch gestalten – die **Auswahlmöglichkeiten** sind sehr **vielfältig**. Auch steht
1.1.1 innerhalb der Spiele eine Vielzahl an Funktionen und Optionen zur Verfügung: So ist man beim Spielen zum Beispiel nicht alleine, sondern kann mit anderen über die Chatfunktion kommunizieren. Oder man schließt sich mit anderen Spielern zusammen, um in der Gruppe bzw. Gilde größere Kampfkraft zu haben und so den Gegner leichter zu besiegen. Ist dies gelungen, winken die verschiedensten Belohnungen.

1.1.2 Daneben trägt die **aufwändige Gestaltung** der Spiele zu deren Popularität bei. Die Grafik ist heutzutage von solch guter Qualität, dass man fast meint, die Figuren seien real. Die unzähligen unterschiedlichen Welten und Level sind mit vielen Details ausgeschmückt, die ein fesselndes Gesamtbild entstehen lassen. Manche Spiele sind darüber hinaus so gestaltet, dass es kein Ende gibt, der Spieler also nie aufzuhören braucht.

1.1.3 Zudem sind viele Spieler von der **spannenden Spielführung** begeistert. Nach kurzen Ruhephasen kommt es immer wieder zu abwechslungsreichen Einsätzen oder Kämpfen. Durch das Zusammenspiel mit anderen echten Spielern verlaufen diese Abenteuer immer unterschiedlich und sind nie vorhersehbar, was die Spannung erheblich steigert und dafür sorgt, dass nie Langeweile aufkommt. Die Online-Rollenspiele sind also so beschaffen, dass die Spieler ihre Interessen und Vorlieben darin optimal verwirklicht sehen.

1.2 Als eine Hauptursache für die große Beliebtheit der Online-Rollenspiele sind außerdem die **positiven Auswirkungen** zu sehen, die das Spielen **für den Einzelnen** hat.
1.2.1 Durch das Zusammenspiel entsteht ein **Gemeinschaftsgefühl unter den Spielern**. Schwierige Aufgaben kann der Einzelspieler oft nicht alleine meistern. Er muss sich dann mit anderen im Internet verabreden, um im Team den Feind zu besiegen. Die entstehende Gruppendynamik und der gemeinsame Erfolg schweißen zusammen und der Spieler macht die positive Erfahrung von Zusammenhalt und Zugehörigkeit.

1.2.2 Zudem stellt sich durch die Stärke, über die der Spieler – ob alleine oder in der Gruppe – im Spiel verfügt, das Gefühl ein, **Kontrolle ausüben** zu können und **Macht** zu **besitzen**. Je weiter es der Spieler in einem Level schafft, desto größer wird seine Macht über Gegner. Ganz besonders, wenn es sich um eine im realen Leben eher unscheinbare oder schüchterne Person handelt, kann die Faszination von Kontrolle und Macht über andere sehr groß sein. Verstärkt wird das Machtgefühl noch durch Belohnungen und Privilegien, die jeder weitere Sieg mit sich bringt.

1.2.3 Dieser Eindruck von einem „besseren Ich" im Spiel kann schließlich dazu führen, dass der Spieler sich so weit **mit seiner Spielfigur**, seinem Avatar, **identifiziert**, dass für ihn nach und nach diese Scheinwelt realer wird als die echte. Sie bietet ihm die Möglichkeit, der **Realität** zu **entfliehen**, deren Probleme zunehmend in den Hintergrund rücken. Wen kümmert eine schlechte Note in der Mathe-Schulaufgabe, wenn es gilt, einen Riesenskorpion zu besiegen? Warum Hausaufgaben machen, wenn man sich doch auf einen wichtigen Kampf mit seiner Gilde vorbereiten muss?

1.2.4 Hat man solch einen Kampf siegreich bestanden, **stärkt** dies das **Selbstwertgefühl** und man kann sich der **Anerkennung vonseiten der Mitspieler** sicher sein. Die unmittelbare Belohnung großer Anstrengung und die soziale Achtung, die ein Spieler auf diese Weise erfährt, stellen nicht zuletzt für viele Jugendliche große Anreize dar, Online-Rollenspiele zu spielen. So viel positive Bestärkung ist in der echten Welt nicht alltäglich und oft nur mit viel Mühe zu erlangen.

2 Einige Gründe für die große Beliebtheit von Online-Rollenspielen wurden damit erläutert. Auf die Frage, welche **Gefahren** jedoch auch mit diesen Spielen, die so viele begeistern, verbunden sind, wird im folgenden Teil näher eingegangen.

2.1 Eine nicht zu unterschätzende Gefahr ist etwa die für die **körperliche Gesundheit**.

2.1.1 Wer oft und lange vor dem Computer sitzt und spielt, **bewegt sich wenig**. Daraus kann eine **Gewichtszunahme** resultieren. Die geringe körperliche Auslastung bei gleichbleibender Nahrungsaufnahme ergibt einen Überschuss an Kalorien und damit ein Anwachsen von Fettpölsterchen. Wenn dann noch, wie gerade bei Jugendlichen beliebt, zuckerhaltige Getränke, Chips oder Süßigkeiten konsumiert werden oder statt gesunder Mahlzeiten Fast Food gegessen wird, weil es schnell vor dem Bildschirm geht, ohne das Spiel lange unterbrechen zu müssen, kann dies leicht zu Übergewicht führen.

2.1.2 Fehlt zudem ein Ausgleich in Form von sportlichem Training, **sinkt** oft **die physische Leistungsfähigkeit** ab. Dem Spieler mangelt es dann an Kondition, er kommt schneller aus der Puste und bewegt sich insgesamt behäbiger. Das lange Sitzen vor dem Computer und das stundenlange Anstarren des Bildschirms belasten überdies Rücken und Augen. Bei vielen Jugendlichen, die nachmittags über Stunden hinweg online spielen und daneben auch morgens in der Schule lange nur sitzen, stellen diese körperliche Entwicklung und der Bewegungsmangel eine große gesundheitliche Gefahr da. Online-Rollenspiele, die in der Regel auf lange andauernde Spielphasen ohne Unterbrechungen ausgelegt sind, bedeuten also häufig nichts Gutes für die körperliche Verfassung der Spieler.

2.2 Doch nicht nur körperliche Folgen des Spielens sind bedenklich, auch für die **schulische Leistung** eines Jugendlichen können Online-Rollenspiele eine Gefahr darstellen.

2.2.1 Ein Faktor ist dabei die Chatfunktion der Spiele, die die Kommunikation unter den einzelnen Spielern ermöglicht. Was an sich zunächst positiv erscheint, kehrt sich hier leicht um: Im Spiel und somit auch in der Unterhaltung der Zocker muss es oft sehr schnell gehen. Zahlreiche Abkürzungen und Spezialvokabular, das gehäuft aus englischen Ausdrücken und Kürzeln besteht, prägen daher den sprachlichen Austausch der Spieler. Wer vermehrt auf diese Weise kommuniziert, **verliert** zunehmend an **Sprachkompetenz**. Nichtspieler in der realen Welt sowie schulische Kommunikation und Aufgaben aber verlangen eine verständliche Standardsprache. Für so manchen Spieler, der sich davon schon ein gutes Stück entfernt hat, ergeben sich daraus Probleme.

2.2.2 Als weiteres Handicap gerade in der Schule erweist sich die zunehmende **Schwierigkeit** vieler Jugendlicher, **sich zu konzentrieren**. Den meisten Online-Rollenspielern fällt es schwer, mitten in einem Kampf mit mehreren Mitspielern aufzuhören, wenn es Schlafenszeit ist und man eigentlich zu Bett gehen sollte. So kommt es, dass viele von ihnen bis spät in die Nacht hinein spielen, infolgedessen vormittags sehr müde sind und ihre Gedanken in der Schule nur schwer bündeln können. Auch permanente Wechsel und schnell aufeinanderfolgende Impulse im Spiel sorgen dafür, dass die Jugendlichen zunehmend Mühe haben, ihre Konzentration über eine längere Zeit ausschließlich auf eine Sache zu richten.

2.2.3 Schließlich passiert es häufig, dass zugunsten der Online-Rollenspiele **schulische Aufgaben** schlicht **vernachlässigt** werden. Im Spiel Kämpfe zu bewältigen oder Strategien zu entwickeln, ist für die meisten spannender, als Hausaufgaben zu machen oder zu lernen. Die Herausforderung, der unmittelbare Erfolg und der Spielspaß erscheinen weit attraktiver als das Vokabelpauken für den nächsten Schultag. Ein Abfall der schulischen Leistungen ist daher eine reelle Gefahr, die von Online-Rollenspielen ausgeht.

2.3 Sogar noch gravierender erscheint darüber hinaus das Problem der **sozialen Isolation**.
2.3.1 Wer häufig vor dem Computer sitzt, hat nicht mehr viel Zeit für andere Freizeitaktivitäten mit Freunden. Je mehr das Online-Rollenspiel den jungen Menschen in seinen Bann zieht, desto **geringer** wird das **Interesse für andere Hobbys**. Da die Zeit für die meisten verfliegt, wenn sie in die Aufgaben und Herausforderungen des Online-Spiels vertieft sind, kommt gar kein Gedanke daran auf, sich mit den Freunden nicht virtuell, sondern auf dem Fußball- oder Basketballplatz zu verabreden oder andere Interessen zu verfolgen.

2.3.2 Es werden dann häufig nicht nur Hobbys, sondern vor allem auch **die sozialen Kontakte vernachlässigt**. Die Gilde im Rollenspiel, mit der man sich online verabredet, bestimmt den Tagesablauf oft mehr, als die Personen des realen Lebens, die man nicht nur in Form ihrer Avatare kennt. Dass man indessen ganz alleine vor dem Computer sitzt, dass kein wirklicher Austausch von Ideen, Gedanken oder Gefühlen mit einem „echten" Gegenüber mehr stattfindet, wird so für viele junge Menschen zur Normalität. Die Einsamkeit, die dies zur Folge hat, spürt der Spieler – wenn überhaupt – erst mit dem Abstellen des Computers.

2.3.3 Schließlich kann mit dieser Entwicklung auch ein **Verlust von sozialen Werten und Kompetenzen** einhergehen. Zuhören, auf jemanden eingehen, Geduld oder Verständnis aufbringen, all dies ist im Online-Rollenspiel nicht gefordert. Vielmehr gilt es, einen gemeinsamen Feind zu bekämpfen. Da dieser virtuell ist, kommen beim Spieler auch keine Gewissensbisse auf. Fairness und Rücksichtnahme, wie sie ein Spiel mit echten Gegnern erfordert, sind hier fehl am Platz. Man beweist sich in der Gruppe durch Siegeswille und Stärke. Kommt ein Spieler damit nicht zurecht, kann er kaum auf Freundschaft oder Solidarität vonseiten der anderen hoffen. Diesen geht es um ihr eigenes Vorankommen im Rollenspiel, und so wird Schwäche bestraft, nur Stärke und Kampfgeist werden belohnt. Trotz der Zusammenschlüsse in Online-Gemeinschaften ist demzufolge die Gefahr sehr groß, sich durch gehäuftes Spielen sozial zu isolieren und das Gespür für sozial anerkannte Verhaltensweisen und Werte zu verlieren.

2.4 Am größten jedoch ist die Gefahr von Online-Rollenspielen für die **Persönlichkeitsentwicklung des Einzelnen** einzustufen. Es wurde bereits erwähnt, dass die unmittelbare Belohnung bzw. der direkte Erfolg in den Spielen viel zu deren Beliebtheit
2.4.1 beiträgt. Zugleich liegt aber genau darin auch eine Gefahr: Indem die Anwendung von **Gewalt** durch Erfolge **belohnt** wird, kann sich dem Spieler ein **verzerrtes Weltbild** einprägen. Grundsätze unserer Kultur geben vor, die Würde des Einzelnen zu respektieren, einem anderen demzufolge keinen Schaden zuzufügen, ihn nicht zu verletzten oder zu bestehlen. Diese Prinzipien werden jedoch in Rollenspielen gerne umgedreht: Um an Schätze zu gelangen, darf man Schwächere beklauen, ihnen in

einem Kampf Gewalt antun oder ihrem Avatar gar das Leben nehmen. Schwächere Spieler werden dabei sogar bevorzugt als Kampfgegner ausgewählt, da jeder die eigenen Siegeschancen steigern möchte. Für viele Jugendliche, deren Persönlichkeit sich noch in der Entwicklung befindet, wird auf diese Weise ein verschobenes Wertesystem und Weltbild zur Normalität.

2.4.2 Die Einflussnahme auf die Wahrnehmung der Wirklichkeit durch die Spieler kann so weit gehen, dass der ein oder andere **nicht mehr** immer **zwischen virtueller und realer Welt unterscheiden** kann. Bestimmte Mechanismen und Reaktionen, die im Spiel immer wieder vorkommen und Erfolg und Anerkennung bringen, können dann im wirklichen Leben nur schwer wieder ausgeblendet werden. Es besteht infolgedessen die Gefahr der **Nachahmung** der Rollenspielwelt und ihrer „Gesetze", was beispielsweise in Fällen von Amokläufen von Jugendlichen immer wieder thematisiert wird (obgleich die Zusammenhänge bei diesen Ausnahmetaten doch sehr viel komplexer zu sein scheinen). Tatsächlich kann es gerade auf eher introvertierte, möglicherweise im Leben wenig erfolgreiche Spieler Reiz und Faszination ausüben, das erfolgreiche Spielverhalten in die Wirklichkeit zu übertragen und auch dort mittels Gewalt Anerkennung zu erlangen. Diese Jugendlichen möchten sich mithilfe der Strategien aus der virtuellen Welt, in der sie so viele Stunden verbringen, in der Realität Respekt verschaffen.

2.4.3 Als sicherlich größte Gefahr für den Einzelnen ist abschließend die **Suchtgefahr** zu nennen. Viele der Online-Rollenspiele sind so konzipiert, dass man sie permanent, also vierundzwanzig Stunden täglich, und endlos spielen kann. Auch wenn das vermeintlich höchste Level erreicht ist, gibt es immer wieder neue Gegenstände oder Welten zu entdecken, was Monate in Anspruch nehmen kann. Die Spannung und Herausforderung des Spiels bleibt so dauerhaft erhalten. Außerdem generiert die virtuelle Gemeinschaft der Gilde eine emotionale Bindung, der man sich verpflichtet fühlt, sodass andere Termine und Personen zweitrangig werden. Das Abtauchen in diese fiktive Welt, in der es im Grunde keine Probleme gibt, wo Niederlagen durch Knopfdruck nichtig gemacht sind und man vor allem Siege und Erfolgserlebnisse auskosten kann, birgt durch all diese Eigenschaften ungeheures Suchtpotenzial, dem zahlreiche Jugendliche erliegen. Laut einer Studie sind bereits über acht Prozent der Spieler unter 18 Jahren als süchtig zu betrachten. Gerade bei jungen Menschen also können Online-Rollenspiele eine echte Gefährdung für die Persönlichkeitsentwicklung darstellen, die nicht unterschätzt werden darf.

C. Nach dieser eingehenden Betrachtung bleibt festzuhalten, dass bei aller Beliebtheit von Online-Rollenspielen, für die es durchaus gute Gründe gibt, dennoch die Gefahren überwiegen. Ich bin deshalb der Meinung, dass es Jugendlichen nach wie vor möglich sein sollte, diese Spiele zu spielen, dass aber die Dauer und die Altersfreigabe **stärker beschränkt** werden müssen. Da kaum damit zu rechnen ist, dass die Hersteller in dieser Hinsicht reagieren, sind die Eltern gefragt. Sie sollten ihre Kinder nicht unkontrolliert spielen lassen, was und so viel diese möchten, sondern sie sollten Interesse an den Spielen zeigen und möglicherweise auch gemeinsam mit ihnen Aufgaben lösen. Das hält den jugendlichen Spieler in der Familiengemeinschaft und mindert die Gefahr der sozialen Isolation. Zudem können die Eltern gezielt eingreifen, beispielsweise wenn eine Verzerrung des Weltbilds droht. Ich denke, dass ein Spielen in Maßen weniger Gefahren birgt als ein generelles Verbot. Außerdem gibt es auch Spiele, die weniger auf Gewalt und Kampf als eher auf **Strategie und strukturiertes Denken** ausgerichtet sind. Diese fördern die Entwicklung geistiger Fähigkeiten der Jugendlichen, sind harmloser und daher zu befürworten.

2010/3 Ein positives Schulklima ist die Grundlage einer guten Schule. Inwiefern bringt ein angenehmes Schulklima Vorteile mit sich? Welche Möglichkeiten gibt es, dieses zu verbessern?

Mustergliederung

A. Streit, Anfeindungen, schmutzige Klassenräume und kaputtes Inventar nehmen jedem Schüler den Spaß an der Schule.

B. Inwiefern bringt ein angenehmes Schulklima Vorteile mit sich?
Welche Möglichkeiten gibt es, dieses zu verbessern?

1 Vorteile eines angenehmen Schulklimas

1.1 Vorteile für Schüler
1.1.1 Spaß am Schulbesuch dank freundlicher Umgebung
1.1.2 Verbesserung der Schulleistungen durch stressfreies Lernen

1.2 Vorteile für Lehrer
1.2.1 Entspannte Unterrichtsatmosphäre
1.2.2 Gelingen von Projekten durch Kooperationsbereitschaft der Klasse
1.2.3 Geringerer Krankenstand durch Stressreduktion

1.3 Vorteile für die gesamte Schule
1.3.1 Achtsamer Umgang mit Räumen und Gegenständen
1.3.2 Entstehung eines Gemeinschaftsgefühls
1.3.3 Positive Außenwirkung
1.3.4 Vorbildfunktion für andere

2 Möglichkeiten, das Schulklima zu verbessern

2.1 Beiträge vonseiten der Schüler
2.1.1 Mitgestaltung von Klassen- und Schulfesten
2.1.2 Entwicklung eigener Projekte (Schülerzeitungen, Homepages etc.)
2.1.3 Teilnahme an Streitschlichterprogrammen
2.1.4 Mitarbeit in der Schülermitverwaltung

2.2 Maßnahmen von Lehrern und Schulleitung
2.2.1 Schaffung von Rahmenbedingungen für die Umsetzung von Ideen
2.2.2 Unterrichtskonzepte zur Werteerziehung
2.2.3 Gemeinschaftsfördernde Aktivitäten (Projekttage, Ausflüge, AGs etc.)

C. Gerade an den (künftigen) Ganztagsschulen, wo Schüler und Lehrer die meiste Zeit des Tages gemeinsam verbringen, ist die Frage des Schulklimas besonders wichtig.

**2010/4 Ein Ehrenamt ist laut Definition eine Aufgabe, die man ohne Bezahlung in einer Institution ausübt.
Sollten Ihrer Meinung nach junge Menschen in Deutschland ein Ehrenamt übernehmen?**

Mustergliederung

A. Ehrenämter sind gemeinnützige Tätigkeiten, zum Beispiel bei der Freiwilligen Feuerwehr, beim Roten Kreuz oder bei den Pfadfindern, die man ohne Bezahlung übernimmt.

B. Sollten junge Menschen in Deutschland ein Ehrenamt übernehmen?

1 Gründe gegen die Übernahme eines Ehrenamtes

1.1 Nachteile für den ehrenamtlich Tätigen
1.1.1 Hoher Zeitaufwand
1.1.2 Eingehen einer längerfristigen Verpflichtung
1.1.3 Übernahme großer Verantwortung
1.1.4 Eventuell seelische Belastung

1.2 Nachteile für die Gesellschaft
1.2.1 Wegfall fester Arbeitsplätze
1.2.2 Mangelnde Kompetenz der ehrenamtlich Tätigen

2 Gründe für die Übernahme eines Ehrenamtes

2.1 Vorteile für den ehrenamtlich Tätigen
2.1.1 Bereicherung der Erfahrungswelt
2.1.2 Festigung von Sekundärtugenden (Pünktlichkeit, Fleiß, Höflichkeit)
2.1.3 Positive Auswirkung auf die berufliche Zukunft
2.1.4 Stärkung des Verantwortungsgefühls
2.1.5 Stärkung des Selbstbewusstseins
2.1.6 Möglichkeit zur Mitgestaltung des politischen und/oder gesellschaftlichen Lebens

2.2 Vorteile für die betreffende Institution und den Staat
2.2.1 Ideen und Anregungen für die Institution
2.2.2 Finanzielle Entlastung der Hilfsorganisationen und Vereine
2.2.3 Entlastung der Städte und Kommunen

3 Synthese: für/gegen das Ehrenamt

C. Eine Gesellschaft ohne Ehrenämter wäre um vieles ärmer.

2010/5 Zahlreiche junge Mädchen möchten „Germany's Next Topmodel" werden. Beurteilen Sie die Vor- und Nachteile einer Teilnahme an dieser Sendung. Zu welchem Ergebnis kommen Sie?

Mustergliederung

A. Viele junge Mädchen träumen von Berühmtheit durch Film und Fernsehen.

B. Ist es ratsam, an „Germany's Next Topmodel" teilzunehmen?

1 Gründe, die für eine Teilnahme an der Sendung sprechen

1.1 Kennenlernen des Showbusiness
1.1.1 Kontakt mit Prominenten
1.1.2 Bekanntwerden im Fernsehen

1.2 Popularität durch die Teilnahme
1.2.1 Bewunderung durch die Öffentlichkeit
1.2.2 Anerkennung im Freundeskreis

1.3 Berufliche Erfolge
1.3.1 Karrieresprungbrett
1.3.2 Finanzieller Gewinn

2 Gründe, die gegen eine Teilnahme an der Sendung sprechen

2.1 Einschränkungen im Privat- und Berufsleben
2.1.1 Wenig Zeit für Familie und Freunde
2.1.2 Ständige Beobachtung durch die Öffentlichkeit
2.1.3 Vernachlässigung von Schule, Ausbildung oder Beruf

2.2 Beeinträchtigung der körperlichen Gesundheit
2.2.1 Schädigung durch körperliche Strapazen
2.2.2 Gefährdung durch vorgegebenes Schönheitsideal (Magersucht)

2.3 Seelische Belastungen
2.3.1 Dauerstress
2.3.2 Konkurrenzdruck, Niederlagen
2.3.3 Reduzierung auf äußerliche Merkmale
2.3.4 Erfolg ohne Nachhaltigkeit

3 Synthese: gegen eine Teilnahme

C. Die Sendung ist unterhaltsam für die Zuschauer, aber die Teilnahme sollte sich ein junges Mädchen gründlich überlegen.

Musteraufsatz

A. Bereits in den Fünfzigerjahren umgarnten junge Mädchen Filmregisseure und Fotografen, um als Show-Talent entdeckt zu werden und so möglicherweise eine Karriere als Model, Sängerin oder Schauspielerin zu beginnen. An einschlägigen Orten wie etwa in Cannes oder Saint Tropez hatte man während des Sommers oder der Filmfestspiele Chancen, aufzufallen und dadurch Probeaufnahmen oder sogar eine kleine Rolle zu ergattern. Heutzutage müssen junge Mädchen, die sich den Einstieg ins Showbusiness erhoffen, nicht mehr unbedingt nach Frankreich reisen, denn bereits die Auswahl der potenziellen Showgrößen wird mittlerweile lukrativ vermarktet: Castings verschiedener Produktionen finden in vielen deutschen Städten statt. Besonders großen Zulauf haben die Auswahlverfahren zur Show „Germany's Next Topmodel", in der das bekannte Model Heidi Klum junge Frauen hinsichtlich ihrer Tauglichkeit für die Mode- und Fernsehwelt testet. Allerdings macht die Fernsehsendung immer wieder auch negative Schlagzeilen, sodass sich die Frage stellt, ob es ratsam ist, an der Castingshow „Germany's Next Topmodel" teilzunehmen, oder ob negative Aspekte bei einer Teilnahme überwiegen. Diese Frage soll im Folgenden erörtert werden.

B. Viele Mädchen wünschen sich, an der Sendung „Germany's Next Topmodel" teilzu-
1 nehmen, um auf diese Weise das **Showbusiness kennenzulernen**. Den meisten ist
1.1 diese Welt des Glamours nur aus den Medien bekannt. Deshalb ist es für die jungen Frauen spannend, einmal hinter die Kulissen zu schauen. Besonders lockt dabei die
1.1.1 Aussicht auf den persönlichen **Kontakt mit Prominenten**. Die erste berühmte Person, auf die die jungen Frauen bei der Castingshow treffen, ist das Model Heidi Klum, die für viele als Vorbild gilt. Aber nicht nur sie selbst ist prominent, auch bei den anderen Jury-Mitgliedern handelt es sich um bekannte Persönlichkeiten wie Fotografen, Agenturmitarbeiter, verschiedene Topmodels oder Stars aus der Film-, Fernseh- und Musikbranche. Für die Mädchen ist es sehr aufregend, wenn sich diese Promis, die sie sonst nur aus der Ferne bewundern können, in der Sendung mit ihnen beschäftigen, unterhalten und ihnen Tipps geben. Auch zu anderen Fernsehshows oder Modenschauen werden die Topmodel-Kandidatinnen eingeladen, wo sie mit weiteren Prominenten in Kontakt treten. Diese Zusammentreffen mit berühmten Stars sind für viele Mädchen ein Grund, an der Castingshow teilzunehmen.

1.1.2 Gleichzeitig werden durch die Sendung auch sie selbst zunehmend ein Teil des öffentlichen Lebens. Je länger eine Kandidatin es schafft, sich im Wettbewerb der Sendung zu behaupten, desto **bekannter wird sie beim Publikum**. So mancher Zuschauer hat dabei seine Favoritin gefunden und drückt ihr für das Weiterkommen die Daumen. Auch an den Tagen, an denen „Germany's Next Topmodel" nicht gesendet wird, wird über die Show gesprochen und spekuliert, wer in der kommenden Woche die Sendung verlassen muss. Werbeaufnahmen, die parallel zur Aufzeichnung der Staffel mit einigen der jungen Frauen gemacht werden, tragen zusätzlich zum Anstieg ihres Bekanntheitsgrades bei. So waren zum Beispiel in den vergangenen Jahren die Kandidatinnen zusammen mit Heidi Klum in der Fernsehwerbung einer bekannten Hamburger-Kette zu sehen. Für die Mädchen ist diese zunehmende Bekanntheit in Fernsehkreisen äußerst schmeichelhaft und sie fühlen sich immer mehr als Teil des Showbusiness.

1.2 Ein weiterer Grund, der für die Teilnahme an der Fernsehsendung spricht, ist die **Popularität**, die man dadurch erlangen kann. Jeder Mensch sehnt sich danach, von anderen anerkannt zu werden, und die Kandidatur bei „Germany's Next Topmodel" bietet die Möglichkeit, diese Anerkennung zu erhalten. Zum einen betrifft dies die
1.2.1 **Bewunderung durch die Öffentlichkeit**. Praktisch jeder Prominente hat Fans und

Anhänger, die ihn rückhaltlos bewundern, anfeuern und unterstützen. Auch die Teilnehmerinnen einer beliebten Fernsehshow wie „Germany's Next Topmodel" gewinnen im Laufe der Zeit Sympathisanten oder sogar Fans für sich. Diese fiebern bei jeder Entscheidung mit und verteidigen „ihre" Kandidatin gegen Gegner oder Kritiker. Dass etwa die Teilnehmerinnen der vergangenen Staffeln sehr viele Bewunderer hatten, konnte man durch zahllose Klicks auf ihre Websites oder Meinungsumfragen von Zeitschriften erfahren. Die Popularität der jungen Frauen lässt sich auch daran ablesen, dass sich einige Firmen eben diese zu Nutze machen, indem sie die Kandidatinnen für ihre Produkte werben lassen. Diese öffentliche Bewunderung ebenfalls zu erlangen, stellt für so manches junge Mädchen einen großen Reiz dar.

1.2.2 Neben der Popularität in der Öffentlichkeit wächst mit der Teilnahme an einer solchen Fernsehsendung oft auch die **Anerkennung vonseiten der eigenen Freunde**. Um in der Show zu bestehen, muss eine Kandidatin nicht nur hübsch sein, sondern auch mutig, diszipliniert und anpassungsfähig. Dies ist nötig, weil die Aufgaben, die den Teilnehmerinnen der Sendung gestellt werden, nicht immer ganz leicht zu bewältigen sind. So fanden zum Beispiel Fotoshootings mit Spinnen statt, auch im Meer oder in großer Höhe mussten die Mädchen ausharren, es galt auf Eisblöcken ruhig zu sitzen oder neben explodierenden Autos „cool" auszusehen. Die Zuschauer können häufig beobachten, wie die Kandidatinnen angesichts solcher Herausforderungen von ihren Freunden gestützt werden, dass diese ihnen Respekt und Anerkennung für ihren Mut und ihre Stärke zollen.

1.3 Der wohl wichtigste Grund ist aber für viele der Bewerberinnen sicherlich, dass sie
1.3.1 sich durch eine Teilnahme an „Germany's Next Topmodel" **gute Berufschancen** ausrechnen. Für einen Ausbildungsberuf benötigt man einen bestimmten Schulabschluss und für Erfolg bei der Stellensuche möglichst auch gute Noten. Wer dies nicht vorweisen kann, hat es auf dem Arbeitsmarkt schwer. In der Modelbranche ist das anders. Hier zählen weniger Noten oder Abschlüsse als vielmehr gutes Aussehen und Disziplin. Deshalb hoffen viele Mädchen, dass ihnen die Erfahrungen aus der Sendung zu einem **Karrierestart** in dieser Branche verhelfen. In den vergangenen Staffeln konnte sowohl eine Schülerin wie auch eine Studentin das Siegerpodest erklimmen. Daran zeigt sich, dass die Schulbildung bei der Auswahl des Topmodels keine Rolle spielt; allein die Fortschritte in der Sendung waren entscheidende Kriterien für den Sieg.

1.3.2 Besonders reizvoll für viele Kandidatinnen ist schließlich der **finanzielle Gewinn**, den sie sich durch die Teilnahme an der Sendung versprechen. Von berühmten Models ist bekannt, dass sie ein Luxusleben führen. Dem eifern viele Mädchen nach. Schon wer es in der Sendung weit schafft, erhält einen recht hohen Prozentsatz der Gagen für Werbefotos, Fernsehspots oder Modenschauen. Der Siegerin der Show winken am Ende nicht nur ein Auto und die Chance, auf dem Titel einer sehr bekannten internationalen Modezeitschrift abgebildet zu werden, sondern auch ein Vertrag mit einer Modelagentur, was sich langfristig als lukrativ erweisen kann. Die Teilnahme an der Sendung erscheint also besonders auch hinsichtlich beruflicher und finanzieller Perspektiven vielversprechend.

2 So tragen all diese Gründe dazu bei, dass sich viele junge Mädchen und Frauen als „Germany's Next Topmodel" bewerben. Allerdings gibt es auch einige Aspekte zu berücksichtigen, die eine Teilnahme eher riskant erscheinen lassen.

2.1 Zunächst muss sich jede Teilnehmerin auf erhebliche **Einschränkungen im Privat- und Berufsleben** einstellen. Vor dem Auftritt einer jungen Frau als Kandidatin im
2.1.1 Fernsehen muss sie einen Vertrag mit der Produktionsfirma unterschreiben, in dem festgelegt ist, dass sie nur sehr **wenig Kontakt mit Freunden und Familie** haben darf. Dies ist unter anderem durch die vielen Reisen in die ganze Welt bedingt, aber

auch durch das Konzept der Sendung, das zum Beispiel verlangt, dass alle Teilnehmerinnen ihre Mobiltelefone abgeben. Da eine Staffel der Sendung zwei bis drei Monate dauert, kommt es immer wieder vor, dass die Mädchen erschöpft oder traurig sind. Auch in solchen Momenten sind ihnen aber nur sehr wenige und sehr kurze Gespräche mit Familie oder Freunden erlaubt. Im Übrigen sollen die Mädchen ihre Mitbewerberinnen zum Austausch heranziehen, da dies publikumswirksamer ist, etwa wenn sich so Freundschaften bilden oder im Gegenteil die Kandidatinnen untereinander lästern und intrigieren. Auf den jungen Frauen lastet durch diese nahezu isolierte Situation erheblicher Druck.

2.1.2 Dieser Druck wird untermauert durch die **permanente Beobachtung seitens der Öffentlichkeit**, unter der die Mädchen stehen. Beispielsweise wird der Telefonanschluss, der für die seltenen Gespräche mit den Vertrauten genutzt wird, rund um die Uhr gefilmt. Jegliche Intimität wird dadurch unmöglich und der Kontakt mit Freunden und Familie beschränkt sich weitgehend auf Floskeln. Auch bei den verschiedenen Aufgaben und Jobs wird jedes Mädchen gefilmt, und bevorzugt werden die Szenen gesendet, in denen sich jemand ungeschickt anstellt oder eine Absage erhält. Gerade diese Patzer oder Enttäuschungen befriedigen die Sensationslust der Zuschauer und erhöhen die Einschaltquoten. Für die Mädchen aber bedeutet es, dass jeder Fernsehzuschauer ihre Gefühlsregungen bis ins Detail verfolgen und kommentieren kann.

2.1.3 Neben diesen Einschränkungen im Privatleben sind bei einer Teilnahme an der Sendung auch die Konsequenzen in beruflicher Hinsicht zu bedenken. Durch die mehrmonatige Dauer einer Staffel muss die Kandidatin unter Umständen lange **in Schule, Ausbildung oder Beruf pausieren** und vernachlässigt diesen Bereich. Durch Folgeverträge kann sich die Zeitspanne, in der die Frauen von der Schule oder Arbeitsstelle fernbleiben, zusätzlich verlängern. Da nicht jeder Schuldirektor oder Chef das ohne Weiteres akzeptiert, kann ein Wiederholungsjahr in Schule oder Ausbildung die Folge sein bzw. unbezahlter Urlaub im Beruf sowie die damit verbundenen finanziellen Einbußen. Für diejenigen, die am Ende der Staffel nicht als Siegerinnen aus der Sendung hervorgehen, also für die meisten der Teilnehmerinnen, sind diese Nachteile massiv und sprechen gegen die Teilnahme an der Sendung.

2.2 Noch weitaus mehr als diese bereits beträchtlichen Einschränkungen fallen allerdings die möglichen **Beeinträchtigungen der körperlichen Gesundheit** ins Gewicht, die mit einer Teilnahme an „Germany's Next Topmodel" einhergehen. Die
2.2.1 jungen Frauen müssen viele **körperliche Strapazen** durchstehen. Die langen Reisen rund um die Welt sind anstrengend und verursachen Jetlag, trotz dem jederzeit Auftritte bewältigt und Trainings absolviert werden müssen. Kaum an einem Zielort angekommen, erwartet die Kandidatinnen schon ein neuer Job, eine Challenge oder ein Laufstegtraining. Nur mit einer sehr guten Konstitution kann man das problemlos durchstehen.

2.2.2 Eine weitere Gefährdung der Gesundheit der Kandidatinnen ergibt sich aus dem in der Branche **vorherrschenden Schönheitsideal**. Die Modelanwärterinnen müssen ungeheuer dünn sein, um einen Job zu bekommen. Schon in der ersten Staffel wurde ein schlankes Mädchen – sie hatte Idealgewicht – zum Verlassen der Sendung gezwungen, weil sie angeblich zu dick war. Einer anderen Kandidatin blühte dasselbe Schicksal, da sie während der Staffel ein paar Kilo zugenommen hatte. Das Schönheitsideal, das damit propagiert wird, ist problematisch und fördert Essstörungen wie zum Beispiel Magersucht. Wer eine Kleidergröße über 34/36 trägt, kann an keiner Modenschau teilnehmen, weil die Kleider nur für diese Größe (und kleinere) ausgelegt sind. Das führt dazu, dass viele der Kandidatinnen hungern, um in der Sendung bleiben zu können. Die Zuschauer, vermehrt junge Mädchen in der Pubertät, sehen die Kandidatinnen als Vorbilder und ahmen deren Essverhalten nach. Sie schädigen so ihren häufig noch im Wachstum begriffenen Körper, weil sie einem völlig übertriebenen und höchst fragwürdigen Schönheitsideal folgen, das besagt: je dünner, desto schöner! Die Teilnehmerinnen der Sendung schaden also mit diesem Verhalten nicht nur sich selbst, sondern durch ihre Vorbildfunktion indirekt auch dem Publikum. Das spricht deutlich gegen eine Kandidatur bei der Sendung.

2.3 Der entscheidende Grund gegen eine Teilnahme an der Castingshow sind die **seeli-**
2.3.1 **schen Belastungen**, denen die Modelanwärterinnen ausgesetzt sind. Dazu gehört beispielsweise der **Dauerstress**, der nicht nur den Körper, sondern auch die Psyche betrifft. Verursacht wird er etwa durch den Druck der Öffentlichkeit, in der sich die jungen Frauen immerzu schön, lächelnd und motiviert zeigen müssen, obwohl auch sie natürlich manchmal müde, schlecht gelaunt oder krank sind. Auch die gestellten Aufgaben sind meist nicht nur körperlich anstrengend, sondern kosten die Teilnehmerinnen großen Mut oder erfordern das Überwinden von Ängsten, wie zum Beispiel bei Fotoshootings in großer Höhe oder Aufnahmen mit wilden Tieren. Selbst die Reaktionen der Mädchen auf diese seelischen Belastungen kann der Zuschauer am Bildschirm miterleben.

2.3.2 Dazu kommt, dass sie sich mit den anderen Bewerberinnen in **ständigem Konkurrenzkampf** befinden. Der Druck, besser sein zu müssen als die anderen, um nicht bei der nächsten Juryentscheidung diejenige zu sein, die nach Hause fährt, ist enorm. So entstehen durch diese Konkurrenz oft Streitigkeiten, beispielsweise wenn eine Kandidatin nicht mit den anderen kooperiert oder sie in ihrem Fortkommen stört, um selbst nach vorne zu gelangen. Aus der Wettbewerbssituation ergeben sich außerdem permanent **Niederlagen** für die ein oder andere Kandidatin, die, sei es vor der Kamera, sei es auf dem Laufsteg, von einer Mitbewerberin übertrumpft wurde. Solche Rückschläge sind für die Mädchen, die häufig noch sehr jung und unerfahren sind, nur schwer zu verkraften und belasten ihre Psyche.

2.3.3 Erschwert wird diese Situation überdies dadurch, dass Qualitäten wie Intellekt oder gute Charaktereigenschaften, zum Beispiel Fairness oder Solidarität, in der Sendung keine Anerkennung finden. Die Auswahl des künftigen Topmodels erfolgt allein aufgrund **äußerlicher Merkmale**, auf die die Frauen **reduziert** werden. Ein schönes Gesicht und eine schlanker Körper sind ausschlaggebend für den Erfolg. Diese extreme Oberflächlichkeit gehört zwar zur Branche, ist aber für die jungen Mädchen mitunter schwer zu verkraften, da sie nicht als „ganzer Mensch" wahrgenommen und wertgeschätzt werden. So kann, wie schon geschehen, das „schöne Biest" bis ins Finale gelangen, obwohl sie vor allem für Streit und Unfrieden unter den Mädchen gesorgt hat. Neben der seelischen Belastung durch diese Art der Reduzierung einer Person spricht gegen die Teilnahme an der Show auch die Tatsache, dass man als Kandidatin diese zweifelhafte Botschaft, dass gutes Aussehen über alles andere zu stellen sei, zwangsläufig an das Publikum weitergibt.

2.3.4 Der wichtigste Grund aber, warum es nicht ratsam erscheint, an „Germany's Next Topmodel" teilzunehmen, ist die **fehlende Nachhaltigkeit des Erfolgs**. Zwar erhält die Siegerin einer Staffel den angekündigten Gewinn, eine internationale Laufstegkarriere oder der Erfolg eines echten Topmodels ist damit aber keineswegs erreicht. Im Gegenteil, es ist inzwischen bekannt, dass einige der Siegerinnen wieder in ihr „normales" Leben abseits der Modelbranche zurückgekehrt sind. Sie gehen wieder zur Schule oder arbeiten in ihrem alten Beruf und sind allenfalls nebenher als Model tätig. Nur wenige können tatsächlich vom Modeln leben, erhalten auch dann aber meist nur kleinere Aufträge. Der Traum vom wirklichen Topmodeldasein und der großen internationalen Karriere erfüllt sich durch die Sendung nicht. Die Enttäuschung darüber muss bei den Kandidatinnen, die so viel dafür in Kauf nehmen, riesig sein. Aus all dem lässt sich letztlich nur schließen, dass sich eine Kandidatur bei der Castingshow besonders aufgrund der starken seelischen Belastung nicht lohnt.

3 Obwohl eine Teilnahme an „Germany's Next Topmodel" viele Vorteile mit sich bringen kann, wie das Kennenlernen des Showbusiness, die Anerkennung durch Öffentlichkeit und Freunde oder berufliche Erfolge, sprechen die Nachteile eine deutlichere Sprache. Die Einschränkungen im Privat- und Berufsleben, Beeinträchtigungen der körperlichen wie der seelischen Gesundheit sind zu gravierend, als dass die Vorteile sie aufwiegen könnten. Deshalb erscheint es nicht ratsam, an der Sendung „Germany's Next Topmodel" teilzunehmen.

C. Nach wie vor zeugen hohe Einschaltquoten von der Beliebtheit von Castingshows im Fernsehen. Für die Zuschauer ist eine Sendung, in der verschiedene Kandidaten um Ruhm und Verträge kämpfen, sich gegenseitig ausspielen und ausstechen, Erfolge und Niederlagen erleben, spannend und unterhaltsam. Sollte man sich allerdings überlegen, selbst bei solch einer Show mitzumachen, darf man die negativen Aspekte einer Teilnahme nicht außer Acht lassen. Wer ernsthaft eine Modelkarriere anstrebt, ist vermutlich besser beraten, zu einer professionellen Agentur zu gehen und dort eine Bewerbung abzugeben. Nachweislich führte die Teilnahme an „Germany's Next Topmodel" bei allen Bewerberinnen, inklusive der Siegerinnen, nicht zu der internationalen Laufstegkarriere, die sie sich erträumt hatten. Die „echten" Topmodels wurden entweder von Modelscouts entdeckt, wie zum Beispiel Claudia Schiffer, oder sie haben sich bei Agenturen beworben.

Abschlussprüfungsaufgaben an Wirtschaftsschulen
Deutsch – 2010: II. Textaufgabe

Lesen Sie den Text „Probleme mit dem Drahtesel" genau durch und bearbeiten Sie dann die folgenden Aufgaben.

1 Verfassen Sie eine Überblicksinformation.

2 Geben Sie den Inhalt des Textes in gestraffter Form wieder.

3 Erläutern Sie die Aussage: „Demnach werden Kinder zum Verkehrsrisiko." (Z. 6 f.)

4 Erörtern Sie, ob das Fahrradfahren eine gute Alternative zum Autofahren ist.

Probleme mit dem Drahtesel

Mit einem Fahrrad geradeaus zu fahren, ist nicht schwer. Nur etwas komplizierter wird es, wenn jemand beim Abbiegen einen Blick über die Schulter werfen muss. Millionen Bundesbürger bewältigen diese Aufgabe jeden Tag mühelos. Für viele deutsche Kinder dagegen werden diese einfachen Abläufe zunehmend zum unüberwindbaren Hindernis. Deutschlands Grundschüler können nicht mehr richtig Rad fahren. Zu diesem Ergebnis kommt eine Studie des Gesamtverbands der deutschen Versicherungswirtschaft. Demnach werden Kinder zum Verkehrsrisiko. Rund 95 Prozent der Viertklässler legen jährlich die Fahrradprüfung ab, 200 000 Kinder waren es allein im zurückliegenden Schuljahr. Dabei werden schonungslos Defizite aufgedeckt. Drei Viertel der befragten Verkehrsschulen bescheinigen, dass im Vergleich zu 1997 immer mehr Kinder durch mangelhafte Fertigkeiten und fehlende Körperbeherrschung auffallen. Immer mehr Grundschüler können beispielsweise die Spur nicht halten, wenn sie im Straßenverkehr nach links oder rechts schauen müssen. Aber auch einfache Alltagssituationen wie Bremsen, Anfahren und in Kurven das Gleichgewicht halten bereiten Schwierigkeiten. Fast in jeder Klasse gibt es ein bis zwei Kinder, die überhaupt nicht Radfahren können.

„Um sicher fahren zu können, fehlt die Übung", sagt Siegfried Brockmann, Leiter der Abteilung Unfallforschung beim Gesamtverband der deutschen Versicherungswirtschaft. Eltern kutschieren ihre Sprösslinge bereitwillig mit dem Auto zur Schule, auch wenn es zu Fuß nicht sonderlich weit gewesen wäre, nur eben unbequem. Viele der Kinder besitzen nicht einmal mehr ein Fahrrad.

Weitere Gründe sieht Brockmann auch im Freizeitverhalten. „Viele verlassen zum Spielen nicht das Haus, sitzen häufig vor dem Computer oder dem Fernseher." Erwartet habe man eine solch eindeutige Entwicklung nicht. „Die Ergebnisse haben uns richtig erschreckt", sagt Siegfried Brockmann. Auch die Zukunft sieht er nicht gerade rosig: „Gut möglich, dass sich diese Situation in den nächsten Jahren noch verschlimmert."

Auch Übergewicht ist nach den Angaben der Verkehrserzieher ein großes Problem. Ein nennenswerter Teil der Kinder besitzt laut Studie kaum Kondition. Schon bei kleinen Steigungen geht ihnen die Puste aus und sie müssen das Fahrrad schieben. Besonders schlecht schneiden hier Großstadtkinder ab.

Die Fahrradbranche lässt sich von solchen Entwicklungen bisher nicht aus der Ruhe bringen. „Kann gut sein, dass die Kinder weniger fahren", räumt Rolf Lemberg, Geschäftsführer des Zweirad-Industrie-Verbandes, ein. Er argumentiert, dass stattdessen Erwachsene seit einigen Jahren häufiger das Auto stehen lassen und in den Sattel steigen, besonders im Sommer. Hohe Benzinpreise, aber auch ein wachsendes Umweltbewusstsein spielten hier eine große Rolle. Der durchschnittliche Anfahrtsweg zur Arbeit beträgt nach Angaben des Fahrrad-Verbandes zwischen fünf und sechs Kilometer. „Das kann man sehr gut mit dem Fahrrad bewältigen", findet Lemberg.

Siegfried Brockmann vom Versicherungsverband rät Eltern, ihre Kinder frühzeitig zum Fahrradfahren zu bewegen. Eltern und Kinder sollten gemeinsam zur Schule radeln. Alternativ könnten die Großen die Kleinen zu Fuß begleiten. Auch in der Freizeit sollten die Kinder so viel Zeit wie möglich an der frischen Luft verbringen. „Sonst wird sich die Entwicklung immer weiter verschlimmern", warnt er.

(Miriam Olbrisch, Süddeutsche Zeitung vom 27. 8. 2009,
Text leicht gekürzt und bearbeitet)

Musterlösung

1 **Überblicksinformation**
Miriam Olbrisch stellt in ihrem Bericht, der am 27. 08. 2009 in der „Süddeutschen Zeitung" erschienen ist, eine Studie des Gesamtverbandes der deutschen Versicherungswirtschaft vor, in der nachgewiesen wird, dass immer mehr Kinder Probleme beim Fahrradfahren haben. In dem Artikel werden Gründe für diese Entwicklung genannt, Auswirkungen aufgezeigt und mögliche Gegenmaßnahmen angesprochen.

2 **Gestraffte Inhaltswiedergabe**
Im Text wird zunächst eine Studie des Gesamtverbandes der deutschen Versicherungswirtschaft vorgestellt, in der die Probleme vieler Kinder beim Fahrradfahren sowie ihre mangelnde Beherrschung notwendiger Grundfertigkeiten aufgezeigt werden. Als Ursachen dafür werden die fehlende Fahrpraxis mit dem Rad sowie die zunehmende Beschränkung des Freizeitverhaltens auf das Haus und die dortige Beschäftigung mit Computer und Fernsehen genannt. Auch das Übergewicht und die schlechte Kondition vieler Kinder wirkt sich negativ aus. Der Text bezeichnet die jungen Radfahrer daher als Verkehrsrisiko.
Als mögliche Gegenmaßnahmen werden die Motivierung zum Radfahren und Zufußgehen sowie die Förderung von Freizeitaktivitäten im Freien vorgeschlagen. Zuletzt kommt die genau gegensätzliche Entwicklung bei Erwachsenen zur Sprache, da diese in jüngster Zeit aus Kostengründen und aus Gründen des Umweltschutzes verstärkt das Fahrrad zur Fortbewegung nutzen.

3 **Texterläuterung**
„Demnach werden Kinder zum Verkehrsrisiko." (Zeile 6 f.)
Der Begriff „Risiko" bezeichnet eine Sache oder Lage, die mit Schwierigkeiten oder Gefahren verbunden ist. Ein Verkehrsrisiko meint daher eine prekäre Situation im Straßenverkehr, aus der leicht ein Unfall resultieren kann. Die Aussage im Text bezieht sich auf Kinder, die durch ihr unberechenbares Fahrverhalten eventuell sich selbst und andere Verkehrsteilnehmer gefährden. Die Ursachen für die Gefahr, die von diesen Kindern ausgeht, sind unter anderem unerwartete oder falsche Reaktionen, unsichere Fahrweise, mangelnde Beherrschung des Fahrrades und Unkenntnis der Verkehrsregeln.

4 **Stellungnahme**
Erörtern Sie, ob das Fahrradfahren eine gute Alternative zum Autofahren ist.

Das Auto ist aus unserer Gesellschaft nicht mehr wegzudenken. Für viele Menschen ist es ein Transportmittel, auf das sie ganz selbstverständlich und ohne groß nachzudenken zurückgreifen, um sich von A nach B zu bewegen. Doch kann man sich fragen, ob es sich dabei tatsächlich immer um die vorteilhafteste Methode handelt, um sich fortzubewegen, oder ob etwa das Fahrrad als gute Alternative zum PKW anzusehen ist.

Ein wichtiger Grund, der für das Fahrradfahren anstelle der Nutzung des Autos spricht, ist die **erhöhte Flexibilität**. Wenn man den PKW benutzt, muss man entweder Straßen befahren, die für Autos geeignet sind, oder man geht zu Fuß, hat dabei aber nur einen begrenzten Bewegungsradius. Nutzt man jedoch das Fahrrad, hat man die Möglichkeit, sowohl auf Straßen zu fahren als auch auf unbefestigten Fußwegen, die für Räder geeignet sind. Dabei kann man viel weitere Strecken zurücklegen, als dies zu Fuß möglich wäre. Außerdem ist man recht schnell am Ziel. In der Stadt wie auch auf dem Land gibt es oft **Abkürzungen**, die nur mit dem Fahrrad befahrbar sind. Dies sind zum Beispiel ausgewiesene Einbahnstraßen in umgekehrter Richtung, Unterführungen oder Feldwege. Auch Fußgängerzonen kann man mit dem Fahrrad benutzen, wenn man sich an die Regeln hält und zwischendurch absteigt und schiebt.

Ist man mit dem Fahrrad unterwegs, muss man auch **nicht** lange nach einem passenden **Parkplatz suchen**. Fahrräder kann man so gut wie überall abstellen, meist direkt am Zielort. Parkplätze für Autos dagegen sind rar und häufig kostenpflichtig sowie zeitlich begrenzt nutzbar. Viele Parkplätze darf man nur gegen Gebühr und nur für wenige Stunden nutzen. Hält man sich nicht daran, kann es passieren, dass man ein Bußgeld bezahlen muss.

Ein weiterer Vorteil des Fahrradfahrens ist der **gesundheitliche Aspekt**. Im Auto sitzt man nur und bewegt sich kaum. Auf dem Fahrrad hingegen **trainiert man seinen Körper** durch die stetige Bewegung. Vor allem für die Beinmuskulatur und die Ausdauer ist das Treten auf dem Rad förderlich. Außerdem ist man an der frischen Luft, was zusätzlich abhärtet bzw. das **Immunsystem stärkt** und so vor Infektionskrankheiten schützt.

Ein anderer, nicht zu unterschätzender Aspekt, der für das Fahrrad als Alternative zum Auto spricht, ist die **finanzielle Ersparnis**. Ein Auto kostet viel Geld. Nicht nur die Anschaffung für mehrere Tausend Euro ist kostspielig, auch Unterhalt wie Steuern, Versicherung und Reparaturen können mit vielen Hundert Euro im Jahr zu Buche schlagen. Hinzu kommen die **Benzinkosten**, die sich durch den sprunghaften Anstieg der Kraftstoffpreise in den letzten Jahren monatlich auf enorme Summen belaufen können. Die **Parkgebühren** schließlich, die bei Fahrten in die Innenstadt noch zusätzlich anfallen, wurden bereits erwähnt. Benutzt man dagegen das Fahrrad als Transportmittel, fallen all diese Kosten weg.

Der wohl wichtigste Grund, das Fahrrad als sehr gute Alternative zum Autofahren zu sehen, ist der **Beitrag zum Umweltschutz**. Mit dem Rad zu fahren ist leise, kein Motor brummt und man macht insgesamt nur sehr **wenig Lärm**. Eine Fahrradklingel ist nicht mit der Lautstärke einer Autohupe vergleichbar. Ein Autofahrer, der aufs Gas drückt, trägt dagegen erheblich zur Lärmbelastung bei, sodass bei stark befahrenen Straßen teilweise sogar Lärmschutzwände für die Anwohner gebaut werden.

Sogar noch wichtiger für die Umwelt ist die Tatsache, dass Fahrräder **keine Abgase** produzieren. Während Autos durch ihre Verbrennungsmotoren viel Kohlendioxid ausstoßen, was auf Dauer die Erdatmosphäre schädigt, fallen beim Fahrrad keine Emissionen an, weil der Fahrer allein durch seine Muskelkraft das Rad antreibt. Auch der Gestank der Autoabgase fällt daher beim Radeln weg. Die Benutzung des Fahrrads ist also ökologisch weitaus besser verträglich als die des Autos, das Rad hält die Umwelt sauber.

All diese Argumente machen deutlich, warum das Fahrradfahren als Alternative zum Autofahren zu befürworten ist. Dennoch gibt es auch Gründe, die dem entgegenstehen, was im Folgenden ausgeführt wird.
Ein Argument, das gegen das Fahrradfahren und für die Nutzung des Autos spricht, sind die sehr **begrenzten Transportmöglichkeiten** bei Ersterem. Zwar hat das Rad auf kurzen Strecken viele Vorteile zu bieten, diese gelten aber nur, wenn man **keine größeren Lasten zu transportieren** hat. Hervorragend eignet sich das Fahrrad für eine kurze Fahrt zum Bäcker, um Brezeln zu kaufen. Hat man aber vor, den Wochenendeinkauf für die ganze Familie zu tätigen, stößt man auf dem Drahtesel schnell an die Grenzen des Machbaren. Gerade bei vielen, schweren oder großvolumigen Lasten kann es sogar recht gefährlich sein, das Fahrrad zu benutzen. Das Gleichgewicht halten, zeitweise einhändig fahren, um die andere Hand zum Anzeigen des Richtungswechsels oder Abbiegens auszustrecken, und parallel beispielsweise einen Wasserkasten auf dem Gepäckträger zu balancieren, kann leicht schief gehen: Der Fahrer gerät vielleicht ins Schwanken und schnell ist dann ein Unfall geschehen. Zum Transport von Lasten eignet sich das Fahrrad daher nur bedingt.
Ein weiterer Nachteil des Fahrrads gegenüber dem Auto ist die **eingeschränkte Mobilität**. Der Bewegungsradius, der einem mit dem Auto zur Verfügung steht, ist in der Regel deutlich größer als bei einer Fahrt mit dem Rad. So kann man mit dem PKW beispielsweise eine Urlaubsfahrt von mehreren Hundert Kilometern unternehmen, was mit dem Fahrrad unmöglich oder aber extrem zeitaufwändig wäre. Aber auch schon bei Strecken ab 20 oder 30 Kilometern außerhalb der Stadt braucht der Radfahrer deutlich länger als der Autofahrer. Je länger die Route, desto größer wird der Zeitunterschied. Wenn man also wenig Zeit für die Bewältigung einer längeren Strecke hat, ist demnach das Fahrrad die ungünstigere Wahl.
Zu bedenken sind schließlich vor allem auch die **gesundheitlichen Risiken**, die einen Nachteil des Fahrradfahrens gegenüber dem Autofahren ausmachen. Wer bei kühlem Wetter das Rad benutzt, läuft Gefahr, sich zu **erkälten**. Durch das Radeln gerät man ins Schwitzen, während gleichzeitig bei der kalten Witterung und eventuell ungünstiger Kleidung der Körper stark auskühlen kann, und man erkrankt. Auch im Regen ist das Fahrradfahren eher ungünstig, da der nasse Körper anfällig für Infektionen ist.
Noch gefährlicher aber für die Gesundheit des Radfahrers sind häufig die anderen **motorisierten Verkehrsteilnehmer**. Bei einem Zusammenstoß hat der Autofahrer eine Knautschzone aus Blech um sich herum, Airbags und einen Gurt, die ihn schützen. Der Fahrradfahrer hingegen hat keinerlei „Schutzschild". Deshalb erleiden Radfahrer oft schwere Verletzungen, wenn sie in einen Unfall mit einem Auto oder Motorrad verwickelt sind. Denn selbst Motorradfahrer tragen eine Lederkluft und einen Helm, die einen gewissen Schutz bieten. Viele Radfahrer dagegen verzichten sogar auf diesen Kopfschutz. Deshalb ist die Gefährdung für Radfahrer durch motorisierte Teilnehmer im Straßenverkehr besonders hoch.
Meiner Meinung nach ist das Fahrradfahren in vielen Situationen ein gute Alternative zum Autofahren. Hat man eine kurze Strecke zurückzulegen und ist das Wetter mild, so sollte man das Fahrrad als Verkehrsmittel wählen. In diesem Fall ist es gesünder, preiswerter und praktischer als das Auto. Wenn man allerdings viel zu transportieren hat oder längere Strecken fahren will, trifft man mit dem Auto sicher die bessere Wahl. So hängt es letztendlich vom Einzelfall und den jeweiligen Umständen ab, welches das günstigere Verkehrsmittel ist.

Abschlussprüfungsaufgaben an Wirtschaftsschulen
Deutsch – 2011: I. Erörterungsthemen

1 Der Energieverbrauch steigt kontinuierlich.
Zeigen Sie Gründe dafür auf sowie mögliche Gegenmaßnahmen.

2 Es wird häufig kritisiert, dass Jugendliche zu selten Tageszeitungen lesen.
Weshalb ist Zeitungslektüre aber gerade auch für Jugendliche sinnvoll?
Mit welchen Maßnahmen könnte man Jugendliche dazu bewegen, täglich Zeitung zu lesen?

3 Lernen ist ein wichtiger lebenslanger Prozess.
Aus welchen Gründen ist lebenslanges Lernen von so großer Bedeutung?
Welche Voraussetzungen ermöglichen lebenslanges Lernen?

4 Viele Jugendliche besuchen sehr gerne und sehr häufig Fastfood-Lokale.
Setzen Sie sich kritisch mit diesem Trend auseinander.

5 Reiseveranstalter bieten Gruppenreisen speziell für Jugendliche an.
Welche Vorteile bietet Jugendlichen die Teilnahme an solchen Reisen und welche Probleme können damit verbunden sein?
Wie stehen Sie dazu?

Musterlösungen

2011/1 Der Energieverbrauch steigt kontinuierlich. Zeigen Sie Gründe dafür auf sowie mögliche Gegenmaßnahmen.

Mustergliederung

A. In Deutschland wird der Ausstieg aus der Atomenergie diskutiert, aber die Deutschen verbrauchen immer mehr Energie.

B. Warum steigt der Energieverbrauch und welche Gegenmaßnahmen können ergriffen werden?

1 Gründe für den hohen Energieverbrauch

1.1 Gesellschaftliche Gründe
1.1.1 Anstieg der Weltbevölkerung
1.1.2 Technischer Fortschritt
1.1.3 Zunahme des Verkehrs
1.1.4 Orientierung von Entwicklungsländern an Industrienationen

1.2 Individuelle Gründe
1.2.1 Hohe Kosten der Anschaffung von neuen, energiesparenden Geräten
1.2.2 Gestiegene Ansprüche bei Alltagsbedürfnissen
1.2.3 Zunehmende Bequemlichkeit und Wunsch nach Mobilität
1.2.4 Geringes Umweltbewusstsein

1.3 Wirtschaftliche Gründe
1.3.1 Große Nachfrage nach Produkten mit hohem Energieverbrauch
1.3.2 Umsatzsteigerung wichtiger als ökologische Verantwortung
1.3.3 Unzureichende Reglementierung durch Gesetze bzw. Politik

2 Gegenmaßnahmen

2.1 Maßnahmen im privaten Bereich
2.1.1 Kauf vorwiegend regionaler Produkte
2.1.2 Verwendung energiesparender Geräte in Haushalt und Freizeit
2.1.3 Nutzung öffentlicher Verkehrsmittel
2.1.4 Vermeidung und Recycling von Müll

2.2 Maßnahmen im gesellschaftspolitischen Bereich
2.2.1 Informations- und Imagekampagnen zum Thema „Energiesparen“
2.2.2 Vorgaben zum Energieverbrauch für Behörden, Unternehmen und Privathaushalte
2.2.3 Finanzielle Anreize für energieeffizientes Verhalten
2.2.4 Investitionen in den Ausbau erneuerbarer Energien
2.2.5 Durchsetzen energiesparender Maßnahmen auf internationaler Ebene

2.3 Maßnahmen in der Wirtschaft
2.3.1 Nur noch Herstellung energiesparender Geräte und Produkte
2.3.2 Investitionen in Forschung für Energiesparprodukte
2.3.3 Preispolitik orientiert an Energiebilanz der Produkte

C. In Zukunft werden die Ressourcen immer knapper und das Einsparen von Energie muss viel stärker ins Bewusstsein jedes Einzelnen treten.

2011/2 Es wird häufig kritisiert, dass Jugendliche zu selten Tageszeitungen lesen. Weshalb ist Zeitungslektüre aber gerade auch für Jugendliche sinnvoll? Mit welchen Maßnahmen könnte man Jugendliche dazu bewegen, täglich Zeitung zu lesen?

Mustergliederung

A. In Zeiten von Facebook und Online-Newsletter lesen Jugendliche kaum einmal Zeitung.

B. Weshalb ist Zeitungslektüre gerade auch für Jugendliche sinnvoll und mit welchen Maßnahmen könnte man Jugendliche dazu bewegen, täglich Zeitung zu lesen?

1 Gründe, warum Zeitungslektüre für Jugendliche sinnvoll ist

1.1 Informationsquelle für Angebote besonders aus der Region
1.1.1 (Regionale) Stellenanzeigen
1.1.2 (Regionale) Veranstaltungen

1.2 Förderung der persönlichen Entwicklung
1.2.1 Weiterentwicklung der sprachlichen Kompetenz
1.2.2 Erweiterung des Allgemeinwissens
1.2.3 Förderung des kritischen Denkens

1.3 Mittel zur Meinungsbildung als Grundlage für Teilhabe an der Gesellschaft
1.3.1 Wissen über das öffentliche Leben und aktuelle Diskussionen
1.3.2 Verständnis von größeren Zusammenhängen und Hintergründen
1.3.3 Kennenlernen unterschiedlicher Haltungen zu Fragestellungen

2 Maßnahmen zur Motivation von Jugendlichen zur Zeitungslektüre

2.1 Maßnahmen des Elternhauses
2.1.1 Abonnement einer Tageszeitung
2.1.2 Zeitungsartikel als gemeinsames Gesprächsthema

2.2 Maßnahmen der Schule
2.2.1 Diskussionen über aktuelle regionale Themen
2.2.2 Zeitungslektüre und Zeitungsprojekte in der Schule
2.2.3 Auseinandersetzung mit den journalistischen Darstellungsformen im Unterricht
2.2.4 Gestaltung einer Schülerzeitung
2.2.5 Besuch einer Zeitungsredaktion

2.3 Maßnahmen der Zeitungsverlage
2.3.1 Berücksichtigung von jugendspezifischen Themen
2.3.2 Gestaltung von Seiten für und von Jugendlichen
2.3.3 Zusätzliche Online-Angebote
2.3.4 Werbeaktionen an Treffpunkten Jugendlicher
2.3.5 Besondere Prämien für jugendliche Leser und Abonnenten

C. Meiner Ansicht nach ist Zeitungslektüre vor allem ein Instrument zur Bildung einer eigenen Meinung, besonders im politischen Bereich.

**2011/3 Lernen ist ein wichtiger lebenslanger Prozess.
Aus welchen Gründen ist lebenslanges Lernen von so großer Bedeutung?
Welche Voraussetzungen ermöglichen lebenslanges Lernen?**

Mustergliederung

A. „Lernen lernen" ist in der Schule ein stets aktuelles Thema, aber auch für ältere Menschen ist Lernen und Fortbildung wichtig.

B. Aus welchen Gründen ist lebenslanges Lernen von so großer Bedeutung? Welche Voraussetzungen ermöglichen lebenslanges Lernen?

1 Gründe für lebenslanges Lernen

1.1 Persönliche Gründe
1.1.1 Erweiterung des Allgemeinwissens
1.1.2 Erhaltung der geistigen Aktivität
1.1.3 Weiterentwicklung der Persönlichkeit

1.2 Berufliche Gründe
1.2.1 Einstiegsmöglichkeit in neu entstehende Berufszweige
1.2.2 Anpassung an rasche Veränderungen und wachsende Anforderungen in der Arbeitswelt durch technische Neuerungen und Globalisierung
1.2.3 Verbesserung der Aufstiegschancen
1.2.4 Vermeidung von Arbeitslosigkeit

1.3 Wirtschaftliche und gesellschaftliche Gründe
1.3.1 Zunehmende Bedeutung von Wissen und Information
1.3.2 Integration auch älterer Arbeitnehmer in den Arbeitsmarkt
1.3.3 Impulse für Forschung und Innovationen

2 Voraussetzungen für lebenslanges Lernen

2.1 Persönliche Voraussetzungen
2.1.1 Finanzielle Mittel
2.1.2 Zeitliche Möglichkeiten
2.1.3 Bereitschaft zum Lernen

2.2 Schulische Voraussetzungen
2.2.1 Vermittlung grundlegender Fähigkeiten als Voraussetzung von Lernen
2.2.2 Aufbau von Vorwissen als Grundlage der Wissenserweiterung
2.2.3 Aufzeigen von Lernstrategien
2.2.4 Förderung von kreativem, logischem und strategischem Denken

2.3 Berufliche Voraussetzungen
2.3.1 Angebot an Fortbildungsmöglichkeiten
2.3.2 Freistellung für Fortbildungen
2.3.3 Finanzielle und inhaltliche Unterstützung durch den Arbeitgeber
2.3.4 Fortbildungsanreize durch betriebliches Belohnungssystem

2.4 Gesellschaftliche Voraussetzungen
2.4.1 Bereitstellung eines entsprechenden Bildungsangebots
2.4.2 Anerkennung bzw. Wertschätzung von Lernbereitschaft und persönlicher Weiterentwicklung

C. Wer nie aufhört zu lernen, erweitert seinen Horizont und tut damit sowohl der Gesellschaft als auch sich selbst Gutes.

2011/4 Viele Jugendliche besuchen sehr gerne und sehr häufig Fastfood-Lokale. Setzen Sie sich kritisch mit diesem Trend auseinander.

Mustergliederung

A. Wenn Jugendliche auswärts essen, sind Fastfood-Lokale die beliebteste Anlaufstelle.

B. Welche Vor- und Nachteile hat der Besuch von Fastfood-Lokalen für Jugendliche?

1 Vorteile des Besuchs von Fastfood-Lokalen

1.1 Günstige Rahmenbedingungen
1.1.1 Gut erreichbare Lage
1.1.2 Zeitersparnis
1.1.3 Kundenfreundliche Öffnungszeiten

1.2 Jugendgerechtes Konzept
1.2.1 Vertrautheit mit der Einrichtung und dem Angebot
1.2.2 Möglichkeit der individuellen Essenszusammenstellung
1.2.3 Preisgünstiges Essen

1.3 Soziale Aspekte
1.3.1 Lockere Atmosphäre
1.3.2 Kein Verzehrzwang
1.3.3 Treffpunkt von Gleichaltrigen und Gleichgesinnten

2 Nachteile des Besuchs von Fastfood-Lokalen

2.1 Soziale Aspekte
2.1.1 Vernachlässigung von Tischmanieren
2.1.2 Massenabfertigung
2.1.3 Hoher Lärmpegel

2.2 Negatives Ernährungsverhalten
2.2.1 Verlust von geschmacklicher Vielfalt
2.2.2 Geringe Qualität der Nahrungsmittel
2.2.3 Kalorienreiche Speisen
2.2.4 Ungesunde, einseitige Ernährung

2.3 Umweltproblematik
2.3.1 Abholzung von Regenwäldern
2.3.2 Verpackungsabfälle

3 Synthese: gegen den häufigen Besuch von Fastfood-Lokalen

C. Der gelegentliche Besuch von Fastfood-Lokalen ist unproblematisch, aber man sollte sich nicht ausschließlich dort ernähren.

Musteraufsatz

A. Was tun, wenn der kleine Hunger kommt? Wenn Jugendliche ausgehen und sich mit Freunden treffen, haben sie in den seltensten Fällen Butterbrote dabei, um den Hunger zwischendurch zu stillen. In solchen Momenten suchen sie lieber Imbissbuden oder Schnellrestaurants nach amerikanischem Vorbild auf, die sogenanntes Fastfood anbieten. Damit ist nicht nur gemeint, dass dieses Essen zum schnellen Verzehr geeignet, also ohne Besteck, nur mit den Händen essbar ist, sondern auch, dass es sofort heiß zur Verfügung steht. Von der Bestellung bis zum Erhalt des Produkts dauert es meist nicht länger als zehn Minuten. Viele Jugendliche finden das praktisch und bequem, sodass die Restaurants für sie zur beliebten Anlaufstelle geworden sind. Diese Entwicklung ist allerdings nicht nur positiv zu sehen; auch einige negative Aspekte, die man nicht unterschätzen sollte, sind festzustellen. Daher stellt sich die Frage, was genau die Vor- und was die Nachteile häufiger Besuche von Fastfood-Lokalen durch Jugendliche sind.

B. Zunächst sind als Vorteil die für Jugendliche **günstigen Rahmenbedingungen** von
1 Fastfood-Lokalen zu nennen. Für die Teenager sind diese Restaurants in der Regel
1.1 **sehr gut erreichbar**. Die meisten Schnellrestaurants sind vorteilhaft gelegen und
1.1.1 befinden sich etwa in Fußgängerzonen in der Innenstadt, direkt integriert in große Einkaufszentren oder am Stadtrand in unmittelbarer Nähe zu bei jungen Leuten beliebten Einrichtungen wie Kinos, Kneipen, Discos oder Spielhallen. Die Standorte sind durch die Marktforschung der Fastfood-Ketten genau ausgewählt, um das junge Publikum optimal zu erreichen. So bietet sich ihnen ein Besuch oft geradezu an.

1.1.2 Von entscheidender Wichtigkeit ist für viele junge Leute die **Zeitersparnis**. Lange warten will keiner, die Pläne für den Abend sind gemacht. Man hat sich mit Freunden für eine bestimmte Zeit verabredet, will vielleicht ins Kino oder auf eine Feier gehen, hat aber noch ein wenig Hunger auf warmes Essen. Nichts liegt dann näher als der Weg in ein Schnellrestaurant oder in eine Imbissbude, denn schneller als dort kann man kaum an ein warmes Essen gelangen. Einige Fastfood-Ketten geben sogar Prämien aus, wenn der Kunde von der Bestellung bis zum Erhalt der Ware länger als ein paar vorgegebene Minuten warten muss. Die Jugendlichen können sich also darauf verlassen, dass sie hier schnell bedient werden, was sie als großen Vorteil werten.

1.1.3 Wenn der Abend mit Freunden lang wird und sich nach dem Disco- oder Kneipenbesuch noch einmal Hunger einstellt, gibt es für die jungen Leute kaum eine Alternative zu Fastfood-Lokalen. Denn kein anderes Restaurant hat um diese Uhrzeit noch geöffnet. Die **kundenfreundlichen Öffnungszeiten** von Schnellrestaurants sind ein weiterer Vorteil, der zu ihrem Besuch anreizt. Gerade am Wochenende sind sie nur wenige Stunden am frühen Morgen geschlossen, sodass die Jugendlichen nahezu rund um die Uhr warmes Essen bekommen können. Dazu brauchen sie auch nicht auf die Uhrzeit zu achten oder sich zu beeilen, um noch vor der Schließung im Lokal zu sein. Die Geschäftszeiten von Fastfood-Lokalen stellen daher eine weitere günstige Rahmenbedingung dar, die zum häufigen Besuch derselben durch Jugendliche führt.

1.2 Ein zusätzlicher Anreiz, der vermehrt Jugendliche in Schnellrestaurants zieht, ist
1.2.1 deren **jugendgerechtes Konzept**. Durch zielgruppenspezifische Werbung und Mundpropaganda sind die meisten jungen Leute **vertraut mit der Einrichtung und dem Angebot** dieser Gaststätten. Die sogenannte Schwellenangst, also die Furcht vor unbekanntem Terrain und damit verbunden vor der Möglichkeit, sich zu blamieren, fällt hier weg. Es gibt keinen Türsteher oder Platzanweiser, keinen festen Dresscode und keine Pflicht, vorher einen Tisch für eine bestimmte Uhrzeit zu reservieren. Jeder kann so kommen, wie er möchte, und jeder weiß schon im Vorhinein, welche

Produkte er erwerben kann, meist auch zu welchem Preis. Man muss also nicht umständlich die Speisekarte studieren und ausrechnen, ob das Taschengeld ausreicht, um satt zu werden. Fragt man beispielsweise einen Teenager, wie viel ein Döner oder ein Cheeseburger kostet, wird er vermutlich ohne Zögern den Preis nennen können.

1.2.2 Außerdem haben die jungen Leute in Fastfood-Läden und Imbissbuden die Möglichkeit, sich ihr **Essen individuell zusammenzustellen**. Während zu Hause bei den Eltern oft der Grundsatz herrscht, dass gegessen wird, was auf den Tisch kommt, können sie hier selbst wählen, was und wie viel sie essen möchten. Wer kein Gemüse und keinen Salat mag, lässt dies einfach weg. Wer sich vegetarisch ernähren möchte, kann auf fleischlose Alternativen zurückgreifen. Hat der eine Lust auf etwas Herzhaftes und der andere auf etwas Süßes – auch kein Problem: Das Angebot reicht von Pommes Frites bis hin zu Eis oder Gebäck. Allein der eigene Geschmack und die aktuellen Gelüste zählen und können dank einer breiten Produktpalette nach Herzenslust befriedigt werden.

1.2.3 Dazu kommt schließlich noch die auf Jugendliche ausgerichtete Preispolitik der Fastfood-Lokale. Die jungen Leute erhalten hier **preisgünstiges Essen**, das sie von ihrem Taschengeld finanzieren können. Viele kleine Gerichte kosten unter fünf Euro, sodass die Teenager mit wenig Geld satt werden können. Ein Großteil der Werbung für Fastfood-Lokale zielt darauf ab, die Jugendlichen mit den niedrigen Preisen der Speisen anzulocken. Schülern, die oft nur wenig Taschengeld zur Verfügung haben, um am Wochenende auszugehen, kommt dies sehr entgegen. Das jugendgerechte Konzept von Schnellrestaurants ist daher ein wesentlicher Grund für den verstärkten Besuch durch junge Leute.

Der wichtigste Vorteil für Jugendliche beim Besuch von Fastfood-Lokalen sind aber
1.3 wohl **soziale Aspekte**. In einem Fastfood-Lokal herrscht eine **lockere Atmosphäre**.
1.3.1 Jeder kann sich seinen Sitzplatz selbst aussuchen, man muss keinem Kellner Rede und Antwort stehen und darf so viele Freunde mitbringen, wie man möchte. Oft wird im Hintergrund Musik gespielt, in einigen Einrichtungen gibt es sogar Fernseher oder Computerspiele zur Unterhaltung. Auch die Dauer seines Aufenthalts wählt jeder selbst und wenn man gehen möchte, muss man nicht warten, bis jemand kommt und abkassiert. Falls man einmal kleckert oder aus Versehen das Getränk umstößt, wird man nicht getadelt, sondern ein Angestellter kommt und wischt die Tische kommentarlos wieder sauber. So zwanglos und frei geht es in anderen Restaurants nicht zu. Für junge Leute ist aber gerade das an Fastfood-Lokalen attraktiv.

Ebenso verhält es sich mit der Tatsache, dass dort **kein strenger Verzehrzwang** be-
1.3.2 steht. Eine Gruppe von Jugendlichen, von denen nicht jeder etwas essen möchte, kann das Lokal also problemlos aufsuchen, ohne dass jemand draußen bleiben müsste. Hat zum Beispiel nur einer von acht Teenagern Hunger, so ist das hier kein Problem für die Gruppe. Außerdem besteht die Möglichkeit, Gerichte oder Menüs aufzuteilen oder Getränke nachzuzapfen. Diese Flexibilität ist für Cliquen, in denen Jugendliche meist unterwegs sind, sehr praktisch. Auch bei größeren Gruppen sind Einzelinteressen kein Problem und man muss sich nicht aufteilen.

Entscheidend ist für viele Teenager jedoch, dass man in Schnellrestaurants einfach
1.3.3 **Gleichaltrige und Gleichgesinnte treffen** kann. Da der Kundenkreis der Lokale vor allem aus Jugendlichen besteht, ist es für diese wahrscheinlich, dort auf andere Gleichaltrige zu stoßen. So werden die Lokale zum beliebten Anziehungspunkt für junge Leute. Manche gehen sogar dorthin, obwohl sie gar nichts essen oder trinken wollen, sondern nur, um andere zu treffen. Häufig sind Fastfood-Lokale an Wochenenden Ausgangs- oder Endpunkte von Ausgehabenden, was ihre Beliebtheit unter der Jugend belegt.

2 Allerdings sind mit dem Besuch von Fastfood-Restaurants nicht nur Vorteile verbunden. Auch die negativen Seiten dürfen nicht außer Acht gelassen werden.

2.1 Gerade was beispielweise **soziale Aspekte** angeht, lassen sich auch erhebliche Nachteile häufiger Besuche eines Fastfood-Lokals feststellen. Zum einen werden dort
2.1.1 **Tischmanieren** völlig **vernachlässigt**. Fastfood wird meist mit den Händen verspeist, der Umgang mit Messer und Gabel ist oft gar nicht möglich. Besteck, Porzellanteller oder Gläser werden nicht angeboten, in der Regel gibt es nur Plastik- oder Papierverpackungen zum Aufreißen. Jugendliche, die das häufig praktizieren, können richtige und manierliche Tischsitten leicht verlieren oder sich unschöne Angewohnheiten aneignen. Muss man später im Beruf beispielsweise an Geschäftsessen teilnehmen, könnten schlechte Manieren von erheblichem Nachteil sein.

2.1.2 Auch die **Massenabfertigung** in Fastfood-Lokalen ist negativ zu sehen. Um möglichst viele Kunden schnell bedienen zu können, wird das Essen im Akkord her- und zusammengestellt und die Bezahlung davon getrennt. In einigen Fastfood-Lokalen ist der jugendliche Besucher nur noch eine Nummer, die das bezahlte Essen zugeschoben bekommt. Freundlichkeit, persönliche Ansprache und individuelles Eingehen auf den Einzelnen finden hier nicht statt, oft noch nicht einmal ein Blickkontakt. Die Schnelligkeit dieser Restaurants, die oben als positiv hervorgehoben wurde, geht mit dem Verlust persönlicher Betreuung und Bedienung einher. Es geht einzig darum, den Gast schnellstmöglich abzufertigen.

2.1.3 Dazu kommt außerdem, dass in vielen Fastfood-Lokalen ein sehr **hoher Lärmpegel** herrscht. Meist sind Essensherstellung und Speiseraum nicht voneinander abgetrennt, sondern befinden sich in einem großen Raum, sodass die Gäste alle Koch- und Bratgeräusche mithören. Auch das ständige Kommen und Gehen sorgt für Unruhe. Oft wird im Speiseraum zusätzlich Hintergrundmusik eingespielt. Kunden, die sich unterhalten möchten, müssen diesen Grundlärm erst einmal übertönen. Stellt man sich dann ein volles Lokal vor mit zahlreichen lauten Einzelgesprächen und vielleicht ein paar lachenden und johlenden Jugendcliquen, wird klar, wie hoch der Geräuschpegel hier leicht werden kann. Mit einer ruhigen Umgebung, in der man entspannt seine Mahlzeit einnehmen kann, hat das nichts zu tun. Diese sozialen Aspekte sind demnach ein großer Minuspunkt von Fastfood-Lokalen.

2.2 Ebenso fällt beim Besuch von Schnellrestaurants besonders nachteilig ins Gewicht, dass dieser in der Regel mit einem **negativen Ernährungsverhalten** einhergeht. Die
2.2.1 Marketingpolitik von Fastfood-Restaurants ist darauf ausgelegt, dass die angebotenen Produkte **überall gleich schmecken**. Es spielt also keine Rolle, ob man den Burger oder Döner in Hamburg oder Nürnberg kauft, man wird in der Regel keinen Geschmacksunterschied feststellen. Oft stammen sogar die Rohprodukte aus derselben Produktion. Auch werden regionale Besonderheiten, etwa traditionelle Gerichte wie z. B. in Bayern der Schweinsbraten oder landwirtschaftliche Erzeugnisse aus der Gegend, in der Fastfood-Branche nicht berücksichtigt. Die Produktpalette beschränkt sich stattdessen auf Speisen, die weitgehend vorgefertigt sind und schnell in Fritteusen, Mikrowellen oder Grills zubereitet werden können. Ein bedeutender Nachteil des Essens in Schnellrestaurants ist daher der vereinheitlichte Geschmack der Produkte und als Folge häufiger Besuche dieser Lokale der **Verlust geschmacklicher Vielfalt** in der Ernährung.

2.2.2 Wie schon erwähnt, ist der Preis für Fastfood oft sehr niedrig, dem kleinen Budget von Jugendlichen entsprechend. Da die Lokale dennoch am Verkauf verdienen wollen, sind die angebotenen **Nahrungsmittel** häufig **von geringer Qualität**. In den Speisen von Schnellrestaurants und Imbissen findet man beispielsweise kaum biologisch angebaute Zutaten, da diese zu teuer im Einkauf wären. Stattdessen stammen die Lebensmittel aus industrieller Massenherstellung oder aus Billiglohnländern, in denen viele chemische Zusatzstoffe verwendet werden. Das angebotene Fleisch kommt oft aus Massentierhaltung. Qualitativ hochwertige Lebensmittel darf man hier nicht erwarten.

2.2.3 Ein weiterer Nachteil, was die Ernährung angeht, ist der **hohe Kaloriengehalt** der meisten Fastfood-Produkte. Damit diese den Geschmack ihrer jugendlichen Kunden treffen, enthalten die Speisen meist Fett, Zucker und Salz in hohem Maß. Eine kalorienärmere Alternative, die vielleicht nicht ganz so gut schmeckt, zum Beispiel Salzkartoffeln statt Pommes frites oder Apfelsaftschorle statt Cola, wird von Jugendlichen meist nicht angenommen und daher in den Lokalen auch nicht angeboten. Wer häufig im Imbiss oder Schnellrestaurant isst, läuft daher Gefahr, mehr Kalorien zu sich zu nehmen, als der Körper braucht. Statistiken zeigen, dass besonders Jugendliche, die häufig Fastfood-Lokale besuchen, mit Übergewicht zu kämpfen haben.

2.2.4 Schließlich ist noch zu erwähnen, dass eine Ernährung durch Fastfood meist **ungesund und einseitig** ist. Im Angebot der Fastfood-Lokale sucht man oft vergeblich nach frischem Gemüse, Salat oder Obst. Das Hauptangebot besteht aus Fleischvarianten, Kartoffelgerichten oder Getreideprodukten aus Weißmehl. Bei solcher Nahrung wird der Körper kaum mit Vitaminen, Nähr- und Ballaststoffen versorgt. Das kann gerade für junge Leute, die noch im Wachstum sind, problematisch sein. Zudem kann ein häufiger Verzehr solchen Essens zu Verdauungsproblemen, Infektanfälligkeit, Konzentrationsschwierigkeiten und Gewichtsproblemen führen. Im Hinblick auf die Art der Ernährung sind häufige Besuche von Fastfood-Lokalen für Jugendliche also nicht ratsam.

2.3 Doch nicht nur für den einzelnen Jugendlichen, auch für die gesamte Gesellschaft ist der häufige Besuch von Fastfood-Lokalen problematisch, nämlich hinsichtlich der
2.3.1 **Auswirkungen auf die Umwelt**. Zur möglichst billigen Herstellung von Lebensmitteln, die in der Fastfood-Industrie verarbeitet werden, werden oft **Regenwälder abgeholzt**, um große landwirtschaftliche Nutzflächen zu gewinnen. Damit verliert unser Planet immense Teile seiner „grünen Lunge“. Diese Bezeichnung kommt daher, dass der (urprünglich) riesige Regenwald große Mengen CO^2 zu Sauerstoff umwandelt und so verhindert, dass zu viel Kohlendioxid in die Atmosphäre gelangt. Zudem verlieren durch die Rodung der Wälder zahlreiche Tier- und Pflanzenarten ihren Lebensraum. Auch stört der einseitige Anbau einzelner Nutzpflanzen auf den gewonnenen Gebieten, so genannte Monokulturen, das biologische Gleichgewicht in der Natur. Beispielsweise werden dadurch die Böden ruiniert; als Folge verlieren oft auch noch die ortsansässigen Bauern ihre Lebensgrundlage.

2.3.2 Schließlich erzeugen Fastfood-Lokale außerdem viel **Verpackungsabfall**. Jedes Gericht ist einzeln verpackt, um es heiß zu halten. Statt abwaschbarem Geschirr erhält man zum Verzehr der Speisen Pappteller oder Plastikpicker. Auf diese Weise werden Unmengen von Plastik- und Papiermüll erzeugt, der hinterher entsorgt werden muss. Für diese Entsorgung oder das Recycling sind wiederum wertvolle und unter Umständen knappe Rohstoffe nötig, so zum Beispiel Wasser in großen Mengen. Solche ernst zu nehmenden Umweltprobleme werden von Fastfood-Lokalen in erheblichem Ausmaß mitverursacht.

3 Betrachtet man die Vorteile, die der Besuch von Fastfood-Lokalen Jugendlichen bietet, das heißt die günstigen Rahmenbedingungen, das jugendgerechte Konzept und die positiven sozialen Aspekte, kann man leicht nachvollziehen, dass so viele Teenager dort gerne hingehen. Setzt man sich aber genauer mit den Nachteilen solcher Schnellrestaurant-Besuche auseinander, den negativen sozialen Kriterien, dem nachteiligen Ernährungsverhalten und der Umweltproblematik, erscheinen diese Punkte schwerwiegender. Der angesprochene Trend ist also als kritisch zu betrachten und ein häufiger Besuch Jugendlicher in Fastfood-Lokalen eher nicht ratsam.

C. Meiner Meinung nach kann man allerdings niemandem vollkommen davon abraten, in Fastfood-Lokalen zu verkehren. Es ist zu bequem und zu verlockend für Jugendliche, diese zu besuchen. Allerdings erscheint es mir sinnvoll, auf die Nachteile hinzuweisen und mögliche Alternativen aufzuzeigen. Wenn man ein Bewusstsein für gesunde und abwechslungsreiche Ernährung hat und das im Alltag auch umsetzt, ist ein gelegentlicher Besuch von Fastfood-Lokalen sicher unproblematisch.

2011/5 Reiseveranstalter bieten Gruppenreisen speziell für Jugendliche an. Welche Vorteile bietet Jugendlichen die Teilnahme an solchen Reisen und welche Probleme können damit verbunden sein?

Mustergliederung

A. Viele Reiseveranstalter haben Gruppenreisen für Jugendliche als neue lukrative Sparte entdeckt.

B. Welche Vorteile bietet Jugendlichen die Teilnahme an solchen Reisen und welche Probleme können damit verbunden sein?

1 Vorteile von Gruppenreisen für Jugendliche

1.1 Organisatorische Vorteile
1.1.1 Gleiche Interessen der Jugendlichen
1.1.2 Organisation durch fachkundige Veranstalter

1.2 Soziale Vorteile
1.2.1 Schließen neuer Bekanntschaften
1.2.2 Einfügen in eine Gemeinschaft

1.3 Persönliche Vorteile
1.3.1 Förderung der Selbstständigkeit
1.3.2 Übernahme von Verantwortung

2 Mögliche Probleme bei Gruppenreisen für Jugendliche

2.1 Organisatorische Probleme
2.1.1 Mangel an kompetenter Betreuung
2.1.2 Eingeschränkte Kontrollmöglichkeit der Eltern
2.2.3 Wenig Mitwirkungsmöglichkeit bei der Programmgestaltung
2.2.4 Kosten

2.2 Persönliche Probleme
2.2.1 Heimweh
2.2.2 Überforderung

2.3 Soziale Probleme
2.3.1 Ausgrenzung und Mobbing
2.3.2 Gruppenzwang

3 Synthese: gegen Gruppenreisen für Jugendliche

C. Meiner Meinung nach sind Gruppenreisen am schönsten, wenn man zusammen mit dem eigenen Freundeskreis reist.

Musteraufsatz

A. Laut Statistik hat die Reisebranche immer mehr mit Einbußen zu kämpfen. Eine schlechte Wirtschaftslage oder politisch schwierige Situationen in anderen Ländern bringen viele Paare und Familien dazu, den Urlaub zu Hause zu verbringen. Deshalb versuchen die Reiseveranstalter, neue Zielgruppen für ihre Angebote zu begeistern. Eine Sparte, die lukrativ erscheint, sind Gruppenreisen für Jugendliche. Einfache An- und Abreise, Unterbringung in Hotels oder Zeltlagern in Strandnähe, Discobesuche, Sportangebote und vor allem viel Spaß versprechen die Veranstalter den jungen Reisenden. Das klingt verlockend – aber nicht jeder ist hinterher zufrieden mit dem Urlaub. Welche Vorteile bieten sich Jugendlichen tatsächlich durch die Teilnahme an solchen Reisen und welche Probleme können unter Umständen damit verbunden sein? Diese Frage soll im Folgenden erörtert werden.

B.
1
1.1
1.1.1 Ein Grund, der für die Teilnahme Jugendlicher an Gruppenreisen spricht, sind die **organisatorischen Vorteile**. Wenn man mit der Familie verreist, stoßen meist viele unterschiedliche Interessen aufeinander. Der eine will am Abend seine Ruhe, der andere möchte lieber ausgehen, der eine will surfen, der andere ins Museum. Die Eltern bestimmen dann in der Regel das Programm, was für den Teenager nicht immer attraktiv ist. Bei einer Gruppenreise von Jugendlichen hingegen, bei der die Teilnehmer alle etwa gleichaltrig sind, sind auch die **Interessen und Wünsche**, wie der Urlaub verbracht werden soll, meistens sehr **ähnlich**. „Langweilige" Museumsbesuche oder Kirchenbesichtigungen stehen dann nicht auf dem Programm, sondern Strandtage, Partyspiele, Funsportarten oder Discobesuche. Die Aktivitäten sind altersgerecht geplant, um die Bedürfnisse der jungen Leute zu befriedigen. So weckt einen am Morgen niemand, wenn die Nacht mal wieder lang war. Die Organisation ist auf die Jugendlichen abgestimmt, sodass diese größtmögliche Freiheit genießen können.

1.1.2 Dazu gehört auch, dass sich keiner der Jugendlichen Gedanken um Buchungen, Ortskenntnisse oder Programm machen muss, da die **Organisation vollständig vom Reiseveranstalter übernommen** wird. Das Unternehmen kümmert sich nicht nur um Unterkunft, An- und Abreise. Auch mit ihrer Kenntnis der Gegebenheiten vor Ort helfen die Organisatoren weiter, sodass kein Jugendlicher lange suchen muss, wenn er zum Beispiel im Meer baden will, Hunger verspürt oder Lust hat zu tanzen. Die Organisation eines solchen „Rundum-Sorglos-Pakets" durch ein Unternehmen ist sehr bequem und ein entscheidender Vorteil für Jugendliche, wenn sie eine Reise planen.

1.2 Noch wichtiger als die unkomplizierte Organisation einer Gruppenreise sind die **sozialen Effekte**, die sich daraus für die Jugendlichen ergeben können. In ungezwun-
1.2.1 gener Urlaubsatmosphäre haben sie dort die Möglichkeit, **neue Bekanntschaften zu machen** und möglicherweise sogar **Freundschaften zu schließen**. Die allesamt jugendlichen Teilnehmer dieser Reisen sind in der Regel aufgeschlossen und neugierig und auf der Suche nach neuen Kontakten. Wenn man dann den ganzen Tag zusammen ist, etwas unternimmt, sich ein Hotelzimmer teilt und auch nachts noch miteinander feiert, lernt man sich schnell und leicht kennen. Dabei hat man oft Gelegenheit, mit Leuten aus ganz Deutschland oder sogar ganz Europa in Kontakt zu kommen und so nicht nur die Clique, sondern auch den eigenen Horizont zu erweitern.

1.2.2 Daneben kann für die jungen Menschen auch die Erfahrung des **Gruppenerlebnisses** vorteilhaft sein. Ohne einen Erziehungsberechtigten in der Nähe, der einen notfalls schützt, sind die Jugendlichen gezwungen, sich in eine **Gemeinschaft einzufügen** und in dieser zurechtzukommen. Die Freunde, die man sonst nur in der Schule, beim Sport oder am Wochenende sieht, also nur einige Stunden am Tag, sind bei einer Gruppenreise ständig um einen. Dabei tritt manche Eigenschaft deutlicher zutage, die einem sonst egal ist, mit der man aber nun klarkommen muss. Ist beispielsweise jemand aus der Zimmergemeinschaft besonders unordentlich, leiden auch die Mitbewohner darunter und müssen sich damit arrangieren. Die jungen Leute lernen so, dass es nicht nur im Zusammenleben mit den Eltern zu Auseinandersetzungen kommen kann, sondern dass auch Gleichaltrige an mancher Eigenheit Anstoß nehmen und dass in einer Gemeinschaft immer Rücksichtnahme nötig ist.

1.3 Dies führt direkt zum bedeutendsten Punkt, der an einer Gruppenreise als positiv zu sehen ist: die **persönlichen Vorteile** für die Jugendlichen. Oft stellen solche Urlaube nämlich eine gute **Vorbereitung auf das Erwachsensein** dar. Im Gegensatz zum
1.3.1 Verreisen mit den Eltern, die sich um alles kümmern, sind die jungen Leute bei einer Gruppenreise oft erstmals allein auf sich gestellt. Das bedeutet eine enorme **Förderung ihrer Selbstständigkeit**. Da ihnen niemand sagt, was sie wann genau zu tun haben, entscheiden sie selbst über sich und ihren Tagesablauf. Wenn sie zu spät aufstehen und dadurch zu spät zum Frühstücksbuffet kommen, schimpft keiner – aber sie bleiben hungrig und müssen zusehen, woher sie etwas zu essen bekommen. Hat der Jugendliche am Strand keine Lust, sich mit Sonnenmilch einzucremen, hat er eben unter Sonnenbrand zu leiden. Dadurch lernen die jungen Leute, selbstständig Entscheidungen zu treffen und auf eigenen Beinen zu stehen.

1.3.2 Auch das **Übernehmen von Verantwortung** für sich und sein Handeln ist ein zentraler Aspekt des Erwachsenwerdens, den eine solche Reise ohne Eltern fördern kann. Die Jugendlichen sind hier direkt mit den Folgen ihrer Handlungen konfrontiert und müssen mit diesen alleine zurechtkommen. Wurde zum Beispiel einmal zu viel Alkohol konsumiert, bringt keine Mama am nächsten Morgen die Packung Kopfschmerztabletten ans Bett oder kocht einem Tee. Dabei geht es oft nicht nur um einen selbst, sondern beispielsweise auch um die Zimmergenossen, die sich unter Umständen mit den unschönen Folgen eines Rauschs auseinandersetzen müssen. Für einen Teenager aber ist es meist unangenehmer, wenn die Freunde nicht gut auf einen zu sprechen sind, als wenn man sich vor seinen Eltern rechtfertigen müsste. Auf diese Weise wird daher das Verantwortungsbewusstsein der Jugendlichen sich selbst wie auch anderen gegenüber gestärkt.

2 Wie sich zeigt, gibt es eine Vielzahl positiver Aspekte, die für Gruppenreisen von Jugendlichen sprechen. Trotzdem sind auch zahlreiche Gründe zu nennen, die von einer solchen Reise eher abraten lassen.

2.1 Zum einen können bei diesen Gruppenreisen vielfältige **organisatorische Probleme**
2.1.1 auftreten. Für die Jugendlichen, die ohne Eltern unterwegs sind, sind die Ansprechpartner vor Ort besonders wichtig. Allerdings kann es vorkommen, dass es an solcher **kompetenter Betreuung mangelt**. Von den Veranstaltern werden die Betreuerposten oft mit ebenfalls jungen Leuten um die 20 Jahre besetzt, um sowohl die Kosten als auch den Altersunterschied zu den Teilnehmern möglichst gering zu halten. Es ist dann zwar schön, wenn der Animateur alle angesagten Discos und Strände der Umgebung kennt – aber ist er auch ausgebildet für Fälle von Heimweh, Liebeskummer, Krankheiten, Mobbing oder Unfälle? Das kann man von einem gerade mal Volljährigen kaum erwarten, sodass zu befürchten ist, dass die Ansprechpartner vor Ort nicht in jedem Fall Hilfe anbieten können, wenn sie nötig ist.

2.1.2 Dazu kommen die **eingeschränkten Kontrollmöglichkeiten** der Eltern der Teilnehmer. Am Urlaubsort gibt es zwar Ansprechpartner, aber keine echten Verantwortlichen für die minderjährigen Reisenden. Falls etwas passiert, haften die Eltern, obwohl sie viele Kilometer entfernt sind. Zieht sich ein Jugendlicher zum Beispiel eine Alkoholvergiftung zu und muss ins Krankenhaus, so haben die Eltern aus der Ferne darauf keinen Einfluss, weder vorher noch hinterher. Dasselbe gilt für Unfälle aller Art, die bei einer Gruppe leichtsinniger oder feierwütiger Teenager schnell einmal passieren können. Einen Verantwortlichen unter den Erwachsenen vor Ort zu finden, dürfte schwierig sein.

2.1.3 Als problematisch kann sich die Reiseorganisation auch deshalb erweisen, weil die Jugendlichen **kaum eine Möglichkeit** haben, die **Programmgestaltung zu beeinflussen**. Nicht jedem gefällt aber eine Schaumparty, und auch der Wet-T-Shirt-Wettbewerb stößt sicher nicht bei allen Mädchen auf Begeisterungsstürme. Nicht nur Enttäuschung ist dann eine mögliche Folge. Wer bei einer Gruppenaktivität Angst hat, Schamgefühle zeigt oder schüchtern ist, gilt schnell als Spaßbremse und muss sich dafür rechtfertigen oder sogar auslachen lassen.

2.1.4 Nicht zuletzt können **zusätzliche Kosten** einer Urlaubsreise dieser Art eine erhebliche Rolle spielen. Die im Reisepreis enthaltene Verpflegung beschränkt sich bei Gruppenreisen oft auf das Frühstück, alle übrigen Speisen und Getränke müssen extra besorgt und bezahlt werden. Besonders in Lokalen und Discos in Tourismusregionen können diese besonders hochpreisig ausfallen und so das Reisebudget stark schmälern. Hinzu kommen dann noch Eintrittsgelder für Clubs oder Ausgaben für sportliche Aktivitäten und ähnliche Programmpunkte, die die Jugendlichen von ihrem mitgebrachten Taschengeld bezahlen müssen. Die finanziellen Mittel der jungen Leute können sich so bald dem Ende zuneigen und der Urlaubsspaß ist schneller vorbei, als man denkt. Dass die tatsächlichen Kosten der Gruppenreisen für Jugendliche nur schwer kalkulierbar sind, spricht also ebenfalls gegen eine Teilnahme daran.

2.2 Was sogar noch schwerer wiegt als mögliche organisatorische Schwierigkeiten, sind **persönliche Probleme**, die bei einer Jugendreise auftreten können. Wer zum ersten
2.2.1 Mal alleine unterwegs ist und sich viele Kilometer vom gewohnten Umfeld entfernt durchschlagen muss, kann großes **Heimweh** empfinden, was das Reisevergnügen gründlich verdirbt. Ist der Betreuer vor Ort nicht sensibel genug, um auf den jungen Menschen einzugehen, kann höchstens noch die Gruppe weiterhelfen, die mit ihm zusammen reist. Die meisten der teilnehmenden Jugendlichen aber sind mehr darauf aus, zu feiern und Spaß zu haben, als andere zu trösten. Die Sehnsucht nach der Heimat kann dann sogar so groß sein, dass der betroffene Jugendliche die Reise abbrechen muss und heimfährt.

2.2.2 Aber nicht nur Heimweh kann einen Teenager bei einer Gruppenreise plagen, ebenso ist es möglich, dass die Jugendlichen je nach Alter und Reife **überfordert sind**. Wer bisher von den Eltern immer behütet und beschützt wurde, kann angesichts der Freiheit, die ihm solch ein Urlaub auf einmal bietet, unter Umständen übermütig werden und Dinge tun, die für seine Gesundheit oder Persönlichkeit nicht unbedingt förderlich sind. Als Beispiele sind etwa Drogenkonsum, Sexualkontakte ohne Verhütungsschutz oder das Praktizieren gefährlicher Sportarten zu nennen. Die oft minderjährigen Reisenden können die schwerwiegenden Konsequenzen, die das leichtfertige Verhalten nach sich ziehen kann, oft nicht richtig einschätzen. Gerade Jugendlichen, die etwas labil oder nicht sehr charakterfest sind, ist daher von einer organisierten Gruppenreise eher abzuraten.

2.3 Das wichtigste Kriterium aber, das gegen eine Gruppenreise von Jugendlichen spricht, sind mögliche **Probleme sozialer Natur**, das heißt solche, die **durch die**
2.3.1 **Gruppe bedingt** sind. Da man die Mitreisenden vorher meist noch nicht kennt, kommt es vor, dass man sich mit dem ein oder anderen Teilnehmer nicht so gut versteht. Gibt es gleich mehrere Personen, mit denen man nicht auf einer Wellenlänge liegt, kann es leicht passieren, dass diese sich zusammenschließen und einen **aus der Gruppe ausschließen**. Gerade unter Jugendlichen braucht es oft noch nicht einmal einen rationalen Grund, um Einzelne **auszugrenzen**. Je ausgelassener die Jugendlichen dann sind und je mehr sie womöglich durch Alkohol Hemmungen verlieren, desto schlimmer kann die Situation werden, und der Einzelne, der zuhause vielleicht sogar recht beliebt ist, wird auf der Reise übel gemobbt. Sowohl auf die Seele wie auf den Körper eines jungen Menschen kann sich solches Mobbing auswirken und der Traumurlaub wird plötzlich zum Albtraum.

2.3.2 Jedoch ist nicht immer Mobbing im Spiel, wenn **gruppendynamische Prozesse** ablaufen. Auch der **Druck der Mehrheit** kann sich bei einer solchen Reise negativ auf einen jungen Menschen auswirken. Seine individuellen Bedürfnisse gegen die Meinung einer ganzen Gruppe durchzusetzen, kann einen Jugendlichen leicht an seine Grenzen bringen. Falls ein Teenager sich beispielsweise einmal nicht wohl fühlt und lieber in Ruhe im Zimmer bleiben möchte, so wird die Gruppe auf dieses Einzelinteresse kaum Rücksicht nehmen und trotzdem geräuschvoll feiern wollen. Auch in Sachen Alkohol oder bei riskanten Herausforderungen, wie z. B. dem Klippenspringen, beugt sich mancher Teenager eher dem Gruppenzwang und macht gegen den eigenen Willen mit, statt sich auszuklinken und eine Ausgrenzung zu riskieren. Ob der Urlaub unter diesen Bedingungen noch Freude macht, ist allerdings fraglich. Die durch die Gruppe bedingten Probleme erweisen sich also als gravierende Nachteile einer solchen Jugendreise.

3 Obwohl einige organisatorische Aspekte für die Teilnahme an einer Gruppenreise für Jugendliche sprechen, gibt es gerade hinsichtlich der Organisation auch entscheidende Nachteile, die man bedenken sollte. Was den sozialen und persönlichen Bereich angeht, so gibt es zwar einige Vorteile, die man aus dieser Art von Urlaub ziehen kann, wie etwa die Vorbereitung aufs Erwachsensein. Jedoch sind auch hier die möglichen Probleme, die auftreten können, als schwerwiegender zu betrachten, sodass Jugendlichen letztlich von einer Gruppenreise dieser Art abzuraten ist.

C. Für Reiseveranstalter mögen Gruppenreisen für Jugendliche sehr lukrativ sein, da sie nur geringe Kosten verursachen, in der Regel aber hohe Einnahmen zu verbuchen sind. Die Jugendlichen selbst sollten sich jedoch vorher genau überlegen, ob sie den Herausforderungen und Problemen gewachsen sind, die mit diesem Urlaub verbunden sein können. Wenn keine größeren Schwierigkeiten auftreten, ist so eine Reise sicher ein tolles und wertvolles Gemeinschaftserlebnis. Deshalb ist es meiner Meinung nach am schönsten, wenn man ohne zu viele Verpflichtungen gegenüber einer fremden Gruppe und anonymen Organisatoren zusammen mit dem eigenen Freundeskreis verreist.

Abschlussprüfungsaufgaben an Wirtschaftsschulen
Deutsch – 2011: II. Textaufgabe

Lesen Sie den Text „Die Kinderglücksformel“ genau durch und bearbeiten Sie dann die folgenden Aufgaben.

1 Verfassen Sie eine Überblicksinformation.

2 Geben Sie den Inhalt des Textes in gestraffter Form wieder.

3 Erläutern Sie die Aussage „Kinder wollen mitbestimmen, aber nicht alleine bestimmen.“ (Z. 51 f.).

4 Erörtern Sie die Vor- und Nachteile einer Berufstätigkeit beider Elternteile.

Die Kinderglücksformel

So lange aufbleiben, wie man will. Computerspielen, bis man vor Müdigkeit fast mit dem Kopf auf die Tastatur fällt. Fernsehen, bis nur noch die Wiederholungen vom Nachmittag laufen oder schlüpfrige Werbung. Dazu Süßkram und Eltern, die sich nicht blicken lassen. Sieht so die ultimative Kinderglücksformel aus – nicht aus Pädagogensicht freilich, aber aus Sicht der Kleinen?

Keinesfalls.

Im Auftrag der Kinderhilfsorganisation World Vision Deutschland haben die Jugendforscher Klaus Hurrelmann und die Kindheitsforscherin Sabine Andresen gemeinsam mit TNS Infratest Sozialforschung 2 500 Kinder von sechs bis elf Jahren in Deutschland über ihre Lebenssituation befragt.

Die Studie zeigt: Die Mehrheit der Mädchen und Jungen in Deutschland ist glücklich, hat nach eigenem Empfinden eine schöne Kindheit und blickt zuversichtlich in die Zukunft. „Wir haben es mit einer wachen, aufmerksamen Generation zu tun, die meisten Kinder loben ihre Eltern über den grünen Klee und sind mit der Situation zu Hause und in der Schule sehr zufrieden“, sagt Jugendforscher Klaus Hurrelmann, der die Studie konzipiert hat.

Auf rund ein Fünftel der Befragten trifft dies allerdings nicht zu. 20 Prozent der Sechs- bis Elfjährigen fühlen sich massiv benachteiligt. Diese Kinder haben Zukunftsängste, sind mit ihrem Lebensalltag unzufrieden – und leben meist in sozial schwachen Verhältnissen. Das fehlende Geld erklärt den Frust aber nicht.

„Es fehlt ihnen an Zutrauen, an Anregungen und an gezielter Förderung. In der Konsequenz ist der Alltag der Kinder einseitig auf Fernsehen oder sonstigen Medienkonsum ausgerichtet“, meint der Sozialwissenschaftler Hurrelmann. Seit die Forscher vor zwei Jahren zum ersten Mal die Situation der Kinder untersuchten, ist diese Problematik im Bewusstsein der Kinder noch deutlicher geworden, als sie es vor zwei Jahren war.

Je nach Schichtzugehörigkeit haben Kinder sehr unterschiedliche Gestaltungsmöglichkeiten. Mädchen und Jungen aus wohlhabenden Familien können mehr ausprobieren und erhalten eine deutlich größere Förderung. Zudem gibt es in diesen Haushalten häufig ein größeres Interesse an der Schule.

Von den Kindern, die aus einem wohlhabenden Elternhaus stammen, planen bereits im frühen Alter 80 Prozent, später ein Gymnasium zu besuchen und Abitur zu machen. Bei den Mädchen und Jungen, die aus sozial benachteiligten Familien kommen, ist dieses

Verhältnis umgekehrt. Nur jedes Fünfte dieser Kinder zieht einen höheren Schulabschluss für sich in Betracht. Dies zeigt: Bereits im frühen Kindesalter werden die Weichen für die Zukunft gestellt.

Ist es also für die Kinder das Beste, wenn die Eltern zu Hause bleiben und sich ganz dem Nachwuchs widmen können? Auch das können die Forscher nicht bestätigen. Die Alternative muss keine Rundum-Betreuung durch die Eltern sein. Es geht nicht darum, das ganze Leben auf die Kleinen auszurichten. Die Vater-Mutter-Kind-Familie, in der nur der Mann der Ernährer ist, gibt es kaum noch. Die Berufstätigkeit der Eltern ist seit der letzten Untersuchung 2007 weiter gestiegen.

Doch das allein ist nicht schlimm: Es geht nicht darum, möglichst viel Zeit mit den Kindern zu haben, sondern die zur Verfügung stehende Zeit bestmöglich zu nutzen. „Die Kinder finden das überhaupt nicht problematisch. Sie wollen zuverlässige Zuwendung. Das kann wenig Zeit sein, aber sie muss berechenbar sein." Erwerbstätigkeit und Zuwendung sind kein Widerspruch.

Über fehlende Zuwendung klagen laut der Studie vor allem Kinder, deren Eltern arbeitslos sind. Der Anteil der Zustimmung lag hier bei 28 Prozent. „Bei vielen der schlechter situierten Eltern gibt es weniger Regeln, und die Kinder sind ganz und gar nicht damit zufrieden, dass es keine Vorgaben und Kontrollen gibt. Selbst Entscheidungen treffen zu müssen ist für die Kinder durchaus eine prekäre Situation. Kinder wollen mitbestimmen, aber nicht alleine bestimmen."

(Barbara Hans in: Spiegel Online vom 1. Juni 2010,
http://www.spiegel.de/panorama/gesellschaft/0,1518,698100,00.html;
Text leicht bearbeitet)

Musterlösung

1 **Überblicksinformation**
Barbara Hans stellt in ihrem Bericht „Die Kinderglücksformel", der am 1.6.2010 bei „Spiegel Online" erschienen ist, eine Studie über die Lebenszufriedenheit von Kindern vor. Darin wird untersucht, wie glücklich die Kinder in Deutschland sind und inwiefern dies abhängig von ihrer Schichtzugehörigkeit sowie der Zuwendung von Seiten ihrer Eltern ist.

2 **Gestraffte Inhaltswiedergabe**
Barbara Hans nimmt in ihrem Text Bezug auf eine Studie, in der 2 500 Kinder zwischen sechs und elf Jahren zu ihrer Lebenszufriedenheit befragt wurden.
Folgende Ergebnisse der Befragung führt sie aus: Nur bei 20 Prozent der Befragten zeigen sich eine geringe Zufriedenheit und Pessimismus in Bezug auf ihre Zukunft. Diese Kinder stammen vor allem aus sozial schwachen Verhältnissen. Aufmerksamkeit, Zuwendung und Förderung durch die zum Teil arbeitslosen Eltern sind in dieser Gruppe eher gering. Infolgedessen ist der Medienkonsum dieser Kinder besonders hoch.
Die große Mehrheit der deutschen Kinder hingegen bezeichnet sich als glücklich. Sie sind optimistisch und erhalten ausreichend Zuwendung von ihren Eltern. Die größte Förderung, auch in schulischer Hinsicht, erfahren Mädchen und Jungen, deren Eltern eher wohlhabend sind. Dazu passt, dass eine große Mehrheit dieser Kinder einen hohen Schulabschluss anstrebt. Von den Befragten aus ärmeren Familien traut sich das kaum einer zu.

Aus der Studie ergeben sich außerdem diese Folgerungen: Eine Dauerbetreuung der Kinder durch ihre Eltern ist nicht notwendig. Stattdessen soll die zur Verfügung stehende Zeit, auch wenn es wenig ist, bewusst gemeinsam verbracht werden. Kinder wünschen sich Zuverlässigkeit und feste Regeln.

3 **Texterläuterung**

„Kinder wollen mitbestimmen, aber nicht alleine bestimmen.“ (Zeile 51 f.)

„Mitbestimmen“ bedeutet, zusammen mit anderen eine Entscheidung zu treffen. Dabei können mehrere Ideen eingebracht und verschiedene Lösungsansätze und Möglichkeiten diskutiert werden. Die Verantwortung für die Entscheidung tragen dann alle gemeinsam. Demgegenüber steht das „alleine Bestimmen“, das heißt, als Einzelperson einen Entschluss zu fassen, die Verantwortung dafür zu übernehmen und alle Konsequenzen allein zu tragen.

Für Kinder ist es in der Regel schwierig, ohne Hilfe eine Wahl zwischen verschiedenen Optionen zu treffen oder sich auf eine Lösung festzulegen, da sie aufgrund ihres noch geringen Erfahrungshorizonts die langfristigen Konsequenzen einer Entscheidung oft noch nicht absehen können. Dies vermittelt ihnen ein Gefühl der Unsicherheit.

Daher sollten Eltern ihren Kindern einen Orientierungsrahmen für Entscheidungen vorgeben, das heißt zum Beispiel mehrere Möglichkeiten – nicht zu viele – und deren Konsequenzen aufzeigen. Damit sich Kinder ernst genommen fühlen, sollten sie innerhalb dieses Rahmens selbstständig wählen können. Durch diese Form des Mitbestimmens lernen die Kinder mit der Zeit, sich auf ihre eigenen Entscheidungen verlassen zu können.

4 **Stellungnahme**

Erörtern Sie die Vor- und Nachteile einer Berufstätigkeit beider Elternteile.

Wenn beide Elternteile berufstätig sind, können sich daraus **Vorteile** ergeben: Positiv ist, dass die Familie dann ein **höheres Einkommen** hat. Im Regelfall erhöht sich durch die Berufstätigkeit beider Elternteile das Familieneinkommen erheblich, was sich durch verschiedene Faktoren ergibt: zum einen durch den zusätzlichen Nettoverdienst, zum anderen durch steuerliche Vorteile. Es bleibt also mehr Geld in der Familienkasse und die Eltern können sich mehr Extras leisten, wie zum Beispiel Urlaub, Auto oder Luxusartikel. Wenn Sparsamkeit in der Familie nicht im Vordergrund stehen muss und mehr Wünsche erfüllt werden können, steigt dadurch auch die Zufriedenheit des Einzelnen. Möchte ein Kind zum Beispiel unbedingt ein teures Computerspiel haben, können Eltern, die beide berufstätig sind, ihm diesen Wunsch leichter erfüllen, weil die finanziellen Mittel vorhanden sind und man dafür nicht auf Lebensnotwendiges verzichten muss. Das höhere Familieneinkommen ist demnach ein Vorteil der Berufstätigkeit beider Elternteile.

Noch wichtiger aber ist, dass unter diesen Bedingungen das **Verantwortungsbewusstsein** und die **Selbstständigkeit der Kinder** gefördert werden. In einer Familie, in der beide Elternteile eine geraume Zeit des Tages nicht zu Hause sind und die Kinder entweder in einer Fremdbetreuung oder, wenn sie größer sind, allein zu Hause sind, müssen sie sich verstärkt selbst um ihre Bedürfnisse und Pflichten kümmern. Denn die Eltern sind dann nicht ständig verfügbar. Für diese Kinder ist es wichtiger, selbstständig zu werden und eigenständig handeln zu können, als für diejenigen, die Vater oder Mutter immerzu um sich haben. Die Kinder mit zwei berufstätigen Elternteilen müssen zum Beispiel kleinere Aufgaben im Haushalt allein erledigen und ihre Hausaufgaben ohne Ermahnung eines Elternteils machen, weil die gemeinsame Zeit mit den Eltern am Abend sonst für solche Pflichterledigungen genutzt werden muss und man weniger Zeit für Gespräche oder Aktivitäten hat. Die mit den Eltern verbrachte Zeit wird also kostbarer und die Kinder lernen zwangsläufig, Verantwortung für ihre Zeiteinteilung zu übernehmen. Daraus folgt, dass es für Kinder ein wichtiger Schritt zur Selbstständigkeit ist, wenn beide Elternteile berufstätig sind.

Es gibt allerdings nicht nur Vorteile, die mit einer Berufstätigkeit der Eltern einhergehen. Ein großer **Nachteil** einer solchen Konstellation ist, dass ein oder beide Elternteile dadurch eine **Doppelbelastung** erfahren. Wer sich um die Kinder und den Haushalt kümmert, hat alleine damit schon einen sogenannten Fulltime-Job. Kommt dann noch eine Berufstätigkeit dazu, sind viele überfordert. Schließlich ist es kaum möglich, den Aufwand im Haushalt und bei der Kindererziehung zu verringern, um dadurch Zeit und Kräfte einzusparen. Funktionieren kann dies nur dann, wenn alle an einem Strang ziehen und jedes Familienmitglied einen Teil der Aufgaben übernimmt, um die Last gemeinsam zu tragen. Wenn sich aber beispielsweise der eine Verdiener um Mithilfe im Haushalt drückt, weil er oder sie nach einem langen Arbeitstag zu müde für den Abwasch oder fürs Mathe-Üben ist, so bleibt entweder etwas unerledigt oder aber der andere muss alles übernehmen. Das kann leicht zu Konflikten führen, was leider in vielen Familien an der Tagesordnung ist und alle Familienmitglieder bedrückt. Deshalb kann die Berufstätigkeit beider Elternteile in einigen Fällen zu großen Belastungen führen und manchmal ist es einfacher, wenn ein Elternteil zu Hause bleibt, um sich dort ausschließlich um die Kinder und den Haushalt zu kümmern.
Als noch schwerwiegender ist jedoch eine **Vernachlässigung und Überforderung der Kinder** anzusehen, die auftreten kann, wenn sowohl Vater als auch Mutter arbeiten. Wie schon erwähnt, sind Eltern nach der Arbeit oft müde und haben kaum noch Energie, um sich mit den Problemen der Kinder auseinanderzusetzen oder sich mit ihnen zu beschäftigen und sie zu fördern. Kinder brauchen aber ihre Eltern, da sie noch nicht in der Lage sind, ihre Probleme alleine zu lösen oder die Hintergründe und Folgen ihres Tuns zu überschauen. Außerdem ist für eine gesunde Entwicklung des Kindes liebevolle Zuwendung vonseiten der Eltern unbedingt nötig. Wenn die Hilfe und Aufmerksamkeit der Eltern jedoch ausbleibt oder Kinder immerzu auf später vertröstet werden, verlieren sie nach und nach das Vertrauen. Eine pessimistische Einstellung zur Zukunft und Unzufriedenheit der Kleinen, wie es auch im Text erwähnt wird, können die Folge sein. Hat ein Kind beispielsweise Schwierigkeiten in einem Schulfach, so sind die Eltern gefordert, mit dem Kind darüber zu sprechen und nach Lösungen für das Problem zu suchen. Bleibt dies aus, wird das Kind schlechte Noten erzielen, eventuell sogar das Schuljahr wiederholen müssen. Es erfährt dadurch immer mehr Druck, Enttäuschung und Frustration. Wenn ein Elternteil aber genug Zeit hat, sich mit dem Kind zu befassen, dann können ein Gespräch mit der Lehrkraft, Nachhilfestunden oder eine gemeinsame Beschäftigung mit dem Lernstoff Abhilfe schaffen. Insofern kann ein gravierender Nachteil einer Berufstätigkeit beider Eltern die Überforderung oder Vernachlässigung der Kinder sein.

Meiner Meinung nach ist es trotz allem sinnvoll, wenn beide Elternteile berufstätig sind. So kann sich kein Elternteil benachteiligt fühlen, weil er oder sie auf die Berufsausübung verzichten muss. Schließlich ist es für viele Erwachsene erfüllend, in dem Beruf, für den sie sich entschieden haben, zu arbeiten – und ein dauerhafter Verzicht darauf riefe Unzufriedenheit hervor. Auch für die Gesellschaft ist es ein Verlust, wenn dem Markt qualifizierte Arbeitskräfte fehlen, weil sie sich ausschließlich der Kindererziehung widmen. Außerdem sind für Kinder die Eltern ein Vorbild. Wenn beide berufstätig sind, leben sie den Sprösslingen eine zeitgemäße Rollenverteilung vor und vermeiden das traditionelle Klischee, wonach die Mutter für die Kinder zuständig ist und zu Hause bleibt. Zwar wird die gemeinsame Freizeit durch die Berufstätigkeit etwas weniger, aber in den meisten Familien nutzt man sie dafür intensiver und stellt so einen Ausgleich her. Und wie es schon im Text erläutert wird: Kinder brauchen Liebe und Zuwendung, aber keine Rund-um-die-Uhr-Betreuung, um glücklich zu sein.

Abschlussprüfungsaufgaben an Wirtschaftsschulen
Deutsch – 2012: I. Erörterungsthemen

1 Jedes Jahr verlassen deutsche Staatsbürger ihre Heimat und wandern aus. Welche Vor- und Nachteile können mit so einem Entschluss für den Auswanderer verbunden sein?

2 Manche Jugendliche übernehmen nachmittags nach dem Schulunterricht und am Wochenende einen bezahlten Job. Welche Vor- und Nachteile bringt eine derartige Beschäftigung mit sich?

3 Viele Menschen zeigen schon in jungen Jahren Suchtverhalten. Welche Ursachen kann dies haben und welche Präventionsmaßnahmen sind möglich?

4 Der Arbeitsmarkt stellt heute hohe Ansprüche. Welche Anforderungen werden generell an die Beschäftigten gestellt? Wie können sich junge Menschen darauf vorbereiten?

5 Die EU ruft zu mehr Solidarität zwischen den Generationen auf. In welchen Bereichen könnten sich „Alt und Jung“ gegenseitig unterstützen? Wo sehen Sie Schwierigkeiten?

Musterlösungen

2012/1 Jedes Jahr verlassen deutsche Staatsbürger ihre Heimat und wandern aus. Welche Vor- und Nachteile können mit so einem Entschluss für den Auswanderer verbunden sein?

Mustergliederung

A. „Mein neues Leben XXL“ oder andere Fernsehsendungen über einen Neustart im Ausland haben immer wieder viele interessierte Zuschauer.

B. Welche Vor- und Nachteile können mit dem Entschluss zur Auswanderung für den Betroffenen verbunden sein?

1 Mögliche Vorteile für den Auswanderer

1.1 Wirtschaftliche Vorteile
1.1.1 Bessere Berufsaussichten und Arbeitsbedingungen
1.1.2 Niedrigere Lebenshaltungskosten

1.2 Bereicherung des eigenen Lebens
1.2.1 Ausleben von Abenteuerlust und Neugier
1.2.2 Kennenlernen einer neuen Kultur
1.2.3 Erfüllung eines persönlichen Traums

2 Mögliche Nachteile für den Auswanderer

2.1 Organisatorische Probleme
2.1.1 Umzug des ganzen Hausstandes
2.1.2 Andere Rechtsvorschriften
2.1.3 Berufliche Schwierigkeiten

2.2 Finanzielle Probleme
2.2.1 Hohe Umzugskosten
2.2.2 Geringe finanzielle Sicherheit

2.3 Anpassungsprobleme
2.3.1 Veränderte klimatische Bedingungen
2.3.2 Ungewohnte kulturelle Normen und Gegebenheiten
2.3.3 Verständigungsprobleme

2.4 Verlust des sozialen Umfeldes
2.4.1 Loslösung aus dem familiären Umfeld
2.4.2 Zurücklassen von Freunden und Bekannten

3 Synthese: Gegen die Auswanderung

C. Wer realistisch bleibt, kann sich seinen Traum von einer Auswanderung erfüllen, ohne dabei sein ganzes Leben auf den Kopf zu stellen.

2012/2 Manche Jugendliche übernehmen nachmittags nach dem Schulunterricht und am Wochenende einen bezahlten Job.
Welche Vor- und Nachteile bringt eine derartige Beschäftigung mit sich?

Mustergliederung

A. Smartphone, Markenkleidung, Fitnessstudio – wer finanziert das alles für junge Leute?

B. Welche Vor- und Nachteile bringt ein Nebenjob am Wochenende oder nach dem Unterricht für Jugendliche mit sich?

1 Mögliche Vorteile eines Nebenjobs für Jugendliche

1.1 Größere finanzielle Eigenständigkeit
1.1.1 Unabhängigkeit von den Eltern
1.1.2 Erfüllung lang gehegter und kostenintensiver Wünsche

1.2 Berufliche Vorteile
1.2.1 Einblick in Firmenstrukturen
1.2.2 Erkenntnisgewinn für die eigene berufliche Zukunft
1.2.3 Kennenlernen des Arbeitslebens

1.3 Förderung der persönlichen Entwicklung
1.3.1 Wertschätzung der Freizeit
1.3.2 Stärkung des Selbstbewusstseins
1.3.3 Beweis der Selbstständigkeit gegenüber den Eltern

2 Mögliche Nachteile eines Nebenjobs für Jugendliche

2.1 Ungünstige Arbeitsbedingungen
2.1.1 Evtl. eintönige Tätigkeit wegen fehlender Berufsausbildung
2.1.2 Schlechtere Bezahlung als reguläre Arbeitnehmer

2.2 Schulische Schwierigkeiten
2.2.1 Fehlende Erholung vom Schulalltag
2.2.2 Mangelnde Zeit und Ruhe zum Lernen

2.3 Übermäßige Belastung
2.3.1 Gefahr der psychischen und physischen Überlastung
2.3.2 Vernachlässigung sozialer Kontakte

3 Synthese: Gegen den Nebenjob

C. Schüler zu sein ist eine Vollzeitbeschäftigung; nebenbei sind nur Ferienjobs oder kurzzeitige Praktika während der Ferien sinnvoll.

2012/3 Viele Menschen zeigen schon in jungen Jahren Suchtverhalten. Welche Ursachen kann dies haben und welche Präventionsmaßnahmen sind möglich?

Mustergliederung

A. „Komasaufen" ist ein beliebtes Freizeitvergnügen von immer mehr jungen Leuten, aber auch andere Modedrogen werden besonders von Jüngeren zunehmend konsumiert.

B. Welche Ursachen kann das Suchtverhalten Jugendlicher haben und welche Präventionsmaßnahmen sind möglich?

1 Mögliche Ursachen für das Suchtverhalten Jugendlicher

1.1 Ursachen in der Familie
1.1.1 Falsche oder fehlende Erziehungsmaßnahmen
1.1.2 Schlechtes Vorbild der Eltern

1.2 Probleme in Schule und Beruf
1.2.1 Gruppenzwang
1.2.2 Leistungsdruck
1.2.3 Ausgrenzung und Mobbing

1.3 Ursachen in der Persönlichkeit des jungen Menschen
1.3.1 Schwach ausgeprägtes Selbstbewusstsein
1.3.2 Mangelnde Strategien zur Problem- und Konfliktbewältigung
1.3.3 Pessimistische Lebenseinstellung

1.4 Ursachen in der Gesellschaft
1.4.1 Verführende Werbung
1.4.2 Leichte Verfügbarkeit von Alkohol und Tabak
1.4.3 Gesellschaftliche Akzeptanz bestimmter Suchtmittel
1.4.4 Schlechtes Vorbild durch Personen des öffentlichen Lebens

2 Mögliche Präventionsmaßnahmen

2.1 Maßnahmen der Familie
2.1.1 Gutes Vorbild der Eltern
2.1.2 Persönlichkeitsstärkende Erziehung
2.1.3 Schaffung eines positiven Familienklimas

2.2 Maßnahmen der Schule
2.2.1 Besondere Aufmerksamkeit für potenziell gefährdete Schüler
2.2.2 Aufklärungsmaßnahmen zum Thema Sucht
2.2.3 Persönlichkeitsstärkende Projekte

2.3 Maßnahmen der Gesellschaft
2.3.1 Bewusstwerden der eigenen Vorbildfunktion
2.3.2 Werbeverbot für Alkohol und Tabak
2.3.3 Strengere Kontrollen des Handels

2.4 Möglichkeiten des Jugendlichen selbst
2.4.1 Information über Suchtmittel und deren Folgen
2.4.2 Bedachte Auswahl des Freundeskreises
2.4.3 Entwicklung des Muts zum Neinsagen

C. Je stärker das Selbstbewusstsein des Jugendlichen ausgeprägt ist, desto geringer ist die Gefährdung durch Suchtmittel.

2012/4 Der Arbeitsmarkt stellt heute hohe Ansprüche. Welche Anforderungen werden generell an die Beschäftigten gestellt? Wie können sich junge Menschen darauf vorbereiten?

Mustergliederung

A. Trotz des großen Angebots an Lehrstellen sind viele Jugendliche ohne Ausbildungsplatz.

B. Welche Anforderungen stellt der Arbeitsmarkt generell an die Beschäftigten und wie können sich Jugendliche darauf vorbereiten?

1 Anforderungen des Arbeitsmarkts

1.1 Wissen und Kenntnisse
1.1.1 Gute Allgemeinbildung
1.1.2 Fachwissen des angestrebten Berufszweigs

1.2 Soziale Fertigkeiten und Fähigkeiten
1.2.1 Angemessene Umgangsformen
1.2.2 Kommunikationsfähigkeit
1.2.3 Problemlösungskompetenz

1.3 Persönliche Einsatzbereitschaft
1.3.1 Flexibilität
1.3.2 Mobilität
1.3.3 Bereitschaft zu lebenslangem Lernen

2 Vorbereitende Maßnahmen

2.1 Qualifikation durch Schulbesuch
2.1.1 Guter Schulabschluss
2.1.2 Erwerb von Allgemein- und Fachwissen
2.1.3 Beteiligung an schulischen Projekten und Angeboten

2.2 Bewusstes Treffen der Berufswahl
2.2.1 Information über berufliche Anforderungen
2.2.2 Analyse von persönlichen Stärken und Schwächen
2.2.3 Teilnahme an Berufswahltests

2.3 Erwerb von Zusatzqualifikationen
2.3.1 Engagement im ehrenamtlichen Bereich
2.3.2 Berufserfahrung und -vorbereitung durch Praktika
2.3.3 Auslandsaufenthalte

C. Wer schon während der Schulzeit die Angebote von Schule und Vereinen nutzt, ist bereits gut auf das Arbeitsleben vorbereitet.

Musteraufsatz

A. Schlägt man die Tageszeitungen auf, so stößt man immer wieder auf Meldungen darüber, dass Arbeitgeber verzweifelt nach qualifizierten Arbeitskräften suchen. Schulabgänger dagegen bemühen sich mit zahlreichen Bewerbungsschreiben oft vergeblich, eine Ausbildungsstelle zu bekommen. Offenbar gibt es hier ein Ungleichgewicht. Woran aber liegt es, dass trotz freier Stellen so viele Jugendliche ohne Ausbildungsstelle bleiben? Eine der Antworten ist sicher der hohe Anspruch, den Arbeitgeber an die zukünftigen Beschäftigten stellen. Für Jugendliche ist es daher wichtig zu wissen, worin diese Anforderungen bestehen und wie sie sich auf sie vorbereiten können. Dies soll in der folgenden Erörterung diskutiert werden.

B. Zunächst soll das Hauptaugenmerk auf den Anforderungen des Arbeitsmarktes lie-
1 gen. Als erster wesentlicher Punkt sind hier **das Wissen und die Kenntnisse** des
1.1 Beschäftigten zu nennen. Dazu zählt zunächst eine **gute Allgemeinbildung**. Wer im
1.1.1 Arbeitsleben steht, sollte wissen, was um ihn herum geschieht, warum dies passiert und welche Einflüsse er darauf hat. Dazu zählen zum einen Kenntnisse im sozialen und politischen Bereich; aber auch auf anderen Gebieten wie Wirtschaft oder Naturwissenschaften sollte der Einzelne sich ein wenig auskennen. In Gesprächen mit Kunden oder Kollegen kann es sonst leicht zu peinlichen Situationen kommen, in denen man ungewollt und zum eigenen Nachteil seine Unwissenheit verrät. Die Schule vermittelt durch den Lehrplan bereits einige Schwerpunkte, die die Grundlage für eine angemessene Allgemeinbildung legen. Darüber hinaus ist das Zeitunglesen eine einfache Möglichkeit, um sich über aktuelles Zeitgeschehen und Hintergründe zu informieren. Auch Nachrichtensendungen im Fernsehen oder im Internet vermitteln wichtige Fakten. Wer sich hingegen nur mit Computerspielen oder Fernseh-Talkshows beschäftigt, wird im Kundenkontakt schnell an seine Grenzen stoßen.

1.1.2 Daneben ist ein **hohes Maß an Fachwissen des angestrebten Berufszweigs** vonnöten. Kein Arbeitgeber ist bereit, grundlegende Kenntnisse und Anforderungen an seine Beschäftigten ständig zu wiederholen und einem überforderten Mitarbeiter dauerhaft helfende Kollegen zur Seite zu stellen. Das kostet eine Firma viel Zeit und damit auch Geld. Der Arbeitgeber muss also davon ausgehen können, dass die Person, die er für einen bestimmten Posten eingestellt hat, auch in der Lage ist, ihre Arbeit selbstständig und korrekt auszuführen. Ohne das nötige Fachwissen ist das nicht möglich. Wer beispielsweise Textverarbeitungs- oder Tabellenkalkulationsprogramme nicht beherrscht, wird größte Schwierigkeiten bei einer Bürotätigkeit haben. Bewerber, aus deren Zeugnissen hervorgeht, dass sie Defizite auf für den jeweiligen Beruf relevanten Gebieten haben, werden kaum eingestellt werden. Daraus folgt, dass Arbeitgeber auf das Wissen und die Kenntnisse des Arbeitnehmers großen Wert legen.

1.2 Sehr bedeutsam sind weiterhin die **sozialen Fertigkeiten und Fähigkeiten** eines
1.2.1 Beschäftigten. Hier sind zunächst als ganz wesentlicher Punkt **angemessene Umgangsformen** zu nennen. Kaum jemand arbeitet allein für sich, die meisten Beschäftigten sind in Teams mit mehreren Mitarbeitern oder aber im Kontakt mit Außenstehenden, also mit Kunden, Klienten, Patienten etc., tätig. Dabei ist es absolut notwendig, dass man höflich und freundlich miteinander umgeht; nur so kann ein gutes Arbeitsklima entstehen. Unhöfliches oder aggressives Verhalten hingegen kann nicht nur wichtige Kunden abschrecken, auch innerhalb der Kollegschaft kann es dadurch zu Beeinträchtigungen der Arbeitsatmosphäre und der Leistung der Mitarbeiter kommen. So kann zum Beispiel die rücksichtslose Bemerkung eines Kollegen dazu führen, dass ein anderer Angestellter sich beleidigt fühlt, sich weniger gut auf seine Tätigkeit konzentrieren kann und nur noch ungern mit dem anderen zusammenarbeitet.

Gute Umgangsformen dagegen fördern ein angenehmes Arbeitsklima und sorgen für reibungslose Arbeitsabläufe und damit auch für eine hohe Qualität des Geleisteten.

1.2.2 Nicht zu unterschätzen ist auch die **Kommunikationsfähigkeit**. Ist jemand nicht in der Lage, sich angemessen zu äußern, wird der jeweilige Gesprächspartner nicht verstehen, was das Anliegen, die Frage oder das Problem des Gegenübers ist. Missverständnisse und Fehlentscheidungen sind unter Umständen die Folge und der Arbeitsprozess wird unnötig verzögert. Damit Kollegen oder externe Partner stets wissen, wovon die Rede und was zu tun ist, ist eine gute Kommunikation unabdingbar. Der Informationsfluss ist ein wesentlicher Faktor eines guten und produktiven Miteinanders. Gerade wenn Schwierigkeiten auftreten, wird erwartet, dass sich ein Mitarbeiter darüber angemessen, klar und sachlich äußern kann. Missverständliche Formulierungen oder gar völlige Nichtinformation können für ein Unternehmen gravierende Folgen haben. Ein Beschäftigter, der sich korrekt ausdrückt und Informationen rechtzeitig und angemessen weitergibt, ist daher für den gesamten Arbeitsablauf zuträglich und für den Arbeitgeber wünschenswert.

1.2.3 Von zentraler Bedeutung ist die **Problemlösungskompetenz**, denn im Arbeitsalltag ergeben sich immer wieder schwierige Situationen, die durchgestanden und gelöst werden müssen. Hierzu sollte ein Mitarbeiter weitgehend selbstständig in der Lage sein. Beansprucht jemand stets und bei der geringsten Schwierigkeit fremde Hilfe, kann dies zu einer erheblichen Belastung für die Kollegschaft oder sogar die gesamte Firma werden. Falls man beispielsweise für Abrechnungen zuständig ist und die entsprechenden Zahlen stimmen nicht, so ist es wichtig, eigenständig nach der Ursache zu forschen und Fehler zu beseitigen. Immerhin ist man für die Richtigkeit der Abrechnung verantwortlich. Fehler passieren jedem einmal. Ist man jedoch nicht in der Lage, aus ihnen zu lernen, sie zukünftig zu vermeiden und Probleme selbst zu lösen, gefährdet man seine Stellung im Unternehmen. Daraus folgt, dass die Problemlösungskompetenz zu einer der wichtigsten Fertigkeiten und Fähigkeiten des Beschäftigten gehört.

1.3 Der Arbeitsmarkt fordert zudem von jedem **persönliche Einsatzbereitschaft**. Dazu
1.3.1 gehört zunächst **Flexibilität**. Man muss fähig sein, sich an neue Situationen anzupassen und sich Neuem zu stellen. Für den Arbeitgeber ist ein Arbeitnehmer attraktiv, den er flexibel einsetzen kann, denn dadurch ist er den Anforderungen des sich stets wandelnden Arbeitsmarktes gewachsen. So kann es beispielsweise passieren, dass Abteilungen neue Aufgabenbereiche zugewiesen bekommen und darauf reagieren müssen. Dann heißt es, flexibel zu sein, um die neuen Aufgaben zu bewältigen. Die häufige Aussage „Das haben wir aber schon immer so gemacht!" zeigt einem Arbeitgeber nur die mangelnde Flexibilität eines Mitarbeiters und ist daher keine ratsame Devise. Ist der Einzelne aber bereit, Neues zu versuchen, und bringt er die Motivation auf, dazuzulernen, dann ist er für den Arbeitgeber von hohem Wert. In vielen Firmen werden beispielsweise immer mehr Arbeitsschritte digitalisiert und Papier und Bleistift gehören zunehmend der Vergangenheit an. Wer sich auf diese Entwicklung einlässt und den Computer nicht als Feind ansieht, ist klar im Vorteil.

1.3.2 In unserer globalisierten Arbeitswelt wechseln Firmen mitunter ihren Standort. Wenn die Mitarbeiter **mobil**, d. h. bereit sind, umzuziehen und zum neuen Standort zu wechseln, muss die Firma keine neuen Mitarbeiter suchen und anlernen. Das spart Zeit und viel Geld. Aus steuerlichen oder Kostengründen im Allgemeinen lassen beispielsweise immer mehr Firmen im Ausland fertigen, weil dort ihre Ausgaben geringer sind. Allerdings fehlt dort oft das nötige Knowhow, um die Arbeitsabläufe so wie hierzulande zu organisieren. Die Mitarbeiter, die ins Ausland gehen und ihr Wissen und ihr Können dort sinnvoll einbringen, sind deshalb sehr wertvoll für ein Unternehmen.

1.3.3 Am wichtigsten für den Arbeitsmarkt ist jedoch sicherlich die **Bereitschaft zu lebenslangem Lernen**, denn Flexibilität und Mobilität nützen nur wenig, wenn man nicht bereit ist, dazuzulernen. Nur wenn ein Arbeitnehmer sein Wissen immer wieder erweitert und seine bisherigen Erfahrungen mit neuen Kenntnissen vernetzt, können Innovationen erfolgen und neue Projekte in Angriff genommen werden. Zum Beispiel ist es früher in Banken wichtig gewesen, den persönlichen Kundenkontakt zu pflegen und im direkten Austausch Bankgeschäfte durchzuführen. In der heutigen Zeit des Online-Banking dagegen sind die Bankangestellten oft Ansprechpartner für EDV-Probleme, die ihre Kunden überfordern. Für die Banker sind deshalb profunde Kenntnisse über die Funktionen des Online-Bankings und alle damit verbundenen Probleme notwendig. Dieses Wissen muss ständig aktualisiert werden, da sich gerade in diesem Bereich permanent Neuerungen ergeben und technische Weiterentwicklungen erfolgen. Dieses und auch die Beispiele weiter oben zeigen, dass die persönliche Einsatzbereitschaft enorm wichtig ist, um den Anforderungen des Arbeitsmarktes gerecht zu werden.

2 Nachdem nun einige zentrale Anforderungen des Arbeitsmarktes dargestellt wurden,
sollen im Folgenden Maßnahmen zur Sprache kommen, die der Vorbereitung darauf
2.1 dienen können. Eine wesentliche solcher Maßnahmen ist die **Qualifikation durch
2.1.1 den Schulbesuch**. Nur wer einen **guten Schulabschluss** nachweisen kann, wird bei einer Bewerbung Aussicht auf Erfolg haben. Schulabgänger mit schlechten Noten in vielen Fächern haben zu starke und besser qualifizierte Konkurrenz, um die gewünschte Stelle bekommen zu können. Gibt es zwei mögliche Kandidaten für eine zu besetzende Stelle, wird in der Regel derjenige bevorzugt, der den besseren Abschluss erreicht hat. Die meisten Personalchefs legen auf gute Schulnoten großen Wert, weshalb für jeden Schüler ratsam ist, sich um einen möglichst erfolgreichen Abschluss zu bemühen.

2.1.2 Durch den Schulbesuch erwirbt ein Schüler außerdem **Allgemein- und Fachwissen**, das für den zukünftigen Beruf erforderlich ist. Es reicht demnach nicht aus, den Unterrichtsstoff nur für den nächsten Tag bzw. die nächste Schulaufgabe zu lernen. Stattdessen sollte das Gelernte immer wieder angewendet und aufgefrischt werden, weil dieses Wissen als Grundlage für die Ausbildungszeit und die anschließende berufliche Tätigkeit notwendig ist. Englischvokabeln zu lernen ist beispielsweise nicht nur für die nächste Prüfung wichtig – auch beim Briefeschreiben an den amerikanischen Handelspartner oder im Gespräch mit dem englischen Kunden sind die Fremdsprachenkenntnisse unerlässlich.

2.1.3 Zudem ist es von Vorteil, sich an **schulischen Projekten zu beteiligen und freiwillige Angebote wahrzunehmen**. Schüler sind z. B. bei einer Projektarbeit meist vorrangig daran interessiert, eine gute Note zu erhalten, aber die Organisation der Arbeitsschritte während des Projekts und die gemeinsame Arbeit in Gruppen sind eine wichtige Vorbereitung auf das Berufsleben. In vielen Firmen wird in Teams gearbeitet und da ist es zentral, dass jedes Teammitglied seine Aufgabe pünktlich und zufriedenstellend erledigt und sich in dieser Hinsicht auch auf die anderen verlassen kann. Gerade für längerfristige Aufgaben und größere Projekte ist es wichtig, diese Abläufe einzuüben. Auch die Mitwirkung bei freiwilligen Zusatzangeboten wie beispielsweise der Schultheatergruppe kann interessant für einen späteren Arbeitgeber sein: Wer Bühnenerfahrung hat, kann gut vor anderen Menschen auftreten, ist selbstbewusst und belastbar und kann sich viel Text merken, hat also eine gute Konzentrationsfähigkeit. Ein Chef wird solche Qualitäten zu schätzen wissen.
Es wird also deutlich, dass ein guter Schulabschluss, der damit einhergehende Wissenserwerb sowie die Beteiligung an schulischen Projekten und freiwilligen Zusatzangeboten als Vorbereitung auf die Arbeitswelt sehr zu empfehlen sind.

2.2 2.2.1 Eine weitere vorbereitende Maßnahme für die Anforderungen des Arbeitsmarktes ist das **bewusste Treffen der eigenen Berufswahl**. Dazu ist es zuerst einmal notwendig, umfassende **Informationen über die jeweiligen beruflichen Anforderungen** einzuholen. Wer weiß, was ihn erwartet, reduziert die Gefahr, enttäuscht zu werden. Das tatsächliche Anforderungsprofil eines bestimmten Berufs kann deutlich von dem abweichen, was sich der Schüler darunter vorgestellt hat. Wer z. B. Modedesigner werden möchte, muss damit rechnen, die meiste Zeit am Zeichentisch und an der Nähmaschine zu verbringen – und nicht etwa auf großen Modenschauen und mit berühmten Models.

2.2.2 Um eine realistische und passende Entscheidung für einen Beruf treffen zu können, ist es zudem notwendig, **sich über die persönlichen Stärken und Schwächen klar zu werden**. Macht es mir nichts aus, den ganzen Tag am Schreibtisch zu arbeiten oder ständig mit fremden Menschen zu kommunizieren? Bin ich eher schüchtern oder gehe sehr offen auf andere zu? Nur derjenige, der sich selbst gut einschätzen kann, ist in der Lage, im Hinblick auf den späteren Beruf eine gute Entscheidung zu treffen. Andernfalls kann es passieren, dass man immerzu mit sich kämpfen muss, um den beruflichen Anforderungen standzuhalten. Bäckt jemand z. B. gern, so ist er dadurch zwar gut für den Bäckerberuf gerüstet. Wenn er aber ein Langschläfer ist, wird er trotzdem täglich Probleme haben, in den sehr frühen Morgenstunden aufzustehen.

2.2.3 Eine Hilfestellung bei der Entscheidung für einen Beruf kann schließlich auch die **Teilnahme an Berufswahltests** sein. Gerade für Schüler, die unsicher sind, ob der Traumberuf wirklich zu ihnen passt, bieten Arbeitsagenturen und Berufsbildungsinstitute Tests an, die genaue Einblicke in die jeweilige Tätigkeit ermöglichen. Der Schüler muss in diesem Fall kaum Zeit und Mühe investieren, um Informationen über den fraglichen Beruf zu erhalten. Ein Praktikum zum Erkunden des Berufs hingegen dauert in der Regel mehrere Wochen, der Schüler muss seine Freizeit dafür opfern und verdient dabei unter Umständen nichts. Stellt sich am Ende heraus, dass Wunschvorstellung und Realität weit auseinanderliegen, beginnt die zeitintensive Suche von vorn. Deshalb ist es sinnvoll, sich über die eigene Berufswahl einige Gedanken zu machen und sie bewusst zu treffen, wofür die genannten Maßnahmen Unterstützung bieten.

2.3 2.3.1 Wohl die wichtigste Maßnahme zur Vorbereitung auf den Arbeitsmarkt ist aber der **Erwerb von Zusatzqualifikationen**. Dafür kommt beispielsweise ein **Engagement im ehrenamtlichen Bereich** infrage. Die Konkurrenz bei besonders beliebten Berufen ist groß. Deshalb kann es hilfreich sein, sich in seiner Bewerbung durch den Nachweis von zusätzlichen Betätigungen hervorzutun. Ehrenamtliche Aktivitäten, beispielsweise im sozialen Bereich wie beim Roten Kreuz oder der freiwilligen Feuerwehr, zeigen dem potenziellen Arbeitgeber nicht nur die Einsatzbereitschaft und soziale Kompetenz des Bewerbers, sondern auch, dass der Betreffende bereit ist, seine Freizeit anderen Menschen zu widmen und damit einen Beitrag für die Gemeinschaft insgesamt zu leisten. Für ein gutes Arbeitsklima sind solche Mitarbeiter sehr wichtig.

2.3.2 Eine weitere Zusatzqualifikation zur Berufsvorbereitung stellen **Praktika** dar. Wenn man bereits eine Ahnung davon hat, welchen Beruf man später ausüben möchte, ist ein Betriebspraktikum ideal. Eine solche mehrwöchige Tätigkeit in einer Firma ist aufgrund verschiedener Gesichtspunkte wertvoll: Man kann auf diese Weise in den Berufsalltag und das Unternehmen „hineinschnuppern", lernt potenzielle künftige Kollegen und Arbeitsabläufe kennen. Auch die Firmenmitarbeiter und die Chefs haben ihrerseits Gelegenheit, sich ein Bild von dem Praktikanten zu machen. Durch diesen persönlichen Kontakt können beide Seiten die Situation im Fall einer Bewerbung realistisch einschätzen und wissen, worauf sie sich beim Eingehen eines Arbeitsverhältnisses einlassen.

2.3.3 Die sicherlich aufwendigste Maßnahme, die zugleich aber auch die meisten Erfahrungen bietet und damit für den Schüler am wertvollsten ist, ist ein **Auslandsaufenthalt**. Wenn ein Jugendlicher bereit ist, für mehrere Wochen oder Monate in ein fremdes Land zu gehen und sich dort allein zurechtzufinden, stellt dies eine große Herausforderung dar. Doch die Vorteile, wenn man diese meistert, sind enorm: Nicht nur die Fremdsprachenkenntnisse verbessern sich in der Regel, auch das Selbstbewusstsein und die Selbstständigkeit werden gefördert. Schließlich stellt der Jugendliche unter Beweis, dass er sich ohne die Hilfe der Eltern unter fremden Menschen in einer neuen Umgebung mit einer fremden Sprache zurechtfindet. Für ein Unternehmen ist dies sehr interessant und es zeichnet den Bewerber vor anderen aus. All dies sind mögliche Maßnahmen, die Schüler wahrnehmen können, um sich für den Wunschberuf zu qualifizieren und sich auf die Arbeitswelt vorzubereiten.

C. Die Anforderungen des Arbeitsmarktes sind hoch, aber es ist möglich, sich bereits während der Schulzeit darauf einzustellen. Jeder sollte sich darüber im Klaren sein, dass am Ende der Schulzeit das Arbeitsleben auf ihn wartet. So viel Freizeit wie während der Schulzeit hat man nie wieder! Deshalb sollte man diese unbedingt sinnvoll nutzen: Wenn man bereit ist, zusätzliche Angebote von Schulen oder Vereinen, sozialen Institutionen, Au-Pair-Vermittlungen oder Ähnlichem zu nutzen, ist man für den Arbeitsmarkt gut gerüstet.

2012/5 Die EU ruft zu mehr Solidarität zwischen den Generationen auf. In welchen Bereichen könnten sich „Alt und Jung“ gegenseitig unterstützen? Wo sehen Sie Schwierigkeiten?

Mustergliederung

A. In unserer Gesellschaft gibt es immer mehr ältere und immer weniger junge Menschen.

B. In welchen Bereichen könnten sich „Alt und Jung“ gegenseitig unterstützen und wo ergeben sich Schwierigkeiten?

1 Möglichkeiten der gegenseitigen Unterstützung

1.1 Gegenseitige materielle Unterstützung
1.1.1 Ermöglichung größerer Anschaffungen
1.1.2 Sicherung des Lebensunterhalts

1.2 Gegenseitige Unterstützung im Alltag
1.2.1 Hilfestellung bei der Haushaltsorganisation
1.2.2 Hilfe bei Stress und Krankheit

1.3 Gegenseitige psychische Unterstützung
1.3.1 Austausch von Wissen und Erfahrungen
1.3.2 Bewältigung von Lebenskrisen

2 Mögliche Schwierigkeiten zwischen den Generationen

2.1 Konflikte aufgrund unterschiedlicher Wertvorstellungen und Lebensweisen
2.1.1 Umgang mit materiellen Gütern
2.1.2 Einstellung zu Arbeit und Familie
2.1.3 Erziehung der Kinder

2.2 Konflikte aufgrund mangelnder Kompromissbereitschaft
2.2.1 Starre Erwartungshaltungen
2.2.2 Beharren auf eigenen Interessen
2.2.3 Mangelndes Einfühlungsvermögen

C. Kompromissbereitschaft und Toleranz erleichtern das Zusammenleben.

Musteraufsatz

A. Bevölkerungsprognosen zeigen, dass es in den kommenden Jahren in unserer Gesellschaft immer mehr ältere und immer weniger junge Menschen geben wird. Aufgrund dessen sind nicht nur Konflikte vorauszuahnen, die auf Vorurteilen und unterschiedlichen Wertvorstellungen der Generationen basieren. Vor allem führt dies auch zu wirtschaftlichen Problemen, weil das Sozialsystem, in das die jungen Leute für die Altersversorgung der Älteren einzahlen, dann nicht mehr funktionieren kann. Der Wunsch nach finanziellem Wohlstand und nach der Gründung einer sicheren Existenz tritt dabei in Konflikt mit der Würdigung der Lebensleistung älterer Mitbürger, die einen ruhigen Lebensabend zweifellos verdient haben. Die EU ruft deshalb zu mehr Solidarität zwischen den Generationen auf. Auf dieser Grundlage wird im Folgenden erörtert, in welchen Bereichen sich „Alt und Jung" gegenseitig unterstützen können und wo sich Schwierigkeiten ergeben könnten.

B. Eine erste Möglichkeit der Hilfestellung unter den Generationen ist die **gegenseitige**
1 **materielle Unterstützung**. Häufig haben die Älteren während ihres langen Arbeits-
1.1 lebens Geld angespart und können dadurch ihren Kindern und Enkelkindern **größere**
1.1.1 **Anschaffungen ermöglichen**. So haben Jugendliche teilweise das Glück, dass nach dem Erwerb des Führerscheins das erste eigene Auto von den Eltern oder Großeltern mitfinanziert wird. Vom Taschengeld oder von Ferienjobs alleine wäre diese Anschaffung kaum zu leisten. Auch andere teure Luxusgüter wie Smartphones, Computer oder Spielekonsolen werden vielfach von der älteren Generation, zum Beispiel in Form von Weihnachtsgeschenken, finanziert.

1.1.2 Noch bedeutender als bei Luxusgütern ist die finanzielle Unterstützung in Form der **Sicherung des Lebensunterhalts**. Wer von Jugendarbeitslosigkeit betroffen ist, kann ohne die Unterstützung der Älteren meist nicht über die Runden kommen. Im Gegenzug sehen sich immer mehr ältere Leute im Rentenalter von Altersarmut bedroht: Oft reicht die kleine Rente nicht aus, um die permanent steigenden Lebenshaltungskosten abzudecken. Staatliche Sozialhilfen lindern das Problem in nur geringem Maß. Deshalb sind Rentner oftmals auf ihre Kinder und Enkelkinder finanziell angewiesen. So zeigt sich, dass die materielle Unterstützung in finanziellen Notlagen ein wichtiger Bereich der gegenseitigen Hilfe der Generationen darstellt.

1.2 Konkrete Situationen, in denen einander Hilfe geleistet werden kann, bieten sich in
1.2.1 der **Bewältigung des Alltags**, zum Beispiel bei der **Haushaltsorganisation**. Die traditionelle Rollenverteilung innerhalb der Familie, derzufolge der Vater arbeiten geht und die Mutter den Haushalt führt, gibt es nur noch selten. In der modernen Familie, in der oft beide Elternteile berufstätig sind, müssen alle Familienmitglieder mitwirken, um einen funktionierenden und geregelten Tagesablauf zu gewährleisten. Das bedeutet etwa auch, dass Jugendliche ihren Beitrag dazu leisten, indem sie zum Beispiel ihr Zimmer saubermachen, sich um die Wäsche oder das Kochen kümmern. Aber auch die Großeltern oder ältere Nachbarn können den Jüngeren im Haushalt helfen, um die berufstätigen Familienmitglieder zu entlasten. Wenn andererseits die Älteren ihre Haushaltsführung nicht mehr komplett alleine schaffen, sollten sie bei den jüngeren Bekannten und Angehörigen Unterstützung finden, indem diese zum Beispiel schwere Einkäufe erledigen etc. Wenn man einander zur Hand geht, ist die meiste Arbeit viel leichter zu bewältigen.

1.2.2 Ganz wesentlich ist die gegenseitige **Hilfe bei Stress oder Krankheit**. Es ist wohl für jeden sehr belastend, schwierige Zeiten wie Krankheitsphasen oder Stresssituationen alleine durchzustehen. Unterstützung von Angehörigen oder guten Bekannten ist dann extrem wertvoll. Wenn sich beispielsweise ein älterer Mensch den Fuß gebrochen hat, sollte es selbstverständlich sein, dass sich die restliche Familie oder auch jüngere Nachbarn und Freunde um den Kranken kümmern und ihn pflegen. Umgekehrt können Ältere junge Familien in stressigen Zeiten unterstützen. Oftmals fehlt den Jüngeren Zeit, vor allem dann, wenn Eltern beruflich sehr eingespannt sind. Ältere Nachbarn oder Großeltern, die dann den Kindern bei den Hausaufgaben helfen oder mit ihnen spielen, können eine große Entlastung sein. Das bedeutet, dass die gegenseitige Unterstützung im Alltag für beide Seiten wichtig ist.

1.3 Von sehr großer Bedeutung ist außerdem die **psychische Unterstützung** unter den Generationen. Der seelische Beistand, den sich „Alt und Jung" gegenseitig leisten
1.3.1 können, ist unersetzlich. Beim **Austausch von Wissen und Erfahrungen** können beide Seiten profitieren: Die Großeltern-Generation beispielsweise kann dank Kindern und Enkeln über neuere Entwicklungen informiert und auf dem Laufenden gehalten werden. Das gilt beispielsweise, wenn man an den Umgang mit Computern und Internet denkt. Die Erlebnisse und die Weisheit der Älteren wiederum sind für die Jüngeren wertvoll, denn diese verfügen noch nicht über einen vergleichbaren Erfahrungsschatz. Mit solcher Hilfe ist es für die Jugend oft leichter, Entscheidungen zu treffen, und manch schlechte Erfahrung bleibt ihr erspart. Steht beispielsweise ein Jugendlicher vor der Entscheidung für einen bestimmten Beruf, so können die Eltern oder Großeltern ihm beratend zur Seite stehen und aufgrund ihrer Erfahrungen helfen, eine kluge Wahl zu treffen.

1.3.2 Am wichtigsten aber ist wohl die gegenseitige psychische Unterstützung bei der **Bewältigung von Lebenskrisen**. Es ist äußerst hart, ganz allein zu sein, wenn einem das Leben übel mitspielt. Die Hilfestellung von Älteren oder Jüngeren ist dann immens wichtig. Für die ältere Generation zum Beispiel ist oft der Tod des langjährigen Lebenspartners ein einschneidendes und sehr schmerzliches Erlebnis. Trost und Hilfe vonseiten der Jüngeren kann dann dazu beitragen, dass sich der Betroffene wieder dem Leben zuwendet. Das Gefühl, noch gebraucht zu werden, ist in solchen Fällen oft von entscheidender Bedeutung. Wenn auf der anderen Seite einem Jugendlichen etwas Schlimmes widerfährt, wie zum Beispiel ein Unfall, sind Gespräche mit Älteren, die aufgrund ihrer Lebenserfahrung Unterstützung bieten und Trost spenden, ebenso wichtig. Dies zeigt, dass die verschiedenen Generationen einander brauchen und dass das gegenseitige Leisten von seelischem Beistand ganz zentral ist.

2 Die Möglichkeiten zur gegenseitigen Unterstützung von „Alt und Jung" sind also, wie oben gezeigt, zahlreich; aber es gilt auch, eventuelle Konflikte zwischen den Ge-
2.1. nerationen zu bedenken. Ein möglicher „Brandherd" sind etwa **Konflikte aufgrund unterschiedlicher Wertvorstellungen und Lebensweisen**. Dazu gehört zunächst
2.1.1 der **Umgang mit materiellen Gütern**. Während ältere Generationen in der Regel zur Sparsamkeit und zum Erhalt vorhandener Güter erzogen wurden, ist die Generation der Jungen von heute Teil einer Wegwerfgesellschaft, die viele Dinge schon nach kurzer Nutzungsdauer entsorgt. Diese unterschiedliche Sichtweise muss zwangsläufig zu Konflikten führen. Ein alltägliches Beispiel dafür sind Mobiltelefone. Viele Anbieter verkaufen Verträge für Handys oder Smartphones für zwei Jahre, dann sind die Geräte abbezahlt und der Vertrag wird aufgelöst. Wer sich für einen neuen Mobilfunkvertrag entscheidet, kauft damit in der Regel auch ein neues Gerät, das alte wird nicht länger genutzt. Das ist für Jugendliche gang und gäbe. Die Älteren dagegen, die das Sparen verinnerlicht haben, sehen oft keinen Grund, die alten, funktionstüchtigen Geräte auszurangieren. So kommt es nicht selten zu Konflikten innerhalb von Familien bzw. zwischen den Generationen.

2.1.2 Ein weiterer Konfliktherd ist die **Einstellung zu Arbeit und Familie**. Während die ältere Generation zu diesen Themen meist eher traditionelle Vorstellungen hegt, hat die Jugend hierzu in der Regel modernere Ideen. Mehrere kleinere Jobs, häufige Jobwechsel, Patchworkfamilien, Alleinerziehende, gleichgeschlechtliche Lebensgemeinschaften oder andere zeitgemäße Lebensformen werden von der jüngeren Generation oft befürwortet und als selbstverständlich betrachtet, während die Älteren eher dem Modell der lebenslangen Ehe bzw. der traditionellen Familie den Vorzug geben. Diese unterschiedlichen Einstellungen können leicht für Diskussionen und Reibereien sorgen.

2.1.3 Ganz entscheidend ist in diesem Zusammenhang auch die Frage der **Kindererziehung**. Gerade in der Pädagogik gehen die Meinungen weit auseinander. Im Laufe der Jahre wurden immer wieder neue Modelle für „richtige Erziehung" befürwortet, die die jeweilige Generation stark beeinflusst haben. In den 1970er-Jahren wurde beispielsweise die antiautoritäre Erziehung von vielen als die einzig wahre angesehen. In den Jahrzehnten davor hingegen wurden die meisten Kinder streng und stark disziplinierend erzogen, was die heutige Großeltern- und zum Teil die Elterngeneration prägte. In der heutigen Zeit wiederum ist die Erziehungsweise eher partnerschaftlich. Über die einzelnen Generationen hinweg können diese unterschiedlichen Erziehungsstile, die Kinder und Eltern in verschiedenen Phasen geprägt haben, für Zündstoff sorgen. Gegenseitiges Verständnis und Kompromisse sind dabei sicher der erste Schritt zur Lösung. Daran wie auch an den obigen Beispielen zeigt sich also, dass unterschiedliche Wertvorstellungen und Lebensweisen den Dialog der Generationen beeinträchtigen können.

2.2 Weitere Konflikte können durch **mangelnde Kompromissbereitschaft** entstehen.

2.2.1 Ein Grund dafür sind **starre Erwartungshaltungen**. Die meisten Menschen haben gewisse Erwartungen an das Zusammenleben mit Personen aus anderen Generationen, z. B. innerhalb einer Familie. Werden die Erwartungen nicht erfüllt, kommt es oft zu Auseinandersetzungen und Problemen. Das kann etwa dann der Fall sein, wenn eine Person Leistungen einfordert, ohne Gegenleistungen zu erbringen. Wenn also beispielsweise ein Jugendlicher den Führerschein machen will und wie selbstverständlich davon ausgeht, dass die Eltern dies finanzieren, ohne dass er selbst dazu beiträgt, dann kann eine nachvollziehbare Reaktion der Elternseite sein, ihm das nötige Geld zu verweigern. In solchen Momenten gilt es, flexibel zu sein und die eigene Erwartungshaltung zu überprüfen, um den Konflikt zu vermeiden.

2.2.2 Ebenso kann das **Beharren auf eigenen Interessen zu Problemen** zwischen Alt und Jung führen. Es ist schwierig, die eigenen Bedürfnisse und Wünsche hintanzustellen, wenn es um gemeinsame Entscheidungen geht. Ein Beispiel dafür ist der Familienurlaub. Während die junge Generation lieber ans Meer fahren möchte, begeistern sich die Älteren vielleicht eher für eine Städtetour oder eine Reise in die Berge. Dadurch ist der gemeinsame Urlaub schwierig zu planen. Setzt sich eine Seite – Alt oder Jung – rücksichtslos durch, kann es passieren, dass die Jüngeren sich in einer Kirche langweilen, die besichtigt werden soll, oder aber dass die Eltern entnervt und sonnenverbrannt am Strand sitzen, wo sie sich unwohl fühlen. Der Streit, bedingt durch unterschiedliche Interessen, ist sozusagen vorprogrammiert.

2.2.3 Schließlich ist auch **mangelndes Einfühlungsvermögen** ein möglicher Auslöser für Konflikte. Wenn man nur sich selbst sieht, kann es leicht passieren, dass man die Gefühle eines anderen verletzt. Eine Tochter, die sich Kleidung aus dem Schrank der Mutter nimmt, ohne vorher zu fragen, kann sich dadurch viel Ärger einhandeln. Umgekehrt kann es wiederum für Jugendliche sehr unangenehm sein, wenn sie einen Freund oder eine Freundin zu Besuch haben und die Eltern ohne vorher anzuklopfen ihr Zimmer betreten. In beiden Fällen wäre es angebracht, die Privatsphäre des jeweils anderen zu respektieren. All dies macht deutlich, dass viele Konflikte zwischen Alt und Jung auf dem Mangel an Kompromiss- und Kommunikationsbereitschaft beider Seiten beruhen und dass gegenseitige Rücksichtnahme im täglichen Miteinander unerlässlich ist.

C. Die Erörterung zeigt, wie wichtig es für alle Generationen ist, sich gegenseitig zu unterstützen, aber auch, wo sich mögliche Konflikte ergeben können. Dass stete Hilfsbereitschaft und die Vermeidung von Auseinandersetzungen im Alltag und im regelmäßigen Umgang miteinander nicht immer ganz leicht umzusetzen sind, ist selbstverständlich. Von jedem Einzelnen sind Toleranz, Kompromissbereitschaft und Solidarität gefordert, damit ein Zusammenleben von Älteren und Jüngeren gut funktioniert. Wenn man dabei allerdings das Positive im Blick hat und sich der Bedeutung der anderen Generation bewusst ist, dürfte das auch nicht allzu schwer fallen. Denn wer stets nur sich selbst sieht, wird nicht nur im Umgang mit Älteren oder Jüngeren Probleme bekommen, sondern auch mit Gleichaltrigen.

Abschlussprüfungsaufgaben an Wirtschaftsschulen
Deutsch – 2012: II. Textaufgabe

1 Verfassen Sie eine Überblicksinformation.

2 Geben Sie den Inhalt des Textes in gestraffter Form wieder.

3 Erläutern Sie die Aussage „Viele von euch haben die Kontrolle über ihre Daten längst verloren.“ (Z. 25 f.)

4 Welche Vor- und Nachteile bietet Ihrer Meinung nach die Anonymität im Internet?

Allein gelassen im Internet

Frank Spaeing hat eine Mission. Er kämpft gegen Datenkraken, Computer-Viren und gegen die Sorglosigkeit vieler Jugendlicher im Umgang mit persönlichen Informationen. So auch an diesem Morgen.

Es ist die dritte Stunde, die große Pause ist gerade vorbei und in einer Woche gibt es Zeugnisse. Da haben die meisten der 50 Zehntklässler anderes im Kopf als das angeblich so gefährliche Internet. Also bleibt in der Aula des Lilienthal-Gymnasiums in Berlin-Lichterfelde die erste Reihe frei und hinten wird getuschelt.

Fast alle Jugendlichen sind im Netz und dort auf sich gestellt. 98 Prozent der zehn- bis 18-Jährigen sind regelmäßig online, gut ein Drittel gibt das Internet als liebste Freizeitbeschäftigung an, hat eine Studie des Bundesverbands Informationswirtschaft, Telekommunikation und neue Medien zum Internetverhalten Jugendlicher beobachtet.

Als Spaeing gleich zu Beginn fragt, wer von den Schülern ein Benutzerkonto bei einem sozialen Netzwerk hat, melden sich fast alle. Genau das sei das Problem, wird der Datenschützer später sagen: Natürlich biete das Internet eine Menge Spaß, jeder wolle mitmachen. Nur um die Gefahren würden sich die wenigsten kümmern, dabei seien die gerade für Jugendliche groß.

Fast 30 Prozent der 16- bis 18-Jährigen sind digital schon einmal belästigt oder beleidigt worden, hatte die gleiche Studie ergeben. Es gibt ganze Websites, die bewusst Raum für Mobbing lassen. Jugendliche, sagt Spaeing, würden sich zwar oft besser als ihre Eltern mit Computern auskennen, seien oft aber auch sorgloser.

Diese Sorglosigkeit zu demonstrieren, fällt Spaeing leicht. Mit seinem Mobiltelefon ortet er kurzerhand einige Handys der Schüler. „Aha, das Handy von Mark, bitte mal melden!“, ruft er in den Saal. „Anna Sophie ist auch da, dann sehe ich noch Dane.“ Die Schüler schauen verwundert, holen schnell ihre Handys hervor, drücken ein paar Tasten.

Spaeings Botschaft ist klar: Viele von euch haben die Kontrolle über ihre Daten längst verloren. Zeit, dass euch jemand zeigt, wie ihr sie zurückgewinnen könnt.

Spaeings Auftraggeber ist der Berufsverband der Datenschutzbeauftragten (BvD). Bislang beschränkte der Verband seine Unterrichtsstunden vor allem auf Ost- und Norddeutschland, nun soll das Programm ausgeweitet werden. 50 ehrenamtliche Referenten gebe es inzwischen, sagt Spaeing, der als externer Datenschutzbeauftragter Firmen berät.

Und an das Gymnasium nach Berlin-Lichterfelde kam Spaeing, wie so oft, weil sich Lehrerinnen und Lehrer selbst nicht sicher sind, wenn es um digitale Probleme geht.

Und so hastet Spaeing mit den Schülern in Lichterfelde in gut 100 Minuten durch das Netz, redet über Datenschutz und das Recht auf informationelle Selbstbestimmung.

Mischt dabei Theorie mit ein bisschen Abschreckung und mit praktischen Tipps fürs sicherere Surfen.

„Sagt mal, wie lang sind eigentlich eure Passwörter?" Die Schüler überlegen, einer ruft: „Ich hab acht Zeichen." Spaeing zieht die Augenbrauen hoch, stemmt die Hände in die Hüften, sagt: „Viel zu kurz! Ein gutes Passwort ist so kompliziert wie möglich."

Seine Anregung: Man denke sich einen komplizierten Satz aus, beispielsweise „Ich bin ein Fan des 1. FC Nürnberg und bei allen Heimspielen." Dann nehme man den ersten Buchstaben jedes Wortes, mache eine Klammer drum, schreibe vorne 20, hinten 12 hin, und fertig sei das bombensichere Passwort: „20(IbeFd1FCNubaHs)12". Die Schüler lachen, viel zu kompliziert, wer tippt das denn ein? „Naja", sagt Spaeing, „dann merkt euch wenigstens, Passwörter sollen sein wie Unterwäsche: Man teilt sie nicht mit Freunden und wechselt sie häufig."

Am Ende fühlen sich viele der Schülerinnen und Schüler schlauer – zumindest sagen sie es.

(Sebastian Kempkens in: Zeit Online vom 27. Juni 2011, http://www.zeit.de/digital/datenschutz/2011-06/datenschutz-schule-unterricht; Text leicht gekürzt und überarbeitet)

Musterlösung

1 **Überblicksinformation**

Sebastian Kempkens' Reportage „Allein gelassen im Internet" ist am 27. Juni 2011 in „Zeit-Online" erschienen. Sie nimmt Bezug auf eine Informationsveranstaltung zum Thema „Sicherheit im Internet", die von einem Experten des Bundesverbands der Datenschutzbeauftragten an einer Berliner Schule durchgeführt worden ist. Besonders Jugendliche achten häufig zu wenig auf den Schutz ihrer persönlichen Daten und sind sich der Problematik der Datensicherheit im Internet sowie der damit verbundenen Gefahren oft nicht bewusst. Deshalb sollen sie für das Thema Datenschutz sensibilisiert und im richtigen Umgang mit dem Internet geschult werden.

2 **Gestraffte Inhaltswiedergabe**

Aus einer Studie geht hervor, dass sehr viele Jugendliche das Internet und vor allem soziale Netzwerke regelmäßig nutzen. Zwar kennen sich die Jugendlichen oft besser mit Computern aus als ihre Eltern, doch sind sie sich der Gefährdung, die von der Internetnutzung ausgeht, häufig nicht bewusst. Der sorglose Umgang mit dem Internet birgt Gefahren wie Mobbing oder Kontrollverlust über freigegebene persönliche Daten. Fast ein Drittel der jugendlichen Nutzer sind bereits Opfer von Beleidigung und Belästigung im Internet geworden.

Vor diesem Hintergrund informiert der Internetexperte Frank Spaeing im Auftrag des Bundesverbands der Datenschutzbeauftragten Schülerinnen und Schüler eines Berliner Gymnasiums über Datenschutz und den richtigen Umgang mit dem Internet. Solche ehrenamtlich durchgeführten Informationsveranstaltungen haben bisher vor allem an Schulen im Norden und Osten Deutschlands stattgefunden. Es ist jedoch geplant, das Angebot deutschlandweit auszudehnen, da die Lehrkräfte an den Schulen meist nur ungenaue Kenntnisse in diesem Bereich haben. Die Schüler erhalten durch den kurzen Expertenvortrag Informationen über einen sicheren Umgang mit dem Internet und mit ihren persönlichen Daten. Der Internetexperte erklärt außerdem die richtige Verwendung von Passwörtern. Nach dem Vortrag haben viele Schüler den Eindruck, dass die Veranstaltung ihr Wissen erweitert hat.

3 **Texterläuterung**

„Viele von euch haben die Kontrolle über ihre Daten längst verloren." (Z. 25 f.)

Der Begriff „Kontrolle" bedeutet, Überblick und Wissen, aber auch die alleinige Macht über etwas oder jemanden zu haben. „Daten" sind genaue, bei Personen oft private und vertrauliche Informationen, z. B. über Geschlecht, Alter, Beruf, Wohnort usw. Sie dienen zur Kennzeichnung und Wiedererkennung Einzelner. Etwas zu „verlieren" heißt, es unabsichtlich oder unwissentlich nicht mehr im eigenen Besitz zu haben und nicht mehr damit umgehen zu können. Dazu gehört auch, dass derjenige, der die „verlorenen" Daten „findet", nicht unbedingt bereit sein muss, sie wieder herauszugeben; er kann sie auch nach seinen Vorstellungen verwenden.

Der Experte Frank Spaeing stellt fest, dass viele Jugendliche das Internet zwar regelmäßig nutzen, jedoch keinen Überblick und kein Wissen darüber haben, welche Informationen über ihre eigene Person im Internet öffentlich zugänglich und damit ungeschützt sind. Vor allem bei Aktivitäten in sozialen Netzwerken gehen die Jugendlichen oft sehr unkritisch mit dem Schutz ihrer persönlichen Daten um und geben viele private Informationen unbewusst und unkontrolliert preis. Ihnen ist nicht klar, wie sie sichere Passwörter erstellen, was sie im Internet öffentlich machen sollten und was besser nicht und wie sie ihre persönlichen Daten schützen können. So zeigen sie beispielsweise ihre privaten Partyfotos offen im Internet, sodass auch eventuell peinliche Bilder für potenzielle Arbeitgeber oder Personalchefs sichtbar sind. Ob diese sich für einen Bewerber interessieren, der sich öffentlich auf diese Weise darstellt, ist fraglich.

4 **Stellungnahme**

Welche Vor- und Nachteile bietet Ihrer Meinung nach die Anonymität im Internet?

Für die Anonymität im Internet sprechen zuerst **persönliche Aspekte**. Ein Vorteil der Anonymität ist etwa der **Schutz der Privatsphäre**. Solange der Name eines Users nicht bekannt ist, kann niemand seine persönlichen Daten ohne Weiteres aufspüren. Ohne Angabe des richtigen Namens sind z. B. Rückschlüsse auf die Herkunft oder das Alter nicht möglich. Beschäftigt sich der User also online mit Informationen, bei denen er nicht möchte, dass andere davon erfahren – etwa sensible, mitunter peinliche Fragen zu Krankheiten, Partnerschaft, Lebenskrisen o. Ä. –, so kann er sich durch die Anonymität schützen: vor Verdächtigungen, Vorurteilen und Verleumdungen. An jedem anderen Ort außerhalb des Internets müsste er zumindest seinen Namen und seine Adresse angeben (z. B. per Briefpost) oder sich selbst zeigen (z. B. in einem Geschäft oder einer Bücherei).

Außerdem erschwert die Anonymität im Netz eine **unkontrollierte Datenspeicherung**. Wenn man seine Identität nicht preisgibt, kann sie auch nicht von Unbekannten festgehalten werden. Es ist nämlich für viele Unternehmen interessant, welche Produkte die Konsumenten verbrauchen, welche Neigungen die Menschen haben oder welche Tätigkeiten sie ausüben, um so ihre Zielgruppen genauer zu bestimmen und ihre Marketingstrategien darauf abzustimmen. Dafür greifen einige Firmen auch zu illegaler Datenspeicherung, der die Internetnutzer nicht oder nicht bewusst zugestimmt haben. Bleibt man im Netz jedoch anonym und gibt keine persönlichen Informationen preis, kann sie auch keiner für eigene Zwecke missbrauchen. Aus diesem Grund ist es von großem persönlichen Vorteil, im Internet anonym bleiben zu können.

Des Weiteren ist die Anonymität im Netz mit **gesellschaftlichen Vorteilen** verbunden. Ein solcher Vorteil ist die **Förderung und Wahrung des Gleichheitsgrundsatzes** bzw. das **Vermeiden von Diskriminierung**. Wer seine Identität, das heißt persönliche Daten wie auch die körperliche Erscheinung, nicht preisgeben muss, kann auch nicht aufgrund seines Geschlechts, seiner Religionszugehörigkeit, seiner Abstammung oder anderer persönlicher Merkmale benachteiligt werden. So erfolgt etwa die Beantwortung von Anfragen, die User anonym an Firmen, Behörden oder Institutionen stellen, ohne Ansehen der jeweiligen Person und nach rein objektiven Gesichtspunkten. Auch kann

beispielsweise jeder Forenbeiträge auf Webplattformen erstellen, die öffentlich zugänglich sind, ohne dass er wegen bestimmter Aspekte seiner Persönlichkeit Benachteiligungen oder gar Anfeindungen befürchten muss.
Neben diesem ersten gesellschaftspolitischen Vorteil ist in diesem Zusammenhang als ganz zentraler Aspekt die Möglichkeit zur **offenen Meinungsäußerung** zu nennen, die das Internet bietet. In einer demokratischen Gesellschaft wie unserer mag das nicht so wichtig erscheinen. Doch man denke zum Beispiel an Staaten wie China: Hier werden Regimekritiker oder Andersdenkende verfolgt und bedroht. Offen und frei seine Meinung zu äußern kann dort sehr gefährlich werden. Häufig stellt der verschlüsselte Kontakt im Netz dann die einzige Möglichkeit dar, sich mit Gleichgesinnten auszutauschen oder die Außenwelt über Missstände zu informieren. Die Bedeutung, die die Anonymität des Internets für die Bevölkerung in solchen Ländern hat, ist demzufolge enorm und die positiven gesellschaftlichen Auswirkungen sind beachtlich.
Allerdings gibt es nicht nur Vorteile der Anonymität im Internet, sondern auch Nachteile, die nicht außer Acht gelassen werden dürfen.
Ein wesentlicher Punkt sind etwa die **strafrechtlichen Nachteile**, die durch die Anonymität im Internet entstehen können. Ganz wichtig hierbei sind die **erschwerten Ermittlungsmöglichkeiten** für Polizei und Behörden **bei Straftaten**. Konnten diese früher die Telefonverbindungen potenzieller Straftäter bei den Telekommunikationsanbietern abfragen, so sind die Kommunikationswege heute sehr viel schwerer nachzuvollziehen. Wenn sich Kriminelle in anonymen Foren verabreden und dort Straftaten planen, ist es so gut wie unmöglich, die Identität eines Einzelnen zu ermitteln. Die Medien berichteten z. B. kürzlich von Mitgliedern einer rechtsradikalen Terrorgruppe, die sich im Schutz der Anonymität im Netz zu Straftaten verabredet haben. Gerade die Verfasser von Beiträgen auf Webplattformen sind oft nur schwer oder überhaupt nicht zu ermitteln. Denn häufig sind hier außer einem Nicknamen keine weiteren persönlichen Angaben erforderlich und somit kann anhand des Pseudonyms keine Person identifiziert werden. Das erschwert die Arbeit der ermittelnden Behörden enorm.
Hinzu kommt überdies ein wohl noch zentralerer Aspekt, der in strafrechtlicher Hinsicht ins Gewicht fällt: Anonymität **fördert Kriminalität** und senkt selbst bei im Grunde ehrlichen Internetnutzern die Hemmschwelle, illegale Dinge zu tun, da sie meinen, dabei unerkannt zu bleiben. Das fängt bei kleineren Delikten wie Beleidigungen in sozialen Netzwerken an, wo sich die Täter unter falschem Namen anmelden und im Schutz der Anonymität Äußerungen von sich geben, die für sie unter ihrem wahren Namen Tabu wären. Cybermobbing, ein schwereres Delikt, ist eine Fortsetzung dessen. Weit verbreitet, aber nicht minder strafbar sind Vergehen beim illegalen Download von Musik und Filmen, wodurch die finanzielle Vergütung der Urheberrechte der Künstler unterschlagen wird. Die kriminellen Handlungen, denen die Anonymität im Netz Vorschub leistet, reichen hin bis zu geradezu professionellem Betrug. Dabei werden Nutzern sensible Daten wie Kontonummern und Passwörter entlockt, um anschließend in deren Namen teure Einkäufe zu tätigen oder direkt ihre Bankkonten zu leeren. Solche Ausspäh- und Phishing-Mails sind im Netz an der Tagesordnung und die Täter sind durch die dort vorherrschende Anonymität meist gut geschützt. Daraus folgt, dass gerade die Anonymität des Internets eine große Gefahr im Hinblick auf die Zunahme von Kriminalität darstellt.
Entscheidend sind schließlich vor allem die Nachteile der Online-Anonymität, die die **persönlichen Bereiche** des Einzelnen betreffen: Zum einen ist hier die **Unsicherheit über die Identität anderer Nutzer bei Internetkontakten** zu nennen. Die meisten Jugendlichen nutzen soziale Netzwerke als Kontaktbörse: Sie können sich dort verabreden und miteinander plaudern, um sich kennenzulernen. Allerdings – darin liegt die Gefahr – können sie sich nie sicher sein, ob ihr Gegenüber tatsächlich derjenige ist, für den er oder sie sich ausgibt. Wie leicht kann ein Mädchen, das sich über ein soziales Netzwerk mit einem vermeintlichen Jungen ihres Alters verabredet, in Schwierigkeiten geraten –

etwa wenn sich der Junge als älterer Mann mit unschönen Absichten herausstellt! Seelische oder körperliche Schäden, zu denen solche Begegnungen schlimmstenfalls führen können, sind mögliche verheerende Folgen.
Umgekehrt kann auch das **Verantwortungsgefühl für das eigene Handeln abnehmen**, denn im Vergleich zu einem direkten Gespräch ist ein Dialog im Internet unpersönlicher und weniger emotionsgeladen, da einem Gestik und Mimik des anderen verborgen bleiben. Das führt dazu, dass man die Wirkung der eigenen Äußerungen auf den „Gesprächspartner" viel schwieriger einschätzen kann. Man liest nur den Text, den der andere schreibt, und erfasst dabei oft nicht, wie verletzend oder beleidigend möglicherweise die eigenen Worte auf den anderen wirken. Selbst wenn einem eine solche Wirkung bewusst ist, haben viele über das elektronische Medium weniger Skrupel, jemandem weh zu tun, da die Hemmschwelle viel geringer ist, wenn das Gegenüber einem nicht wahrhaftig gegenübersitzt und man es beispielsweise weinen sieht.
Meiner Meinung nach ist die Anonymität im Internet eher negativ zu bewerten, denn gerade die sozialen Netzwerke gaukeln den meist jugendlichen Nutzern Tatsachen vor, die nicht der Realität entsprechen. Einzelne haben dort Tausende von Freunden, die sie aber in Wirklichkeit kaum oder gar nicht kennen. Wirkliche Freundschaft mit dem Austausch von (wahren) Gedanken und (echten) Gefühlen, dem Vertrauen zueinander, Gemeinsamkeiten und geteilten Erlebnissen lässt sich in der Anonymität des Netzes kaum erleben, geschweige denn erschaffen. Man ist in dieser Welt zwar scheinbar beliebt, aber eben nur solange man vor dem Rechner sitzt. Sobald er ausgeschaltet ist, zählen nur noch echte Menschen mit wahrer Identität.

Abschlussprüfungsaufgaben an Wirtschaftsschulen
Deutsch – 2013: I. Erörterungsthemen

1 Jugendliche nutzen vor allem das Internet zur Informationsbeschaffung. Nehmen Sie hierzu kritisch Stellung.

2 Das Leben mit Behinderung gestaltet sich für die Betroffenen oftmals schwierig.
Diskutieren Sie, inwieweit in unserer Gesellschaft auf Menschen mit Behinderung genügend Rücksicht genommen wird.

3 Jugendliche kommen häufiger mit dem Gesetz in Konflikt als andere Altersgruppen.
Welche Ursachen könnte dies haben? Welche Präventionsmaßnahmen sind möglich?

4 Die größten Einschaltquoten im Nachmittagsprogramm erzielen derzeit sogenannte „Doku-Soaps". In diesen auch als Reality-TV bezeichneten Sendungen werden meist außergewöhnliche und konfliktbeladene Geschichten von Laiendarstellern nach einem vorgegebenen Drehbuch gespielt, die dem Zuschauer real erscheinen sollen.
Warum sehen sich immer mehr Jugendliche diese Sendungen an?
Welche Auswirkungen kann dies auf die jungen Menschen haben?

5 Immer mehr Menschen – gerade auch Jugendliche – verschulden sich sehr stark.
Welche möglichen Ursachen kann die private Zahlungsunfähigkeit von Jugendlichen haben?
Welche Präventionsmaßnahmen sind angemessen?

Musterlösungen

2013/1 Jugendliche nutzen vor allem das Internet zur Informationsbeschaffung. Nehmen Sie hierzu kritisch Stellung.

Mustergliederung

A. Die Absatzzahlen von gedruckten Lexika und Nachschlagewerken gehen drastisch zurück.

B. Ist das Internet als zuverlässige Informationsquelle geeignet?

1 Mögliche Vorteile der Nutzung des Internets als Informationsquelle

1.1 Finanzielle Vorteile
1.1.1 Geringe Internetkosten gegenüber Kaufpreis traditioneller Medien
1.1.2 Möglichkeit der Nutzung kostenloser Angebote

1.2 Praktische Vorteile
1.2.1 Einfache und schnelle Verfügbarkeit
1.2.2 Zeitunabhängige Nutzung
1.2.3 Ortsunabhängige Nutzung

1.3 Inhaltliche Vorteile
1.3.1 Möglichkeit der sehr gezielten Suche
1.3.2 Vielfältiges und breites Informationsangebot
1.3.3 Hohe Aktualität der Informationen

2 Mögliche Nachteile der Nutzung des Internets als Informationsquelle

2.1 Probleme im Hinblick auf das Medium
2.1.1 Verengung der Wahrnehmung auf digitales Angebot
2.1.2 Verlust von übergreifender Medienkompetenz
2.1.3 Ablenkung durch inhaltsferne Werbeanzeigen und Animationen
2.1.4 Unsicherheiten beim Nachweis und der Beachtung von Urheberrechten

2.2 Probleme im Hinblick auf die Inhalte
2.2.1 Qualitativ hochwertige Angebote häufig nur gegen Bezahlung
2.2.2 Seriosität der Informationen oft nicht nachprüfbar
2.2.3 Gefahr der Verbreitung von falschen Inhalten
2.2.4 Überforderung durch Informationsfülle

3 Synthese: gegen die alleinige Nutzung des Internets als sichere Informationsquelle

C. Die Informationen aus dem Internet sind zwar praktisch in der Handhabung, aber der einzelne muss sehr darauf achten, dass es sich um verlässliche Quellen und seriöse Informationen handelt.

**2013/2 Das Leben mit Behinderung gestaltet sich für die Betroffenen oftmals schwierig.
Diskutieren Sie, inwieweit in unserer Gesellschaft auf Menschen mit Behinderung genügend Rücksicht genommen wird.**

Mustergliederung

A. Inklusion, das bedeutetet die Wertschätzung von Vielfalt in Bezug auf die Gemeinschaft von behinderten und nicht behinderten Schülern, ist aktuell ein wichtiges Thema in den Schulen.

B. Wird in unserer Gesellschaft auf Menschen mit Behinderung genügend Rücksicht genommen?

1 Argumente für eine angemessene Rücksichtnahme

1.1 Im Alltag
1.1.1 Meist barrierefreier Zugang zu Geschäften und öffentlichen Einrichtungen
1.1.2 Maßnahmen zur Förderung der Mobilität

1.2 Im Bildungsbereich
1.2.1 Behindertengerechte Ausstattung von Schulen und Universitäten
1.2.2 Angebot an Lerneinrichtungen speziell für Menschen mit Behinderung
1.2.3 Ausdruck von Wertschätzung durch Inklusion

1.3 In der Arbeitswelt
1.3.1 Quotenregelungen bei der Besetzung von Arbeitsplätzen
1.3.2 Spezielle Ausstattung von Arbeitsplätzen
1.3.3 Flexibilität bei den Arbeitsbedingungen

1.4 In der Gesellschaft
1.4.1 Bewusster Umgang mit Menschen mit Behinderung
1.4.2 Bereitschaft zur Inklusion

2 Argumente gegen eine ausreichende Rücksichtnahme

2.1 Im Bildungsbereich
2.1.1 Wenig Personal zur Umsetzung unterstützender Maßnahmen
2.1.2 Geringe finanzielle Mittel für technische Hilfsmittel und Ausstattung
2.1.3 Abhängigkeit von Haltung und Engagement der Verantwortlichen

2.2. In der Arbeitswelt
2.2.1 Ausgleichszahlungen statt Einstellung von Menschen mit Behinderung
2.2.2 Vorrang von Profit vor Belangen von Menschen mit Behinderung

2.3 In der Gesellschaft
2.3.1 Soziale Ausgrenzung von Menschen mit Behinderung
2.3.2 Zu wenig Toleranz und Verständnis für Bedürfnisse von Menschen mit Behinderung
2.3.3 Unsicherheit und Hemmungen im Umgang mit Menschen mit Behinderung

3 Synthese: Die Rücksichtnahme ist ausbaufähig.

C. Meiner Meinung nach hat sich in der letzten Zeit bereits einiges getan für ein besseres Miteinander von Menschen mit und ohne Behinderung, aber es müssen noch weitere Schritte folgen, damit der gemeinschaftliche Alltag von behinderten und nichtbehinderten Menschen Normalität wird.

2013/3 Jugendliche kommen häufiger mit dem Gesetz in Konflikt als andere Altersgruppen. Welche Ursachen könnte dies haben? Welche Präventionsmaßnahmen sind möglich?

Mustergliederung

A. Obwohl die Kriminalitätsrate in der Stadt München in den vergangenen zehn Jahren gesunken ist, stagniert die Anzahl der Straftaten, die von Jugendlichen begangen wurden.

B. Welche Ursachen kommen für den häufigen Konflikt von Jugendlichen mit dem Gesetz infrage und welche Präventionsmaßnahmen sind möglich?

1 Mögliche Ursachen für Gesetzeskonflikte

1.1 Entwicklungsbedingte Ursachen
1.1.1 Reiz des Verbotenen im Jugendalter
1.1.2 Wunsch nach Aufmerksamkeit
1.1.3 Austesten von Grenzen

1.2 Ursachen in der Familie
1.2.1 Geringes Selbstwertgefühl durch fehlende emotionale Bestätigung
1.2.2 Falsche oder fehlende Erziehungsmaßnahmen

1.3 Ursachen in der Gesellschaft
1.3.1 Gruppenzwang
1.3.2 Mangelndes Freizeitangebot für Jugendliche
1.3.3 Gefühl der Perspektivlosigkeit bei Jugendlichen

1.4 In den Medien begründete Ursachen
1.4.1 Gewaltverherrlichung
1.4.2 Negative Vorbilder

2 Mögliche Präventionsmaßnahmen

2.1 Maßnahmen seitens der Familie
2.1.1 Positive Bestätigung bei Erfolgserlebnissen
2.1.2 Förderung des Aufbaus eines sozialen Netzwerks
2.1.3 Aktive Unterstützung der Persönlichkeitsentwicklung im Jugendalter

2.2 Maßnahmen seitens der Schule
2.2.1 Verstärkte Werteerziehung
2.2.2 Information über Gefährdungsbereiche und Vermittlung von positiven Zukunftsperspektiven

2.3 Maßnahmen seitens öffentlicher Einrichtungen
2.3.1 Attraktive Angebote zur Freizeitgestaltung von Jugendlichen und Familien
2.3.2 Ausbau der Jugendarbeit
2.3.3 Erweiterung des Beratungsangebots für Jugendliche und deren Familien

C. Vermutlich werden in Zukunft die negativen Einflüsse der Medien im Hinblick auf die Jugendkriminalität weiter zunehmen, weshalb man diese strengeren Kontrollen unterwerfen und Präventionsmaßnahmen verstärken sollte.

2013/4 **Die größten Einschaltquoten im Nachmittagsprogramm erzielen derzeit sogenannte „Doku-Soaps". In diesen auch als Reality-TV bezeichneten Sendungen werden meist außergewöhnliche und konfliktbeladene Geschichten von Laiendarstellern nach einem vorgegebenen Drehbuch gespielt, die dem Zuschauer real erscheinen sollen.**
Warum sehen sich immer mehr Jugendliche diese Sendungen an? Welche Auswirkungen kann dies auf die jungen Menschen haben?

Mustergliederung

A. Im Nachmittagsprogramm des Fernsehens sind derzeit vor allem „Doku-Soaps" sehr beliebt, in denen im Stil von Dokumentationen Personen in scheinbar realen Situationen begleitet werden, wobei tatsächlich aber Laiendarsteller einem festen Drehbuch folgen.

B. Hauptteil: Warum sehen sich immer mehr Jugendliche so genannte „Doku-Soaps" an und welche Auswirkungen kann dies auf die jungen Menschen haben?

1 Mögliche Gründe für dieses Fernsehverhalten

1.1 Persönliche Gründe
1.1.1 Hang zum Voyeurismus
1.1.2 Suche nach Rollenvorbildern
1.1.3 Beeinflussung durch Freundeskreis

1.2 Inhaltliche Gründe
1.2.1 Realitätsnähe der Darstellung
1.2.2 Suchtpotenzial durch Sendungskonzept

1.3 Gesellschaftliche Gründe
1.3.1 Wenig Orientierungshilfe bei der Auswahl von Freizeitaktivitäten
1.3.2 Wenig Möglichkeiten zur Freizeitgestaltung am Nachmittag

2 Mögliche Auswirkungen auf die Jugendlichen

2.1 Auswirkungen auf das Alltagsleben
2.1.1 Anpassung des Tagesrhythmus an das Fernsehprogramm
2.1.2 Einseitige Gestaltung der Freizeit
2.1.3 Vernachlässigung von Pflichten und Aufgaben

2.2 Auswirkungen auf das Verhalten und das Denken des Einzelnen
2.2.1 Entstehung oder Festigung von Vorurteilen
2.2.2 Annahme von fragwürdigen Verhaltensmustern
2.2.3 Verzerrte Wahrnehmung der Lebenswirklichkeit

C. Das Konzept von Doku-Soaps verlockt besonders Jugendliche zum häufigen Konsum, was vor allem dann problematisch ist, wenn der Zuschauer sich nicht darüber bewusst ist, dass es sich um reine Unterhaltung und nicht um reales Geschehen handelt.

Musteraufsatz

A. Im Nachmittagsprogramm des deutschen Fernsehens findet der Zuschauer sehr viele Sendungen, die als „Doku-Soaps“ bezeichnet werden. Diese Seifenopern, die dokumentarischen Charakter haben, gehören in die Sparte des Reality-TV, in der die gezeigten Personen, oft Familien, in meist außergewöhnlichen, jedoch scheinbar realen Situationen begleitet werden. Tatsächlich folgen die Sendungen allerdings einem festen Drehbuch, das die vermeintliche Realität dramatisch inszeniert, sodass sie der Unterhaltung dient. Die Sendungen sind äußerst beliebt, vor allem bei jungen Zuschauern. Warum diese Doku-Soaps so hohe Einschaltquoten bei Jugendlichen erzielen und welche Auswirkungen das auf die jungen Leute haben kann, soll in der folgenden Erörterung diskutiert werden.

B. Mögliche Gründe für dieses Fernsehverhalten liegen zunächst im Bereich des **Per-**
1 **sönlichen**. Ein Aspekt, der die Beliebtheit von Doku-Soaps bei Jugendlichen erklä-
1.1 ren kann, ist ein gewisser Hang zum **Voyeurismus**. Für die jugendlichen Zuschauer
1.1.1 ist es interessant, andere in sehr privaten Momenten zu beobachten, die einem sonst verborgen bleiben und die man nur aus dem eigenen engen Umfeld kennt. Die Lust am Zusehen wird vor allem durch die inszenierten Emotionen geweckt, die im Reality-TV im Vordergrund stehen. So ist es für die jugendlichen Zuschauer unterhaltsam zu beobachten, wie die Tränen der Darsteller fließen, wenn sie vor einem scheinbar unlösbaren Konflikt stehen, der am Ende der Sendung aber immer aufgelöst wird. Im Fall der „Super-Nanny“ beispielsweise, wo eine Pädagogin einer Familie vor laufenden Kameras bei Erziehungsproblemen helfen soll, wird diese Neigung zum Voyeurismus bedient. Oft bricht dort die Mutter in der Mitte der Sendung vor Verzweiflung in Tränen aus, vergießt am Ende der Sendung aber schließlich Tränen der Freude, weil ihr die Tipps der „Super-Nanny“ so gut geholfen haben.

1.1.2 Ein weiterer Punkt, der dafür sorgt, dass so viele Jugendliche diese Fernsehprogramme einschalten, ist ihre **Suche nach Rollenvorbildern**. Gerade weil Doku-Soaps die Realität so schwarz-weiß darstellen mit einer klaren Aufteilung in gut und schlecht, richtig und falsch, sind die leicht einzuordnenden Personen attraktive Vorbilder für junge Menschen. Jugendliche, die in der Pubertät beginnen, sich vom Elternhaus zu lösen, und auf der Suche nach Orientierung sind, identifizieren sich leicht mit solchen Darstellern. Besonders positive Helfer- und Retter-Figuren („Helferin mit Herz“, „Die Bauretter“ etc.) haben starken Vorbildcharakter. Dass alle gezeigten „Rettungsaktionen“ einem festen Drehbuch folgen und allein der Unterhaltung dienen, ist den Jugendlichen meist nicht bewusst.

1.1.3 Auch die **Beeinflussung durch den Freundeskreis** wirkt sich auf die Beliebtheit der Doku-Soaps aus. Junge Menschen wünschen sich, von der Gruppe akzeptiert zu werden. Durch den Druck, der von ihr ausgeht, wird der einzelne Jugendliche oft geradezu in die Zuschauerrolle hineingezwungen. Wenn sich alle Freunde diese Soaps ansehen und sich am nächsten Tag in der Pause darüber unterhalten, kann man nur mitreden, wenn man die Sendungen auch kennt. Der Jugendliche muss sie sich also anschauen, um dazuzugehören.

Es sind also verschiedene persönliche Gründe, die Doku-Soaps bei Jugendlichen so populär machen.

1.2 Neben den persönlichen Gründen spielt die inhaltliche Seite der Doku-Soaps eine
1.2.1 große Rolle, wenn es um ihre Beliebtheit geht. So spricht die Jugendlichen besonders die **realitätsnahe Darstellung** des Geschehens an. Die gezeigten Personen sind keine professionellen Schauspieler, sondern Laiendarsteller, die zwar inszenierte, aber echt wirkende Probleme wie Erziehungsprobleme, Renovierungspannen oder finanzielle Schieflagen vorführen. In der Soap „Die strengsten Eltern der Welt“ bei-

spielsweise werden verhaltensauffällige Jugendliche gezeigt, die in einer fremden Familie aus einem anderen Kulturkreis zurechtkommen müssen. Die dort herrschenden strengen Erziehungsregeln stellen die jugendlichen Darsteller meist vor einige Probleme, die Verhaltensänderungen von ihnen fordern. Jungen Zuschauern, die etwa in einem Schüleraustausch ebenfalls mit fremden Familien und Regeln konfrontiert wurden, erscheinen die ausgestrahlten Szenen durchaus echt und glaubwürdig.

1.2.2 Noch entscheidender für den gehäuften Konsum von Reality-TV bei Jugendlichen ist das **Suchtpotenzial** dieser Sendungen, das auf deren **Konzept** beruht. In den Doku-Soaps werden Themen und Probleme behandelt, die besonders die Altersgruppe der Teenager betreffen, die am Nachmittag Zeit haben, die Sendungen im Fernsehen anzuschauen. Es geht darin beispielsweise um Streit in der Familie oder im Freundeskreis, um Probleme in der Schule oder um das Einrichten der ersten eigenen Wohnung. Dabei wird das immer gleiche Schema wiederholt: Die Situation spitzt sich zunächst zu, die Emotionen kochen über, ehe der Konflikt schlussendlich aufgelöst wird. Da der ungefähre Ablauf klar ist, kann man jederzeit „einsteigen“ und der Handlung leicht folgen. Hinzu kommt die Ausstrahlungstechnik des „Cliffhangers“, wobei die Sendung vor einer Werbepause oder am Schluss an einer spannenden Stelle unterbrochen wird, damit der Zuschauer erneut zuschaltet. Sendungen wie das „Dschungelcamp“ oder „Big Brother“ beispielsweise setzen auf solche Konzepte, bei denen das Publikum immer weiter zusieht, um zu erfahren, wer am Ende siegreich aus der jeweiligen Situation hervorgeht. Aufschlussreich ist auch, dass der Sieger nach dem Ende der Staffel für den Zuschauer nicht mehr interessant ist, was dafür spricht, dass es vor allem das Format der Sendungen ist, das das Suchtpotenzial birgt.
Auch verschiedene inhaltliche Aspekte fördern also die Beliebtheit von Reality-TV bei Jugendlichen.

1.3 Weiterhin können **gesellschaftliche Gründe** genannt werden, die dazu beitragen, dass immer mehr Jugendliche Doku-Soaps im Fernsehen konsumieren. Zum einen
1.3.1 haben junge Leute oft **zu wenig Orientierungshilfe bei der Auswahl von Freizeitaktivitäten**. Wenn beide Eltern berufstätig sind und dadurch nicht viel Zeit haben, sich mit ihren Kindern und deren Nachmittagsprogramm zu beschäftigen, ist der Fernseher immer parat und bietet Abwechslung und Abhilfe bei Langeweile. Oft wissen die Jugendlichen gar nicht, welche Möglichkeiten zur Beschäftigung es für sie gäbe. Vereine oder andere Einrichtungen, in denen man sich sportlich oder sozial betätigen kann oder wo junge Leute zur gemeinsamen Ausübung eines Hobbys zusammenkommen, machen selten Werbung. Meist sind sie nur durch Mundpropaganda bekannt. Weist ihn kein Erwachsener darauf hin, müsste der Jugendliche selbst aktiv werden, um solche Angebote wahrzunehmen. Bleibt diese Eigeninitiative jedoch aus, ist der heimische Fernseher oft die einzige Alternative.

1.3.2 Zum anderen existieren insgesamt oft **wenig Möglichkeiten zur Freizeitgestaltung nach der Schule**. In Orten, etwa in ländlichen Gebieten, wo der Fußballverein das einzige Beschäftigungsangebot darstellt, haben Jugendliche trotz gelegentlichem Training am Abend nachmittags viel Zeit, die sie allein gestalten müssen. Aber auch in größeren Städten erweist sich das Freizeitangebot oft als unzureichend. Zwar gibt es dort in der Regel mehr Angebote, diese sind aber auch oft teuer, wodurch sie sich nicht jede Familie leisten kann. Malkurse, Ballettstunden, Selbstverteidigung oder Musikunterricht verlangen hohe Beiträge und verursachen zudem Fahrtkosten. Der Fernseher mit den nachmittäglichen Sendungen, den Doku-Soaps, ist dagegen in praktisch jedem Haushalt verfügbar, kostenlos und ohne Aufwand.
All das zeigt, dass auch gesellschaftliche Gründe ursächlich für den häufigen Konsum von Fernseh-Doku-Soaps bei Jugendlichen sind.

2 Mögliche Gründe dafür, dass immer mehr Jugendliche Reality-TV sehen, wurden damit dargelegt. Daraus ergibt sich die Frage, welche **Auswirkungen** auf die Jugendlichen dies möglicherweise nach sich zieht.

2.1 Eine Auswirkung, die der häufige Konsum von Doku-Soaps bei Jugendlichen haben kann, betrifft die Gestaltung ihres **Alltagslebens**. Zunächst kann es vorkommen,
2.1.1 dass die jungen Zuschauer ihren **Tagesrhythmus an das Fernsehprogramm anpassen**. Die Sendungen sind ihnen so wichtig, dass sie ihren Tagesablauf nach dem Programm der Fernsehsender ausrichten, um keine Folge zu verpassen. Dann werden zum Beispiel Mahlzeiten vor der Mattscheibe eingenommen oder soziale Aktivitäten wie Treffen mit Freunden dem Rhythmus der Soaps untergeordnet. Verabredungen mit Schulkameraden oder gemeinsame Unternehmungen mit der Familie können nur dann stattfinden, wenn sie nicht mit den Sendeterminen kollidieren. Dadurch gewinnen die Sendungen einen enorm hohen Stellenwert, was etwa die sozialen Kontakte auf Dauer belasten kann.

2.1.2 Im Zusammenhang damit steht eine weitere mögliche Auswirkung des häufigen Doku-Soap-Schauens: die **einseitige Gestaltung der Freizeit**. Bestimmt allein das Fernsehprogramm über die Freizeit des Jugendlichen, werden wertvolle Aktivitäten wie Hobbys oder Familienunternehmungen zwangsläufig seltener, da diese ihrem eigenen Rhythmus folgen und oft nicht mit den Sendezeiten vereinbar sind. Der Jugendliche, der sich entscheiden muss, ob er lieber zum Sport geht oder „seine" Sendung schaut, lässt sich dann oft von der bequemen Verlockung der Doku-Soaps verführen und verzichtet auf alle anderen Aktivitäten. Das hat nicht nur zur Folge, dass er weder Körper noch Geist trainiert, sondern auch, dass er möglicherweise seine sozialen Kontakte verliert.

2.1.3 Eine noch gravierendere Auswirkung des häufigen Konsums von Reality-TV-Sendungen ist die **Vernachlässigung von Pflichten und Aufgaben**. Nach der Schule ist es zunächst wichtig, die Hausaufgaben zu erledigen. Darüber hinaus ist in der Regel im familiären Haushalt Hilfe von allen Familienangehörigen erforderlich. Und auch einem Nebenjob ist eventuell nachzukommen. Die Zeit dafür am Nachmittag ist begrenzt. Verweigert sich der Jugendliche mit dem Hinweis, die Lieblings-Doku-Soap im Fernsehen anschauen zu müssen, ist der Ärger meist vorprogrammiert. Zuhause gibt es Streit mit Eltern oder Geschwistern, die allzu schnell oder gar nicht angefertigten Hausaufgaben sorgen für Schwächen in der Schule und bei der Arbeit sorgt Unzuverlässigkeit für Schwierigkeiten. Das bedeutet, dass die Auswirkungen auf die Gestaltung des Alltags der jugendlichen Fernsehzuschauer massiv sein können und dann unangenehme Folgen nach sich ziehen.

2.2 Aber nicht nur der Alltag kann durch den Fernsehkonsum der Jugendlichen beeinträchtigt werden, auch auf **das Verhalten und das Denken des Einzelnen** kann sich
2.2.1 dies auswirken. So kann es vorkommen, dass **Vorurteile entstehen oder gefestigt** werden. Wie schon erwähnt, malen die Drehbücher der Doku-Soaps die Realität in Schwarz-weiß-Tönen ohne Abstufungen. Das bedeutet, dort gibt es nur gut oder schlecht, arm oder reich, hässlich oder schön, klug oder dumm. Um die Handlung zu vereinfachen, kommen Zwischenbereiche, Kompromisse oder gemischte Charaktere meist nicht vor. Das hat zur Folge, dass Klischees bedient werden und Vorurteile nicht abgebaut, sondern verstärkt werden. Sendungen wie „Extrem schön" beispielsweise gaukeln den Jugendlichen vor, dass allein körperliche Schönheit, die durch chirurgische Eingriffe, Diäten und zahnprothetische Hilfen erzeugt wird, glücklich macht und ein besseres Leben verspricht. Jungen Menschen, die in ihrer Entwicklung noch nicht gefestigt und oft unsicher sind, kann der Konsum solcher Sendungen falsche Impulse geben.

2.2.2 Des Weiteren kann solches Fernsehverhalten dazu führen, dass Jugendliche **fragwürdige Verhaltensmuster** aus den Sendungen übernehmen. Die darin thematisierten Probleme sind speziell für Jugendliche relevant, sodass diese sich in den dargestellten Situationen leicht wiederfinden und sich oft stark mit den Darstellern identifizieren. Dadurch kann es dazu kommen, dass sie selbst die gezeigten Verhaltensweisen übernehmen – unabhängig davon, dass diese womöglich falsch oder im wirklichen Leben nicht angemessen sind. Ein bekanntes Beispiel hierfür ist der „Stille Stuhl" bzw. die „Stille Treppe" aus der „Super-Nanny"-Serie. Dort wurde diese Methode angewendet, um aufgebrachte oder aggressive Kinder zur Ruhe zu zwingen. Beispielsweise im Streit mit einem jüngeren Geschwisterteil aber ist dieses erzieherische Mittel in der Realität kaum geeignet, um eine Einigung herbeizuführen. Und dennoch wurde in der Öffentlichkeit bekannt, dass viele Zuschauer, auch Erwachsene, die Methode übernommen haben, ohne sie zu hinterfragen.

2.2.3 Eine besonders gravierende Auswirkung, die sich schließlich für die Jugendlichen ergeben kann, ist eine **verzerrte Wahrnehmung der Lebensrealität**. Durch die Sendungen können die Teenager zu der Schlussfolgerung kommen, dass sie ihre eigenen Konflikte wie im Fernsehen mit simplen, oft unrealistischen Lösungsstrategien bewältigen können. Dass die Wirklichkeit oft viel komplizierter ist und die Inhalte der Sendungen rein fiktiv sind, ist den Jugendlichen oft nicht bewusst. Denn die Machart der Fernsehsoaps ist auf den Anschein von Wahrhaftigkeit ausgerichtet. Der Streit eines Darstellers mit seiner Soap-Mutter beispielsweise ist dem im eigenen Zuhause unter Umständen recht ähnlich, sodass die Unterscheidung von Wirklichkeit und Fiktion für den jugendlichen Zuschauer oft nur schwer nachzuvollziehen ist. Er wundert sich dann möglicherweise nur, dass die eigene Mutter nicht ebenso reagiert wie die Fernsehmutter und das Problem sich nach einer Stunde nicht in Luft aufgelöst hat. Tatsächlich sind die einfachen Lösungen, die in den Soaps allein zur Unterhaltung vorgestellt werden, meist nicht geeignet, um in der Wirklichkeit Anwendung zu finden. So verhält es sich beispielsweise mit „Mobbing-Sendungen", wo die Konflikte unter Jugendlichen sich in der Regel ohne große Mühe in Harmonie auflösen. Es wird nicht klar, dass es solche einfachen Lösungen, bei denen jeder vollkommen zufriedengestellt wird, in der Realität nicht immer gibt und die entsprechenden Lösungsstrategien der Wirklichkeit oft nicht standhalten. Diese Erfahrungen kann der Jugendliche nur im echten Kontakt mit anderen machen, wo das Geschehen keinem Drehbuch folgt, das innerhalb von 45 Minuten zu einer Lösung führen muss. All diese Aspekte und Beispiele zeigen, dass der häufige Konsum von Doku-Soaps starke Auswirkungen auf das Verhalten und Denken jugendlicher Zuschauer haben kann.

C. Das Ansehen von Doku Soaps stellt nicht grundsätzlich eine Gefahr dar. Die Sendungen sind unterhaltsam und führen die Lösung von Alltagskonflikten vor. Mit ihren Themen und ihrem Konzept sprechen sie besonders Jugendliche an. Problematisch wird es dann, wenn der Einfluss der Sendungen auf das Leben zu groß wird und dabei den Alltag bestimmt oder Suchtgefahr besteht. Hinzu kommt, dass gerade für Jugendliche nicht immer leicht zu erkennen ist, dass es sich um ausgedachte Geschichten und Inhalte handelt. Der Zuschauer, der sich bewusst ist, dass er gelenkt wird, zieht wohl keinen Schaden daraus. Glaubt man aber, was einem dort vorgeführt wird, läuft man Gefahr, sich zum Negativen beeinflussen zu lassen. Hier sind Schule und Elternhaus gefragt, um auf die Manipulation hinzuweisen und die Jugendlichen wachzurütteln.

**2013/5 Immer mehr Menschen – gerade auch Jugendliche – verschulden sich sehr stark.
Welche möglichen Ursachen kann die private Zahlungsunfähigkeit von Jugendlichen haben? Welche Präventionsmaßnahmen sind angemessen?**

Mustergliederung

A. Im Fernsehen haben Sendungen über Schuldnerberatung und private Insolvenzfälle hohe Einschaltquoten.

B. Welche möglichen Ursachen kann die private Zahlungsunfähigkeit von Jugendlichen haben und welche Präventionsmaßnahmen sind angemessen?

1 Mögliche Ursachen

1.1 Gesellschaftliche Ursachen
1.1.1 Negative mediale Beeinflussung
1.1.2 Konsummentalität mit fehlender Bereitschaft zum Verzicht
1.1.3 Leichte Verfügbarkeit von Ratenkauf und Privatkrediten

1.2 Einfluss des sozialen Umfelds
1.2.1 Übersteigertes Markenbewusstsein
1.2.2 Beeinflussung durch Freunde, Gruppendruck

1.3 Individuelles Verhalten
1.3.1 Keine vorausschauende Finanzplanung
1.3.2 Großer Wunsch nach Anerkennung

2 Mögliche Präventionsmaßnahmen

2.1 Erziehung im Elternhaus
2.1.1 Beschränkung der Ausgaben durch die Eltern im Rahmen ihrer rechtlichen Möglichkeiten
2.1.2 Erziehung zum vernünftigen Umgang mit Geld
2.1.3 Aufklärung über die Folgen einer Verschuldung
2.1.4 Förderung des Verantwortungsgefühls

2.2 Gesellschaftliche Verantwortung
2.2.1 Gegenbewegung zum Markendruck
2.2.2 Beschränkung von an Jugendliche gerichteter Werbung
2.2.3 Aufklärung über Schuldenfallen
2.2.4 Einrichtung von frühzeitigen Warnsystemen

C. Ein Neben- oder Ferienjob kann helfen, den Wert des Geldes besser einzuschätzen und einen verantwortungsbewussten Umgang damit zu erlernen.

Musteraufsatz

A. „Raus aus den Schulden", eine RTL-Fernsehserie mit dem Schuldnerberater Peter Zwegat, von der mittlerweile schon die zehnte Staffel ausgestrahlt wird, hat regelmäßig hohe Einschaltquoten. Laut Zwegat sind alle gezeigten Fälle echt und nicht, wie etwa die Doku-Soaps auf den Sendeplätzen vor- und nachher, nur realitätsnah. Tatsächlich betrifft das Problem der privaten Insolvenz nicht wenige: Über fünf Millionen Haushalte in Deutschland sind überschuldet, mehr als die Hälfte davon können ihren finanziellen Verpflichtungen nicht mehr aus eigener Kraft nachkommen. Erschreckend dabei ist, dass die Anzahl der jugendlichen Schuldner steigt. Laut Schuldenatlas 2012 sind dies mehrere hunderttausend Betroffene unter 20 Jahren. Deshalb stellt sich die Frage, welche möglichen Ursachen die private Zahlungsunfähigkeit von Jugendlichen haben kann und welche Präventionsmaßnahmen angemessen sind.

B. Mögliche Ursachen für die private Zahlungsunfähigkeit von Jugendlichen sind **ge-**
1 **sellschaftlicher Natur**. Dazu zählt zunächst die **negative mediale Beeinflussung**.
1.1 Auf jedem verfügbaren Medienkanal wird der Einzelne mit Werbung überflutet.
1.1.1 Produkthersteller umgarnen die potenziellen Käufer mit vollmundigen Versprechungen, gerne auch mithilfe von Prominenten, die Vorbildcharakter haben, wofür besonders Jugendliche empfänglich sind. Aber nicht nur die Werbung, auch Filme oder Fernsehserien gaukeln den Teenagern vor, dass sie nur dann gut leben können, wenn sie teure Produkte wie z. B. Tablet-PCs und Markenkleidung besitzen oder viel Geld für kostspielige Partys haben. Sparkonzepte, Bescheidenheit oder der bewusste Verzicht auf teure Lifestyleprodukte sind nur selten ein Thema in den Medien. Den Jugendlichen erscheint der Besitz kostenintensiver Wertgegenstände somit zunehmend als normal. Kaum einer von ihnen etwa benutzt heute noch ein Handy, das schon ein paar Jahre alt ist, selbst dann, wenn es noch tadellos funktioniert. Die meisten halten es dagegen für selbstverständlich, über die jeweils neuesten Trends, in diesem Fall teure Smartphones, zu verfügen. So verführt der Einfluss der Medien Jugendliche häufig, mehr Geld auszugeben, als sie besitzen.

1.1.2 Dazu kommt die **Konsummentalität** vieler Jugendlicher, verbunden mit der **fehlenden Bereitschaft zum Verzicht**. Eine solche Einstellung ist in der heutigen Gesellschaft weit verbreitet und herrscht daher auch bei vielen jungen Leuten vor. Die Frage, ob man ein neues Produkt wirklich braucht, stellen sich die wenigsten. Schlagwörter wie das des „Must-have" für Gegenstände, die man besitzen *muss*, um als modern, angesagt oder Ähnliches zu gelten, sind dagegen für viele maßgebend. Dementsprechend ist beispielsweise eine häufige Antwort von Jugendlichen auf die Frage nach bevorzugten Freizeitbeschäftigungen oder Hobbys: Shopping. Es geht ihnen beim Einkauf nicht um die Anschaffung tatsächlich notwendiger Dinge, sondern allein um das Konsumieren. Bescheidenheit oder die Beschränkung des Konsums auf wesentliche Dinge sind kaum ein Thema. So ist das Geldausgeben gerade auch für viele Teenager eine Selbstverständlichkeit, über die man sich keine Gedanken macht. Auch diese Haltung führt dazu, dass Jugendliche viel und unüberlegt konsumieren und so ihre finanziellen Mittel überziehen.

1.1.3 Ein weiterer gesellschaftlich bedingter Grund für die Verschuldung Jugendlicher ist die **leichte Verfügbarkeit von Ratenkauf und Privatkrediten**. Das betrifft besonders den Erwerb von teuren Produkten. Weil die Unternehmen wissen, dass sich viele junge Leute diese eigentlich nicht leisten können, bieten sie Zahlungsmöglichkeiten an, die den knappen Kassen der Käufer entgegenkommen. Dafür werden kaum Sicherheiten oder Bürgschaften vonseiten der Banken oder Unternehmen verlangt. Was zunächst positiv klingt, kann in Wirklichkeit fatal sein. Da der Konsument den Kaufpreis nicht auf einmal aufbringen muss, sondern ihn in kleinen Häppchen abstottern kann, verliert er leicht den Überblick über das, was er sich tatsächlich leisten könnte. Es erscheint dann verlockend einfach, sich teure Produkte anzuschaffen. Das führt dazu, dass mehrere Ratenkäufe parallel getätigt oder die Kreditsummen immer weiter erhöht werden, sodass am Ende eine Rückzahlung über das tatsächlich vorhandene Einkommen kaum mehr möglich ist. Zudem ziehen sich Ratenkäufe oder Kredite mit geringen monatlichen Tilgungssummen sehr in die Länge, sodass dem Käufer über einen langen Zeitraum nur ein verringertes Einkommen zur Verfügung steht, während das gekaufte Produkt unter Umständen längst veraltet, verbraucht oder kaputt ist. So können beispielsweise Computer oft auf diese Weise erworben werden. Da aber die Technologie in diesem Bereich rasante Fortschritte macht, kann es passieren, dass der Jugendliche immer noch für einen Computer bezahlen muss, den er bereits kaum noch für neue Software oder Spiele benutzen kann. Dann steht unter Umständen schon die nächste große Neuanschaffung ins Haus, während noch nicht einmal die alten Rechnungen beglichen sind. Leicht geraten junge Leute so in eine Abwärtsspirale. All diese Ausführungen zeigen, dass gesellschaftliche Aspekte einen Einfluss auf die private Zahlungsunfähigkeit Jugendlicher haben können.

1.2 Nicht zu unterschätzen ist in dieser Hinsicht auch der **Einfluss des sozialen Umfelds**.
1.2.1 Dabei spielt vor allem ein **übersteigertes Markenbewusstsein** bei Jugendlichen eine große Rolle. In zahlreichen Schulen und Jugendcliquen kann man beobachten, wie das Umfeld vorgibt, welche Konsumgüter „cool“ und angesagt sind, welche Labels als gut und welche als schlecht gelten. In der Folge meinen die Teenager, dass sogenannte No-Name-Produkte bzw. Artikel von Firmen mit eher unbekannten Namen nichts wert seien. Besonders bei Bekleidung ist ihnen die Marke oft wichtiger als die Passform oder der Preis. Das bedeutet, dass der junge Käufer seine Kleidungsstücke nicht nach der Qualität des Stoffs, dem guten Sitz oder dem fairen Preis aussucht, sondern fast ausschließlich zu Produkten bestimmter Markenhersteller greift – auch dann, wenn er mit deren Erwerb sein Budget weit überzieht. Vor einigen Jahren waren beispielsweise Oberteile mit Tattooaufdrucken groß in Mode, die von einem französischen Designer entworfen wurden. Diese Shirts waren aus dünnem, wenig haltbarem Stoff gefertigt, kosteten aber ein Vielfaches des Preises herkömmlicher Oberteile. Trotzdem prangte das Logo des Designers auf der Kleidung fast jedes Schülers. Das spricht dafür, dass bei vielen Jugendlichen ein übersteigertes Markenbewusstsein vorherrscht, das zu übermäßigen Ausgaben und somit letztlich zur Aufnahme von Schulden führen kann.

1.2.2 Hiermit hängt auch der nächste Punkt eng zusammen: die **Beeinflussung durch den Freundeskreis** bzw. **der Gruppendruck**, dem besonders junge Leute ausgesetzt sind. Wie schon erwähnt, spielt in Jugendcliquen beispielsweise das Tragen bestimmter Markenkleidung oft eine große Rolle, um „dazuzugehören“. Auch Elektronikprodukte stehen in dieser Hinsicht hoch im Kurs, sodass Jugendliche deren Besitz durch den Druck der Gruppe oft als zwingend empfinden. Besitzt zum Beispiel jeder im Freundeskreis ein iPhone, erfolgt die Kommunikation fast nur noch hierüber. Ein Jugendlicher kann sich dann genötigt fühlen, sich auch ein solches Gerät anzuschaffen, um nicht ausgeschlossen zu werden. Ist ihm oder ihr die Finanzierung über die – möglicherweise weniger wohlhabenden – Eltern oder über eigene Mittel aus Ferien- oder Nebenjobs nicht möglich, wird dafür häufig das Konto überzogen und Schulden werden gemacht. Ähnlich verhält es sich beim abendlichen Weggehen, wo oft der Druck groß ist, mit der Gruppe mitzuhalten, und der Jugendliche leicht verleitet wird, in Partylaune viele teure Getränke zu kaufen und hohe Eintrittspreise für Clubs zu bezahlen. Der Überblick über die Ausgaben geht dabei leicht verloren. Auch das soziale Umfeld von Jugendlichen beeinflusst also deren Haltung beim Geldausgeben und kann ihre Verschuldung begünstigen.

1.3 1.3.1 Am entscheidendsten trägt zur Überschuldung von Jugendlichen aber wohl das **individuelle Verhalten** des Einzelnen bei. Dazu gehört etwa, dass meist **keine vorausschauende Finanzplanung** erfolgt. Dies würde bedeuten, dass sich der Einzelne beim Kauf eines teuren Produktes genau im Klaren darüber wäre, wie sich diese Belastung auf seine finanzielle Situation auswirkt. Das ist jedoch gerade bei jungen Leuten nur selten der Fall. Der jeweilige Erwerb ist ihnen oft wichtiger als eine genaue Finanzplanung. Viele Jugendliche haben eine Menge laufender monatlicher Kosten wie beispielsweise die Mitgliedschaft in einem Fitnessstudio, Flatrates für das Mobiltelefon und Abonnements bei Onlinehändlern für Musik oder Filme. Der Überblick fehlt ihnen dabei leider oft. Kommt dann noch eine größere Anschaffung, etwa die Finanzierung eines eigenen Autos hinzu, reichen bald die Einnahmen des Auszubildendengehalts nicht mehr aus. Der Jugendliche rutscht in die Privatinsolvenz. Mit einer genauen Auflistung aller finanziellen Verpflichtungen wäre die Situation klarer und der Jugendliche könnte verantwortungsvoll entscheiden, ob er sich noch etwas leisten kann oder ob Zurückhaltung und Sparmaßnahmen angebracht sind.

1.3.2 Die vielleicht zentrale Ursache für die Überschuldung Jugendlicher ist **deren großer Wunsch nach Anerkennung**. In der Pubertät lösen sich die jungen Menschen vom Elternhaus und befinden sich auf der Suche nach ihrem Platz in der Gesellschaft. Dabei sind sie oft noch unsicher und suchen deshalb verstärkt nach Anerkennung. Gerade unter Jugendlichen ist diese über Konsumgüter relativ leicht zu bekommen, sodass sich viele über das definieren, was sie besitzen. Um im Freundeskreis anerkannt zu werden, erwerben Teenager etwa Markenprodukte und Luxusartikel ohne Rücksicht auf ihre finanziellen Möglichkeiten. Der Wunsch, respektiert zu werden, ist dann so groß, dass das eigene Selbstwertgefühl sich an das Handy knüpft, das man nutzt, oder an die Turnschuhe, die man trägt. Für junge, noch wenig gefestigte Menschen, deren Verhalten sich an solchen materiellen Dingen orientiert, ist der Weg in die Verschuldung praktisch vorprogrammiert. Das zeigt, dass das individuelle Verhalten der Teenager die wohl entscheidende Rolle spielt, wenn diese in die „Schuldenfalle“ geraten.

2 Damit sind die wichtigsten Ursachen für die private Zahlungsunfähigkeit von Jugendlichen aufgezeigt worden. Im Folgenden soll erörtert werden, welche möglichen **Präventionsmaßnahmen** ergriffen werden können.

2.1 2.1.1 Zum einen ist es möglich, durch die **Erziehung im Elternhaus** vorzubeugen. Dabei kann eine **Einschränkung der Ausgaben durch die Eltern im Rahmen ihrer rechtlichen Möglichkeiten** erfolgen. Solange der Minderjährige noch bei den Eltern lebt, können diese verstärkt darauf achten, wofür der Teenager sein Geld ausgibt. Als Erziehungsberechtigte haben sie das Recht und auch die Pflicht, dafür zu sorgen, dass sich die Ausgaben des eigenen Kindes innerhalb seines Finanzrahmens bewegen. Falls der Jugendliche also eine Mitgliedschaft in einem teuren Fitnessstudio anstrebt, müssen die Eltern den entsprechenden Vertrag mit unterschreiben, um ihn gültig zu machen. Wenn sie diese Unterschrift verweigern, beispielsweise weil der Sohn oder die Tochter die monatlichen Beiträge nicht aufbringen kann, kommt der Vertrag nicht zustande. Ebenso verhält es sich bei anderen Verpflichtungen wie etwa bei Mobilfunkverträgen. Hier ist demnach eine Kontrolle durch die Eltern möglich, die so eine Verschuldung verhindern können.

2.1.2 Ist der junge Mensch älter als 18, wird diese Kontrolle schwieriger, da er dann dem Gesetz nach voll geschäftsfähig ist. Deshalb ist es wesentlich, dass die Eltern früh mit der **Erziehung zu einem vernünftigen Umgang mit Geld** beginnen. Eine Möglichkeit hierzu bietet das Taschengeld. An diesem Beispiel lernen Kinder und Jugendliche, sinnvoll mit Geld umzugehen, wobei die Eltern aber noch die Kontrolle behalten. In der Regel wird dabei vereinbart, dass bestimmte Dinge nicht mehr von den Eltern finanziert, sondern nur noch über das Taschengeld erworben werden, zum Beispiel Süßigkeiten bei kleineren Kindern oder später Extras wie Partys oder Kinobesuche. Der Lerneffekt besteht darin, dass das Kind oder der Teenager mit einer bestimmten Summe auskommen muss und nicht jedem Impuls zum Geldausgeben nachgeben kann. Auch lernt derjenige, dass man für größere Anschaffungen längere Zeit sparen muss, um sich diese leisten zu können.

2.1.3 Ebenso kann es sinnvoll sein, die **Folgen einer Verschuldung** zu thematisieren und den Sohn oder die Tochter darüber **aufzuklären**, spätestens dann, wenn die Eltern merken, dass ihr Kind mehr Geld ausgibt, als es besitzt. Wer Schulden hat, kann sich nichts oder nicht mehr viel leisten. Er muss Verzicht üben und Bescheidenheit lernen. Das fällt den meisten schwer. Hier könnten zur Abschreckung Negativbeispiele besprochen werden. Herrscht bereits Handlungsbedarf, könnten die Eltern auch Maßnahmen ergreifen, um den Ernst der Lage bewusst zu machen, etwa den Entzug von Luxusgütern wie Fernseher und Smartphones oder die Kündigung von Abonnements und Mitgliedschaften. Für die meisten Jugendlichen dürfte es heilsam sein, am eigenen Leib zu erfahren, wie es ist, mit keinen oder nur sehr geringen Finanzmitteln auskommen zu müssen. In späteren Zeiten rufen sie sich das möglicherweise ins Gedächtnis und verhalten sich bei großen Ausgaben umsichtiger.

2.1.4 Die wichtigste Präventionsmaßnahme, die das Elternhaus leisten kann, ist die **Förderung des Verantwortungsgefühls**. Indem die Eltern bei Kindern, denen die Verschuldung droht, immer wieder mit einer Finanzspritze eingreifen, wenden sie zwar zunächst die Krise ab, die Jugendlichen gewöhnen sich aber auch daran, dass die Eltern im Notfall einspringen. In der Folge geben sie weiter Geld aus, im Wissen, dass die Eltern notfalls schon helfen werden. Besser wäre es daher, den Kindern Verantwortung beizubringen, was bedeutet, dass sie für ihr Handeln auch selbst geradestehen müssen. Das ist im Einzelfall zwar möglicherweise unangenehm, erzielt aber meist einen Lerneffekt. Kann sich der Jugendliche zum Beispiel das Benzin fürs eigene Auto gerade nicht leisten, ist es nicht ratsam, wenn ihm die Eltern ihres überlassen. Muss er stattdessen mit dem Fahrrad zum Training oder zu Freunden fahren, wird er beim nächsten Mal sein Geld vermutlich vorausschauender ausgeben. Auf diese Weise lernt der junge Mensch am besten, mit seinem Geld zu haushalten. Das Elternhaus kann hier viel bewirken.

2.2 Weitere Präventionsmaßnahmen sind im Rahmen der **gesellschaftlichen Verant-**
2.2.1 **wortung** denkbar. Eine solche Möglichkeit wäre, eine **Gegenbewegung zum Markendruck** aufzubauen. Wie schon erwähnt, legen viele Jugendliche großen Wert darauf, dass Artikel, die sie kaufen, von bestimmten Herstellern oder Marken stammen. Hier kann die Gesellschaft einsetzen und Jugendliche dazu anregen, ihre Markentreue zu hinterfragen. Erwachsene können den oft nur unsicheren Jugendlichen bewusst machen, dass letztlich das Produkt selbst und dessen Qualität ausschlaggebend ist und nicht das Label. Organisationen wie z. B. „Stiftung Warentest“ oder „Ökotest“ zeigen den Verbrauchern, auch Jugendlichen, dass preiswertere Artikel von unbekannten Herstellern die gleichen Qualitätsmerkmale aufweisen können wie Markenprodukte. Auch die Schule kann zur Aufklärung beitragen, z. B. in Form von Gesprächen und Aktionen gegen den Markendruck.

2.2.2 Zudem könnte der Gesetzgeber durch eine **Beschränkung von an Jugendliche gerichteter Werbung** den negativen Einfluss der Marketingmaßnahmen auf die jungen Leute verringern. Das bei Jugendlichen ausgeprägte Kaufverlangen könnte so etwas ausgebremst werden. So gäbe es die Möglichkeit, Orte und Veranstaltungen, wo sich vor allem Jugendliche aufhalten, werbefrei zu halten, etwa Konzerte, Sportveranstaltungen oder Diskotheken. Besonders auch die Werbung für schädliche Produkte könnte leicht eingeschränkt werden. Zigarettenwerbung zum Beispiel könnte nicht nur im Fernsehen, sondern auch im Kino, in Zeitschriften usw. verboten werden. Ebenso ist eine Beschränkung der Reklame für alkoholische Produkte denkbar, insbesondere für Alkopops, die von Jugendlichen gern konsumiert werden. Wo weniger Werbeflut auf die Teenager einströmt, werden sie auch weniger in Versuchung geführt, Geld für entsprechende Produkte auszugeben.

2.2.3 Des Weiteren ist eine **Aufklärung** der Jugendlichen **über Schuldenfallen** vonnöten. Hier sind vor allem Verbraucherschutzverbände und Schulen gefragt, die den Jugendlichen genau sagen können, wie sie mit ihrem Budget sinnvoll haushalten und welche Ausgaben oder vermeintliche Angebote sie meiden sollten. Sogenannte Finanz-Scouts der „Aktion Mensch" beispielsweise beraten bereits in Schulen die jungen Leute. Diese erfahren dabei, wie sie teure Mobilfunkverträge umgehen, indem sie zum Beispiel auf Prepaidhandys ausweichen, wie sie Abofallen ausweichen, die sie lange binden, oder wie sie ihre Finanzplanung einfach und praktisch handhaben können. Solche Initiativen gilt es zu fördern und so die Jugendlichen zu unterstützen.

2.2.4 Schließlich ist vor allem auch die **Einrichtung von frühzeitigen Warnsystemen** notwendig, um die private Zahlungsunfähigkeit bei Jugendlichen zu verhindern. Je eher der Betroffene sich dessen bewusst wird, dass er zu große finanzielle Verpflichtungen eingeht oder sich verschuldet, desto früher kann er selbst noch gegensteuern und die Überschuldung möglicherweise umgehen. Das bedeutet, dass zum Beispiel Banken für Jugendliche keine Dispo-Kredite bereitstellen, sondern deren Konten auf Guthabenbasis führen sollten. Ist das Geld auf dem Konto ausgegeben, muss der junge Bankkunde eben warten, bis das nächste Taschengeld oder Azubigehalt eintrifft, um weitere Ausgaben zu tätigen. Schuldenberge anzuhäufen wäre somit nicht möglich. Auch bei Mobilfunkgeräten könnten Warnhinweise installiert werden, die auf die Überschreitung bestimmter Grenzen reagieren. Bei zu langem Surfen im Internet, bei teuren Telefonaten etwa im Ausland oder bei hochpreisigen Downloads wäre der Jugendliche durch das Signal rechtzeitig vorgewarnt. Diese Warnsysteme sollten schon deshalb im Sinne unserer Gesellschaft sein, da die Verschuldungen nicht nur den Jugendlichen selbst schaden, sondern unter Umständen auch Firmen und anderen Gläubigern, die lange auf das Begleichen ihrer Rechnungen warten müssen.

C. Finanzielle Schulden sind für den Einzelnen meist sehr unangenehm und oft auch peinlich. Jugendliche können selbst einiges dafür tun, nicht in Schulden zu versinken, aber auch von außen ist Unterstützung möglich und auch nötig. Denn die Verlockungen der weiten bunten Warenwelt sind groß und gerade jungen Leuten gelten manche Produkte als regelrechte Statussymbole, die ihnen Anerkennung sichern. Wenn das Taschengeld dafür nicht ausreicht, sollte der Teenager aber nicht das Konto überziehen. Ratsamer ist es, aktiv zu werden und Ferien- oder Nebenjobs anzunehmen, die diverse Vorteile und vor allem auch einen Verdienst mit sich bringen. Durch die eigene Arbeit lernt der junge Mensch den Wert des Geldes am besten zu schätzen und ist dann meist besonders stolz, wenn er sich vom selbst verdienten Geld etwas Besonderes kaufen kann.

1 Verfassen Sie eine Überblicksinformation.

2 Geben Sie den Inhalt des Kommentars in gestraffter Form wieder.

3 Erläutern Sie die Aussage: „Ernährung ist mehr als Nahrungsaufnahme“ (Z. 33 f.).

4 Erörtern Sie, ob angesichts der im Text dargestellten Problematik die Massentierhaltung verboten werden soll.

Das große Fressen

Aus welchem Fleisch besteht eigentlich ein Döner? Gelegentlich gibt es darauf ja Hinweise, etwa wenn ein Grill vor der Tür einen Puten-Döner für drei Euro bewirbt; aber direkt darunter wird der „Kinder-Döner“ angepriesen, und schon ist wieder offen, was drin ist. Vielleicht ist es auch einfach egal: Döner schmeckt, im weitesten Sinne, nach Fleisch, vor allem aber nach der Soße, die drauf ist. Ähnlich verhält es sich mit Fischstäbchen, die nach Fisch schmecken.
Und woraus besteht eigentlich diese Tiefkühl-Lasagne, die es im Discounter für 1,45 Euro gibt? Aus Rind? Schwein? Känguru? Wer schmeckt das schon noch.

Momentan, so viel ist bekannt, wird der Lasagne ja gerne Pferd beigemengt. Schon ist vom „Pferdefleisch-Skandal“ die Rede, das Gruseln ist groß, der Aufschrei leidenschaftlich. [...] Es steht denn auch nicht in Frage, wie im aktuellen Fall die Verbrauchertäuschung zu bewerten ist: als kriminell, gewaltig und geschmacklos. Schwieriger wird es bei der Frage, wie das Verbraucherverhalten der Deutschen zu bewerten ist. Denn auch das ist oft: gewaltig geschmacklos. Leider haben Verbraucherverhalten und -täuschung viel miteinander zu tun.

Ein durchschnittlicher Deutscher verspeist im Leben mehr als tausend Tiere, jährlich isst er 89 Kilogramm Fleisch. Zwei Drittel davon kauft er abgepackt im Supermarkt – was in Deutschland oft gleichbedeutend ist mit: im Discounter. Dort gibt es heute Masthähnchen für 3,29 Euro und das halbe Kilo gefrorene Jägerklöße zu 1,95 Euro. Natürlich, das mag für manchen immer noch viel Geld sein. Und doch ist es beschämend wenig, wenn man einmal die Überlegung zulässt, wie diese Preise zustande kommen.

Längst ist bekannt: Billig wird Fleisch durch Intensivtierhaltung[1] und problematische Futtermittel. 3,29 Euro kostet ein Huhn, weil es sein 30-tägiges Leben lang verhaltensgestört im eigenen Kot steht. Man muss kein Vegetarier sein, um das grausam zu finden. Und doch ist diese industrielle Fleischproduktion Alltag – weil ihre Waren Absatz finden und das längst nicht nur bei jenen, die keine höherwertigen Lebensmittel bezahlen können.

„Für einen Bissen Fleisch nehmen wir einem Tier die Sonne und das Licht und das bisschen Leben und Zeit, an dem sich zu erfreuen, seine Bestimmung gewesen wäre“, schrieb vor 2 000 Jahren der Philosoph Plutarch. So emphatisch und so intolerant gegenüber den Freuden eines guten Steaks will hier keiner daherreden. Menschen müssen sich ernähren, um zu sein. Ob sie das mit Wurst, Tütensuppe oder Keksen tun, ist ihre eigene Sache. Es schadet aber nicht, sich in eigener Sache ab und zu in Erinnerung zu rufen, dass nicht alles, was der Mensch essen kann, ihn auch gut ernährt. Und: Ernährung ist mehr als Nahrungsaufnahme. Ernährung ist Ritual, Kultur, Sitte. Die Sitten verlottern.

Sie werden stets für einige Tage besser, wenn ein Skandal die Ruhe stört, eine Dioxinspur im Ei, eine wahnsinnige Kuh, ein Pferd in der Lasagne. Dann ist das Gruseln groß, der Aufschrei leidenschaftlich, Verbraucher ändern kurzfristig ihr Verhalten – und kehren, wenn die Berichterstattung nachlässt, meist doch wieder zu alten Mustern zurück. Die Nachfrage nach Bioprodukten steigt zwar, doch der Handel damit bleibt eine Nische: Nur etwa zwei Prozent aller in Deutschland verkauften Lebensmittel sind nach ökologischen[2] Kriterien hergestellt.

Selbstverständlich: Auch jeder, der keine Öko-Produkte kauft, muss sich darauf verlassen können, dass ein Gericht mit Rind wirklich Rind enthält. Selbstverständlich ist auch, dass Lebensmittelskandale nicht unmittelbar vom Verbraucher verursacht werden. Vielmehr bekommt dieser oft genug zu spüren, wie ausgeliefert er der Industrie ist – etwa, wenn er versucht zu erfahren, über welche Wege seine Einkäufe in den Laden geraten sind.

Und doch ist es seltsam: Der Mensch kann die Landwirtschaft revolutionieren. Zum Beispiel kann er seine Nahrung gentechnisch verändern und mit Antibiotika stopfen. Warum kann er dann nicht Handelswege von Fleisch nachvollziehbar machen? Die Klage darüber wirkt heuchlerisch. Vielmehr muss man sich eingestehen, dass der gesellschaftliche Druck dahinter nur sehr gering ist. Selbst ekelhafte Skandale wie der aktuelle erhöhen ihn nur kurz. Man darf annehmen: Würde langfristig in den Nachrichten über die Massentierhaltung berichtet, so würden die Deutschen nicht weniger Fleisch essen, sondern weniger Nachrichten schauen – bis zum nächsten Lebensmittelskandal. Dass der früher oder später kommt, kann als sicher gelten. Weil wir essen, wie wir essen. Und kaufen, wie wir kaufen.

1 Massentierhaltung, technisierte Viehhaltung
2 hier: naturbewusst, naturschonend bzw. umweltbewusst (Landwirtschaft)/artgerecht (Tiere) gemäß EU-Verordnung

(Charlotte Frank in der Süddeutschen Zeitung vom 15. Februar 2013, für Prüfungszwecke gekürzt und überarbeitet)

Musterlösung

1 **Überblicksinformation**

Der vorliegende Kommentar „Das große Fressen" von Charlotte Frank ist am 15. 02. 2013 in der Süddeutschen Zeitung erschienen. Anlässlich des zu diesem Zeitpunkt aktuellen Lebensmittelskandals kritisiert die Autorin zum einen die Verbrauchertäuschung durch die Lebensmittelindustrie. Zum anderen prangert die Journalistin aber auch das Verhalten der deutschen Konsumenten an, die trotz der Lebensmittelskandale ihre Essens- und Einkaufsgewohnheiten nicht dauerhaft ändern und ihre Macht als Verbraucher nicht einsetzen.

2 **Gestraffte Inhaltswiedergabe**

Der Kommentar befasst sich mit Problemen in der Lebensmittel- und insbesondere in der Fleischindustrie. Die Journalistin kritisiert einerseits Produzenten und Händler, die nicht für genug Klarheit beim Verbraucher sorgen: Dieser kann sich oft nicht sicher sein, aus welchen Zutaten genau die gekauften Lebensmittel bzw. Fertigprodukte im Schnellimbiss oder im Supermarkt bestehen. Anhand des sogenannten „Pferdefleisch-Skandals" wird sogar die offensichtliche Täuschung des Kunden durch die Hersteller deutlich.
Andererseits ist aber auch das Verhalten der Verbraucher in diesem Zusammenhang kritisch zu hinterfragen. Der Fleischkonsum in Deutschland ist relativ hoch. Eingekauft werden die Lebensmittel vor allem in Supermärkten und Discountern, häufig zu Spott-

preisen. Diese günstigen Preise können nur durch grausame Massentierhaltung und fragwürdige Mastmethoden erzielt werden. Dennoch verkaufen sich die Produkte, denn die Konsumenten machen sich wenig Gedanken über eine bewusste Ernährung und verlieren so allmählich ihre Esskultur. Selbst Lebensmittelskandale beeinflussen das Einkaufsverhalten der Verbraucher nicht nachhaltig, sondern höchstens für kurze Zeit.
Grundsätzlich sind die Fleischproduzenten gefordert, die Lebensmittelqualität zu sichern und Handelswege für den Verbraucher nachvollziehbar zu machen. Doch an wirklichen Veränderungen scheinen die Konsumenten gar nicht interessiert: Anstatt den gesellschaftlichen Druck auf die Industrie zu erhöhen, verdrängen sie vielmehr die Missstände und halten an ihren schlechten Gewohnheiten fest.

3 **Texterläuterung**
„Ernährung ist mehr als Nahrungsaufnahme.“ (Z. 33 f.)

Die Aussage „Ernährung ist mehr als Nahrungsaufnahme.“ (Z. 33 f.) meint, dass es beim Essen für Menschen nicht nur darum geht, Nahrung zu sich zu nehmen, um am Leben zu bleiben. Ihr Ernährungsverhalten ist vielmehr immer auch geprägt von den kulturellen und moralischen Werten, Traditionen und Gewohnheiten der jeweiligen Gesellschaft.
Die Autorin wirft den Deutschen in diesem Zusammenhang vor, zu sehr die reine Bedürfnisbefriedigung in den Vordergrund zu stellen und dafür Gewohnheiten und Gepflogenheiten, die unsere Gesellschaft prägen, zu vernachlässigen. Die Journalistin sieht hier einen Verfall der Esskultur. Dieser äußere sich etwa im unreflektierten Kauf von Produkten, deren Herstellungsbedingungen und Qualität nicht nachvollziehbar sind, oder im zu sorglosen und verschwenderischen Umgang mit Lebensmitteln. Es wird kritisiert, dass die Verbraucher beim Einkauf häufig nur auf den Preis achten und sich keine Gedanken darüber machen, wie die großen Mengen an Fleisch produziert werden können und wie der günstige Preis der Lebensmittel zustande kommen kann. Damit verlieren die deutschen Verbraucher das Bewusstsein für den Wert von Lebensmitteln. Dieses kurzsichtige Konsumverhalten änderten die Deutschen auch bei Lebensmittelskandalen allenfalls kurzfristig und fielen nach kurzer Zeit wieder in alte Muster zurück.
Ernährung sollte aber für den Menschen insgesamt wieder an Bedeutung und Wertigkeit gewinnen. Essen soll nicht einfach nur satt machen und insofern reine Nahrungsaufnahme sein, sondern als Ernährung im Sinne bewusster Entscheidungen und kultureller Verantwortung verstanden werden.

4 **Stellungnahme**
Soll angesichts der im Text dargestellten Problematik Massentierhaltung verboten werden?

Verschiedene Aspekte sprechen **für ein Verbot der Massentierhaltung**. Zunächst sind dies **qualitative Gründe**. Das Fleisch, das aus der Massentierhaltung stammt, ist durch Medikamente und Hormone stark belastet. Das kommt daher, dass zum einen Tiere, die auf so engem Raum zusammenleben müssen, besonders anfällig für Krankheiten sind und dass sie zum anderen extrem schnell groß und fett werden sollen. Damit die Tiere diese Anforderungen erfüllen und gesund bleiben, bekommen sie beispielsweise Antibiotika und Wachstumshormone verabreicht. Diese Stoffe lagern sich aber im Fleisch der Tiere an und gelangen bei dessen Verzehr schließlich auch in die Körper der Verbraucher.
Zudem werden die in Massen gehaltenen Tiere oft mit fragwürdiger und minderwertiger Nahrung gefüttert. Ihr Futter wird möglichst preiswert gewählt, um einen größtmöglichen Profit zu erzielen. Statt hochwertiger Futtermittel werden deshalb beispielsweise Soja oder Fischmehl verwendet, die deutlich günstiger sind als Futtermais oder heimische Futterpflanzen. Der Geschmack des Fleisches wird durch diese Art der Fütterung allerdings negativ beeinflusst.

Des Weiteren sorgen extreme Mastzeiten und -bedingungen für Einbußen bei der Fleischqualität. Ein Tier, das auf engstem Raum aufgezogen wird und nur wenige Wochen alt werden darf, kann seine Muskeln und seinen Körper nicht so entwickeln wie eines, das viele Monate lebt, Freilauf an der frischen Luft hat und sich viel bewegen kann. Das Fleisch der in Massenhaltung herangezogenen Tiere wird aufgrund der extremen Lebensumstände schlecht durchblutet, ihre Muskeln sind unterentwickelt und der Fettanteil ist hoch. Auch in dieser Hinsicht ergibt sich also eine Minderung der Fleischqualität. Deshalb sprechen verschiedene qualitative Gründe für ein Verbot der Massentierhaltung.

Ein weiterer wichtiger Grund gegen Massentierhaltung ist die **ökologische Seite**. Die Lebensqualität der Anwohner von entsprechenden landwirtschaftlichen Großanlagen ist deutlich eingeschränkt. Die Geruchsbelästigung, die durch Dung entsteht, ist sehr intensiv. Bei der Produktion von nur einem Kilo Schweinefleisch fallen beispielsweise 15 Kilo Mist an, was im Fall von in Massen gehaltenen Tieren erhebliche Ammoniak-Ausdünstungen bedeutet. Ein Aufenthalt im Freien ist Nachbarn solcher Anlagen unter Umständen nicht möglich.

Des Weiteren verursacht Massentierhaltung Umweltschäden durch den großflächigen Anbau von Futtermitteln wie Soja. Diese landwirtschaftliche Monokultur schränkt die Vielfalt von Pflanzen und Tieren ein. Der einseitige Anbau nur einer Pflanzensorte verändert die Lebensbedingungen für Fauna und Flora derart, dass diverse Arten aussterben, während sich andere so stark ausbreiten, dass sie zur Plage werden können.

Diese Art der Landwirtschaft, die zur Ernährung der in Massen gehaltenen Tiere dient, stört also das natürliche Gleichgewicht. Dies hat wiederum zur Folge, dass Ungeziefer keine natürlichen Feinde mehr hat und die Landwirte starke Chemikalien einsetzen müssen, um ihre Ernten vor Schädlingen zu retten. Diese Chemikalien töten aber nicht nur das Ungeziefer ab, sondern dringen auch in Böden und ins Grundwasser ein und vergiften diese, sodass auch der Mensch unmittelbar von regionalen Umweltschäden betroffen ist. Auch ökologische Aspekte sprechen also gegen die Massentierhaltung.

Der wichtigste Grund aber für ein Verbot der Massentierhaltung ist **moralischer Natur**. Eine solche Tierhaltung ist nicht artgerecht und sie berücksichtigt nicht die Bedürfnisse der Tiere. Diese haben in der Regel keine Möglichkeit, sich in der freien Natur aufzuhalten oder mit ihren Artgenossen ihre naturgemäßen Verhaltensweisen auszuleben. So wird z. B. der Nachwuchs oft früh von den Elterntieren getrennt, um ihn mit wachstumsfördernder Nahrung möglichst schnell fett und groß werden zu lassen. Natürliche Bedürfnisse der Tiere wie Bewegung oder auch das Spielen und Kämpfen unter Artgenossen werden entweder unterbunden, um Verletzungen zu vermeiden, oder sind aus Gründen des Platzmangels schlicht unmöglich.

Tiere werden in der Massenhaltung zudem meist als reines Nutzvieh behandelt, oft sogar wie Gebrauchsgegenstände, nicht wie fühlende Lebewesen. Das alleinige Augenmerk liegt hier auf dem Profit des Erzeugers. Die verheerenden Lebensumstände der Tiere, die etwa ein Leben mit verkümmerten Muskeln oder im eigenen Kot stehend führen müssen, werden aufgrund von Geschäftsinteressen in den Hintergrund gedrängt. Körperliche wie seelische Zustände der Tiere spielen keine Rolle, diese sind einzig als Fleischlieferanten für den Menschen von Bedeutung. Eine solche Behandlung von Lebewesen ist unwürdig, weshalb Massentierhaltung besonders aus moralischen Gründen verboten werden sollte.

Allerdings gibt es auch Gründe, die **gegen ein Verbot der Massentierhaltung** sprechen und die nicht außer Acht gelassen werden dürfen.

Zum einen sind hier **arbeitstechnische Gründe** zu nennen. Gerade in der für die Gesellschaft lebensnotwendigen Landwirtschaft fehlt es an Arbeitskräften, da heutzutage nur wenige für die harte körperliche Arbeit zu gewinnen sind. Bauern suchen oft händeringend und vergeblich nach Personal, um die Arbeit auf dem Feld und mit den Tieren zu bewältigen. Durch den hohen Technisierungsgrad in der Massentierhaltung ist hier

dagegen nur wenig Personal- und Zeitaufwand erforderlich. In einem entsprechenden Betrieb werden zahlreiche Handgriffe maschinell erledigt, sodass für die Fütterung, Reinigung und Pflege der Tiere kaum Personal vonnöten ist: Das Futter wird von Maschinen in genau abgemessenen Dosen verabreicht, die Ausscheidungen werden, von Zeituhren gesteuert, automatisch weggespült. Das bedeutet, dass die Produktion von Fleisch für die Gesellschaft auf eine Arbeitskräfte schonende und somit kostenarme Art und Weise erfolgen kann.
Des Weiteren sind die Massentierhaltungsbetriebe häufig auf bestimmte Arbeitsschritte spezialisiert. Ein traditioneller Landwirt dagegen nimmt alle Arbeitsgänge selbst vor, die Aufzucht der Tiere von der Geburt bis zur Schlachtung, den Anbau der Futterpflanzen usw. Größere Betriebe dagegen konzentrieren sich meist auf einen Teilbereich der Fleischproduktion und lagern andere Arbeitsgänge aus. Dadurch können weitere Kosten eingespart werden, was wiederum dem Verbraucher zugutekommt. Diese im Hinblick auf Personal, Zeit und Kosten günstigen Produktionsumstände sprechen für die Massentierhaltung.
Auch **wirtschaftliche und gesellschaftliche Aspekte** spielen eine Rolle, wenn es um die Frage der Massentierhaltung geht. Diese Art der landwirtschaftlichen Produktion ist für viele Bauern interessant, da sie ihnen ein relativ sicheres Einkommen garantiert. Schlechtes Wetter, Naturkatastrophen, Krankheiten und andere Gegebenheiten, auf die der Bauer keinen Einfluss hat, sorgen in der herkömmlichen Landwirtschaft oft für unsichere Einkommensverhältnisse. Der Landwirt ist diesen Umständen ausgeliefert. Wer hingegen Fleisch und andere tierische Produkte durch Massentierhaltung produziert, ist von solch unberechenbaren und ungünstigen Umständen weitgehend unabhängig und sichert dadurch seine Existenz.
Darüber hinaus besteht in unserer Gesellschaft eine immer größere Nachfrage nach Fleischprodukten. Wie im Artikel von Charlotte Frank erwähnt, essen die Deutschen immer mehr Fleisch. Dieses muss produziert werden. Die benötigten Mengen, die die Verbraucher nachfragen, wären über eine herkömmliche Landwirtschaft aber nicht zu erzielen. Es steht in Deutschland nicht genügend Fläche zur Verfügung, um alle diese Tiere im Freiland aufzuziehen. Auch ausreichende Anbauflächen für die benötigten hochwertigen Futtermittel sind nicht vorhanden. Ebenso dürfte die erforderliche Anzahl an Viehbauern und Tierpflegern zu Personalproblemen führen.
Das große Angebot an tierischen Produkten sollte weiterhin einen für die Verbraucher erschwinglichen Preis haben. In unserer Gesellschaft verfügen immer mehr Menschen über ein nur geringes Einkommen. Steigen die Preise für Fleisch- und Wurstwaren oder auch für Eier oder Milch stark an, könnte die Versorgung mit diesen Nahrungsmitteln für manche Familie schwierig werden. Die Erzeuger haben mit der Massentierhaltung einen Weg gefunden, die Bedürfnisse nach einer großen Menge tierischer Produkte zu einem geringen Preis zu befriedigen, ohne dabei selbst bankrott zu gehen. Um den Wünschen und Bedürfnissen der Verbraucher nachkommen zu können, sind demnach Betriebe mit Massentierhaltung unausweichlich.
Meiner Meinung nach ist es nicht sinnvoll, die Massentierhaltung einfach zu verbieten. Landwirte können nicht gezwungen werden, Tiere auf artgerechte Weise aufzuziehen und zu halten, wenn sie dafür nicht entsprechend entlohnt werden. Aber auch die qualvollen Zustände, die für die Tiere in manchen Betrieben mit Massentierhaltung herrschen, dürfen nicht hingenommen werden. Wo wie in unserer Gesellschaft Angebot und Nachfrage den Markt regeln, sind nicht nur die Anbieter (in diesem Fall die Erzeuger), sondern auch die Nachfragenden (die Verbraucher) in der Pflicht. Deshalb gilt für uns alle, dass wir umdenken und Fleisch und tierische Produkte wieder mehr wertschätzen sollten. Weniger Fleisch zu essen, dürfte für die meisten problemlos möglich sein. Und werden doch tierische Produkte konsumiert, dann sollte man sich vor Augen halten, dass diese von Lebewesen stammen, dass sie sehr aufwändig zu produzieren sind und dass man deshalb einen angemessenen Preis dafür bezahlen sollte.

Abschlussprüfungsaufgaben an Wirtschaftsschulen
Deutsch – 2014: I. Erörterungsthemen

1 In Deutschland setzen einige Betriebe als Auswahlverfahren ein „Assessment-Center“ ein, um geeignete Auszubildende zu finden. Oft dauern diese Auswahl- und Einschätzungstests mehrere Stunden oder sogar Tage. Dabei kommen neben Tests auch Präsentationen, Einzelinterviews oder Gruppendiskussionen zum Einsatz. Dieses Verfahren ist jedoch auch umstritten. Diskutieren Sie den Einsatz eines solchen Testverfahrens.

2 Jugendliche haben häufig den Drang, sich von Erwachsenen vor allem durch ihr auffälliges Äußeres, ihr provozierendes Verhalten oder ihre alternative Lebenseinstellung abzugrenzen. Welche Chancen bietet eine freie Entwicklung der Persönlichkeit? Warum sollen den Jugendlichen von Seiten der Erziehungsberechtigten jedoch auch Grenzen gesetzt werden?

3 Die Bewerbung der Stadt München für die Olympischen Winterspiele 2022 wurde im November 2013 in mehreren Bürgerentscheiden abgelehnt. Die Durchführung von sportlichen Großereignissen im eigenen Land gibt immer wieder Anlass zu Diskussionen. Welche Argumente sprechen für die Durchführung im eigenen Land? Welche Gründe können die Gegner von solchen sportlichen Großereignissen anführen?

4 Immer mehr Einzelhandelsketten bieten ihre Waren zusätzlich außerhalb der Innenstädte in Einkaufszentren an. Erörtern Sie die Vor- und Nachteile dieser Entwicklung.

5 In Deutschland werden verstärkt die sogenannten Mehrgenerationenhäuser vom Staat gefördert, in denen Familien mit Kindern unterschiedlichen Alters, Alleinstehende und Senioren gemeinsam unter einem Dach leben und die Gemeinschaft aktiv miteinander gestalten. Zeigen Sie Gründe auf für den Einzug in eine solche generationsübergreifende Hausgemeinschaft sowie mögliche Schwierigkeiten des Zusammenlebens.

Musterlösungen

2014/1 **In Deutschland setzen einige Betriebe als Auswahlverfahren ein „Assessment-Center" ein, um geeignete Auszubildende zu finden. Oft dauern diese Auswahl- und Einschätzungstests mehrere Stunden oder sogar Tage. Dabei kommen neben Tests auch Präsentationen, Einzelinterviews oder Gruppendiskussionen zum Einsatz. Dieses Verfahren ist jedoch auch umstritten. Diskutieren Sie den Einsatz eines solchen Testverfahrens.**

Mustergliederung

A. Für Wirtschaftsschüler sind die Bewerbungen um einen Ausbildungsplatz in der 9. und 10. beziehungsweise in der zweistufigen 10. und 11. Klasse immens wichtig.

B. Ist der Einsatz des Assessment-Centers als Testverfahren für die Vergabe von Ausbildungsplätzen geeignet?

1 Vorteile der Assessment-Center-Methode

1.1 Vorteile für die Firmen
1.1.1 Bessere Überprüfbarkeit von sogenannten Soft Skills
1.1.2 Direkte Vergleichbarkeit von Kandidaten
1.1.3 Möglichkeit des gleichzeitigen Testens mehrerer Kompetenzen und Fähigkeiten in verschiedenen Situationen

1.2 Vorteile für die Bewerber
1.2.1 Möglichkeit zur Demonstration von sozialen und kommunikativen Fähigkeiten
1.2.2 Einblick in Berufsalltag und Firmenkultur
1.2.3 Rückmeldung über persönliche Stärken und Schwächen

2 Nachteile der Assessment-Center-Methode

2.1 Nachteile für die Firmen
2.1.1 Aufwendiges Testverfahren im Hinblick auf Kosten, Zeit und Organisation
2.1.2 Eingeschränkte Aussagekraft bezüglich fachlicher Leistungen
2.1.3 Konzentration auf Einzelpersonen nicht möglich

2.2 Nachteile für die Bewerber
2.2.1 Hoher Zeitaufwand für Vorbereitung und Teilnahme
2.2.2 Große psychische Belastung durch erhöhte Anforderungen
2.2.3 Unmittelbare Abhängigkeit von den Leistungen der Mitbewerber

3 Synthese: gegen Assessment-Center-Methode

C. Ich finde, dieses Auswahlverfahren eignet sich eher für die Besetzung höherrangig qualifizierter Stellen bzw. Stellen im Management als für Ausbildungsplätze.

Musteraufsatz

A. Nach der mittleren Reife wollen die meisten Absolventen eine Ausbildung beginnen. Auch für Wirtschaftsschüler sind die Bewerbungen um einen Ausbildungsplatz in der 9. und 10. beziehungsweise in der zweistufigen 10. und der 11. Klasse immens wichtig. Aber nicht alle Firmen wählen heutzutage ihre Kandidaten über die klassischen Verfahren, Einstellungstest und Vorstellungsgespräch, aus. Immer mehr Unternehmen gehen dazu über, ihre Bewerber zusätzlich in einem sogenannten Assessment-Center zu prüfen. Deshalb stellt sich die Frage, ob der Einsatz des Assessment-Centers als Testverfahren für die Vergabe von Ausbildungsplätzen geeignet ist.

B. Ein Grund, der **für den Einsatz der Assessment-Center-Methode** bei der Vergabe
1 von Ausbildungsplätzen spricht, sind die **Vorteile für Firmen**, die sich daraus erge-
1.1 ben, beispielsweise in Form einer **besseren Überprüfbarkeit von sogenannten**
1.1.1 **Soft Skills**. Mit der schriftlichen Bewerbung reicht ein Kandidat für einen Ausbildungsplatz seinen Lebenslauf und sein Zeugnis sowie, falls vorhanden, weitere Nachweise über seine Qualifikationen ein. Dadurch erhält der mögliche Arbeitgeber Informationen über den schulischen Werdegang, die Leistungen in der Schule und ggf. die weitere fachliche Eignung des Bewerbers. Ob dieser aber höflich, hilfsbereit und teamfähig ist, kann den Unterlagen kaum entnommen werden. Dasselbe gilt für andere Soft Skills, also die soziale Kompetenz der Person. Zum Beispiel ist es in vielen Berufen notwendig, im Rahmen von Kundenkontakten offen auf andere zuzugehen und mit ihnen zu kommunizieren. Sehr viel stärker als in einem Vorstellungsgespräch zu zweit werden diese Eigenschaften in der Situation eines Assessment-Centers, etwa bei Gruppenarbeiten oder Rollenspielen, gefordert. Unter verschiedenen Bedingungen kann bzw. muss ein Bewerber dort unter Beweis stellen, wie kommunikationsstark oder flexibel er ist. Auch die Teamfähigkeit lässt sich in der Zusammenarbeit mit anderen Teilnehmern eines Assessment-Centers überprüfen, während das in einem „normalen" Bewerbungsgespräch nur theoretisch möglich und dadurch wenig aussagekräftig ist.

1.1.2 Ein weiterer Vorteil des Assessment-Centers für die Firmen ist die **direkte Vergleichbarkeit von Kandidaten**. Während diese in einem Vorstellungsgespräch in der Regel allein mit dem Personalchef oder dem künftigen Vorgesetzten sind, der die Kandidaten nacheinander in Augenschein nimmt, müssen sie sich in einem Assessment-Center mit mehreren Bewerbern gleichzeitig messen. Das heißt, dass sie dort einerseits als direkte Konkurrenten agieren, andererseits aber gemeinsam bestimmte Ziele erreichen sollen. Für die Verantwortlichen der Firma ist es dann aufschlussreich zu sehen, wie sich der einzelne Kandidat im Gefüge der Gruppe verhält und welche Dynamik sich entwickelt: Wer ergreift zum Beispiel die Initiative und übernimmt eine Führungsrolle? Tut er dies eher auf aggressive oder auf diplomatische Weise? Zieht sich jemand aus der Gemeinschaft zurück und trägt nichts oder nur wenig bei, um die gestellte Aufgabe zu bewältigen? Will jemand unbedingt die eigenen Vorstellungen durchsetzen? Ist ein Kandidat überfordert? Geht jemand häufig auf Konfrontation mit den Mitstreitern oder kann sich umgekehrt kein Gehör in der Gruppe verschaffen? Solche Verhaltensweisen, die weder in einem Vorstellungsgespräch noch durch einen schriftlichen Test überprüft werden können, können die Personalchefs im direkten Wettstreit der Bewerber in einem Assessment-Center beobachten und vergleichend beurteilen.

1.1.3 Der wohl größte Vorteil, den ein Assessment-Center Firmen bietet, ist die Möglichkeit, **gleichzeitig mehrere Fähigkeiten und Kompetenzen in verschiedenen Situationen zu testen**. So kann anhand einer einzigen Aufgabe überprüft werden, ob ein Kandidat ein Problem richtig erfassen, Lösungsvorschläge ausarbeiten und sie anschaulich und angemessen präsentieren kann. Meist gibt es dabei enge Zeitvorga-

ben, sodass zudem das Zeitmanagement des Einzelnen getestet wird. In vielen Berufen ist es erforderlich, seine Aufgaben auch unter Stress und Zeitdruck gewissenhaft zu erledigen. In einer Spedition zum Beispiel müssen Lieferungen auch dann pünktlich erfolgen, wenn Verkehrsstaus oder Streiks der öffentlichen Verkehrsmittel Hindernisse darstellen. Von den Mitarbeitern wird demnach erwartet, auch unter Druck gute Arbeit abzuliefern. In einem Assessment-Center kann eine solche Situation simuliert werden, um zu sehen, welche Problemlösungsstrategien die einzelnen Bewerber in der Stresssituation entwickeln. Durch Rollenspiele, Interviews und ähnliche Tests können sich die Unternehmen so ein umfassendes Bild von der jeweiligen Person machen.
Man kann deshalb festhalten, dass die Assessment-Center-Methode zur Einstellung von Bewerbern für die Firmen deutliche Vorteile liefert.

1.2 Aber nicht nur Firmen bietet das Assessment-Center-Verfahren Chancen, **für die Teilnehmer** kann diese Methode ebenso **vorteilhaft** sein. So kann ein Bewerber
1.2.1 dort seine **sozialen und kommunikativen Fähigkeiten unter Beweis stellen**. Kompetenzen und Eigenschaften, die erst in einer Gruppe von mehr als zwei Personen zum Tragen kommen, lassen sich in einem Vorstellungsgespräch kaum demonstrieren. Deshalb sind Rollenspiele mit mehreren Personen oder Gruppendiskussionen für viele Kandidaten die einzige Möglichkeit, entsprechende Kompetenzen zu zeigen. Die Fähigkeit, andere durch stichhaltige Argumente von etwas zu überzeugen etwa, ist nur in der Vergleichssituation mit mehreren beweisbar. Zum Beispiel kann ein zukünftiger Bankkaufmann seinen potenziellen Arbeitgebern in einem Assessment-Center besser seine Kompetenz vorführen, Kunden zu beraten, zu überzeugen und ihnen das passende Produkt zu verkaufen, als in einem Vorstellungsgespräch.

1.2.2 Zudem erhält der Bewerber in einem Assessment-Center einen **Einblick in den Berufsalltag und die Firmenkultur**. Da in diesem Rahmen in der Regel speziell auf die Firma zugeschnittene Aufgaben und Probleme gestellt werden, um die Situationen so wirklichkeitsnah wie möglich zu gestalten, kann sich der Kandidat ein recht genaues Bild davon machen, was ihn bei einer Ausbildung in dem Unternehmen erwarten würde. Er kann sich ein Urteil bilden und entscheiden, ob er sich in dieser Firma wohlfühlen könnte und ob er sich den Anforderungen der Stelle gewachsen sieht. Gerade die Aufgaben, die den Bewerber unter Druck setzen, können ihm oft Entscheidungshilfen geben. Beispielsweise ist die Arbeit bei der Polizei für viele Absolventen ein Traumjob. Ob sie aber den Berufsalltag richtig einschätzen und sowohl den regelmäßigen Umgang mit Kriminalität und sozialen Problemen als auch Schichtarbeit und Schreibtischtätigkeiten bedacht haben, kann ein Assessment-Center deutlicher zeigen als ein reiner Sporttest und ein Einzelgespräch.

1.2.3 Das wichtigste Argument, warum sich der Einsatz von Assessment-Centern bei der Vergabe von Ausbildungsplätzen vorteilhaft für die Bewerber auswirken kann, ist die **Rückmeldung über ihre persönliche Stärken und Schwächen**. In der Phase der Bewerbung sind sich viele Schüler noch nicht klar darüber, wo genau – außerhalb typisch schulischer Leistungsbereiche – ihre Stärken und Schwächen liegen. Deshalb kann es vorkommen, dass sie Berufsziele verfolgen, die gar nicht zu ihrer Persönlichkeit passen und für sie somit dauerhaft nicht geeignet sind. Manche Schüler absolvieren deshalb Praktika, um sich über ihre Absichten klarer zu werden. Aber auch Assessment-Center bieten dem Bewerber durch die individuellen Rückmeldungen die Möglichkeit, ihre persönlichen Kompetenzen zu erkennen. Wer überaus schüchtern ist und sich im Beruf des Sozialversicherungskaufmanns sieht, wird in einem Assessment-Center möglicherweise lernen, dass dieser Beruf durch den häufigen Kontakt mit Kranken und pflegebedürftigen Menschen eine gewisse Offenheit und Extrovertiertheit verlangt. Dadurch wird er mit seiner zurückhaltenden Art konfrontiert und muss sich überlegen, ob er dem Beruf tatsächlich gewachsen ist. Für den Bewerber ist es vorteilhaft, solche etwaigen Diskrepanzen vor Antritt der Ausbildung zu kennen. Ebenso gut ist es möglich, dass sich im direkten Vergleich mit anderen Kandidaten Stärken eines Bewerbers zeigen, wie zum Beispiel Geduld oder Teamfähigkeit, die ihm selbst bisher gar nicht bewusst waren oder die er nicht für relevant gehalten hat. Erhält er dank eines Assessment-Centers eine solche Rückmeldung, kann dies ausschlaggebend für eine gelungene Wahl der Ausbildung sein. All diese Gründe zeigen, dass auch aus Sicht der Bewerber die Assessment-Center-Methode geeignet für die Vergabe von Ausbildungsplätzen sein kann.

2 Bei all den Vorteilen, die ein Assessment-Center bietet, sollten aber auch die **Nachteile**, die mit der Methode verbunden sind, nicht außer Acht gelassen werden.

2.1 Ein **Nachteil** des Testverfahrens **für die Unternehmen** ergibt sich im Hinblick auf
2.1.1 **Kosten, Zeit- und Organisationsaufwand**. Gerade für kleinere Betriebe ist so ein Auswahlverfahren eher ungünstig und uneffektiv. Die Aufgaben, die den Bewerbern speziell im Rahmen des Assessment-Centers für die zu vergebenden Ausbildungsplätze gestellt werden, müssen von Mitarbeitern oder sogar Externen erstellt und genau auf die Firma und ihre Bedürfnisse zugeschnitten werden. Auch der Personalbedarf für das Testverfahren ist hoch, weil alle Tests ausgewertet und die Teilnehmer über die ganze Testphase begleitet werden müssen. Da ein Assessment-Center sich meist über den ganzen Tag oder sogar über mehrere Tage hinziehen kann, ist der Aufwand für eine Firma, die nur wenige Plätze zu besetzen hat, enorm und es entstehen erhebliche Kosten. So lohnt sich zum Beispiel für einen mittelständischen Handwerksbetrieb, der zwei oder drei Ausbildungsplätze zu besetzen hat, ein so aufwendiges und teures Verfahren kaum. In diesem Fall wird man sich kostengünstiger auf die Entscheidung seines Personalverantwortlichen verlassen, der sich in „klassischen" Bewerbungsgesprächen mit den Kandidaten befasst.

2.1.2 Hinzu kommt, dass ein Assessment-Center **bezüglich fachlicher Leistungen nur eine sehr eingeschränkte Aussagekraft** hat. Da bei diesem Auswahlverfahren vor allem die Stressresistenz und das Arbeiten unter Konkurrenz- und Zeitdruck im Fokus stehen, rückt die Fachkompetenz des Einzelnen oft in den Hintergrund. Auf diese lassen die überwiegend auf Sozialkompetenz ausgelegten Aufgaben meist keine Rückschlüsse zu. Die fachliche Eignung kann dann in der Regel erst bei der tatsächlichen Arbeit in der Firma, also nach Einstellung des Bewerbers, überprüft werden. Ein Kandidat, der die Aufgaben eines Assessment-Centers erfolgreich gemeistert hat, kann für die zu besetzende Stelle deshalb unter Umständen trotzdem wenig geeignet sein. Beispielsweise kann eine Schreinerei keinen Azubi gebrauchen, der zwar unter Druck ruhig bleibt und gut im Team arbeitet, aber mit den Maschinen nicht umgehen oder nicht messen und rechnen kann.

2.1.3 Besonders problematisch bei der Testmethode des Assessment-Centers ist, dass es dabei **keine Konzentration auf Einzelpersonen** geben kann. Bei einem solchen Verfahren werden immer mehrere Kandidaten gleichzeitig geprüft und unter die Lupe genommen, zum Teil sogar in Gruppen von 20 bis 30 Personen. In einer solchen Situation ist es aber nicht möglich, sich einem ganz bestimmten Kandidaten zu widmen oder auf einzelne Bewerber einzugehen. Dadurch sind die Verantwortlichen kaum in der Lage, sich ein detailliertes Bild von der Persönlichkeit der Bewerber zu machen. Individuelle Gesprächsverläufe und Rückfragen kommen durch die Gruppensituation nicht infrage. In der Folge kann die Firma zum Beispiel kaum einschätzen, ob der Charakter eines bestimmten Kandidaten zur Unternehmenskultur passt, ob er sich gut in ein bestehendes Team oder eine Abteilung einfügen würde oder eher nicht. Auch kann es passieren, dass durch ein oder zwei sehr dominante Personen in einer Gruppe andere, an sich interessante und geeignete Bewerber übersehen werden. In einem Einzelgespräch besteht diese Gefahr hingegen nicht.

All diese Ausführungen zeigen, dass die Assessment-Center-Methode für Firmen auch entscheidende Nachteile birgt und demnach ungeeignet sein kann, um Bewerber für Ausbildungsplätze auszuwählen.

2.2 Auch **für die Bewerber** weist die Assessment-Center-Methode einige **Nachteile**
2.2.1 auf, wie zum Beispiel den **hohen Zeitaufwand für die Vorbereitung und die Teilnahme**. Wie schon erwähnt, muss sich der Kandidat in diesem Fall nicht nur auf ein etwa einstündiges Vorstellungsgespräch einstellen, sondern er muss sich einen ganzen Tag oder sogar mehrere Tage Zeit nehmen, um das Prüfverfahren mitzumachen. Da ein Bewerber um einen Ausbildungsplatz in der Regel noch zur Schule geht, verpasst er dadurch den Unterricht und muss den Stoff nachholen. Zudem ist die Vorbereitung auf das Assessment-Center deutlich aufwendiger als die für ein übliches Bewerbungsgespräch, da man auf viele unterschiedliche Themen und Aufgabenformen gefasst sein muss. In der Regel fällt dies alles in die Zeit der Abschlussklasse, sodass dem Schüler außerdem wertvolle Lernzeit zur Vorbereitung auf die Prüfungen verloren geht. Wird der Bewerber obendrein zu mehreren Auswahlverfahren eingeladen, vervielfacht sich der nötige Zeitaufwand.

2.2.2 Dazu kommt, dass durch die erhöhten Anforderungen eines Assessment-Centers für den Bewerber eine **große psychische Belastung** entsteht. Eine Prüfungssituation ist niemals angenehm. Ein Schüler ist das zwar aus Schulaufgaben gewöhnt, bei einem Assessment-Center aber ist der Druck und der Stress für die Teilnehmer ungleich größer. Die extreme Belastung ergibt sich dabei zum einen aus der langen Dauer der Stresssituation, aber auch aus der Unvorhersehbarkeit der Tests und Aufgaben. In der Regel weiß der Kandidat nicht, was im Assessment-Center auf ihn zukommt, was für Nervosität und Anspannung sorgt. Die direkte Konfrontation mit den Mitbewerbern setzt die Teilnehmer zusätzlich unter erheblichen Druck. Darüber hinaus ist der Kandidat deshalb enorm belastet, weil es für ihn um sehr viel geht, nämlich um seine berufliche Zukunft und damit um einen ganz entscheidenden Schritt in seinem Leben. Für einen jungen Menschen, der noch keine oder kaum Erfahrung mit Bewerbungsverfahren hat, stellt bereits ein „normales" Vorstellungsgespräch eine große Herausforderung dar. Die verschärften Bedingungen eines Assessment-Centers können da leicht Versagensängste und Panikreaktionen auslösen. Im schlimmsten Fall kann ein Schüler dadurch so unter Druck geraten, dass sich seine Ängste am Ende auch noch negativ auf die nahe Abschlussprüfung auswirken.

2.2.3 Der wohl wichtigste Punkt, der gegen die Assessment-Center-Methode zur Auswahl von Auszubildenden spricht, ist aber, dass jeder Kandidat **unmittelbar abhängig ist von den Leistungen der Mitbewerber**. Während in einem klassischen Bewerbungsverfahren der Schüler die Möglichkeit hat, in einem persönlichen Vorstellungsgespräch oder bei einem Probearbeiten seine Qualitäten individuell unter Beweis zu stellen, muss sich der Assessment-Kandidat gemeinsam mit seinen Mitstreitern messen. Diese sind gleichzeitig Konkurrenten und Verbündete. Je nachdem, wie kompetent sie sind, wird die Leistung der gesamten Gruppe ausfallen. Auf diese kann sich der Bewerber zudem nicht vorbereiten, weil er sie im Vorfeld nicht kennt. Das bedeutet, dass er sich spontan auf sie einlassen muss. In einer schwachen Gruppe, die nicht gut kooperiert, wird es besonders schwer sein, die eigene Teamfähigkeit unter Beweis zu stellen. Zum Beispiel ist eine Gruppendiskussion mit Mitstreitern extrem schwierig, wenn diese kaum etwas äußern, auf das man selbst eingehen kann. Diese Abhängigkeit kann es dem Kandidaten enorm erschweren, sich selbst der Firma von seiner besten Seite zu präsentieren und seine Vorzüge herauszustellen.

Aus diesen Punkten lässt sich folgern, dass das Auswahlverfahren des Assessment-Centers für die Bewerber um Ausbildungsplätze nicht immer geeignet ist und für diese auch große Nachteile birgt.

3 Zusammenfassend lässt sich feststellen, dass die Assessment-Center einige Vorteile für Firmen bieten, wie etwa die bessere Überprüfbarkeit von Soft Skills, die direkte Vergleichbarkeit von Kandidaten und die Möglichkeit des gleichzeitigen Testens mehrerer Fähigkeiten unter Stress und Zeitdruck. Auch für die Bewerber ergeben sich einige positive Aspekte aus dieser Art des Testverfahrens, wie die Möglichkeit zur Demonstration von sozialen und kommunikativen Fähigkeiten, der Einblick in Berufsalltag und Firmenkultur und das Feedback über persönliche Stärken und Schwächen.

Allerdings sind, im Gesamten betrachtet, die Nachteile für die Firmen, also der hohe Aufwand des Testverfahrens im Hinblick auf Kosten, Zeit und Organisation, die eingeschränkte Aussagekraft bezüglich fachlicher Eignung sowie die fehlende Möglichkeit des Eingehens auf einzelne Bewerber schwerer wiegend. Für die Kandidaten sind die Nachteile wie der hohe Zeitaufwand für Vorbereitung und Teilnahme, die große psychische Belastung sowie die Abhängigkeit von den Leistungen der Mitbewerber so hoch, dass sie die Vorteile deutlich überwiegen.

Das führt zu dem Schluss, dass der Einsatz der Assessment-Center-Methode für die Vergabe von Ausbildungsplätzen wenig geeignet ist.

C. Die Testverfahren der Assessment-Center sind in vielerlei Hinsicht objektiv überprüfbar und bieten viele Vorteile für große Firmen mit einer hohen Anzahl an Bewerbern. Das heißt, dass sich der Einsatz dieser Methode für solche Firmen lohnen kann. Für kleinere Betriebe ist das Vorgehen zu aufwendig und zu teuer. Ob die Aspekte des Zeitdrucks und der Stressresistenz für junge Auszubildende schon entscheidend sind, ist darüber hinaus fraglich. Insgesamt bin ich deshalb der Meinung, dass dieses Auswahlverfahren sich für Bewerber im Management und zur Besetzung höher qualifizierter Stellen eignet, nicht aber für Ausbildungsplätze. In diesen Bereichen ist das Arbeiten unter großem Zeitdruck und mit viel Stress ein relevanter Faktor. Bei Schulabgängern, die gerade eine Ausbildung beginnen und ganz am Anfang ihres Arbeitslebens stehen, zählen dagegen ganz andere Dinge, etwa dass der junge Mensch erst einmal die Grundlagen des Berufs erlernt.

2014/2 Jugendliche haben häufig den Drang, sich von Erwachsenen vor allem durch ihr auffälliges Äußeres, ihr provozierendes Verhalten oder ihre alternative Lebenseinstellung abzugrenzen. Welche Chancen bietet eine freie Entwicklung der Persönlichkeit? Warum sollen den Jugendlichen vonseiten der Erziehungsberechtigten jedoch auch Grenzen gesetzt werden?

Mustergliederung

A. Nicht nur äußerlich versuchen sich Jugendliche von der Erwachsenenwelt abzugrenzen, auch die sogenannte Jugendsprache ist ein Mittel, um sich mit seinen Gleichaltrigen zu identifizieren und Ältere auszuschließen.

B. Welche Chancen bietet eine freie Entfaltung der Persönlichkeit und warum sollen den Jugendlichen vonseiten der Erziehungsberechtigten dennoch auch Grenzen gesetzt werden?

1 Chancen einer freien Entwicklung der Persönlichkeit

1.1 Entstehung von selbstbewussten Persönlichkeiten
1.1.1 Ausleben von Kreativität
1.1.2 Ausloten eigener Bedürfnisse und Grenzen
1.1.3 Entwicklung von Entscheidungsfähigkeit

1.2 Vorbereitung auf Übernahme von gesellschaftlicher Verantwortung
1.2.1 Ausbilden eines kritischen Bewusstseins
1.2.2 Entwicklung von Toleranz
1.2.3 Schulung der Konfliktfähigkeit

2 Notwendigkeit des Setzens von Grenzen durch die Erziehungsberechtigten

2.1 Schutz vor Gefahren und Fehlentwicklungen
2.1.1 Unterstützung bei Problemen im Zuge der Persönlichkeitsfindung
2.1.2 Orientierung in schwierigen Lebenssituationen
2.1.3 Förderung der Entwicklung von Gewissen und Moral

2.2 Vorbereitung auf das gesellschaftliche Zusammenleben mit Regeln und Normen
2.2.1 Vermittlung von Akzeptanz der Bedürfnisse und Meinungen anderer
2.2.2 Erziehung zu Verständnis und Rücksichtnahme
2.2.3 Förderung von Verantwortungsbewusstsein

C. Meiner Meinung nach ist eine vernünftige Mischung aus Freiräumen einerseits und Führung durch die Erziehungsberechtigten andererseits eine gute Voraussetzung für ein verantwortungsvolles und selbstbewusstes Leben als Erwachsener.

A. Ein Blick auf den Schulhof genügt, um zu bemerken, wie sehr sich die jugendlichen Schüler von den Erwachsenen unterscheiden. Obwohl die Gesellschaft zunehmend die Jugend ins Visier nimmt und ihren Lifestyle zu kopieren versucht, schaffen es die Jugendlichen immer wieder, mit neuen Ideen und unvorhersehbaren Entwicklungen zu überraschen und sich so von der übrigen Gesellschaft abzuheben. Nicht nur äußerlich versuchen sich Jugendliche von der Erwachsenenwelt abzugrenzen, auch die sogenannte Jugendsprache ist ein Mittel, um sich mit Gleichaltrigen zu identifizieren und Ältere wie Jüngere auszuschließen. Dies ist möglich, weil sich Jugendliche in unserer Gesellschaft weitgehend frei entfalten können. Aber ist es wirklich gut, die jungen Menschen bereits völlig sich selbst zu überlassen? Konflikte mit Erziehungsberechtigten und Erwachsenen, die in diesem Alter häufig sind, sprechen eher dagegen, so scheint es. Deshalb soll im Folgenden erörtert werden, welche Chancen eine freie Entfaltung der Persönlichkeit Jugendlicher bietet, warum ihnen vonseiten der Erziehungsberechtigten aber auch Grenzen gesetzt werden sollten.

B.
1
1.1
1.1.1 Eine große Chance der freien Entwicklung von Jugendlichen ist die **Entstehung von selbstbewussten Persönlichkeiten**. Hierzu kann das **Ausleben von Kreativität** beitragen. In der Jugend ist man neugierig und probiert oft viele verschiedene Richtungen aus, um den eigenen „Style" zu finden. Da Jugendliche in der Regel noch nicht für den Broterwerb verantwortlich und damit nicht durch eine tagesfüllende Arbeit beschäftigt sind, haben sie Zeit, Ideen und Ideale zu entwickeln und in den verschiedensten Ausprägungen kreativ zu sein. Das kann sich durch künstlerische Betätigung in der Malerei oder in der Musik äußern, in der sie ihren eigenen Stil kreieren. Aber auch in Fragen von Mode und (Haar-)Styling oder bei der Gestaltung des eigenen Zimmers sind Jugendliche sehr kreativ, wenn ihre Erziehungsberechtigten es erlauben. Später, im Beruf, dagegen gibt es oft Kleidungsvorschriften oder es fehlt die Zeit, um die musischen oder gestalterischen Talente zu verwirklichen. Wenn die Jugendlichen während der Schulzeit ihre Kreativität ausleben können, erfahren sie dadurch Stolz, etwas Eigenes geschaffen zu haben, und damit einen Zuwachs an Selbstbewusstsein.

1.1.2 Ebenso ist es wichtig für junge Menschen, ihre eigenen **Bedürfnisse und Grenzen auszuloten**. Während sie als Kinder vor allem den Anweisungen und Wünschen ihrer Eltern folgen, entwickeln sie im Jugendalter ihre ganz eigenen Vorstellungen. Durch Ausprobieren, Wechseln und Neuentwerfen entdecken sie, was ihnen gefällt und was nicht, was ihnen wichtig ist und wo sie Grenzen ziehen. Der eine passt sich an oder eifert bekannten Vorbildern nach, der andere provoziert lieber oder geht individuelle Wege und erhält dadurch Aufmerksamkeit. Wird ein Mädchen einmal wegen einer Frisur ausgelacht, kann sie sie relativ schnell ändern, wenn sie sich dann wohler fühlt. Oder sie behält sie aus eigener Überzeugung bei und erfährt aber, dass sie damit bei anderen aneckt. Im Kleinen wie im Großen testen die Jugendlichen so, was sie selbst wollen und brauchen und was für sie nicht akzeptabel ist. Nur wer seine Bedürfnisse, aber auch seine Grenzen kennt, kann zu einer starken Persönlichkeit reifen.

1.1.3 Ein ganz zentraler Punkt für das Heranwachsen zu selbstbewussten Persönlichkeiten ist auch die **Entwicklung von Entscheidungsfähigkeit**. Auch dies ist nur möglich, wenn ein junger Mensch die Gelegenheit hat, sich frei zu entwickeln. Für Kinder treffen Erwachsene die Entscheidungen, die Kinder haben meist kein oder wenig Mitspracherecht. Für Jugendliche gilt dies nicht mehr. Sie nabeln sich zunehmend ab und lernen, selbstbestimmt zu leben. Dazu gehört es, eigene Entscheidungen zu treffen. Das fängt mit der Wahl von bestimmten Fächerkombinationen in der Schule an und geht nach dem Schulabschluss mit der Berufswahl weiter. Damit ein junger Mensch in der Lage ist, gute Entscheidungen für sein Leben zu treffen, muss er die Freiheit haben, dies zu üben. Wer sich in der Jugend nicht frei entfalten kann, der erfährt auch nicht, wie wichtig es ist, Konsequenzen des eigenen Handelns zu bedenken. Ein Jugendlicher, der den Wunsch hat, den Führerschein zu machen, kann einen Nebenjob annehmen, um ihn zu finanzieren. Schnell merkt er dann, dass ihm dadurch weniger Zeit für Angenehmes zur Verfügung steht. Nun muss er sich entscheiden: Will er seine Freizeit für das Ziel opfern oder nicht? Welche Folgen – weniger Mobilität oder weniger Freizeit – nimmt er lieber in Kauf? Auf diese Weise lernt der Jugendliche, Prioritäten zu setzen und eigene Entscheidungen zu treffen. Würden ihm seine Eltern „vorkauen", was richtig und wichtig für ihn ist, wäre das nicht der Fall. Wer sich nur auf die Eltern verlässt, ergreift womöglich den Beruf, den sie, aber nicht man selbst sich vorstellt. Das bedeutet, dass die Möglichkeit, eigene Entscheidungen zu treffen, immens wichtig ist, um ein selbstbestimmtes und selbstbewusstes Leben zu führen.

All dies zeigt, dass eine freie Entwicklung der Persönlichkeit in der Jugend die Entstehung von selbstbewussten Persönlichkeiten fördert.

1.2 Ein weiterer Punkt, der dafür spricht, dass Jugendliche sich entfalten sollen, ist die Vorbereitung auf das **Übernehmen von gesellschaftlicher Verantwortung**. Nicht nur in Bezug auf die eigene Person wächst im Zuge des Erwachsenwerdens die Verantwortung, sondern auch in der Gesellschaft. In diesem Zusammenhang ist die

1.2.1 **Entwicklung eines kritischen Bewusstseins** wichtig. Sobald die Eltern nicht mehr alles vorgeben und vorleben, sind die Jugendlichen auf sich selbst und ihr eigenes Urteilsvermögen angewiesen. In der Schule lernen sie, Kritik zu üben und nicht alles zu glauben, was man ihnen vorsetzt. Das ist auch im gesellschaftlichen Zusammenleben von Bedeutung. Jugendliche brauchen einerseits Bildung und fundiertes Wissen, um Kritik kompetent äußern zu können, aber auch Freiheit, um einen eigenen Standpunkt einnehmen und diesen vertreten zu können – ob er den Erwachsenen gefällt oder nicht. Wenn junge Menschen sich frei entfalten und dabei mit vielerlei verschiedenen Themen auseinandersetzen, gibt ihnen das Gelegenheit, Dinge kritisch zu hinterfragen und sich eine Meinung zu bilden. Nur so kann man es erreichen, dass ein Jugendlicher, wenn zum Beispiel jemand ungerecht behandelt wird, aus eigenem Antrieb seine kritische Haltung äußert, Zivilcourage zeigt und einschreitet.

1.2.2 Ebenso wichtig ist die **Förderung von Toleranz**. Hat ein Jugendlicher die Chance, sich frei zu entwickeln, stehen die Chancen gut, dass er zu einem toleranten Mitglied der Gesellschaft wird. Gerade wenn ein Teenager sich ausprobiert, spezielle Kleidungs- oder Musikstile „testet" oder eher ungewöhnliche Hobbys hat, ist er selbst oft auf Toleranz angewiesen und kann ein Bewusstsein dafür entwickeln. Er kann zum Beispiel erwarten, dass man seine grün gefärbten Haare akzeptiert oder die Tatsache, dass er in seiner Freizeit gerne mit Farbbällen schießt. Wird er für seine Vorlieben dagegen verspottet oder angefeindet, erkennt er durch das negative Erlebnis, wie wichtig es ist, Menschen in ihrer Individualität zu akzeptieren und tolerant zu sein, unabhängig davon, wie jemand aussieht, glaubt, denkt oder handelt. Ein junger Mensch, der dagegen immer vorgegeben bekommt, was er anziehen, ansehen, denken und tun soll, wird kaum Toleranz für Andersdenkende oder Andersaussehende entwickeln können.

1.2.3 Schließlich trägt eine freie Entfaltung der Persönlichkeit auch zur **Schulung der Konfliktfähigkeit** bei. Wenn ein Teenager nicht mehr den Vorgaben der Erziehungsberechtigten folgen, sondern seinen eigenen Weg gehen will, muss er dabei lernen, sich durchsetzen, zum Beispiel gegen Mitschüler, gegen Lehrer, Geschwister, Eltern und andere Erwachsene. Im Umgang mit Menschen, die anders denken oder etwas anderes wollen als man selbst, können schnell Konflikte entstehen. Der ältere Bruder zum Beispiel möchte laut Rapmusik hören, die kleine Schwester eine Punkband. Greifen die Eltern ein und lösen den Konflikt für die Kinder, trägt das nicht zu deren Eigenständigkeit bei. Entbrennt auf dem Basketballplatz ein Streit um

den Spielstand, müssen Wege zur Schlichtung gefunden werden. Lässt man den Jugendlichen den Freiraum, solche Konflikte selbst auszutragen, können sie verschiedene Verhaltensweisen austesten und Strategien entwickeln. So lernt der junge Mensch zum Beispiel, dass er nicht weit kommt, wenn er aufbrausend reagiert und den Streitgegner provoziert. Hier spielen auch die zuvor genannten Punkte eine Rolle, denn nur wer sich selbst gut kennt und auch um seine Fehler weiß, wird im Umgang mit anderen verständnisvoll und kompromissbereit sein. Im gesellschaftlichen Zusammenleben wird dies für den jungen Menschen unabdingbar sein.
Daraus lässt sich schließen, dass eine freie Entfaltung der Persönlichkeit von Jugendlichen viele Chancen bietet, um auf die Übernahme von Verantwortung in der Gesellschaft vorzubereiten.

2 Trotz aller Vorteile einer freien Entwicklung ist es dennoch notwendig, dass die Er-
2.1 ziehungsberechtigten jungen Menschen **auch Grenzen setzen**. Ein Grund dafür ist
2.1.1 der **Schutz vor Gefahren und Fehlentwicklungen**. Hierzu können die Erziehungsberechtigten den Jugendlichen etwa **bei Problemen im Zuge der Persönlichkeitsfindung unterstützen**, indem sie für den Jugendlichen da sind, wenn er sie braucht oder nicht weiterweiß. Große Freiheit bietet einem Teenager gleichzeitig eine Unmenge an Möglichkeiten, darunter auch so mancher Irrweg. Ein junger Mensch hat noch wenig Lebenserfahrung und kann deshalb leicht überfordert sein, wenn er ganz auf sich gestellt ist. Deshalb ist es sinnvoll, wenn Erwachsene ihm im großzügigen Rahmen auch Grenzen vorgeben, um ihm so Halt und Orientierung zu bieten. Grundsätzlich sollte ein Jugendlicher zum Beispiel die Freiheit haben, sich seine Freunde selbst auszusuchen. Auf der Suche nach sich selbst und nach seinem eigenen Weg kann es dabei aber passieren, dass er sich von Blendern oder falscher Coolness täuschen lässt. So gerät er möglicherweise in die Fänge einer Sekte oder in eine Clique, in der im Übermaß Alkohol getrunken wird. Hier können und sollten die Erwachsenen ihn bei seiner Persönlichkeitsfindung unterstützen, indem sie ihm Gefahren des eingeschlagenen Wegs aufzeigen und Grenzen setzen, die verhindern, dass er sich selbst schadet.

2.1.2 Ein weiterer Aspekt, der wichtig ist, um Jugendliche auch zu schützen, ist die **Orientierung in schwierigen Lebenssituationen**. In der Pubertät gibt es immer wieder Momente, in denen man verunsichert, niedergeschlagen und ratlos ist. Mobbing, Versagensängste, Liebeskummer, Essstörungen – solche Probleme kommen in dieser schwierigen Lebensphase häufig vor und können so belastend sein, dass echte Gefahr droht. Die Suizidzahlen gerade bei Jugendlichen sind erschreckend hoch. Deshalb ist es wichtig, dass die Erwachsenen den Betroffenen in solchen Situationen nicht allein mit sich lassen, sondern helfend eingreifen. Beispielsweise können die Erziehungsberechtigten professionelle Hilfe hinzuziehen. Oft helfen auch schon verständnisvolle Gespräche mit Berichten von eigenen Erfahrungen, um dem Jugendlichen zu zeigen, dass er mit den Problemen nicht alleine dasteht.

2.1.3 Schließlich können die Erziehungsberechtigten auf die Jugendlichen einwirken, indem sie deren **Entwicklung von Gewissen und Moral** fördern. Gerade Jugendliche sind durch Idealismus und ausgeprägtes Gerechtigkeitsempfinden nicht immer in der Lage, angemessen zu handeln und Rücksicht auf andere zu nehmen. Viele Konflikte beispielsweise eskalieren und führen sogar zu körperlicher Gewalt, weil ein Teenager Gleiches mit Gleichem vergelten will. Dämmt man ein solches Verhalten nicht ein, indem man dem Jugendlichen Grenzen aufzeigt, kann dieser einen Weg einschlagen, der beispielsweise in die Kriminalität führt und ihm somit für sein Leben schadet. In solchen Fällen ist die Einflussnahme und die Vorgabe von Grenzen durch Erziehungsberechtigte wichtig, um moralische Werte zu vermitteln und den Jugendlichen vor einer schädlichen Entwicklung zu bewahren.

All diese Ausführungen zeigen, dass es für Jugendliche ganz zentral ist, dass die Erziehungsberechtigten ihnen in ihrer Entwicklung auch Grenzen setzen, um so Gefahren und Fehlentwicklungen zu vermeiden.

2.2 Der wohl wichtigste Punkt in diesem Zusammenhang ist die **Vorbereitung der Jugendlichen auf das gesellschaftliche Zusammenleben mit Regeln und Nor-**
2.2.1 **men**. Dazu gehört die **Akzeptanz der Bedürfnisse und Meinungen anderer**. In der Pubertät verhalten sich junge Menschen oft egoistisch, weil sie in dieser Zeit sehr mit sich selbst beschäftigt sind und dabei vergessen, dass um sie herum auch andere Menschen Bedürfnisse und Wünsche haben. Geschwister beispielsweise geraten häufig in Streit, weil jeder seine Meinung oder seine Wünsche durchsetzen möchte. Dabei kann es um einfache Dinge, wie etwa das Fernsehprogramm, gehen. Die Jugendlichen müssen dann lernen zu akzeptieren, dass nicht nur das eigene Anliegen wichtig ist und seine Berechtigung hat, sondern auch das der anderen. Hier ist es entscheidend, aufzuzeigen, wie wichtig das Einhalten von Regeln ist, um Gerechtigkeit zu schaffen. So kann zum Beispiel der Streit um die Familien-Spielekonsole gelöst werden, indem jedem Geschwisterteil eine festgelegte Spielzeit zugeteilt wird. An diese muss sich dann jeder halten. Lernen Jugendliche auf diese Weise, die Bedürfnisse anderer zu akzeptieren, wird das im späteren Gesellschafts- und Berufsleben von Vorteil sein, wo Regelverstöße meist ernstere Konsequenzen haben.

2.2.2 Mit solcher Akzeptanz anderer geht auch die **Erziehung zu Verständnis und Rücksichtnahme** einher. Wie erwähnt, ist es wesentlich, dass Jugendliche erkennen, dass in einer Gemeinschaft nicht nur die eigenen Wünsche von Bedeutung sind. Insbesondere wenn es um schwächere oder schutzlose Personen geht, ist das rücksichtslose Durchsetzen der eigenen Bedürfnisse nicht hinnehmbar. Erziehungsberechtigte sollten bei einem solchen Verhalten deshalb klare Grenzen setzen und nicht zulassen, dass der Jugendliche diese Personen ausgrenzt oder übergeht, sondern vielmehr Verständnis für ihre Situation entwickelt und darauf Rücksicht nimmt. Nur so kann ein Jugendlicher soziales Verhalten lernen. Dabei kann es beispielsweise darum gehen, einem Rollstuhlfahrer die Tür aufzuhalten, die kleinere Schwester auf dem Schulhof vor Hänseleien zu beschützen, einen alten Menschen, der im Bus vor einem ist, nicht zu drängeln und viele ähnliche Situationen des Alltags. Der junge Mensch sollte erkennen, dass solche Rücksichtnahme zwar manchmal etwas lästig sein kann, dass aber nur so ein soziales Zusammenleben in einer Gesellschaft funktioniert, in der niemand „zurückgelassen“ wird.

2.2.3 Der wohl wichtigste Grund für die Notwendigkeit von Grenzsetzungen im Hinblick auf das Leben in der Gesellschaft ist die **Förderung von Verantwortungsbewusstsein**. Jugendliche, die durch ihre Erziehungsberechtigten gelernt haben, Verantwortung zu übernehmen, erweisen sich später als wertvolle Mitglieder der Gesellschaft, die die Gesetze einhalten, sich für Nachhaltigkeit und soziale Projekte einsetzen sowie umweltbewusst agieren. Auch im Beruf ist es wesentlich, Verantwortung nicht nur für das eigene Handeln zu übernehmen, sondern das Miteinander im Blick zu haben. Durch entsprechende Vorgaben und Grenzen kann das in jungen Jahren gefördert werden. Zum Beispiel kann ein Erziehungsberechtigter dafür Sorge tragen, dass ein Teenager nicht die gesamten Ferien damit verbringt, zu feiern, sondern er stattdessen ein Praktikum in einem Pflegeheim übernimmt. Auch im Straßenverkehr ist verantwortungsvolles Handeln und das Einhalten von Regeln zentral. Verhält sich ein Jugendlicher am Steuer rücksichtslos und riskiert so womöglich einen Unfall, sollten die Erziehungsberechtigten korrigierend eingreifen.
Diese Ausführungen zeigen, wie wichtig es ist, junge Menschen durch Grenzsetzungen darauf vorzubereiten, Normen und Regeln anzuerkennen und zu beachten, um in einer Gemeinschaft zusammenleben zu können.

C. In unserer Gesellschaft haben Jugendliche viel Freiheit, um ihre Persönlichkeit zu entwickeln und sich zu entfalten. Doch gerade im Teenageralter, in der Zeit der Persönlichkeitsfindung, treten verstärkt entwicklungsbedingte Konflikte und Probleme auf. Dazu gehören zum Beispiel Generationenkonflikte, Probleme auf dem Weg zum Erwachsenwerden wie Essstörungen oder Liebeskummer oder gruppenspezifische Konflikte wie Mobbing oder Gewalt. Die Erziehungsberechtigten wollen die Jugendlichen schützen und ihnen helfen, ohne alles vorzuschreiben. Das ist nicht einfach, denn ein Zuviel an Regeln wirft wiederum Konflikte auf und führt zu Unselbstständigkeit. Bevormundung ist nicht förderlich, wenn es darum geht, die eigene Persönlichkeit zu ergründen und den eigenen Weg zu finden. Übertriebenes Laissez-faire hingegen kann gefährlich sein und eine schädliche Entwicklung des jungen Menschen nach sich ziehen.

Meiner Meinung nach ist eine vernünftige Mischung aus Freiräumen einerseits und Führung durch die Erziehungsberechtigten andererseits eine gute Voraussetzung für ein verantwortungsvolles und selbstbewusstes Leben als Erwachsener.

2014/3 Die Bewerbung der Stadt München für die Olympischen Winterspiele 2022 wurde im November 2013 in mehreren Bürgerentscheiden abgelehnt. Die Durchführung von sportlichen Großereignissen im eigenen Land gibt immer wieder Anlass zu Diskussionen. Welche Argumente sprechen für die Durchführung im eigenen Land? Welche Gründe können die Gegner von solchen sportlichen Großereignissen anführen?

Mustergliederung

A. Während die Austragung der Olympischen Winterspiele 2022 in München von den Einheimischen abgelehnt wurde, wünschen sich immer mehr Menschen die Fußball-Weltmeisterschaft im eigenen Land.

B. Welche Argumente sprechen für die Durchführung von sportlichen Großereignissen im eigenen Land und welche Argumente können die Gegner anführen?

1 Argumente für sportliche Großereignisse im eigenen Land

1.1 Vorteile für die Region
1.1.1 Ausbau der regionalen Sportstätten
1.1.2 Aufträge für örtliche Unternehmen
1.1.3 Mehreinnahmen durch Gästeboom während und nach den Spielen
1.1.4 Ausbau der Infrastruktur

1.2 Vorteile für den Sport
1.2.1 Höhere Motivation der Bevölkerung und der Sportler durch „Heimvorteil"
1.2.2 Investitionen in Nachwuchsförderung
1.2.3 Anreiz für den Breitensport

1.3 Vorteile für das Land
1.3.1 Präsentation der eigenen organisatorischen und finanziellen Leistungen
1.3.2 Steigerung der Attraktivität für den Tourismus
1.3.3 Förderung einer emotionalen Bindung der Bevölkerung an das eigene Land

2 Argumente gegen sportliche Großereignisse im eigenen Land

2.1 Negative Folgen für die Umwelt
2.1.1 Landschaftsverbrauch durch bauliche Maßnahmen
2.1.2 Zerstörung des Landschaftsbildes
2.1.3 Hoher Energieverbrauch bei Vorbereitung und Durchführung der Spiele

2.2 Beeinträchtigungen für die Anwohner
2.2.1 Einschränkungen im Alltag durch die große Anzahl von Beteiligten und Zuschauern
2.2.2 Langfristige Erhöhung des Preisniveaus in der Region
2.2.3 Nötigung zum Verkauf von Grundstücken

2.3 Instrumentalisierung des Leistungssports
2.3.1 Kommerzialisierung des Sports
2.3.2 Politischer Länderleistungsvergleich vor sportlicher Einzelleistung

C. Meiner Meinung nach darf im eigenen Land ab und zu ein sportliches Großereignis stattfinden, solange sich die finanziellen Mehrausgaben im vertretbaren Rahmen halten und die Umwelt geschont wird.

2014/4 Immer mehr Einzelhandelsketten bieten ihre Waren zusätzlich außerhalb der Innenstädte in Einkaufszentren an. Erörtern Sie die Vor- und Nachteile dieser Entwicklung.

Mustergliederung

A. Der Einzelhandel fürchtet den Internethandel als harte Konkurrenz, aber auch die Einkaufszentren außerhalb der Ortskerne können den Umsatz zurückgehen lassen.

B. Sollten Einzelhandelsketten ihre Waren auch zusätzlich außerhalb der Innenstädte in Einkaufszentren anbieten?

1 Vorteile dieser Entwicklung

1.1 Vorteile für Konsumenten
1.1.1 Autogerechtes Einkaufen
1.1.2 Unabhängigkeit von schlechten Witterungsbedingungen
1.1.3 Größeres Angebot an Waren und Dienstleistungen
1.1.4 Zentralisierte Vielfalt an Geschäften

1.2 Vorteile für Anbieter
1.2.1 Leichte Erreichbarkeit für Zulieferer und Kunden
1.2.2 Erhöhte Verkaufschancen durch Laufkundschaft in den Einkaufszentren
1.2.3 Mögliche Gewinnerhöhung durch zusätzliche Filiale in der Region

1.3 Vorteile für Kommunen
1.3.1 Entstehung neuer Arbeitsplätze
1.3.2 Verlagerung von Konsumausgaben aus dem Umland
1.3.3 Anstieg der Gewerbesteuereinnahmen

2 Nachteile dieser Entwicklung

2.1 Nachteile für Anbieter
2.1.1 Höherer Kostenaufwand für zusätzliche Filiale
2.1.2 Möglicher Umsatzrückgang in den Läden der Innenstädte

2.2 Nachteile für Städte
2.2.1 Kosten für Bereitstellung von Gewerbegebieten und Infrastruktur
2.2.2 Starke Konkurrenz für städtische Familien- und Traditionsbetriebe
2.2.3 Verminderte Attraktivität der Innenstädte für Bewohner und Besucher

2.3 Nachteile für die Umwelt
2.3.1 Hoher Landschaftsverbrauch für Gebäude und Infrastruktur
2.3.2 Luftverschmutzung durch Zunahme des motorisierten Individualverkehrs

3 Synthese: gegen diese Entwicklung

C. In vielen Innenstädten sind die Fußgängerzonen schon ausgestorben, weil die Bevölkerung sich in den Einkaufszentren außerhalb der Innenstädte aufhält.

2014/5 In Deutschland werden verstärkt die sogenannten Mehrgenerationenhäuser vom Staat gefördert, in denen Familien mit Kindern unterschiedlichen Alters, Alleinstehende und Senioren gemeinsam unter einem Dach leben und die Gemeinschaft aktiv miteinander gestalten. Zeigen Sie Gründe auf für den Einzug in eine solche generationsübergreifende Hausgemeinschaft sowie mögliche Schwierigkeiten des Zusammenlebens.

Mustergliederung

A. In den Tageszeitungen wird immer wieder auf den demografischen Wandel aufmerksam gemacht, der Möglichkeiten und Formen des Zusammenlebens von Alt und Jung zum aktuellen Diskussionsthema macht.

B. Welche Gründe sprechen für den Einzug in ein Mehrgenerationenhaus und welche Schwierigkeiten können beim Zusammenleben in einer generationsübergreifenden Gemeinschaft entstehen?

1 Gründe für den Einzug in ein Mehrgenerationenhaus

1.1 Wunsch nach sozialem Miteinander
1.1.1 Erleben von Gemeinschaft und Solidarität
1.1.2 Generations- und familienübergreifende Kontaktmöglichkeiten
1.1.3 Aufgabe für Ältere durch Rolle als Wissensvermittler

1.2 Vorteile im Alltag durch generationsübergreifende Unterstützung
1.2.1 Möglichkeit des schnellen und unkomplizierten Erfahrungsaustauschs
1.2.2 Kontakte und Ansprechpartner für Kinder berufstätiger Eltern
1.2.3 Hilfestellung und Erleichterungen bei alltäglichen Aufgaben

1.3 Persönlicher Gewinn durch neue Erfahrungen und Sichtweisen
1.3.1 Erweiterung der eigenen Perspektive hinsichtlich Lebensgestaltung und Werthaltungen
1.3.2 Profitieren von Wissen und Erfahrung der Älteren
1.3.3 Förderung von Toleranz und Rücksichtnahme

2 Schwierigkeiten beim Zusammenleben in einem Mehrgenerationenhaus

2.1 Einschränkung persönlicher Freiräume
2.1.1 Verstärkte Einmischung anderer in eigene Entscheidungen
2.1.2 Notwendigkeit der Rücksichtnahme auf Mitbewohner im Alltag
2.1.3 Verminderte Rückzugsmöglichkeiten
2.1.4 Zusätzliche zeitliche Belastung durch aktive Beteiligung am Gemeinschaftsleben

2.2 Erhöhtes Konfliktpotenzial
2.2.1 Konträre Lebensvorstellungen der Bewohner
2.2.2 Entstehung von Abhängigkeitsverhältnissen
2.2.3 Unterschiedliche Wertesysteme

C. Ich finde es wichtig, dass die unterschiedlichen Generationen miteinander engen Kontakt haben, um so Toleranz und Verständnis für die Lebenssituation des jeweils anderen zu entwickeln.

1 Verfassen Sie eine Überblicksinformation.

2 Geben Sie den Inhalt des Textes in gestraffter Form wieder.

3 Erläutern Sie die Aussage: „Diese Zeit und das euphorische Gefühl muss man begleiten und eventuell auffangen“ (Z. 25).

4 Nehmen Sie Stellung, ob angesichts der im Text dargestellten Problematik in Deutschland das Prinzip des „Begleiteten Fahrens“ (vgl. Z. 34–35) schon ab 16 Jahren möglich gemacht werden soll.

Junge Autofahrer: eine Hochrisikogruppe!

Dann und wann mal eine Aufklärungsaktion der Polizei vor der Dorfdisco, ein warnend erhobener Zeigefinger von Politikerseite – bisher hat sich wenig getan, um das seit Jahrzehnten bekannte Problem der Hochrisikogruppe Fahranfänger anzugehen. Dabei weiß man seit Langem, dass junge Autofahrer die am meisten gefährdete Gruppe unter den Verkehrsteilnehmern sind. Nur jeder zwölfte Deutsche zählt zu den 18- bis 25-Jährigen, im Straßenverkehr kommt laut Deutscher Verkehrswacht aber jeder fünfte Getötete und Verletzte aus dieser Altersgruppe.

Nun kommt neue Bewegung in die Sache – schließlich haben Länder wie Österreich in der Zwischenzeit bewiesen, dass sich etwas gegen das Problem machen lässt. In Österreich wurde die Fahrausbildung renoviert: Neu ist die Mehrphasigkeit, ein Fahrschüler wird nach dem Erhalt der Fahrerlaubnis nicht einfach so in die Verkehrswelt entlassen.

Die Österreicher versuchen, die Unerfahrenheit zu beheben durch eine sogenannte Rückmeldungsfahrt und ein spezielles Fahrsicherheitstraining, das die Anfänger absolvieren müssen. Darin erleben die Neulinge vor allem, dass es Fahrsituationen gibt, die sich schwer oder gar nicht kontrollieren lassen. Das alles ist zudem mit einem Gespräch mit den Ausbildern kombiniert.

Die Ergebnisse sind beachtlich, berichtet der Verkehrspsychologe Ulrich Chiellino. „Man hat einen Unfallrückgang in dieser Altersgruppe um bis zu 30 Prozent erreicht. Vor allem die besonders gefährlichen Alleinunfälle ohne Beteiligung anderer Verkehrsteilnehmer sind um mehr als 60 Prozent zurückgegangen.

Chiellino nimmt die jungen Fahrer in Schutz: „Das sind ja nicht alles Rowdys, sie sind einfach jung und unerfahren.“ Was vor allem dann zu einem Problem wird, wenn sie die ersten Male allein fahren dürfen und die damit verbundene Euphorie erleben. Nicht umsonst gelten die ersten 10 000 Kilometer in einem Autofahrerleben als die gefährlichsten. „Diese Zeit und das euphorische Gefühl muss man begleiten und eventuell auffangen“, fordert der Fachmann.

An dem Vorbild Österreichs und anderer Länder orientieren sich einige Ideen in Deutschland. Kay Schulte vom Deutschen Verkehrssicherheitsrat etwa setzt unter anderem auf lange Lernzeiträume und nicht auf eine möglichst schnelle Ausbildung in einer Fahrschule. „Ferienfahrschulen sind das wohl Kontraproduktivste, das es in diesem Zusammenhang gibt“, sagt Schulte.

Der wirkungsvollste Weg, das Problem junger Fahrer zu lösen, ist seiner Überzeugung nach eine möglichst lange Vorbereitung auf die erste Alleinfahrt. Ein Weg wäre die Ausdehnung des Prinzips Begleitetes Fahren ab 17 nach unten, das heißt, dass Fahranfänger schon mit 16 ans Lenkrad greifen dürfen, wenn sie von einer erfahrenen Person begleitet werden.

Eine weitere Idee zur Reduzierung der Unfallzahlen könnte darin bestehen, das Fahrzeug eines Fahranfängers kenntlich zu machen. Verkehrsteilnehmer wüssten dann etwa durch einen Aufkleber, dass der andere sich noch unsicher durch den Verkehr bewegt. Dabei geht es laut Schulte vor allem darum, dass sich die Erfahrenen auf den Anfänger einstellen. In Großbritannien sei so eine Kennzeichnung üblich – bei einem Unfall müssten die Beteiligten beweisen, dass sie alle Möglichkeiten genutzt haben, um den Zusammenstoß mit dem Anfänger zu verhindern.

Insgesamt gibt es also genügend Ideen, mit dem Problem der Risikogruppe junge Fahrer umzugehen. Immerhin werden manche nun auch in Deutschland zumindest langsam angegangen. Der Vorschlag, wie in Österreich Fahrstunden und Fahrtraining nach der eigentlichen Prüfung einzuführen, fand jedoch keine Mehrheit und wird vorerst nicht weiter verfolgt. Auf dem Verkehrsgerichtstag in Goslar Anfang dieses Jahres wurde allerdings beschlossen, die Möglichkeit des Begleiteten Fahrens ab 16 zu prüfen.

(Heiko Haupt, ZEIT ONLINE, 09. 08. 2013, http://www.zeit.de/mobilitaet/2013-08/fahranfaenger-unfall-verkehrssicherheit; für Prüfungszwecke bearbeitet und gekürzt)

Musterlösung

1 **Überblicksinformation**

In dem Kommentar „Junge Autofahrer: eine Hochrisikogruppe!“ von Heiko Haupt, der in der Onlineausgabe der Wochenzeitung „Die Zeit“ am 9. 8. 2013 erschienen ist, wird auf die Gefahr hingewiesen, welche Fahranfänger für sich selbst und andere im Straßenverkehr darstellen können. Ausgehend von Modellversuchen aus anderen Ländern zur Entschärfung dieser Problematik, werden auch in Deutschland verschiedene Maßnahmen diskutiert, um die Zahl der Unfälle junger Autofahrer zu senken.

2 **Gestraffte Inhaltswiedergabe**

Der Autor des Kommentars nimmt die Tatsache, dass junge Autofahrer im Straßenverkehr im Verhältnis zu anderen Altersgruppen besonders gefährdet sind, zum Anlass, um darauf hinzuweisen, dass in Deutschland von öffentlicher Seite zu wenig getan wird, um diesem Problem entgegenzuwirken.

Der Autor erklärt, dass es in anderen Ländern bereits Lösungsansätze für dieses bekannte Problem gibt. In Österreich ist beispielsweise eine mehrphasige Fahrausbildung eingeführt worden, die auch nach dem Führerscheinerwerb weitere Fahrstunden und Trainingseinheiten vorsieht. Das österreichische Modell zeigt bereits Erfolge durch rückläufige Unfallzahlen. Um Fahranfänger besser auf die Fahrpraxis vorzubereiten, sollte nach Expertenmeinung auch in Deutschland eine Intensivierung der Fahrausbildung erfolgen. Als Vorbild für Vorschläge und Ideen dienen die Modelle anderer Länder, etwa eine Kennzeichnung der Fahrzeuge von Fahranfängern durch einen speziellen Aufkleber nach dem Vorbild Großbritanniens. Vom Deutschen Verkehrssicherheitsrat werden vor allem Konzepte befürwortet, die eine Verlängerung der Ausbildungszeit als Ziel haben. Eine Möglichkeit ist, das Begleitete Fahren auszudehnen.

Als Ergebnis hält der Autor fest, dass nun auch in Deutschland Unterstützungsmöglichkeiten für Fahranfänger diskutiert werden. Als unwahrscheinlich gilt die Umsetzung des österreichischen Modells, das bereits abgelehnt worden ist. Im Moment wird jedoch der Vorschlag des Begleiteten Fahrens schon ab 16 Jahren geprüft.

3 **Texterläuterung**
„Diese Zeit und das euphorische Gefühl muss man begleiten und eventuell auffangen.“ (Z. 25)
Mit der Umschreibung „diese Zeit“ wird die Phase angesprochen, in der Jugendliche die ersten Male alleine ein Auto steuern. Sie haben dabei noch kaum Erfahrung im Straßenverkehr, sondern müssen diese erst noch sammeln.
Mit dem Begriff „Euphorie“ wird eine Hochstimmung, ein gesteigert überschwängliches Gefühl bezeichnet. Die übersteigert positive Stimmung geht häufig mit besonders großer Risikobereitschaft einher, sodass der Betreffende bereitwillig Gewagtes ausprobiert und Grenzen austestet.
Bei Fahranfängern tritt diese Stimmung besonders während der ersten 10 000 Kilometer auf, bedingt durch das Glücksgefühl der neuen Erfahrung, eigenständig ein Fahrzeug zu lenken. In dieser Zeit treffen Unerfahrenheit und hohe Risikobereitschaft aufeinander. So fährt ein Fahranfänger in dieser Phase beispielsweise gern mit erhöhter Geschwindigkeit, ohne dabei die Folgen einschätzen zu können.
Der Verkehrspsychologe Ulrich Chiellino sieht daher Handlungsbedarf. Die Fahranfänger sollen „begleite[t] und eventuell auf[ge]fangen“ (Z. 25) werden. Mit dieser Aussage ist gemeint, dass die Ausbildungszeit verlängert werden sollte, sodass schwierige Situationen beim Fahren besser bewältigt werden können. Im Text werden verschiedene Möglichkeiten dargestellt, wie so etwas in der Praxis aussehen kann: Beispielsweise können Nachschulungen eingeführt werden, wie dies in Österreich der Fall ist, oder nach dem Vorbild Großbritanniens Anfänger-Kennzeichen angebracht werden. In Deutschland wird des Weiteren darüber beraten, das Begleitete Fahren bereits ab 16 Jahren anzubieten.

4 **Stellungnahme**
Soll angesichts der im Text vorgestellten Problematik in Deutschland das Prinzip des „Begleiteten Fahrens“ (vgl. Z. 34/35) schon ab 16 Jahren möglich gemacht werden?
Für das Begleitete Fahren schon ab 16 Jahren sprechen verschiedene Gründe. Dazu zählen zum einen die **Vorteile für den Fahranfänger** selbst. Für ihn ergibt sich ein **größerer Lernerfolg durch die verlängerte Ausbildungszeit**. Vor der Führerscheinprüfung hat der Fahrlehrer zur Seite gestanden, nach der Prüfung sitzen erfahrene Begleitpersonen neben dem jungen Fahrer, um ihn in brenzligen Situationen zu beraten. Wer vor dem Jahr 2006 Fahranfänger war, bewegte sich nach erfolgreich absolvierter Prüfung sofort allein mit dem Auto auf den Straßen fort. Diese 18-Jährigen hatten keinerlei Hilfestellung von Begleitpersonen, wenn sie in schwierige Verkehrslagen gerieten, und bauten dementsprechend häufig Unfälle. Der Fahranfänger mit 16 dagegen hat eine längere Zeit zur Eingewöhnung zur Verfügung und damit mehr Möglichkeiten, zu lernen, wie man Unfälle vermeidet, vor allem in schwierigen Situationen wie beispielsweise bei Glätte, plötzlichem Schneefall oder Regen in der Nacht. Die langjährigen Erfahrungen des Beifahrers sorgen für den nötigen Lerneffekt.
Zudem erhält der Jugendliche **mehr Fahrpraxis vor dem selbstständigen Fahren**. Dadurch ist er später gut gerüstet, wenn sich eine schwierige Situation anbahnt. In einer solchen ist ein junger Autofahrer, der nach nur wenigen Fahrstunden alleine auf der Straße unterwegs ist, schnell einmal überfordert. Je mehr Zeit man jedoch bereits hinter dem Steuer verbracht hat, desto besser können sich wertvolle Automatismen einstellen, die auf Erfahrungswerten beruhen und die zum Beispiel bei plötzlichen Bremsmanövern sogar lebenswichtig sein können. Wer unerfahren ist, muss erst überlegen, wie scharf er bremsen muss, um einen Zusammenstoß zu vermeiden, während der erfahrene Fahrer in der Regel intuitiv weiß, wie er reagieren muss, wenn die Bremslichter des Vordermanns plötzlich dicht vor ihm aufleuchten.

Schließlich wird bei dem Fahranfänger eine **Stärkung des Verantwortungsgefühls** erwirkt, weil er nicht allein fährt und nur sich selbst schützen muss, sondern auch seinen Beifahrer. Er weiß zwar, dass er sich nie allein auf den Straßen fortbewegt, aber die anderen Verkehrsteilnehmer bleiben doch eher abstrakt, solange sie anonym an einem vorbeifahren. Sitzt aber ein naher Angehöriger neben dem jungen Fahrer, so wird der vorsichtig fahren, um keinen Unfall zu verursachen. Außerdem kann sich der Beifahrer gegebenenfalls über riskante Fahrmanöver beschweren und den Anfänger auf seine Risikobereitschaft hinweisen. Dies alles trägt dazu bei, dass der Fahranfänger sich mit mehr Verantwortungsgefühl hinters Lenkrad setzt.
Aber nicht nur für den jugendlichen Fahrer selbst, auch **für die Eltern** ergeben sich positive Auswirkungen. Zum einen wird ihre **Vorbildfunktion** gestärkt. Sie erhalten die Möglichkeit, ihr Erfahrungswissen im Straßenverkehr weiterzugeben. Oft fahren die Eltern bereits viele Jahre Auto und dürfen nun neben ihrem Kind als Begleitung ihr Wissen teilen. Wenn plötzlich eine neue Situation wie beispielsweise eine Baustelle auftritt und die gewohnten Wege nicht mehr befahrbar sind, wird der junge Fahrer leicht nervös und ist vermutlich froh über einen guten Rat. Die Eltern greifen dann beruhigend mit ihrem Erfahrungsschatz ein und können den Fahranfänger sicher weiterleiten. Ihre Vorbildrolle als Eltern wird dadurch gestärkt.
Auch **finanziell** kann das Begleitete Fahren eine **Entlastung** für die Eltern darstellen. Zum einen kann sich die Zahl der bei der Fahrschule absolvierten Fahrstunden verringern. Da das Kind ohnehin noch nicht alleine mit dem Auto auf die Straße darf, bietet es sich an, ein paar teure Stunden beim Fahrlehrer einzusparen, weil man sich sagt, dass der Jugendliche weitere Erfahrung auch in Begleitung der Eltern sammeln kann. Zum anderen kommen gerade die Unfälle der jungen Fahrer Eltern oft teuer zu stehen. So ist es möglich, dass das Familienauto Schaden erleidet und repariert oder gar ersetzt werden muss. Für den unglücklichen Fahranfänger kann ein Unfall zudem eine verpflichtende Nachschulung nach sich ziehen. All das ist mit hohen Kosten verbunden, die meist die Eltern tragen. Bleibt der fast unausweichliche Unfall des Frischlings im Straßenverkehr aus, stellt das somit eine finanzielle Entlastung dar.
Schließlich bieten sich durch das „Begleitete Fahren“ ab 16 auch **Vorteile für die Gesellschaft**. Als Erstes ist die **Vermeidung von Unfällen durch besser ausgebildete Fahranfänger** zu bedenken. Wie in dem Text von Heiko Haupt ausgeführt, sind vor allem Unerfahrenheit und Risikobereitschaft die Ursachen für Unfälle bei jungen Fahrern. Sobald aber die Fahrzeugführer über einen längeren Zeitraum und damit besser ausgebildet sind, über größeren Erfahrungsschatz und mehr Verantwortungsbewusstsein verfügen, dürften die Unfallzahlen zurückgehen. Wer weiß, wie gefährlich schnelles Fahren ist, wird mit der Geschwindigkeit verantwortungsvoller umgehen als ein Fahrer, der nur sein neues Auto ausprobieren will und dies ohne Rücksicht auf die anderen Verkehrsteilnehmer tut. Die Reduktion von Unfällen ist für die gesamte Gesellschaft von Vorteil, da somit nicht nur Fahranfänger weniger gefährdet werden, sondern alle Verkehrsteilnehmer.
Des Weiteren kann man von einer **stärkeren Sensibilisierung für Gefahrensituationen** im Straßenverkehr ausgehen. Auch dies sorgt für die gesamte Gesellschaft für mehr Sicherheit. Wer neu im Verkehr ist und seinen Wagen noch nicht so gut kennt, hat Schwierigkeiten, diesen sicher zu bedienen, wenn er unvermittelt und schnell reagieren muss. Plötzliche Bremsmanöver auf der Autobahn, während man noch den Radiosender sucht, um die Verkehrsnachrichten zu hören, können Massenkarambolagen auslösen. Erfahrenere Fahrer hingegen sind weniger leicht abzulenken. Sie würden das Radio dann bedienen, wenn die Verkehrssituation übersichtlich ist und dies erlaubt. Das Begleitete Fahren kann hier einen wichtigen Beitrag leisten, um für solche „Kleinigkeiten“, die aber große Gefahren darstellen können, zu sensibilisieren.

Jedoch gibt es nicht nur Aspekte, die für das Begleitete Fahren ab 16 Jahren sprechen, sondern auch **Gegenargumente**, die ebenfalls beachtenswert sind.
Ein Grund, sich gegen das Begleitete Fahren ab 16 auszusprechen, sind die **Nachteile für die Jugendlichen**. Dazu zählen eventuell **altersbedingte Schwierigkeiten beim Führerscheinerwerb und bei der Führerscheinprüfung mit 16 Jahren**. Bei allem Positiven, das beschrieben wurde, darf man nicht außer Acht lassen, dass Jugendliche mit 16 Jahren meist noch mitten in der Pubertät stecken, sie sind noch nicht erwachsen und somit nicht strafmündig. Trotzdem sollen sie selbst am Steuer sitzen und für sich und andere die volle Verantwortung übernehmen. Denn der Beifahrer, so erfahren er auch sein mag, kann nicht ins Steuer greifen oder bremsen, wenn es notwendig wäre. Seine Hilfe ist ausschließlich verbal oder moralisch. Der junge Fahrer entscheidet aber letztlich selbst, wie er sich in der jeweiligen Situation verhält. Gerade im Abnabelungsprozess von den Eltern kann dies zu Konflikten führen, weil der Jugendliche einerseits auf den Erziehungsberechtigten hören soll, da dieser über die nötige Erfahrung verfügt, andererseits der Jugendliche aber seinen eigenen Weg gehen will, der dem des Erwachsenen entgegensteht. Streit und Auseinandersetzungen können die Folge sein, die wiederum den Fahrer vom Verkehrsgeschehen ablenken und ihn somit eher verunsichern, anstatt ihm zu helfen.
Noch dazu ist es möglich, dass eine **Überforderung des Jugendlichen bei kritischen Situationen im Straßenverkehr** eintritt. Das noch sehr jugendliche Alter der Fahrer steht den oft schwierigen Verkehrssituationen, in denen schnelle Entscheidungen gefordert werden, entgegen. Vieles muss gleichzeitig passieren, der Fahrer muss sich nach mehreren Seiten umsehen, den Blinker bedienen, die Pedale im Griff haben und jederzeit reaktionsschnell die richtigen Bewegungen mit dem Steuerrad machen. Da kann man leicht einmal etwas übersehen oder das Lenkrad nicht richtig einschlagen, sodass man gegen eine Bordsteinkante fährt oder den toten Winkel vergisst. Fühlt sich der jugendliche Fahrer durch den Straßenverkehr derart überfordert, kann es passieren, dass er am Ende entmutigt ist und sich trotz Begleitung gar nicht mehr mit dem Fahrzeug auf die Straße wagt. In dem Fall ist das frühe Fahren für ihn kontraproduktiv.
Ebenso wesentlich sind die **Nachteile für die Eltern**. Für sie ergibt sich ein deutlich **höherer Zeitaufwand**. Die Verantwortung für die Fahranfänger wird von der Fahrschule und von der Gesellschaft nach der Prüfung auf die Eltern abgewälzt, da in aller Regel diese es sind, die mit ihren Kindern in den nächsten zwei Jahren mitfahren. Mussten die Eltern die Kinder unter 16 mit dem Auto zu ihren Freizeitaktivitäten bringen, so bleibt der Zeitaufwand nun mindestens der Gleiche, nur dass sie nicht mehr selbst am Steuer sitzen, sondern das Kind. Mitfahren müssen sie weiterhin. Die viel gelobte Selbstständigkeit der Kinder ist demnach nur eine scheinbare, da die Eltern weiterhin mit von der Partie sind. Vermutlich ist der Zeitaufwand sogar höher, da die Fahranfänger meist vorsichtiger und langsamer steuern als die erfahrenen Eltern, die sich besser auskennen.
Dies kann auch zu einem **erhöhten Konfliktpotenzial in der Familie** führen. Gerade bei Fahrten zu Abendveranstaltungen sind die Eltern nicht immer bereit, für ihre Sprösslinge noch um Mitternacht oder sogar später den Beifahrer zu geben. Die oftmals berufstätigen Eltern sind von der Arbeit müde und würden lieber schlafen gehen, statt ihr Kind zu einer weit entfernten Veranstaltung zu begleiten. Andererseits wäre es für die Fahranfänger besonders wichtig, ihre Fahrpraxis auch abends oder nachts zu erweitern, da gerade diese Situationen sehr gefahrenträchtig sind. Dies kann zum Familienkrach führen, der beide Seiten stark belastet. Dies zeigt, dass das Begleitete Fahren ab 16 auch für die Eltern nicht in jeder Hinsicht von Vorteil ist.
Schließlich ergeben sich auch **für die Gesellschaft Nachteile** des Begleiteten Fahrens ab 16, etwa durch eine **Überbewertung des Autos als Fortbewegungsmittel** bei Jugendlichen. Die Nutzung öffentlicher Verkehrsmittel gerät durch diese Möglichkeit, die sich den jungen Leuten bietet, immer weiter ins Hintertreffen. Auch das Fahrrad wird

dadurch immer weniger genutzt. Gerade in der Stadt, wo all diese Verkehrsmittel attraktiv und leicht nutzbar wären, nimmt durch die Möglichkeit, schon ab 16 Auto zu fahren, stattdessen der Straßenverkehr weiter zu. Die Folgen sind mehr Lärm und mehr Abgase und somit für die Umwelt fatal. Zusätzlich führt das bequeme Auto auch noch zu weniger Bewegung der jungen Leute und somit unter Umständen zu gesundheitlichen Beeinträchtigungen. Gesellschaftliche Impulse für Jugendliche im Hinblick auf Mobilität und Verkehr sollten aber umweltgerecht und gesundheitsfördernd sein, was über das Autofahren nicht behauptet werden kann.
Schließlich erhalten die **Eltern eine unverhältnismäßig hohe Verantwortung für die Fahrausbildung**. Nicht jeder Erziehungsberechtigte wird als Fahrlehrer geboren oder kennt die Verkehrsregeln korrekt. Oft ist die eigene Führerscheinprüfung schon Jahrzehnte her und einiges hat sich seitdem verändert. So manches Elternteil fährt darüber hinaus selbst unsicher, gefährdet andere durch seinen Fahrstil und verursacht selbst Unfälle. Dennoch darf jeder Erziehungsberechtigte, wenn er den Führerschein mehrere Jahre besitzt, als Begleitung eines minderjährigen Fahrers mitfahren. Während der Jugendliche also in der Fahrschule die korrekte Fahrweise erlernt, kann es passieren, dass ihm die Eltern schlechte Ratschläge erteilen oder ihn zu falschen Entscheidungen anleiten. Die große Verantwortung wird den Eltern zwar übertragen, erfährt aber keinerlei Überprüfung von staatlicher Seite. Daraus lässt sich schließen, dass das Prinzip des Begleiteten Fahrens ab 16 der Gesellschaft nicht automatisch zuträglich ist.
Meiner Meinung nach bietet das Begleitete Fahren viele Vorteile. Es kann dazu beitragen, die Unfallzahlen zu verringern und den Fahranfängern größere Sicherheit im Verkehr zu verschaffen. Allerdings ist das junge Alter von gerade einmal 16 Jahren problematisch, da die Jugendlichen zwar trotz Begleitung letztlich selbst verantwortlich für ihr Handeln sind, aber vom Gesetzgeber noch nicht als voll strafmündig betrachtet werden. Das passt nicht zusammen, insbesondere wenn man bedenkt, dass Unfälle im Straßenverkehr schreckliche Folgen wie Verletzungen oder sogar Todesopfer haben können. Deshalb finde ich persönlich das Begleitete Fahren ab 17 Jahren sinnvoll, ab 16 aber noch zu früh.

Ihre Meinung ist uns wichtig!

Ihre Anregungen sind uns immer willkommen. Bitte informieren Sie uns mit diesem Schein über Ihre Verbesserungsvorschläge!

Titel-Nr.	Seite	Vorschlag

Bitte hier abtrennen

Lernen • Wissen • Zukunft

STARK

Bitte hier abtrennen

Zutreffendes bitte ankreuzen!

Die Absenderin/der Absender ist:

- ☐ Lehrer/in in den Klassenstufen: ______
- ☐ Fachbetreuer/in
  Fächer: ______
- ☐ Seminarlehrer/in
  Fächer: ______
- ☐ Regierungsfachberater/in
  Fächer: ______
- ☐ Oberstufenbetreuer/in
- ☐ Schulleiter/in
- ☐ Referendar/in, Termin 2. Staatsexamen: ______
- ☐ Leiter/in Lehrerbibliothek
- ☐ Leiter/in Schülerbibliothek
- ☐ Sekretariat
- ☐ Eltern
- ☐ Schüler/in, Klasse: ______
- ☐ Sonstiges: ______

Unterrichtsfächer: (Bei Lehrkräften!)

______

STARK Verlag
Postfach 1852
85318 Freising

24-V_Abs

Bitte ausfüllen und im frankierten Umschlag an uns einsenden. Für Fensterkuverts geeignet.

Kennen Sie Ihre Kundennummer? Bitte hier eintragen.

Absender (Bitte in Druckbuchstaben!)

Name/Vorname ______

Straße/Nr. ______

PLZ/Ort/Ortsteil ______

Telefon privat ______ Geburtsjahr ______

E-Mail ______

Schule/Schulstempel (Bitte immer angeben!)

(Bitte blättern Sie um)